CENSURE ET LITTÉRATURE
AU QUÉBEC

Pierre Hébert

CENSURE ET LITTÉRATURE AU QUÉBEC

Le livre crucifié (1625-1919)

avec la collaboration de Patrick Nicol

Fides

Données de catalogage avant publication (Canada)

Hébert, Pierre, 1949-
  Censure et littérature au Québec
  Comprend des réf. bibliogr. et un index.
  Sommaire: 1. Le livre crucifié, 1625-1919.
  ISBN 2-7621-1899-9 (v. 1)

  1. Censure – Québec (Province) – Histoire.
  2. Littérature canadienne-française – Québec (Province) – Histoire et critique.
  3. Censures ecclésiastiques – Québec (Province) – Histoire.
  4. Livres condamnés – Québec (Province) – Histoire.
  5. Presse – Droit – Québec (Province) – Histoire.
  6. Journalisme – Québec (Province) – Histoire. I. Nicol, Patrick, 1964-   . II. Titre

  Z658.C3H42 1996   303.3'76'09714   C96-941023-9

Dépôt légal: 3ᵉ trimestre 1997
Bibliothèque nationale du Québec
© Éditions Fides, 1997.

Les Éditions Fides bénéficient de l'appui du Conseil des Arts du Canada
et de la Société de développement des entreprises culturelles du Québec (SODEC).

Introduction

Le XXe siècle s'achève ; la page de ce deuxième millénaire tournée, des mutations formidables auront eu lieu dans les domaines de la technologie, de la science, des communications. Cependant, l'écroulement d'empires politiques ou spirituels aura accompagné ces accomplissements prodigieux ; d'ores et déjà le déclin de l'Église catholique comme puissance occidentale, sinon mondiale, doit compter parmi les bouleversements capitaux dont nous aurons été témoins, et qui se sont produits en quelques décennies à peine.

Pourtant, comme il est difficile, presque impossible même, pour celles ou ceux qui ont aujourd'hui une trentaine d'années ou moins, de comprendre véritablement les fastes de l'Église, le pouvoir qu'elle exerçait, la vénération qu'elle suscitait ! Il aurait fallu pour cela assister aux grands-messes cérémonieuses, s'agenouiller pour le chapelet du soir, accourir aux offices du mois de Marie, s'émouvoir devant une procession de la Fête-Dieu. Il aurait été également nécessaire de déambuler dans le calme urbain du dimanche matin et de voir le peuple s'engouffrer dans les églises, répondant avec empressement à l'appel des clochers. Peut-être enfin, pour saisir la nature particulière de cet univers, aurait-il été nécessaire de devoir son éducation à des religieuses, à des religieux qui ont appris aux enfants à compter en additionnant des angelots et des crucifix[1]... La frontière entre le sacré et le profane était alors ténue, le second s'inféodant presque constamment au premier.

Ce pouvoir immense, bien qu'il ait connu ses aléas et ses avatars, a aussi contrôlé plusieurs sphères de l'activité sociale. La culture et les loisirs, en particulier, représentaient deux de ses territoires protégés.

Théâtre, cinéma, livres, journaux ont, depuis qu'ils existent, réclamé la vigilance du clergé. Comment se figurer aujourd'hui un collégien devant obtenir l'autorisation d'un prêtre pour lire un ouvrage, quel qu'il soit? Comment concevoir que la lecture d'une revue illustrée, comme *Paris-Match* par exemple, lui soit d'emblée interdite? L'enfer, le capharnaüm, lieux des livres interdits qu'évoque Gérard Bessette dans *Le Libraire*, ne dépassent-ils pas l'entendement des générations actuelles? Ont-elles même quelque idée, ces générations, de ce que furent l'*Index* ou les classifications morales de l'abbé Bethléem[2]? Quand on n'a jamais vu un catéchisme de sa vie, le psittacisme religieux dépasse alors l'imagination. Et pourtant, ces réalités existaient bel et bien encore à la fin des années 1950, voire au début des années 1960: les librairies canadiennes-françaises se virent interdire de souligner, en 1950, le centenaire du décès de Balzac!

Historiens, sociologues, littéraires, tous ces spécialistes (qui ont nécessairement un certain âge…) savent pourtant bien l'importance qu'a eue l'Église dans le façonnement de la culture québécoise. Dans leurs champs de connaissance, l'Église compte comme l'une des forces majeures pour l'explication des phénomènes. «On l'a bien dit et répété: l'histoire du Canada français, c'est l'histoire de l'Église au Canada français. Les trous de mémoire de l'une seront alors les trous de mémoire de l'autre, ou réciproquement[3].»

Dans le secteur des études littéraires, Maurice Lemire a relevé l'influence du pouvoir ecclésiastique en lui donnant, à raison, le visage de la censure: «Par plus d'un demi-siècle d'efforts, les censeurs ont pu aseptiser le milieu littéraire et culturel au point de le rendre presque stérile[4].» Voilà une affirmation aussi juste que peu démontrée jusqu'ici.

Malgré cette carence, nous disposons évidemment de quelques études sur des cas particuliers de censure religieuse: je les signalerai au moment opportun. Mais des études d'ensemble, aucune; rien qui puisse donner un portrait de l'évolution de la censure de l'imprimé au Québec, du point de vue religieux. Certes, Séraphin Marion a déjà fait paraître, dans sa collection des *Lettres canadiennes d'autrefois*, «Littérateurs et moralistes du Canada français d'autrefois[5]»; avec son approche souvent biaisée, Marion aborde quelques cas aujourd'hui bien connus: l'affaire du *Tartuffe*, le procès de *Canada-Revue*, etc. Mais, pour une histoire de la censure, il faudra attendre. Jean Laflamme et Rémy Tourangeau s'y sont risqués avec bonheur dans le domaine du théâtre[6]: leur excellent parcours explique que je mettrai de côté pour le présent ouvrage ce genre particulier[7].

Entreprenons donc ici une histoire de la censure ecclésiastique de l'imprimé au Québec. Mais un tel projet est assorti de quelques questions préalables : que faut-il entendre par *censure* ? qu'est-ce que l'*Index* ? et que faut-il comprendre par *histoire de la censure* ? Quel sera notre objet ? Enfin, certaines hypothèses gouverneront-elles cette étude ?

Qu'est-ce que la censure ?

S'impose donc, en premier lieu, une définition de la censure. *Une* définition ? Ce fondement essentiel s'avère aussi problématique en raison des nombreuses approches qui permettent de circonscrire la censure. Pierre Bourdieu pose ainsi les grands axes sociaux d'une situation de contrainte :

> Le champ de discussion que dessinent, par leurs luttes, l'orthodoxie et l'hétérodoxie se découpe sur le fond du champ de la *doxa*, ensemble de présupposés que les antagonistes admettent comme allant de soi en deçà de toute discussion, parce qu'ils constituent la condition tacite de la discussion : la censure qu'exerce l'orthodoxie — et que dénonce l'hétérodoxie —, cache une censure plus radicale, plus invisible aussi, parce qu'elle est constitutive du champ[8].

Doxa, orthodoxie et hétérodoxie sont donc constitutifs de la régularisation du langage social. La doxa est en quelque sorte la matrice de la parole individuelle, du discours : « [...] des règles implicites, relevant à la fois de l'*habitus* constitué individuellement et d'une sorte de marketing doxique, sanctionnent la recevabilité du discours, définissant l'obscène, le démodé, l'indicible[9] ». Comment ne pas voir l'aspect protéiforme de la censure ? Elle réside à la fois dans la *doxa*, c'est-à-dire dans le faisceau de valeurs qui contraint l'exercice du langage collectif dans un temps et un espace donnés, en même temps que dans l'*orthodoxie*, manifestation concrète (discours, comportement, etc.) de la *doxa*, et dans l'*hétérodoxie*, puisque les gestes qui visent à écraser ou occulter cette dernière seront eux-mêmes qualifiés de censure. Selon qu'il s'agisse d'une contrainte ou d'une limitation du langage et de la parole, ces trois paliers renvoient à une forme ou l'autre de la censure. Ces facettes apparaîtront par l'analyse de divers cas au Québec, de la répression la plus vive à l'établissement de structures, d'institutions propres à mouler la pensée et le langage communautaire.

Mais voilà des distinctions théoriques pour chercheurs ! Car, dans la sphère religieuse, la censure du livre fait l'objet d'une définition beaucoup plus simple, en l'occurrence la distinction entre censure préalable et censure répressive :

> Fonctionnant dans le domaine du livre, la censure n'est rien d'autre chose que l'examen de leur contenu, un jugement sur leur valeur doctrinale ou morale. Le résultat est cependant différent, selon qu'elle porte sur des livres publiés ou à l'état de manuscrit[10].

Dans ce dernier cas, la censure *préalable* d'un manuscrit, un membre du comité de censure diocésain pourra refuser le texte, l'accepter tel quel ou exiger des révisions, accordant s'il le juge opportun son *nihil obstat*, complété par l'*imprimatur* épiscopal. Ouvrons par exemple *Les Rapaillages* de Lionel Groulx[11] : la mention *nihil obstat* est signée par E. Hébert, *censor librorum*, et le permis d'imprimer, par Mgr Paul Bruchési, archevêque de Montréal. Dans l'autre cas, celui de livres publiés et jugés irrecevables, le mal est fait et seule la prohibition de lecture, de possession ou de diffusion pourra corriger la situation. On sait que l'ensemble des ouvrages visés par cette seconde censure a été regroupé par Rome dans l'*Index* (*librorum prohibitorum*), appuyé par des classifications comme celle de l'abbé Bethléem.

La censure renvoie à des forces sociales ; mais, dans la sociologie des faits littéraires, elle met aussi à contribution chacun des relais du processus de communication de l'imprimé. Ainsi, émergence, reconnaissance, consécration et conservation désignent, en même temps que ses phases de circulation, des lieux où peut s'exercer la contrainte à l'égard du livre : revue, critique, académie, prix, enseignement, éditeurs, manuels, dictionnaires, librairies, bibliothèques représentent toutes des instances susceptibles d'infléchir le discours de l'œuvre ou le discours qui s'énonce à propos de celle-ci.

Bref, la censure, dans ses aspects multiformes, peut toucher de nombreux relais dans la dissémination de l'imprimé ; mais il faut mettre l'accent, au seuil d'une étude sur un sujet presque inexploité, sur l'importance de définir simplement et fonctionnellement cette censure.

Censure prescriptive, censure proscriptive

Patrick Imbert, dans un ouvrage consacré au cliché dans le roman québécois, a cru opportun d'évoquer la censure en lien avec son propos. Faut-il s'en étonner, puisque le cliché, par sa prévisibilité, représente un exercice du langage où le sujet voit sa liberté d'expression contrainte ? Or, brièvement, Imbert étale trois types de censure : *primaire*, où l'œuvre est mutilée ; *secondaire*, qui correspond à l'autocensure ; *tertiaire*, où il n'est pas permis « à l'utilisateur de penser, de voir, de saisir, de réfléchir, de projeter, de créer en dehors de certaines limites ramenant chacun aux *a priori* fondamentaux[12] ».

Malgré leur intérêt, ces propos gagneraient à être disposés autrement pour s'ajuster à la chronologie de la réalité. Car, dans l'ordre des choses, le premier niveau (« Tertiaire » chez Imbert) est à n'en pas douter celui où la parole est pré-dite, où le livre est pré-scrit. Charles Grivel désigne ce niveau par « vraie censure », où le code idéologique est considéré « comme langage de contrainte du sujet et exprimant ce sujet [...][13] ». L'efficacité totale au niveau primaire rendra inutile la répression ; pour reprendre un cliché, disons que la dissidence est alors « étouffée dans l'œuf ». Ce premier niveau sera appelé, plus loin, censure *prescriptive*.

Que le sujet soit assailli par quelque pensée hétérodoxe, qu'il se risque à les coucher sur papier, et voilà le deuxième niveau qui s'éveille : l'*autocensure*. Mécanisme d'autorégulation (qui est bien évidemment une hétéro-régulation intériorisée), l'autocensure est l'un des phénomènes les plus difficiles à saisir : ses traces se perdent dans la sphère intime ou privée, ou encore se masquent sous une rature ou une correction apparemment anodine du texte. Il suffit d'avoir réfléchi un peu sur le journal intime, par exemple, pour en saisir la nature insidieuse.

Le troisième niveau s'exécute (exécute, en fait) quand les deux premiers ont échoué : la censure brutale, mutilante. Apparemment indice d'un grand pouvoir, cette censure laisse cependant transparaître une faiblesse certaine, celle de n'avoir pu, *avant*, prévenir le non-dicible ; de plus, elle est empêtrée dans une contradiction irréductible, celle d'avoir dû *montrer* pour cacher. Voilà certes l'ironie de l'*Index*, qui indique ce qu'il ne faut pas voir. Je parlerai, à ce niveau, de censure *proscriptive*.

Établissons ainsi trois niveaux de censure : prescription, autocensure, proscription.

Et mon propos, dans tous ces distinguos ? Il atteindra amplement ses objectifs en se fondant sur les première et troisième formes de censure, celle qui s'applique à assurer l'harmonie des discours (prescriptive) de même que celle qui abat la parole divergente (proscriptive). Je ne traiterai donc pas, ici, d'autocensure proprement dite[14].

Voici donc, dans sa plus simple expression, le cadre notionnel qui appuiera ma démarche et que les cas à l'étude éclaireront :
1. Censure première : *prescriptive*
 Cette censure intériorisée programme le sujet ou le groupe ; sa doxa, ensemble de présupposés, code commun, produit un discours orthodoxe. Elle est le résultat d'un ensemble de stratégies qui cherchent à ancrer dans le sujet ou le groupe ce qui est pensable et dicible dans un temps et un espace donnés. Incitative, cette censure vise à faire croître l'orthodoxie dans un sol fertilisé par les institutions, les relais de dissémination de l'imprimé.
2. Censure seconde : *proscriptive*
 Le postulat est que plus elle s'exerce, plus cette censure seconde démontre la faiblesse de la première. Il s'agit évidemment ici de la censure répressive, qui s'attaque à l'hétérodoxe, et ses moyens sont l'exclusion, la mutilation, la condamnation.

Je m'excuse d'en appeler à la patience du lecteur par ces propos abstraits : si celui-ci persévère jusqu'au bout de ce livre, il devrait être en mesure de mettre des noms, des titres d'œuvres sur ces formes de censure au Québec. Mais j'admets aussi l'extrême difficulté de définir la censure, qui ne se laisse pas nommer comme une figure de style ou une règle de grammaire. Je propose d'entendre, par censure, tout mode de régulation de la vie communautaire ou individuelle, cette régulation étant extérieure au sujet ; ou, en d'autres mots, tout acte visant à créer un consensus non désiré[15]. Le *refus* dit la censure ; sans le refus, point de censure.

Cette « définition », de même que les concepts de *prescriptif* et de *proscriptif*, gouverneront plus loin une hypothèse de périodisation de la censure au Québec. Toutefois, il faut auparavant dire quelques mots sur l'institution religieuse qui a le plus marqué le mode répressif de la censure : l'*Index*.

Qu'est-ce que l'Index ?

Vers la fin du xve siècle, avec l'avènement de l'imprimerie et l'émergence de mouvements hérétiques, l'Église est préoccupée par le contrôle des idées exprimées par l'écrit. Les premiers efforts de contrôle ne réussissent pas à endiguer le flot, si bien que la censure prend, avec le concile de Trente au milieu du xvie siècle, le tournant négatif qui marquera les trois siècles suivants. En fait, « l'*Index Tridentinus* [du concile de Trente] eut force de loi dans l'Église de 1564 à la fin du

XIXe siècle[16] ». Là où la censure préalable a échoué, la censure répressive prend la relève.

L'*Index*, catalogue des livres défendus, connaît dans l'histoire des révisions importantes. Ainsi, Pie IX restreint la censure, en 1848, aux écrits touchant la religion et les mœurs. De même, Léon XIII en fait une révision importante : il s'agit de l'*Index leonianus*, promulgué le 27 janvier 1897 et qui, parmi d'autres changements, élimine tous les ouvrages condamnés avant 1600. Il faudra attendre le pontificat de Paul VI pour que soit aboli, en 1966, l'*Index* proprement dit[17].

Il convient de distinguer immédiatement la mise à l'Index d'un titre de son interdiction locale. Pour qu'un livre soit mis à l'Index, il doit être examiné attentivement par Rome, qui prend alors la décision qu'elle juge opportune : « La Congrégation de l'Index est le dicastère romain qui, de 1571 à 1918, fut chargé par le pape de tenir la liste des livres interdits[18]. » De tels cas de mise à l'Index, le Québec n'en compte que trois : l'*Annuaire de l'Institut Canadien pour 1868*, de même que celui de 1869, et un pamphlet de 123 pages, *Le Clergé canadien, sa mission, son œuvre*, de Laurent-Olivier David, daté de 1896. Nombreuses, cependant, sont les interdictions locales par un ou plusieurs diocèses car la législation de l'Index permet à un évêque de bannir de sa propre initiative un ouvrage dans son diocèse. Tel est le cas, bien connu, des *Demi-civilisés* de Jean-Charles Harvey, qui ne sera interdit en 1934 que par S. É. Rodrigue Villeneuve, cardinal-archevêque de Québec[19].

Notons enfin qu'il existe deux formes principales de condamnations : *opera omnia* (c'est-à-dire tous les ouvrages, comme ce fut le cas pour Zola en 1898), ou, beaucoup plus fréquemment, un ouvrage en particulier. La recension d'ouvrages condamnés, entre les XVIIe et XXe siècles, diffère selon les sources : les estimations oscillent entre 4000 et 6500[20].

Quel est l'effet d'une mise à l'Index ou d'une interdiction locale ? Il est bien sûr impossible de répondre pour chaque cas, puisque les conséquences dépendent du temps et du lieu où est promulguée l'interdiction. Mais, quant aux effets souhaités, le bannissement d'un ouvrage a des résonances très grandes. L'extrait suivant possède à ce titre un double intérêt — malgré sa longueur —, c'est-à-dire d'être issu d'une plume canadienne-française et de décrire très clairement les tentacules de l'interdiction. On y reconnaîtra d'ailleurs les stratégies de *proscription* et de *prescription* :

> L'Index défend, dans certains cas sous peine d'excommunication, de lire, de garder, de prêter ou de vendre, d'imprimer ou de publier

dans n'importe quelle langue que ce soit les ouvrages prohibés, même en vertu des seuls décrets généraux, et d'en prendre la défense, par exemple en empêchant qu'on les détruise, en louant leur doctrine erronée, en prétendant qu'ils ont été injustement condamnés. L'Index encore demande à tous de les dénoncer; il invite en particulier les autorités religieuses à en épier avec soin la diffusion et dans l'occasion à les proscrire vigoureusement. Il rappelle en outre, aux personnes ayant reçu l'autorisation légitime de lire et de garder les livres défendus, qu'elles sont tenues par un grave précepte de faire en sorte que ces livres ne parviennent point à d'autres mains : prescription qui atteint les individus, dont c'est le devoir spécial de disposer sagement de ces œuvres pour l'avenir s'ils ne veulent point après leur mort, par suite d'une négligence coupable, jouer indirectement dans l'ordre moral le rôle de malfaiteurs ; prescription qui atteint aussi les personnes préposées aux bibliothèques que fréquente le public et où le lecteur devrait toujours et uniquement trouver foyer de lumière et de vie[21].

L'emportement de ce morceau de doctrine est-il l'effet d'une vision personnelle de l'abbé Laberge ? D'une part, les affirmations de l'aumônier des Ursulines de Québec sont toutes fondées sur des références doctrinales; d'autre part, il en émane une sorte de vigueur personnelle qui donne l'impression que l'abbé Laberge entend appliquer rigoureusement la loi. Et cette ambiguïté entre la doctrine et son implantation est bienvenue, car elle nous rappelle que l'histoire de la censure ne consiste pas seulement à comprendre la loi de l'Église, mais aussi, mais surtout convient-il de dire, à caractériser la façon dont elle a été appliquée dans l'histoire. À ce chapitre, on verra que l'Église du Québec n'a rien à envier à Rome, ayant pourchassé l'ennemi avec un zèle qui a parfois étonné certains prélats italiens. Mgr Merry del Val, qui connaît bien le Canada et qu'on retrouvera dans l'affaire Laurent-Olivier David, n'avait-il pas fait cette remarque à Mlle Th.-V., qui s'apprêtait à quitter l'Europe : « Oh ! Vous allez au Canada ! Prenez-y bien garde ! Là-bas, on ne marche que sur des péchés mortels[22]. » Voici donc une nouvelle problématique fondamentale, celle de l'*histoire* de la censure, comme lieu de rencontre entre le droit canon, l'interprétation qu'en fait un groupe social donné et, enfin, le traitement des cas particuliers.

Une histoire de la censure : objet et problématique

Empruntons au vocabulaire contemporain : on peut concevoir l'histoire selon le mode analogique ou numérique. En mode analogique, c'est la lente continuité du temps qui appelle l'intérêt ; on cherche moins les « réalités » elles-mêmes que ce cours presque insaisissable qui les unit. Mais, pour poursuivre la métaphore, cette observation est aussi ardue que de suivre les aiguilles d'une montre. Le mode numérique est, avouons-le, plus spectaculaire : ce sont des objets fixes, définis qu'il affiche. Ce sont les « cas » de censure qu'il retrace.

On travaillera ici dans les deux modes. En effet, on peut assurément se poser la question : qu'est-il arrivé sur le plan de la censure ? Quels sont les cas qui peuvent et doivent être analysés pour eux-mêmes ? Toutefois, on cherchera également à comprendre les réseaux, les points de suture, les liens qui ont rendu possibles ces faits, et quelles conséquences ceux-ci ont eues sur la grande horloge censoriale. En d'autres mots, pour anticiper sur deux cas à venir, les répressions (avortées) contre les abbés Chaboillez et Pigeon, ou encore contre Laurent-Olivier David, nous intéresseront pour elles-mêmes, certes, mais aussi en ce qu'elles représentent les moments d'un parcours ; Chaboillez et Pigeon, parce qu'ils posent à la face du clergé la nécessité de la censure, et David, parce qu'il désigne l'apex d'un mode de répression qui ne pourra survivre à l'entrée dans le XXe siècle. Bien sûr, je reviendrai sur ces questions, ne voulant pour l'instant que mettre en relief ce double intérêt pour le cas exemplaire mais, aussi, pour le parcours évolutif.

Ces considérations sur les cas posent par ailleurs la question de notre objet : sur quoi va-t-on travailler ici ? Sur la censure, certes, mais encore ? N'y a-t-il pas de censure sans sujet qui est responsable de son exercice ? sans objet matériel sur lequel elle s'exerce ?

Ce sujet censeur est, c'est entendu, le clergé. Comme acteur dominant de la cohésion sociale et

> pour s'assurer de l'emprise de [son] discours, le clergé québécois sera amené à élaborer un discours sur les formes et modalités des diverses pratiques sociales, souhaitées et souhaitables, de façon à unifier et conformer l'ensemble de celles-ci au projet de société sous-jacent à ce contenu idéologique[23].

Nombreuses sont cependant ces pratiques sociales : éducation, loisirs, associations et clubs sociaux, etc. Les secteurs que le clergé a investis, surtout à partir du début du XXe siècle, sont tellement variés qu'il serait impossible de les saisir tous, à moins de limiter l'étude à une période fort restreinte. L'objet de cette étude sera le livre et le journal (ou le périodique), et désigné ici par le terme générique d'*imprimé*. Si l'imprimé a été retenu ici, c'est qu'il représente à cette époque l'une des pratiques les plus efficaces (donc les plus redoutées) dans la dissémination des paroles divergentes, de même que le lieu d'intervention le plus continu de la part du clergé[24]. Bien sûr, je serai attentif aux relais de diffusion du livre, de la brochure, du journal : imprimerie, librairies, éditeurs, bibliothèques. Enfin, je ne ferai appel que marginalement au théâtre représenté, dont j'ai déjà dit qu'il a été étudié en détail, et qui ne sera mis à contribution ici que parce qu'il est indispensable pour saisir l'établissement des velléités de contrôle sous le Régime français.

Il faut pourtant des indicateurs pour construire le corpus à étudier. Où les trouver ? Le matériau brut est fourni par les mandements et les autres documents officiels des évêques (circulaires, lettres pastorales) ; ces documents représentent la première source pour saisir l'ensemble des imprimés et des stratégies qui les touchent, et c'est pourquoi l'Annexe 2 fournit la description complète des mandements, circulaires et lettres pastorales liés à la censure (prescriptive et proscriptive)[25]. Cette approche ne veut pas dire que d'autres cas n'ont pas attiré les regards soupçonneux ou réprobateurs du clergé : ainsi, le *Moniteur du Commerce* s'est vu rabrouer par *La Semaine religieuse de Montréal* pour un article contre le clergé[26], *La Bêche*, pour des caricatures attaquant le clergé franco-américain[27], etc. *La Semaine religieuse de Montréal* et *La Semaine religieuse de Québec*, hebdomadaires patronnés par ces deux évêchés, seront par conséquent souvent mises à contribution pour éclairer des cas, pour établir certains principes. Mais, par crainte de dispersion et parce qu'ils ont une fonction accessoire, je ne traiterai pas ces hebdomadaires exhaustivement, me contentant au besoin de les convier pour un complément d'information. Bref, les imprimés qui figurent dans les textes officiels du clergé et, au besoin seulement, ceux qui sont essentiels à une juste compréhension de l'histoire de la censure, serviront ici de substrat. Enfin, j'exclurai les livres religieux proprement dits (bibles, livres de spiritualité, etc.) puisque, en ce domaine, le clergé exerce, en toute légitimité, un pouvoir à l'intérieur d'un champ marqué par une logique propre et autonome[28].

Tant qu'à rappeler les limites de cette étude, en voici une autre, importante par ailleurs : je n'irai pas au-delà de la censure qui émane de Québec et de Montréal puisque là se passent la plupart des activités censoriales, les autres diocèses reprenant souvent les mêmes propos. En outre, comme on le verra, Québec et Montréal entretiennent un lien dialogique indissociable sur le plan du contrôle de l'imprimé. Je souscris donc entièrement aux restrictions qu'a posées Danielle Rainville dans son mémoire :

> Nous n'avons choisi que les deux diocèses de Québec et de Montréal. En effet, seules les villes de Québec et de Montréal atteignent des tailles respectables. Capitale politique et religieuse, ville de services, Québec subit la pression des traditions. Par contre, Montréal possède le caractère cosmopolite et l'esprit commercial des villes américaines. [...] Bien que nous ne parlions que de deux diocèses, il n'en demeure pas moins qu'ils se révèlent comme les plus anciens et les plus représentatifs[29].

On acceptera, je l'espère, cette synecdoque méthodologique : la partie que forment Québec et Montréal représente certainement le tout, en l'occurrence le Québec.

Pour terminer, je veux poser la problématique historique qui informe cette étude ; autrement dit, comment se transforme la censure entre le XVIIe siècle et 1919 ? Cette question est la plus délicate de tous les problèmes que soulève une histoire de la censure. La seule tentative faite en ce sens est celle qu'offre Danielle Rainville. Fondé lui aussi sur les mandements de même que sur les documents de la *Semaine religieuse*, son mémoire, qui porte sur les relations entre l'Église et l'imprimé de 1880 à 1960, propose le découpage suivant :

1. 1836-1876, sous Mgr Ignace Bourget, une ère « relativement paisible[30] » ;
2. après 1876 et jusque vers 1910, la prospérité grandiose ;
3. entre 1911 et 1939, les premières ruptures ;
4. de 1939 à 1960, l'effacement graduel de l'Église.

Pourtant, devant une réalité qui n'est pas aussi catégorique, je crois utile d'apporter quelques nuances et corrections à cette périodisation. D'abord, sous le règne de Mgr Bourget, affirme Rainville, « les positions de l'Église face à l'imprimé ont, somme toute, été relativement paisibles[31] » ; on verra qu'il n'en est rien. En vérité, le XIXe siècle connaît, à l'article de la censure, diverses modulations que je tenterai de rendre avec le plus de justesse possible. Par exemple, la « prospérité grandiose » de 1876 ne survit pas au tournant des années 1880 et, en fait, les années 1890-1896, on le verra, seront particulièrement difficiles pour le pouvoir censorial clérical. La question universitaire, le procès intenté par *Canada-Revue* contre Mgr Fabre, la mise à l'Index du *Clergé canadien, sa mission, son œuvre*, de Laurent-Olivier David, soulèvent à ce moment des débats passionnés. Enfin, je proposerai une vision tout autre de la période 1911-1939 : dans les années 1920, l'épiscopat de Québec, tout comme celui de Montréal, demeure « écouté et obéi par une partie du peuple[32] », partie qui semble encore très importante. Certes, les écrits immoraux, le théâtre, le cinéma, la licence des mœurs inquiètent un clergé dont les interventions publiques se font plus parcimonieuses. Comment expliquer ce retrait ? Une démission ? Certes non. C'est que deux faits nouveaux marquent cette période : la formation de la pensée au moyen d'organes de presse catholique et d'associations laïques, de même que l'appui de plusieurs journalistes catholiques. Si les interventions sont moins spectaculaires, c'est peut-être que l'encadrement est plus large, plus efficace[33] ? En matière d'analyse censoriale, il faut se méfier de l'harmonie ; elle peut cacher, et même engendrer le refus.

L'Église *souffrante* (1625-1840), *militante* (1840-1910), *triomphante* (1896-1919) : ces trois grandes étapes de la censure résultent de mon analyse et, à cet égard, revêtent un caractère a posteriori ; voilà pourquoi je crois utile d'appuyer cette problématique sur un autre fondement, objectif celui-là, celui du dépouillement statistique des mandements des évêques.

Les mandements offrent en effet ce qui est essentiel comme première saisie du problème de la périodisation : un *indicateur*. On n'insistera jamais trop sur l'importance de ces mandements. Je suis bien conscient qu'ils ne représentent que la partie visible de l'iceberg, mais c'est justement de là qu'ils tirent leur importance. Léopold Houlé, dans son histoire du théâtre canadien, note que l'anémie de notre critique dramatique est palliée par les mandements : « pendant longtemps, la censure, si curieux que cela puisse paraître, ne s'est guère exercée que par les mandements épiscopaux. Au fait, si on veut connaître le caractère des spectacles du temps jadis, on n'a qu'à les lire[34]. » Mais il n'y a pas que le théâtre dont les mandements puissent donner le portrait : toute l'histoire du contrôle de l'imprimé traverse ces textes. L'expression employée par Jean Hamelin et Nicole Gagnon les qualifie parfaitement : les mandements représentent un « catalogue des symptômes[35] ».

Un aperçu quantitatif[36] des interdictions religieuses permet ainsi de prendre les battements au chapitre de la censure ; certes, les liens, l'interprétation des événements eux-mêmes ne sont pas pour autant faits. Mais cette vision statistique des proscriptions désigne le premier pas de cette longue démarche :

Année	Montréal	Québec
1810		Le Canadien
1850		Mauvais journaux
1854		Mauvais journaux
1858	Mauvais journaux (2)	
1859	Mauvais journaux	
1860	Le Pays (2), Le Constitutionnel, La Patrie, Le Siècle, L'Opinion nationale, Le Courrier de Paris, Le Semeur, Le Courrier de Saint-Hyacinthe	
1862	Le Pays	
1867		Lettre [...] (Pelletier)
1868		Lettre [...] (Pelletier)
1869	Annuaire de l'Institut canadien (3), Le Courrier de Saint-Hyacinthe (2)	
1871	Le Pays	
1873	La Minerve (2), La Grande Guerre [...] (Dessaulles) (2), Le Nouveau Monde (2), Annuaire de l'Institut canadien	
1875	Annuaire de l'Institut canadien	
1876		Le Réveil
1881	Le Monde	Écrits contre l'Université Laval
1882	Le Monde, La Revue canadienne, Le Courrier des États-Unis	La Conscience [...] (Paquin) Le Courrier des États-Unis
1884	La Source du mal [...] (Pelletier)	La Source du mal [...] (Pelletier)
1886		La Lanterne (Buies)
1889	Un certain journal[37]	
1892	Canada-Revue, L'Écho des Deux-Montagnes,	Mauvais journaux, Canada-Revue, L'Écho des Deux-Montagnes
1893	Mauvais journaux	La Vérité
1895	Canada-Revue, L'Écho des Deux-Montagnes, Mauvaise presse	
1896		L'Électeur
1897	Le Clergé [...] (David)	Le Clergé [...] (David)
1903	Les Débats	
1904	Les Débats, Les Débats [Marie Calumet, Girard]	

1907 Mauvais journaux
1909 *La Semaine* [« Les Foins », Laberge]
1911   *La Vigie, Le Soleil*
1912 *Le Pays, La Lumière*
1913 *Le Pays*   *Le Pays*

- les chiffres entre parenthèses indiquent le nombre d'interdictions;
- vu le peu d'espace, les titres ont été considérablement abrégés; on se reportera à l'Annexe 2 pour obtenir les renseignements complets.

Quelques conclusions se dégagent de la distribution des interdictions, donnée dans le graphique suivant:

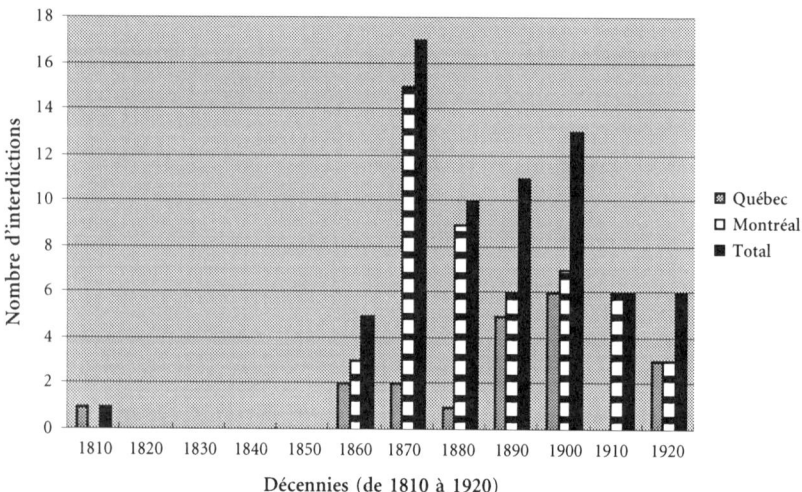

La courbe globale additionnant Montréal et Québec indique un sommet à la fin de la décennie et un nombre important d'interventions entre 1870 et 1899. En outre, une baisse importante se manifeste durant les années 1910-1919. Pris séparément, les clergés de Montréal et Québec suivent un rapport inverse sur le plan des sommets: Montréal atteint le sien entre 1860 et 1870, à l'occasion de ses attaques contre l'Institut canadien de cette ville, et Québec (alors que Montréal fléchit), entre 1890 et 1900, au moment des problèmes avec *Canada-Revue*, *L'Électeur* et *Le Clergé canadien, sa mission, son œuvre*, de Laurent-Olivier David. Inutile de dire que ces temps forts de la censure mériteront beaucoup d'importance.

Cependant, le fléchissement des années 1910-1919 ne doit pas nous leurrer. Il serait trop simple d'y voir un retrait du contrôle ecclésiastique. Je n'aurai de cesse que cette idée s'avère : il faut se méfier autant de l'absence d'une censure explicite que de sa présence, l'harmonie pouvant témoigner d'une programmation étouffante du dicible, mais aussi d'une réaction. En ce sens, à partir du début du XXe siècle, la discrétion du clergé en matière d'intervention répressive est la conséquence d'une stratégie autrement plus efficace, c'est-à-dire le contrôle de la parole par les moyens d'action sociale, qui ont pour effet d'instituer le dicible sur toute l'étendue de la communauté des fidèles. Bref, sur le Québec tout entier...

Il s'agira donc de voir comment, à travers trois siècles, s'est édifiée la censure cléricale; mais pourquoi arrêter l'étude en 1919 ? Aux raisons souventes fois évoquées sur le plan du corpus littéraire luimême, ajoutons que le contexte censorial commence à se transformer au tournant des années 1920. L'indicateur le plus probant repose sur l'importance grandissante que prendront les institutions laïques dans la dissémination de l'imprimé. Les éditeurs commencent à émerger (Albert Lévesque, Albert Pelletier, etc.), laissant sur le paysage littéraire une trace indélébile. Ensuite, durant les années 1940 s'implanteront d'importantes entreprises telles le Cercle du livre de France ou l'Institut littéraire du Québec ; des prix littéraires de renom, surtout le prix du CLF, raviront progressivement au clergé le monopole de la légitimation. En ce sens, le tournant des années 1920 semble être, sur le plan de la censure, un point culminant de non-retour. Aller au-delà de ces années ferait surgir une tout autre problématique.

Pour terminer, quelques mots s'imposent sur les «vitesses» de cette étude pour faire comprendre la véritable nature de son objectif. Je tente ici, pour la première fois, de donner un aperçu de la censure ecclésiastique au Québec. Or, sur ce sujet, nous savons, ici, beaucoup de choses (*Canada-Revue* par exemple), là, presque rien (*Le Clergé canadien, sa mission, son œuvre* de Laurent-Olivier David). Comme mon but n'est pas de parler des seuls cas peu connus, mais aussi de proposer un parcours d'ensemble, j'adopterai un régime à vitesse variable : les cas sur lesquels on ignore presque tout seront évidemment étudiés plus en détail, mais les autres donneront tout de même lieu à un état de la question, à une synthèse de nos connaissances. Car, en définitive, c'est la vision d'ensemble qui désigne l'objectif premier des chapitres qui vont suivre.

Puisqu'il a été question de «vitesse narrative», aussi bien poursuivre les considérations narratologiques et parler d'énonciation. Ce n'est pas par ludisme pronominal que l'introduction et la conclusion de cette recherche sont assumées par un «je», tandis que le corps du texte est pris en charge par le «nous». Ces pronoms renvoient à la genèse même de ce travail sur la censure.

Je me rappelle le premier contact que j'ai eu avec l'un des cas importants de censure au Québec, occasion inopinée fournie par un travail sur le journal *Le Canadien* ; c'était, je crois, en 1988. Depuis ce temps, le dossier sur la censure s'est enrichi, particulièrement en ce qui a trait aux années 1800-1840 et 1890-1919, sur lesquelles peu d'informations étaient disponibles. Mais ce périple intellectuel a aussi profité, en cours de route, de l'apport de personnes que le sujet a intéressées, et qui se sont ainsi jointes à cette démarche. Ainsi, Patrick Nicol assume le chapitre sur l'Institut canadien de Montréal, et nous avons travaillé ensemble pour comprendre le rôle de l'action catholique et de ses divers mouvements au chapitre de la censure. Marie-Pier Luneau[38] a fait, patiemment, le dépouillement systématique des mandements et de la *Semaine religieuse* de Québec et de Montréal, et c'est à elle que l'on doit l'Annexe 2. Voilà donc la raison d'être du «nous» qui gouverne les sept prochains chapitres ; il s'agit d'un pluriel non de majesté, mais de légitimité.

PREMIÈRE PARTIE

L'ÉGLISE SOUFFRANTE :
L'ère pré-censoriale
(1625-1840)

1
La censure casuelle (1625-1800)

La période qui couvre le Régime français et les quelque quarante années du Régime anglais sont assez bien connues en ce qui a trait à la censure ; étonnamment, à partir du XIXe siècle, plusieurs éléments du contrôle ecclésiastique nous échappent.

Pourquoi cette connaissance de l'époque la plus lointaine est-elle aussi la plus grande ? Cette situation s'explique par le fait que les livres, somme toute assez peu nombreux, s'adressent à une population dans l'ensemble peu alphabétisée. L'ennemi est ailleurs. Il se manifeste, en réalité, par le genre qui peut rejoindre plus de personnes que l'imprimé : entendons ici, bien sûr, le théâtre. Or plusieurs études détaillées retracent les liens tendus qu'ont eus l'Église et le théâtre, aux XVIIe et XVIIIe siècles. Il ne s'agira donc pas ici d'ajouter de nouvelles preuves au dossier, mais plutôt d'interpréter ces rapports dans le cadre d'une histoire générale de la censure au Québec[1]. Or, dans la perspective d'ensemble de cet historique, l'hypothèse qui caractérise les XVIIe et XVIIIe siècles est la suivante : les cas de censure désignent des interventions casuelles, c'est-à-dire qu'elles répondent à des événements bien précis. Il ne faut pas voir, à cette époque, un contrôle appuyé par une batterie d'institutions rodées et un ensemble de stratégies habiles et calculées. Certes, la France contrôle indirectement l'entrée des livres par la censure qu'elle exerce chez elle, mais la Nouvelle-France, pour sa part, n'a pas de plan arrêté de censure. L'on devra, pour cela, patienter jusqu'au milieu du XIXe siècle ; mais l'importance de cette période n'en est pas moins grande pour saisir les premiers efforts dans le tissage des rets censoriaux.

Malgré l'avant-scène occupée par le genre théâtral, l'imprimé inquiète tout de même le clergé, dans des proportions moindres. Mais nous lui accorderons l'importance qu'il mérite, d'autant plus que le premier cas de censure touche précisément le livre. Ainsi, avant le théâtre, l'imprimé nous donnera l'occasion, à partir des quelques cas ou témoignages connus, de réfléchir sur le discours officiel du clergé à cet égard. Enfin, après le genre théâtral, la liberté de la presse, dans son émergence entre 1764 et 1800, devra être étudiée pour ce qu'elle est, une source d'inquiétudes pour le clergé, et ce qu'elle annonce : les grands débats du début du xixe siècle.

Preambulare : marcher avant. Pour la connaissance de la censure, notre marche principale, celle qui se constitue en un ensemble cohérent, couvre les années 1800 à 1919. Toutefois, il est impossible de comprendre cette (dé)marche sans à tout le moins donner l'état de la question en ce qui a trait à la censure avant le xixe siècle, pour bien faire voir les bases fragiles qui appelleront ensuite un contrôle de l'imprimé. Tel est le sens de ce premier chapitre, qui peut aussi se comprendre comme une sorte de préambule. Et, contrairement aux prochains chapitres, qui respecteront plutôt la chronologie des faits, on abordera ici la censure autour de trois axes : le livre et la lecture, le théâtre et la presse. Cette approche particulière au premier chapitre se justifie par l'aspect temporellement discontinu des gestes de censure entre 1625 et 1800.

Le livre dangereux : le premier cas de censure connu

À la section des *questions*, un certain E. L. demande, en 1895, dans le *Bulletin des recherches historiques* : « J'ai lu quelque part qu'un livre avait été brûlé par le bourreau sur la place publique de Québec, au commencement de la colonie ? [sic] Quel était ce livre et pourquoi fut-il brûlé[2] ? » La réponse suit : il s'agit de l'*Anti-Coton*, pamphlet dirigé contre le père Coton, confesseur de Henri IV[3]. Jésuite, le père Coton avait fait paraître, en 1610, une *Lettre déclaratoire* dans laquelle il se défendait des calomnies adressées contre son ordre religieux. L'écrit « attira sur la compagnie de Jésus et sur le père Coton plusieurs satyres [sic], dont la plus violente [...] a paru sous le titre d'*Anti-Coton*[4] ». L'*Anti-Coton* traversa l'Atlantique on ne sait trop quand ; mais une chose est certaine, c'est que l'année de l'arrivée des Jésuites au Canada, en 1625 donc, coïncide avec le premier autodafé connu : « Vostre R. [Révérence] croiroit-elle bien [écrit le père L'Allemant] que nous avons trouvé l'Anti-Coton, que l'on faisoit courir de chambre en chambre, et qu'enfin l'on a bruslé quatre mois apres notre arrivée[5].» Ce pamphlet faisait évidemment grand tort aux jésuites, si bien que le brûler, en octobre suivant, pouvait aider, comme le croit le père L'Allemant, à «donner d'autres impressions de nostre Compagnie, qu'on avoit en ce pays». Walter Riddell note, sans nuance : «The rise of that control [le contrôle ecclésiastique] more properly dates from the coming of the Jesuits in 1625[6].»

L'*Anti-Coton* soulève la question générale du contrôle de l'imprimé sous le Régime français. Or, à cause des témoignages contradictoires, il est ardu de se faire une idée juste de la rigueur de ce contrôle. Même si l'*Anti-Coton* donne l'impression d'une censure prompte à exécuter, l'opinion d'Antoine Roy nuance l'importance de ce cas:

> À l'encontre de ce que l'on croit d'ordinaire, une certaine indépendance intellectuelle avait toujours existé au Canada. [...] En réalité, les prêtres ne paraissaient pas avoir beaucoup gêné la libre activité des cerveaux canadiens. Grands liseurs eux-mêmes, ils ne damnaient pas pour si peu que de ne pas venir prendre chez eux le mot d'ordre. Le cas de l'*Anti-Coton* qui fut brûlé par la main du bourreau en 1626 reste un exemple isolé[7].

Ce jugement, nuancé dans le cas du Régime français, semble également s'appliquer au début du Régime anglais. En effet, après un bref tour d'horizon de la production et de la diffusion des journaux de même que des livres à la fin du XVIIIe siècle et au début du XIXe, Lucien Lemieux conclut :

> Ces quelques bribes sur les publications de l'époque montrent le peu d'importance qui leur fut accordée du côté ecclésiastique. Qu'on se souvienne du petit nombre de catholiques qui savaient lire et qui avaient le loisir et les moyens pécuniaires pour le faire, et on comprendra le peu d'attention qui fut apportée à ce domaine d'ordre culturel[8].

C'est pourquoi des propos comme ceux de LaHontan sur la dictature du clergé sont sans doute au-delà de la vérité :

> Ils [les curés] défendent et font brûler tous les livres qui ne traitent pas de dévotion. Je ne puis songer à cette tyrannie, sans pester contre le zèle indiscret du Curé de cette ville. Ce cruel entrant chez mon hôte et trouvant des livres sur ma table, se jette à corps perdu sur le Roman d'aventure de *Petrone*, que j'estimais plus que ma vie, parce qu'il n'était pas mutilé. Il en arrache presque tous les feuillets avec si peu de raison, que si mon hôte ne m'eût retenu lorsque je

vis ce malheureux débris, j'eusse alors accouru chez ce turbulent pasteur pour arracher aussi tous les poils de sa barbe[9].

Une approche prudente consiste à dire que, tout en étant vigilant, le clergé n'a pas poussé l'offensive jusqu'à mettre sur pied une Gestapo du livre[10].

La lecture : du confessionnal au discours public

La lecture n'est pas vue que sous un angle négatif ; si elle est bien orientée vers les livres édifiants possédant une valeur incitative sur le comportement, elle représente un moyen appréciable de formation.

En outre, la lecture doit se faire de manière intensive, en opposition à extensive :

> [...] du Moyen Âge à 1750 environ, les hommes lisaient « intensivement ». Ils ne disposaient que de quelques livres : la Bible, un Almanach, un ou deux ouvrages de dévotion — et ils les relisaient sans cesse, généralement à voix haute et en groupe, de sorte qu'une sélection limitée de littérature traditionnelle se gravait dans leur conscience. Vers 1800, les hommes lisent « extensivement ». Ils disposent de toutes sortes de matériaux, spécialement des périodiques et des journaux, mais ils ne les lisent qu'une fois, puis passent à l'article suivant[11].

Ces propos valent pour l'Europe, si bien que, mutatis mutandis, on pourrait les appliquer au Québec bien après la période que traite ce chapitre. À titre d'exemple, un article dans *La Gazette de Québec* de 1779, qui s'intitule « Essai sur les effets de la mauvaise lecture sans application[12] », est un plaidoyer éloquent pour la lecture intensive. Deux personnages, Patiens et Velox, font des études, mais Patiens, qui est moins vif d'esprit que Velox, travaille et lit avec assiduité, tandis que Velox fait tout « avec la même légèreté et précipitation qu'il lisait un magasin ». Patiens deviendra avocat, tandis que Velox échouera et se retirera à la campagne. Cet *exemplum* rappelle à tous qu'il convient de lire peu et bien.

Et pendant qu'il essaie de surveiller la lecture, quel discours officiel le clergé tient-il ? Les mandements qui traitent du livre sont peu nombreux ; mais ils intéressent par le moyen dont disposent les prêtres pour contrer le mauvais livre, et par une certaine recrudescence du « discours impératif » à la fin du xviiie siècle.

Quel est-il, *le* moyen de contrôle ? Il est présenté clairement dans les mandements : il s'agit de « refuser » ou de « différer l'absolution » à

« ceux qui composent ou débitent de mauvais livres, vers ou chansons[13] ». Dans un « Mandement pour les cas réservés », c'est-à-dire où seul l'évêque peut absoudre le pécheur, Mgr de Saint-Vallier se réserve le pardon à « Ceux qui profèrent en public, ou écrivent quelque chose d'injurieux contre Dieu, la sainte Vierge et les Saints », de même qu'à « Ceux qui font des Libelles, ou Chansons diffamatoires[14] ». Il importe de noter l'espace où est, pourrait-on dire, confinée la censure : la sphère du confessionnal, l'espace du privé. Symptomatique du manque de rayonnement ou d'emprise sur l'espace public, la sanction du mauvais livre, c'est-à-dire de son lecteur ou de son diffuseur, dans la relation intime de la confession, montre combien le clergé est loin de dominer, ou même d'influencer l'espace public de production et de consommation du livre. Et ce qui est visé, ce n'est évidemment jamais l'objet matériel, mais celui qui le lit, le produit ou le diffuse ; d'ailleurs, aucun imprimé n'est nommément interdit dans les documents officiels du clergé, entre 1656 et 1800. Toutefois, la confession possède un certain pouvoir d'encadrement de la lecture :

> La confession représente d'abord une façon efficace de contrôler et d'orienter les lectures des individus. Obligation essentielle du catholique et moyen privilégié d'acculturation religieuse, la confession individuelle impose au fidèle, au moins une fois par an, de porter un regard introspectif sur ses comportements et de soumettre cet examen de conscience à la sanction et à l'absolution du curé de paroisse[15].

Un changement important semble toutefois s'accomplir, au tournant du XVIIIe siècle. Auparavant, répétons-le, le porteur du livre est visé, et sa censure s'exerce au confessionnal. Cette pratique se poursuivra longtemps ; mais le discours qui se déplace du sujet à l'objet, qui attaque l'objet-livre en adoptant l'impératif, apparaît avec le début du XVIIIe siècle. Pour la première fois d'un ton aussi sentencieux et en visant le livre, Mgr de Saint-Vallier, en 1700, exhorte les curés et missionnaires à « bannir de leurs Paroisses tous les Livres suspects, ou propres à inspirer le libertinage[16] ». Le « livre suspect » est désormais nommé dans le discours public. Ce ton plus véhément s'explique entre autres par le fait que, après la Conquête, les ouvrages arrivent d'Angleterre et, après 1776, des États-Unis. Plusieurs imprimés échappent ainsi à la censure.

Cependant, une fois n'est pas coutume ! Il faudra attendre soixante-sept ans pour que le même discours se fasse entendre par la voix, cette fois, de Mgr Briand. Et encore, ces propos tenus en 1767 flairent davantage le constat, voire l'aveu de faiblesse : Mgr Briand déplore que « ces vices autrefois si rares dans cette colonie », parmi lesquels il faut compter « la hardiesse à lire les livres les plus dangereux », marchent « la tête levée parmi nous[17] ». Les livres dangereux étaient-ils effectivement « si rares » autrefois ? Mgr Briand pressent-il les effets de l'imprimerie, introduite officiellement au Québec depuis 1764 ? Voit-il poindre la menace des bibliothèques dont il perdrait le contrôle[18] ? Quoi qu'il en soit, le pontife Clément XIV est affligé, dit Mgr Briand quelques années plus tard, par les

> livres impies que la jeunesse faible et téméraire, légère et curieuse, souvent peu instruite et sans principe, recherche avec empressement, lit avec avidité et admiration, et avec un goût criminel, qui lui devient d'autant plus pernicieux que la conduite perverse qu'ils contiennent est d'accord avec leurs passions, et ne flatte que trop les penchants corrompus de leur nature [...][19].

Ce mandement, le premier à être aussi détaillé, à nommer le livre mais aussi à pointer la jeunesse comme victime de choix, ne s'arrête pas là. Le discours impératif suit le constat :

> Cessez ces lectures dangereuses soit pour votre foi, soit pour vos mœurs ; ce n'est pas assez : brûlez avec courage et une espèce d'indignation ces livres séducteurs et empoisonnés ; sur cela, ne vous fiez ni à votre esprit, ni à votre cœur ; certainement s'ils n'éteignent pas d'abord votre foi, ils l'affaibliront de telle sorte que bientôt vous n'en aurez plus ; s'ils ne corrompent pas vos mœurs, ils vous rendront moins timorés, moins exacts, moins vigilants et conséquemment bientôt prévaricateurs. Ajoutez à cela que les faux et détestables principes, les dangereuses maximes que vous y aurez lus, deviendront une source malheureusement féconde de tentations qui vous affligeront et vous tourmenteront jusqu'à la mort ; ne laissez pas à vos enfants un si détestable et si dangereux héritage[20].

L'on ne citera pas au long toutes les sorties du clergé contre le mauvais livre, bien sûr ; mais ce premier témoignage, dès 1771, d'un discours en émergence qui deviendra poncif au xixe siècle, se devait d'être donné *in extenso* pour son rôle fondateur.

Comme il y a loin de la coupe aux lèvres, il y a aussi une grande distance entre les propos de l'épiscopat et le « bûcher bibliographique ». Le fléau du mauvais livre semble progresser, témoin cet aveu de Mgr Hubert, une vingtaine d'années plus tard (1794) : « La lecture des mauvais livres qui inondent le pays, et à l'introduction desquels on ne peut mettre obstacle, y a fait de grands ravages, même parmi les catholiques[21].» Voilà qui appuie la thèse d'une censure difficile, peut-être même rare, de la part du clergé. Plus encore, Mgr Hubert se réjouit de ce que l'autorité publique ait tenté de «proscrire les nouveaux systèmes» — sans doute faut-il penser ici à la Révolution française —, ce qui a fait «cesser une partie des discours séditieux et impies». Suit cette reconnaissance, presque incroyable, de la faiblesse censoriale du clergé: «C'est à quoi n'avaient pu parvenir les ouvriers évangéliques, parce qu'ils ne menaçaient que des jugements et de la vengeance céleste[22].» Il faut donc développer une autre arme...

Tel semble avoir été, donc, le genre de censure exercée par le clergé à l'endroit du livre, jusque vers 1800: du cas à cas, contre le livre lui-même ou contre son porteur, au confessionnal. Pendant ce temps s'élabore un discours officiel dont l'allure parfois un peu frondeuse n'arrive pas à camoufler une faiblesse certaine. Mais l'imprimé n'est pas tout; il est même bien peu de chose à cette époque en regard du théâtre, qui touche une plus grande partie de la population. Les gestes et le discours adressés aux représentations théâtrales corroborent-ils la même anémie que vis-à-vis du livre?

L'Affaire Tartuffe

À un siècle d'intervalle, l'Affaire *Tartuffe* et celle du Théâtre de société ont marqué les deux temps forts de l'intervention du clergé dans le théâtre. On connaît bien ces épisodes d'éclat, si bien qu'il suffira d'en retracer les grandes lignes. Mais quelle a été l'influence réelle du clergé dans ces deux cas? Comment s'insèrent ces querelles dans l'histoire de la censure? Voilà ce qu'il faut surtout, ici, tenter de comprendre.

La querelle autour de la pièce de Molière, l'affaire «du» *Tartuffe* pour parler avec le vocabulaire de l'époque, est de loin la plus connue de ces deux interventions du clergé. Mis à part quelques articles, elle est traitée, dans le style engagé qu'on lui connaît, par Séraphin Marion[23] et, dans une approche plus objective, par Jean Laflamme et Rémy Tourangeau.

Dans ses grandes lignes, cet affrontement s'est déroulé ainsi. En janvier 1694, «le bruit court à Québec que l'on s'apprête à jouer *Tartuffe* de Molière», initiative due au gouverneur Frontenac[24]. L'évêque fait lire presque immédiatement (le 16 janvier) un mandement dénonçant:

le Sieur de Mareuil qui, au mépris des avis souvent réitérés que nous lui avons donnés et fait donner par des personnes très dignes de foi, continue à tenir des discours en public et en particulier, qui seraient capables de faire rougir le ciel, et d'attirer les carreaux de la vengeance de Dieu sur sa tête[25].

Qui est cette victime, ce Sieur de Mareuil ? Il s'agit de Jacques de Mareuil, qui devait tenir le rôle principal dans *Tartuffe* ; et, comme le note Séraphin Marion, ce Mareuil « n'avait rien d'un saint de vitrail[26] ». Il faut ajouter que, quelques jours avant, le 10 janvier plus précisément, le chanoine Charles de Glandelet avait prononcé un vigoureux « Éclaircissement touchant la comédie[27] » qui, en distinguant deux sortes de comédies, n'en conclut pas moins que les comédies, honnêtes ou non, constituent « des occasions prochaines de péché » et qu'il « y a une obligation indispensable à tout chrétien d'éviter les occasions prochaines du péché et de sa perte[28] ».

Mgr de Saint-Vallier juge opportun, le 16 janvier suivant, d'émettre un « Mandement au sujet des comédies » qui appuie, dans ces termes, l'interdiction posée : des comédies impies ou impures s'opposent parfois à la religion en l'attaquant ou en la ridiculisant, « comme pourrait être la comédie du Tartuffe[29] ». L'évêque de Québec rend ensuite ce verdict sans appel :

[…] Nous déclarons que ces sortes de spectacles et de comédies ne sont pas seulement dangereuses, mais qu'elles sont absolument mauvaises et criminelles d'elles-mêmes et qu'on ne peut y assister sans péché, et comme telles nous les condamnons et faisons défenses très expresses à toutes les personnes de notre diocèse de quelque qualité et condition qu'elles soient de s'y trouver[30].

Ajoutons que si, de fait, *Tartuffe* ne fut pas joué, les paroles menaçantes durent être appuyées par un autre geste : l'évêque de Québec a aussi offert cent pistoles à un Frontenac endetté, qui aurait accepté d'être ainsi soudoyé.

Quelle influence cette condamnation a-t-elle eue ? Assez grande, assurément. Cette unique intervention durant le Régime français, comme le notent Laflamme et Tourangeau, n'aura cependant pas été inefficace : « L'exécution a été froide, ferme et définitive. Les tentatives postérieures de remonter sur les planches, en plus d'être très sporadiques, rencontrent à chaque fois une opposition ecclésiastique persistante[31]. » Le *Rituel du diocèse de Québec* (1703), œuvre de Mgr de Saint-Vallier, interdira les sacrements aux pécheurs publics tels « les

Excommuniés, les Interdits, les Hérétiques, les Concubinaires, les Usuriers, les Magiciens, les Sorciers, les Blasphémateurs, les Ivrognes, les Comédiens, les filles et femmes débauchées[32] ».

L'opposition au théâtre est ce qui, aux XVIIe et XVIIIe siècles, s'apparente le plus à une censure organisée, du moins de prime abord. En tout cas, pendant une cinquantaine d'années, les dernières du Régime français, l'activité théâtrale s'est révélée anémique. Mais c'était sans compter sur la présence anglaise et un regain général de l'activité théâtrale francophone vers la fin du XVIIIe siècle : arrêtons-nous sur la seconde querelle publique qui marque ce premier grand volet de la censure que nous tentons de circonscrire, au chapitre du théâtre.

Le Théâtre de société

Le second affrontement eut lieu à la fin de 1789 et au début de 1790. Le Théâtre de société, dont Joseph Quesnel est l'un des instigateurs, est fondé en novembre 1789, à Montréal. *La Gazette de Montréal* fait paraître, le 19 de ce même mois, l'annonce de sa première représentation : la réponse du public est enthousiaste, la réplique du clergé, vive[33].

Presque tout de suite après l'annonce du 19 novembre, le curé de Notre-Dame de Montréal, M. Dézéry, réagit par un sermon violent contre le théâtre. C'était sous-estimer l'ardeur des amateurs, qui s'opposent à leur curé à la sortie de la messe ! Aimant peut-être jeter de l'huile sur le feu, Dézéry congédie ensuite son organiste, parce que celui-ci a assisté à une représentation du Théâtre de société. La situation est tellement tendue qu'on doit en appeler à l'évêque de Québec, Mgr Jean-François Hubert. Celui-ci n'approuve pas particulièrement ces coups de force, surtout en pleine crise : il aurait été préférable, sans doute, d'attendre que les choses se calment quelque peu. L'évêque de Québec souhaite plus de temporisation.

Le Théâtre de société, lui, tire parti de la situation : « la modération eut le dernier mot, ce qui, dans les faits, permit le déroulement "normal" de la saison théâtrale[34] ». L'affaire a cependant un retentissement important dans *La Gazette de Montréal*, où s'affrontent dans une quinzaine d'articles divers points de vue sur la moralité du théâtre.

À nouveau, la question qui surgit est le sens à donner à cet événement dans l'histoire de la censure. Convient-il de parler encore ici de censure épisodique ? Oui, plus que jamais. L'analyse de Lorraine Camerlain paraît juste à cet égard.

Camerlain étudie en détail l'attitude du clergé vis-à-vis du Théâtre de société, particulièrement à partir de la réaction de Mgr Hubert, qui n'était pas du tout enclin à appuyer ses collègues montréalais :

> [...] il en est de la passion des spectacles comme de toute autre. Prendre le moment de son accès pour la combattre, c'est l'aigrir, c'est la rendre furieuse. Le secret est de la prévenir, ou, si on ne le peut, de lui laisser jeter son feu, pour l'attaquer ensuite avec plus de succès[35].

C'est bien en effet une question de stratégie qui est en cause : le regret de Mgr Hubert manifeste en même temps un refus de la censure casuelle exercée par Dézéry. On doit intervenir *avant* ou *après*, ce qui, jusqu'à un certain point, revient au même, mais certainement pas *pendant*. L'idée germe-t-elle qu'il faut encadrer la parole avant qu'elle ne se manifeste ? Qu'il faut instituer une *doxa*, programmer le dicible ? En tout cas, le clergé en est encore très loin. Son influence, note Camerlain, « reste partielle » ; et Baudoin Burger partage cet avis d'un contrôle clérical somme toute peu efficace, même dans le théâtre, où il est le plus intervenu :

> Toutes ces attaques du clergé catholique n'ont jamais eu un impact décisif car elles n'ont jamais réussi à faire arrêter les représentations de manière définitive. [...] Sans ces attaques, les amateurs canadiens auraient joué plus régulièrement, mais il n'est pas du tout sûr qu'ils auraient donné des saisons dramatiques plus importantes, eux qui considèrent le théâtre comme un aimable divertissement que l'on donne seulement durant ses temps libres[36].

Mgr Hubert croit comme ses prédécesseurs que la politique du confessionnal, de la censure privée, est encore la plus efficace. La persuasion l'emporte sur la coercition. Et, rapprochant l'affaire *Tartuffe* de celle du Théâtre de société, Lorraine Camerlain propose les liens suivants :

> Ce motif de *persuasion* nous fait songer à Mgr de Saint-Vallier soudoyant Frontenac, en 1694, pour l'empêcher de jouer le *Tartuffe* de Molière à Québec. L'affaire des cent pistoles est chose si connue qu'on a eu longtemps tendance à condamner de façon intransigeante toute intervention cléricale dans l'activité théâtrale. Et davantage dans le cas d'une « persuasion » individuelle à cause, justement, de ce simple motif historique. Il reste que si l'autorité religieuse considère, en 1789, ce mode d'intervention comme un moyen efficace d'empêcher la corruption des mœurs en évitant

tout scandale, il nous semble que le mode du confessionnal corresponde davantage à l'idéologie propre au clergé de l'époque que n'aurait pu l'être celui, par trop subversif, du pot-de-vin[37]...

Le journal : l'exemple de la Gazette littéraire

Quittons maintenant le domaine du théâtre pour revenir à notre objet principal. Or, sur le plan de l'imprimé, et plus particulièrement des journaux qui signent leur acte de naissance au milieu du XVIIIe siècle, l'atmosphère est certainement moins tendue : ce n'est pas la très orthodoxe *Gazette de Québec*, journal officiel du gouvernement qui paraît depuis 1764, qui fera des vagues[38]. En vérité, le seul autre « papier périodique », comme on les qualifiait alors, qui peut remuer des idées, et cela d'autant plus qu'il participe de l'esprit des Lumières, est *la Gazette littéraire, pour la Ville & District de Montréal*, qui paraît durant un an, des mois de juin 1778 à juin 1779. Journal dérangeant que cette *Gazette littéraire* ! Non seulement agite-t-elle les esprits critiques[39], mais aussi blâme-t-elle les éducateurs, le gouvernement, les juges. Et c'est un article intitulé « Tant pis, tant mieux », paru dans la livraison du 2 juin 1779[40], qui entraînera sa perte. Cet article tire sur tout ce qui bouge et, ainsi, sert de prétexte au gouvernement pour saisir le journal. Des démêlés judiciaires ajoutent aux raisons du gouverneur Haldimand pour saisir *la Gazette littéraire* : Jautard et Mesplet, respectivement rédacteur et propriétaire, iront réfléchir quelques années en prison... Cette censure paraît être due au pouvoir civil ; mais le clergé est aussi intervenu privément ou publiquement sous le couvert de l'anonymat. Le supérieur des sulpiciens, Étienne Montgolfier, s'était plaint de la gazette au gouverneur Haldimand : « Oserais-je, Monsieur, réclamer votre autorité pour mettre fin à cette licence, soit en interdisant entièrement cette gazette, soit en nommant à l'imprimeur un censeur de confiance qui eut [sic] également à cœur les intérêts de la religion, de l'État et des bonnes mœurs[41]. » Et il avait aussi écrit une lettre le même jour à Mgr Briand, pour lui demander qu'on censurât le journal de Mesplet[42]. Le père Well, jésuite, avait pour sa part souventes fois répliqué au voltairianisme de la *Gazette* sous le pseudonyme de « L'Anonyme ». Enfin, « Le Sincère moderne » y avait fait paraître un article où il suggérait à Mesplet d'abandonner son « papier périodique » et de se consacrer uniquement à l'imprimerie[43]. Ces interventions faites en catimini témoignent de la faiblesse du clergé : eût-il pu intervenir publiquement et fortement qu'il l'aurait sans doute fait sans hésiter.

Misères de la censure casuelle

Certes, autres temps, autres mœurs; mais aussi, rien ne change sous le soleil qui a éclairé la colonie française et, maintenant, britannique. La pensée religieuse se replie sur une stratégie de persuasion privée; et la censure, entre 1625 et 1800, se comprend d'autant mieux que les interventions répressives, somme toute peu fréquentes, visent à corriger des abus épisodiques. Or les limites de ces deux censures, persuasive et casuelle, apparaissent de plus en plus. La censure persuasive, s'exerçant dans l'espace privé et dans le rapport dialogique du confessionnal, sera vite dépassée par le développement de l'imprimé, et des journaux en particulier, au début du XIXe siècle; quant à la censure casuelle, Mgr Hubert l'a bien compris, elle a l'inconvénient de s'appliquer sur un fait accompli, et en état de crise de surcroît. Il se profile derrière l'attitude du clergé un affleurement des limites liées à ces genres de censure. Agir dans la sphère du privé, c'est oublier qu'une gestion de l'opinion publique et des moyens sociaux de production peut produire un effet bien plus grand; censurer épisodiquement, c'est avouer un échec: celui de neutraliser la manifestation même de la parole hétérodoxe.

Il est néanmoins intéressant de noter que, dès le XVIIe siècle, le clergé s'est conféré le rôle de gardien des mœurs mais, plus particulièrement, des loisirs. Quand Ghyslain Labbé, qui a écrit un mémoire sur cette question, fait l'affirmation suivante, il ne pense pas nécessairement au Régime français; mais l'étymologie lointaine de ce pouvoir remonte certes aux premiers temps de la colonie:

> l'Église s'est ainsi arrogé historiquement le pouvoir d'orienter et de contrôler, pour les fins qu'elle poursuivait, l'ensemble des secteurs relevant de la société civile tels que l'éducation, la santé, les services sociaux, etc. À cette fin, elle eut donc pour souci de prendre en main tout domaine d'intervention sociale en émergence, en ayant soin de l'inféoder à son idéologie et de l'investir des finalités propres à sa vocation apostolique. C'est dans cette perspective [...] que le loisir sera interprété comme un champ spécifique de «l'œuvre» apostolique de l'Église[44].

Danse, lecture, divertissement théâtral et, plus tard, cinéma et radio tomberont, par une sorte de contrat social entendu, sous la gouverne de l'Église; mais, plutôt que d'anticiper, revenons à cette fin de XVIIIe siècle.

En faisant le point, donc, nous convenons volontiers qu'il ne semble pas y avoir, à proprement parler, d'*histoire* de la censure au Québec, avant le début du XIXe siècle, dans la mesure où quelques cas ne suffisent pas à instaurer des pratiques, des stratégies, des actions concertées. Par contre, signalons pour conclure une étude peu connue qui, si elle ne fait pas davantage une histoire de la censure, propose une lecture des XVIIe et XVIIIe siècles qui peut servir de propédeutique au siècle suivant. En effet, dans *The Rise of Ecclesiastical Control in Quebec*, Walter Alexander Riddell tente de cerner «the sociological and historical factors which led up to and made possible the control of the Roman Catholic Church in Quebec[45]». Riddell démontre que, sous le Régime français et jusqu'à la fin du XVIIIe siècle, un ensemble de facteurs (travail, langue, religion, éducation, etc.) modèlent la population «as clay in the hands of the ecclesiastical potter[46]». Selon Riddell, l'Acte de Québec (1774) mais surtout l'Acte constitutionnel (1791) accordent au clergé une position culminante et un statut affermi qui lui permettront d'asseoir définitivement son contrôle.

Cette affirmation est sans doute vraie ; mais elle devra attendre le milieu du XIXe siècle pour s'ancrer dans la réalité. Car, avant de maîtriser les paroles divergentes, le clergé devra subir une série d'adversités riches d'enseignements, entre 1800 et 1840, véritables épreuves initiatiques en vue du grand déploiement censorial qui s'amorcera ensuite.

2
Dures leçons et apprentissage (1800-1840) : de quelques cas et de leur enseignement

Le XIXe siècle s'ouvre dans un climat où la censure est loin d'être organisée, appuyée par un pouvoir efficace. L'esprit d'indépendance, voire d'insubordination des ouailles, l'immensité du territoire à couvrir, un clergé peu nombreux dont le prestige s'amenuisera avec l'impact de la Révolution française et l'Acte constitutionnel de 1791 : voilà autant d'éléments qui empêchent une conjoncture de censure ferme. L'appareil censorial qui a marqué si profondément la deuxième moitié du siècle de l'ultramontanisme est admis par tous ; mais ce qui est moins bien connu, c'est la charnière pourtant essentielle que constitue la période 1800-1840, ancrage de l'ère de rigueur, de répression même, qui lui succédera.

Curieusement, l'impression courante est qu'entre 1800 et 1840, il ne s'est rien passé de significatif ou d'intéressant. Il est révélateur, par exemple, que Claude-Marie Gagnon, dans son parcours historique, n'y consacre qu'une dizaine de lignes, et que les soixante-dix années qui suivent méritent plusieurs pages. La prudence nous invite, avant de nous lancer à plein régime dans la censure après 1840, à voir d'abord comment celle-ci s'est articulée à l'aube du XIXe siècle. Les questions qui se posent a priori sont les suivantes : la censure se raffermit-elle entre 1800 et 1840 ? Quel rôle le clergé y joue-t-il ? Quelle est la position des institutions laïques à ce chapitre, particulièrement celle de la presse ? C'est ainsi qu'en premier lieu nous examinerons le rôle du clergé dans trois circonstances majeures : la saisie du *Canadien*, l'affaire Chaboillez et les activités de l'abbé Pigeon. Ces « dures leçons » permettront ensuite de mieux comprendre l'« apprentissage » qu'en retire le clergé. Si la censure cléricale pouvait se comparer au

Bildungsroman, ce qu'elle est d'ailleurs, alors la période 1800-1840 serait celle qui précède l'entrée dans le monde, celle où le héros est désormais muni de cette science des choses qui lui permet maintenant de se placer en position dominante.

Une remarque lexicale s'impose avant d'entrer de plain-pied dans cette période mouvementée et trop souvent sous-estimée : le mot censure avait-il à l'époque le même sens qu'aujourd'hui ? Car, pour le lecteur moderne, *censure* signifie sélection, sanction, condamnation. Il faut être bien conscient qu'au début du XIXe siècle, ce mot avait encore, et presque toujours, cette acception aujourd'hui vieillie qui est de « reprendre, de critiquer les paroles, les actions des autres » (*Robert*). L'activité que ce mot désignait alors en était une d'évaluation, d'estimation, à la limite de réprobation ; mais plus rarement de sélection ou d'interdiction. C'est ainsi que, dès la livraison de son *Prospectus*, *Le Canadien* recourt à la signification de ce mot dans sa forme adjectivale : « L'exercice de ce pouvoir censorial si redoutable pour tous ceux qui sont chargés de l'administration, est ce qui assure le bon exercice de toutes les parties de la constitution [...] » (13 novembre 1806). Quelques années plus tard, au sujet d'un problème de nature militaire, *Le Canadien* écrit qu'un capitaine « a mérité la censure la plus sévère » (17 mars 1810). Ces deux exemples se situent aux extrêmes les plus usuels du champ sémantique du mot censure : surveillance d'une part, reproche de l'autre, exceptionnellement interdiction. Voilà pourquoi, le 16 août 1810, quelques mois donc après la saisie du *Canadien* en mars, Mgr Joseph-Octave Plessis, évêque de Québec, pouvait écrire cette curieuse phrase à Edmund Burke : les rédacteurs du journal « ont censuré l'administration publique avec beaucoup trop de licence[1] ». Et plus tard, à « Un voyageur au Canada » qui a produit plusieurs lettres pour donner ses impressions d'Européen sur le Canada, Gros-Jean répond : « je demanderai à notre illustre voyageur [...] s'il prétend nous instruire ou nous censurer » (*Le Canadien*, 5 juin 1822, p. 154), où manifestement « censurer » signifie « venir nous faire la morale » (*ibid.*). La signification du mot est évidemment révélatrice de la réalité qu'elle recouvre, et nous aurons l'occasion de voir à quel moment s'introduit l'acception moderne de *censure*. Mais ce qui est certain, c'est que durant le premier quart du XIXe siècle, le mot censure est utilisé le plus fréquemment hors du sens moderne, donc avec une connotation méliorative ou neutre. « Un autre électeur » écrivait au *Canadien*, le 25 février 1824 : « Que deviendrions-nous sans la censure de la presse [...] ? », c'est-à-dire sans le pouvoir qu'exerce la presse de surveiller le gouvernement. Est-il nécessaire de noter que, pour notre part, nous emploierons *censure*, dans notre texte même, en recourant à son acception moderne ? Mais il faudra être prudent dans notre lecture des textes du début du xixe siècle, lecture que nous pouvons maintenant amorcer.

La censure latente : la saisie du Canadien

Les circonstances qui ont provoqué la naissance du *Canadien* en 1806 sont assez bien connues. La Constitution de 1791 a entraîné presque avec elle la nécessité d'informer les Canadiens sur la chose politique, et posait la question de la liberté de la presse qui sera rebattue à l'envi entre 1806 et 1810. Également, les attaques féroces du *Mercury*, fondé en 1805, à l'égard de tout ce qui était français, ont obligé en quelque sorte les Canadiens à riposter. La naissance du *Canadien* fut aussi difficile que les premières années de son existence : « À la rumeur de la fondation d'un nouveau journal français, les marchands protestent avec véhémence. Ils se répandent en dénonciations contre les français en général et les Canadiens français en particulier[2]. » Les articles d'Anglicanus dans le *Mercury*, qui font l'objet de réponses directes de la part des rédacteurs du *Canadien*, sont empreints d'une violence qui étonne encore aujourd'hui. Cet Anglicanus écrivait, deux jours avant la parution du *Prospectus* du *Canadien* : « But it is impossible, in these times, not to view every thing French with an eye of suspicion » (*The Quebec Mercury*, 11 novembre 1806). Ces échanges acrimonieux et, de manière générale, le phénomène même de la presse périodique de cette époque, se posent au centre d'un problème social qu'ils reflètent beaucoup plus qu'il n'ont contribué à le former.

À cet égard, les répliques entre *Le Canadien* et le *Mercure* (comme l'appelaient les rédacteurs du *Canadien*) prendront l'allure d'un véritable pugilat verbal. S'il n'entre pas dans notre propos d'en donner le portrait complet, il est néanmoins essentiel d'en saisir la juste tonalité. Cet extrait du texte d'« Un Habitant » exprime bien le sentiment courant :

> Les Canadiens doivent savoir qu'un parti est intéressé et cherche à les tromper et à les tenir dans l'ignorance et l'indifférence sur ce qui regarde leur pays, cherche à les démoraliser, à les avilir & à les priver de leurs privilèges ; un nombre ne s'en aperçoit pas et tombe dans les pièges des Anti-Canadiens ; je réfléchis à l'opposition qu'ont faite les Anti-Canadiens à ce papier, et c'est une raison de plus de voir qu'il est nécessaire. (*Le Canadien*, 31 octobre 1807, p. 204)[3]

« Les éditeurs d'un papier libre ne doivent pas craindre de se faire des ennemis », écrit un certain D. P. (25 juillet 1807, p. 141). C'est ainsi que *Le Canadien* n'hésitera jamais à vilipender qui que ce soit (à l'intérieur des limites de la liberté de la presse, sujet sur lequel on reviendra), comme en témoigne, dans le « Supplément au *Canadien*, n° 36 » du 16 juillet 1808, une riposte de quatre pages à l'accusation de sédition « qu'aurait créé[e] cette publication » (p. 148). Mais ces propos viciés contaminent l'atmosphère : le gouverneur, sir James Craig, craint effectivement que *Le Canadien* sème l'agitation, voire le soulèvement du Bas-Canada. Le journal connaît alors toutes sortes de difficultés mais, surtout, c'est la censure qui commence à l'enserrer dès 1807 :

> On dit que le *Canadien* est sur le point d'être interrompu, *tant pis*. Plusieurs disent au contraire, qu'étant applaudi généralement, il sera continué, *tant mieux*.
>
> On emploie tout pour anéantir l'Éditeur & la Presse, pour priver par ce moyen le public de s'instruire, *tant pis*. Les personnes de bon sens disent à cela, que le bon droit de l'Éditeur, l'utilité de la Presse & l'équité d'un Gouvernement éclairé en empêcheront l'effet, *tant mieux*[4]. (Médecin tant pis & Médecin tant mieux, 21 novembre 1807, p. 218)

Des difficultés de distribution grèvent aussi le journal. Un agent écrit, dans le numéro du 1er juillet 1809 (p. 137) :

> Trois-Rivières, 8 Juin, 1809, Mr. l'Imprimeur du *Canadien*, Ayant appris que le Gouverneur défend de faire passer le papier Canadien dans les Campagnes, je vous préviens que je ne veux plus recevoir vos envois, tâchez de vous procurer un autre agent. Je suis prêt à livrer les noms des souscripteurs et les comptes qui reste [sic] à faire payer de l'année dernière. J'ai aussi reçu trois envois de vos papiers dont [sic] je n'ai pas livré et que je suis prêt de livrer à votre agent nouveau ; je ne veux pas m'exposer à aucun reproche ; — l'occasion me presse, je suis, Monsieur, Votre très-humble serviteur[5].

Quelques mois plus tard, *Le Canadien* reproduit la lettre qui suit de T. P. ; on y voit que l'étau se rapproche du *Canadien*, puisque l'auteur questionne directement le droit de censure exercé par le pouvoir politique à l'occasion de cette communication adressée à George Henriot, Député du Maître des postes :

> Je viens d'apprendre, non sans une grande surprise, que vous avez fait défense à vos Courriers de porter le *Canadien* à Montréal. On m'a dit même que vous aviez fait plusieurs fois cette défense depuis

l'année dernière, que vous aviez dernièrement permis à vos Courriers de la porter à Montréal, après une interruption d'environ six mois, et que le lundi suivant il vous avait plu de réitérer votre défense. Si cela est vrai, votre conduite, à cet égard, me paraît tout à fait inexcusable. Car, où avez-vous pris le pouvoir d'exercer votre censure sur les papiers publics, et particulièrement sur un papier qu'on peut justement admirer pour sa loyauté? (16 décembre 1809, p. 9)

L'auteur s'insurge contre une censure — au sens moderne — qu'il juge arbitraire et non fondée; il poursuit en demandant pourquoi le *Mercury* a échappé, lui, à la censure. Était-ce, se demande-t-il sans détour, parce que ses propos anti-Canadiens l'ont mis à l'abri des reproches? Quoi qu'il en soit, l'événement décisif se trouve dans la livraison du 14 mars 1810 où une chanson violente désapprouve le gouverneur et son entourage. *Le Canadien* fit pourtant amende honorable:

> Il a paru une chanson dont nous ignorons l'auteur, et à laquelle les Propriétaires de ce papier n'ont eu aucune part; et où sont ces vers: Quand oserez-vous donc chasser, Peuple, cette canaille Que le Gouverneur veut payer À même votre taille, etc.
>
> Nous sommes sincèrement fâchés que des expressions semblables soient sorties de quelque endroit que ce soit. (*Le Canadien*, 14 mars 1810, p. 64)

Mais en vain. Craig fait saisir *Le Canadien* le 17 mars, et ses propriétaires sont emprisonnés[6]. Faisons un saut dans le temps pour comprendre les événements. Demandant cinq ans plus tard la restitution de la presse (qui reprendra en fait le 14 juin 1817), Thomas Lee écrira à l'administrateur sir Gordon Drummond que cette saisie représente « un événement qui sera une époque mémorable dans l'histoire de cette colonie » (lettre reproduite dans *Le Canadien*, 14 juin 1817, p. 3). Juvenis Canadensis écrira quelques jours plus tard au *Canadien* pour dire que, ayant été lui-même trop jeune pour avoir vécu ces pénibles événements, il aimerait voir mise « au jour la conduite honteuse de ceux qui y ont coopéré » (28 juin 1817, p. 12; voir aussi le 5 juillet 1817, p. 16). En fait, *Le Canadien* consacre plusieurs pages entre juin 1817 et décembre 1818 à ce moment difficile; mais l'une des plus intéressantes se trouve dans la livraison du 16 décembre 1818, qui reproduit une lettre du 21 mars 1810, dénonçant *Le Canadien*, et destinée à l'époque à *La Gazette de Montréal* qui avait alors refusé de la reproduire, et qu'elle livre huit ans plus tard au public.

L'on pourrait continuer longtemps à évaluer l'enjeu et les rapports de force en cette année 1810. Incident de parcours? Manifestation de despotisme éhonté? Jean-Pierre Wallot parle du « Règne de la terreur », même s'il trouve l'expression un peu exagérée[7]. Mais l'est-elle vraiment? Car dans *Le Canadien* même, un correspondant qui signe Le Montréaliste n'a pas hésité à recourir à l'expression même de « règne de la terreur » (25 juillet 1818).

Cet état de la question était nécessaire pour aborder le rôle joué par le clergé dans ce cas de censure capital. En effet, si la mise en œuvre de la censure elle-même a émané du pouvoir politique, il importe davantage, dans l'optique de cette étude du rapport entre censure et imprimés au XIXe siècle, de mesurer l'influence du rôle des instances ecclésiastiques dans toute cette affaire, puisque c'est le pouvoir religieux qui, très bientôt, sera le maître d'œuvre de la censure. Mais qu'en était-il en 1810?

Le débat s'ouvre en 1800, par une lettre du lieutenant-gouverneur Milnes au duc de Portland:

> L'évêque catholique actuel est extrêmement bien disposé envers le gouvernement.
>
> Sa majesté lui accorde 200 livres par année. Il nous a récemment demandé le payement du loyer de l'Évêché, déclarant en même temps que son revenu est tout à fait insuffisant, etc. Cette demande offre une occasion d'attacher plus particulièrement l'évêque canadien au Gouvernement, si, grâce à l'augmentation de ses appointements, sa position devenait meilleure tout en exigeant de lui une stricte adhésion, etc., etc… On pourrait se servir de l'influence des prêtres, cette influence bien établie pour assurer en tout temps une majorité en faveur du Gouvernement dans la Chambre d'Assemblée[8].

Ce cadre permet de bien interpréter ce qui est d'abord le plus connu. Craig demande à Mgr Plessis de poser un geste inédit dans l'histoire de l'Église: lire en chaire une proclamation émanant de l'autorité civile, en l'occurrence concernant la saisie du *Canadien*. Sachons d'ailleurs que Craig, qui venait de dissoudre le Parlement du Bas-Canada et qui s'inquiétait de la présence de quelques Canadiens séditieux, n'est pas du tout satisfait du rôle du clergé dans l'affaire du *Canadien*. Des prêtres sont même abonnés à ce journal, et semblent souscrire aux idées qu'il véhicule[9]. Dans cette même lettre, Mgr Plessis dit que Craig l'a convoqué pour réclamer du clergé une position ferme face à cette question. L'Église est acculée dans une impasse, car Mgr Plessis n'est pas sans savoir que «c'est de sa [le gouvernement anglais] protection que dépend la liberté du culte dans la province[10]».

La Proclamation de Craig attaque *Le Canadien* sans jamais le nommer : «Vu qu'il a été imprimé, publié et dispersé divers écrits méchants, séditieux et traîtres, dans cette province[11]», il ordonne la saisie des «auteurs, imprimeurs et éditeurs des écrits susdits[12]» et ajoute qu'il faut «chercher à découvrir tant les auteurs que les éditeurs et disséminateurs d'écrits méchants, séditieux et traîtres [...][13]». Cette proclamation est accompagnée d'une «Lettre circulaire à Messieurs les Curés» encourageant ces derniers «à seconder ses vues [celles du Gouverneur] uniquement dirigées vers le vrai bonheur de notre patrie[14]».

Il est aisé de comprendre que le clergé n'avait point le choix dans l'appui qu'il devait donner au gouvernement. Faut-il cependant voir dans l'approbation de la censure du *Canadien* par le pouvoir religieux une simple formalité? Telle n'est pas l'opinion de Marcel Trudel : «Mgr Plessis et son clergé eurent l'air, aux yeux du peuple, de se ranger ouvertement dans le parti de Craig[15].» En contrepartie à cette position, Jean-Pierre Wallot se demande : «Up to what point was this intervention of the Church not a formality, and understood as such by a large number of people[16]?»

Cette alternative d'interprétation est centrale, car elle permet de juger de l'appui réel qu'a voulu donner l'Église du Bas-Canada au pouvoir politique mais, surtout, de situer le pouvoir ecclésiastique vis-à-vis des principes démocratiques et de la liberté de la presse dont *Le Canadien* s'était fait le champion. Or, à ce sujet, les documents nous portent à croire que, si le clergé était quelque peu embarrassé d'appuyer si ouvertement le pouvoir temporel, il ne lui était pas désagréable de saboter *Le Canadien*.

La Proclamation de Craig a été lue le 21 mars 1810, quatre jours après la saisie du *Canadien*. Le 26 mars suivant, écrivant à M. Pierre Conefroy, Mgr Plessis note que ladite proclamation a fait du bruit à Québec, et que lui-même prêchera le dimanche prochain à la cathédrale[17]. Ce sermon était-il nécessaire? Ou était-ce du «prosélytisme gouvernemental» de la part de Mgr Plessis? Quoi qu'il en soit, on met les points sur les i lors de ce sermon. Mgr Plessis affirme que ceux qui ont désapprouvé le clergé dans le traitement de cette affaire se sont permis «de censurer les ministres de la religion[18]», et qu'ils devraient se rappeler le principe de soumission à l'autorité. Il ose croire que ses compatriotes seront «sensibles au langage amical et paternel de l'excellente proclamation» qu'ils ont entendue. Mais surtout, et l'on touche ici le fond de cette histoire qui est l'enjeu de la Constitution de 1791 et des revendications du *Canadien*, le peuple, auparavant, « ne croyait pas alors avoir le droit de censurer et de contrecarrer ceux qui le gouvernent ». La plus grave erreur de laquelle découlent toutes les autres, c'est la souveraineté du peuple, ajoute l'évêque de Québec. Ainsi apparaît l'enjeu véritable de l'intervention du clergé : le droit du peuple de « censurer », c'est-à-dire, rappelons-nous le *Prospectus* du *Canadien*, de prendre la parole pour commenter, critiquer, juger le comportement de ses supérieurs. Cette question importante soulève la question de la liberté de la presse. Mais demeurons pour l'instant dans le cœur de ce débat, la constitution de 1791, qui entraînait la nécessité de prendre la parole. Quelle est l'opinion de Mgr Plessis au sujet de cette Constitution dont les rédacteurs du *Canadien* ont dit tant de bien ? Pour l'évêque, cette constitution est « mal calculée pour le génie des Canadiens et [...] n'a d'autre effet réel que de rendre les administrés insolents envers l'administration. L'esprit de démocratie et d'indépendance a gagné le peuple, est passé de là au clergé et vous en avez les fruits[19]. »

Condamnation sans appel : source de ce mal capital, la constitution est défendue avec vigueur par *Le Canadien*. En conséquence, la disparition du *Canadien* devrait sinon faire taire, du moins assourdir la parole du peuple qui se permet de s'adresser à l'autorité. Si abolir *Le Canadien* n'était pas tuer le mal dans sa racine, c'était au moins en rayer le porte-parole privilégié.

Mgr Plessis n'attendait-il en fait que cette occasion pour écraser *Le Canadien* ? L'idée est tout à fait plausible, même si son application en mars 1810 créait de l'embarras par rapport au pouvoir politique. Témoin de la haine que Mgr Plessis éprouvait pour *Le Canadien* avant même que ce journal ne soit saisi, cette lettre du 4 décembre 1809 au supérieur des sulpiciens, Jean-Henri Roux :

> Le *Canadien* vient de sortir de ses cendres par une nouvelle et ample souscription. Vous n'imaginez pas les ravages que fait ce misérable papier dans le peuple et dans le clergé. Il tend à anéantir tous les principes de subordination, à mettre le feu dans la province[20].

Cette hargne n'était-elle qu'une mauvaise humeur passagère ? Rien n'est moins certain, car Mgr Plessis écrira à Mgr Jean-Jacques Lartigue, quinze ans plus tard :

Le *Canadien* est un papier que je ne lis qu'extraordinairement et que je n'ai jamais encouragé, parce qu'il a constamment été mauvais, soit sous un rapport, soit sous un autre, depuis qu'il est au monde[21].

On ne s'étonnera pas, dès lors, que sans avoir été lui-même un grand admirateur du *Vrai Canadien*, journal qui en 1810 voulait supplanter *Le Canadien*, il ait encouragé les prêtres de son district à s'abonner à ce nouveau « papier »[22]. Signalons incidemment que la réaction des autres journaux n'a pas été particulièrement consolatrice pour *Le Canadien*. Elzéar Gérin, dans un historique de *La Gazette de Québec* paru en 1864, n'hésite pas dans une étude pourtant favorable à cette *Gazette*, à réprouver le comportement de ce journal lors de la fermeture du *Canadien* :

> La *Gazette* traversa silencieusement, sinon avec indifférence, le despotisme de Craig, et ni les mauvais traitements faits aux rédacteurs supposés du *Canadien*, ni la prison qu'on leur fit subir sans formalité légale, ne paraissent l'avoir émue bien fortement. Elle n'en souffle mot. [...] Une pareille conduite ne saurait être justifiée, elle est une tache dans l'histoire de notre presse[23].

Certaines leçons doivent être tirées de cet épisode du *Canadien*. La première, même si elle ne touche qu'indirectement la censure, du moins pour l'instant, est que cette année 1810 marque une des premières brèches importantes entre l'élite religieuse et l'élite laïque : « The breach between the two élites was enlarged by the events of 1810[24]. » Le deuxième enseignement qui en ressort est qu'à cette époque, le pouvoir censorial du clergé est encore très faible. En effet, l'Église, si elle s'est prononcée privément contre *Le Canadien* et contre la Constitution par le canal des lettres de Mgr Plessis, s'est abritée sous la Proclamation de Craig pour assener un coup — fatal — au *Canadien*[25]. Les velléités censoriales sont toutes présentes, fondées sur le refus d'accorder au peuple le droit de parole pour critiquer l'autorité ; mais la structure de pouvoir fait défaut, et le clergé n'est ainsi qu'un accessoire du pouvoir politique. Comme l'écrit un certain Pacifici, 14 ans après ces événements : « On aurait fait du clergé un engin politique pour détruire la liberté du peuple, témoin l'année 1810. » (*Le Canadien*, 14 avril 1824)

Laissons maintenant la déconvenue du *Canadien* et, pour mesurer la faiblesse du pouvoir ecclésiastique entre 1820 et 1830, voyons maintenant des cas où la dissension provient des rangs mêmes de l'Église.

Dans un premier temps, entre 1820 et 1830, nous verrons jusqu'à quel point le clergé a été attaqué au moyen de l'imprimé. Cette décennie a vu paraître plusieurs écrits caustiques contre le clergé, écrits qui ont par ailleurs suscité une riposte faible de la part du «pouvoir» religieux. Nous analyserons donc les faits et causes de la faiblesse censoriale à cette époque, en nous penchant sur deux cas majeurs : «l'affaire Chaboillez» et les activités d'imprimeur plus ou moins licites de l'abbé François-Xavier Pigeon. Ces épreuves, semble-t-il, auront tout de même permis au clergé de se faire les dents, c'est-à-dire d'estimer les difficultés à surmonter et d'élaborer des stratégies de censure appropriées, bref d'acquérir un savoir sur la nécessité de la censure. Les années 1830 à 1840, tournant décisif, constitueront le dernier volet de ce chapitre, où l'ère du savoir mène à celle du vouloir qui se révèle, surtout, dans la correspondance épiscopale. Nous serons alors au seuil du deuxième chapitre, où les grandes articulations du pouvoir censorial se déploieront à partir de 1840, apparaissant en quelque sorte comme une exécution théâtrale programmée par les événements des années 1820-1840.

L'acquisition du savoir censorial : les frasques des abbés Chaboillez et Pigeon

Tout au long de son histoire, le clergé a connu sa part de problèmes avec les «imprimés dangereux». Mais que serait-il arrivé si, dans ses rangs mêmes, un membre avait publié quelque ouvrage séditieux ? Le clergé eût-il sévi fermement dans un secteur qui tombait exclusivement sous sa coupe ? Les pamphlets de l'abbé Augustin Chaboillez offrent l'occasion de répondre à ces questions [26].

Ce que l'on conviendra d'appeler ici «l'affaire Chaboillez» est bien connue dans l'histoire de l'Église canadienne [27]. Un bref apostolique du 1er février 1820 prépose Mgr Jean-Jacques Lartigue comme responsable du district de Montréal, mais comme auxiliaire de l'évêque de Québec, Mgr Plessis. Cette nomination choque grandement plusieurs prêtres, particulièrement les Sulpiciens. Les principes en cause sont nombreux : contestation de la juridiction de l'évêque, refus de recevoir des directives de Rome uniquement, crainte des Sulpiciens d'une intervention extérieure dans leurs propres affaires. Les nouveaux pouvoirs de Mgr Lartigue sont contestés et un mandement de Mgr Plessis, le 5 décembre 1822, ne réussit guère à calmer les esprits. C'est d'ailleurs l'année suivante que paraît le premier pamphlet lié à cette question épineuse. L'opuscule de l'abbé Chaboillez, curé de

Longueuil, sera suivi de deux autres, signés par Pierre Hospice Bédard et Louis-Marie Cadieux, curé aux Trois-Rivières ; Chaboillez va clore cet échange avec une réponse en 1824.

C'est donc Chaboillez qui tire le premier coup. Il fait paraître en août 1823 un document intitulé *Questions sur le gouvernement ecclésiastique du District de Montréal*[28], dans lequel il conteste ouvertement la nomination de Mgr Lartigue et le démembrement du diocèse de Québec en vertu des principes du gallicanisme. L'érection du district de Montréal en district épiscopal lui apparaît contraire aux lois canoniques d'avant la Conquête. L'autorité papale n'a point été appuyée par le souverain de France, si bien qu'il est du devoir de ceux qui croient en ces principes de « s'y opposer [à cette nomination] par tous les moyens que de droit ». On voit l'embarras dans lequel se trouve Mgr Lartigue, *persona non grata*, et Mgr Plessis, lui-même coincé entre l'Angleterre, la France et Rome[29].

S'amorce une guerre de pamphlets qui n'eut jamais de précédent dans l'histoire de l'Église canadienne-française. L'intervention de l'abbé Chaboillez appelle une réponse, qui paraît vers novembre 1823. Signée par un jeune avocat de 24 ans, Pierre Hospice Bédard, fils aîné de Pierre Bédard, principal fondateur du *Canadien*, cette *Lettre à M. Chaboillez, Curé de Longueuil, relativement à ses questions sur le Gouvernement ecclésiastique du district de Montréal*[30] tente de réfuter point par point les prétentions gallicanes de Chaboillez. Mais Bédard lui reproche en même temps d'avoir, pour reprendre ses propres termes, jeté dans un public peu compétent des questions de nature religieuse :

> Vous êtes le premier prêtre en ce pays qui ait voulu, à ma connaissance, faire retentir la presse de querelles religieuses, surtout de différens émus entre des hommes de même croyance et de même profession ; et cela a toujours de graves inconvéniens : mais il est encore plus dangereux de jetter dans le public des questions extrêmement importantes et difficiles, de l'établir juge dans des matières qui, non seulement ne sont pas de sa compétence, mais encore qui ne peuvent que l'inquiéter ou l'exaspérer[31].

Plus encore, Bédard reproche à Chaboillez d'avoir soumis son livre, pour censure préalable, non pas à l'autorité religieuse, mais à trois avocats dont les noms sont par ailleurs donnés dans le premier pamphlet :

> Mais ce qui a paru le plus singulier à moi, et à bien d'autres, c'est que vous ne vous soyez déterminé à publier votre ouvrage, qu'après

l'avoir soumis... à qui ? Au juge naturel des causes ecclésiastiques ? Non... À des hommes versés par état dans l'étude des loix canoniques ? Point du tout. À qui donc ? À trois avocats [...][32].

Mais, en vérité, le moment est venu de dire que ce n'est pas P. H. Bédard qui a rédigé cette réplique, mais bien Mgr Lartigue lui-même. Dans *Pierre Bédard et ses fils*, Narcisse-Eutrope Dionne n'arrive pas à croire que le jeune Bédard ait pu rédiger un texte manifestant une telle connaissance du droit canonique[33]. La correspondance des évêques lui donne raison. Écrivant à Mgr Plessis le 6 septembre 1823, Mgr Lartigue lui dit vouloir montrer les torts de Chaboillez, et il y travaillera dès qu'il en aura le temps, ajoute-t-il le 16 du même mois[34]. Le jeune Bédard aura tout simplement lu l'ouvrage avant d'y apposer sa signature[35]. Dans une lettre à Mgr Lartigue, le 21 octobre 1823, Mgr Plessis dit qu'il aimerait voir le mémoire que ce dernier a préparé pour répondre à son détracteur, et il signale lui aussi le fait que ce texte sera publié sous un nom étranger, de prêtre ou de laïc[36] ; en fait, il est lui-même vraisemblablement le responsable de cette astuce[37]. Dans une lettre subséquente (6 novembre 1823), Mgr Plessis approuve cette manœuvre, et il va même jusqu'à dire que tous croiront que Bédard en est l'auteur véritable[38].

Mais là ne s'arrête pas l'échange de pamphlets. Paraît, tout de suite après l'écrit signé par Bédard, celui de Louis-Marie Cadieux, *Observations sur un écrit intitulé Questions sur le gouvernement ecclésiastique du District de Montréal*[39]. Narcisse-Eutrope Dionne écrit que Mgr Plessis chargea les abbés Charles-François Painchaud (Sainte-Anne de la Pocatière) et Cadieux de répondre à Chaboillez : « Les deux curés acceptèrent la tâche qu'on leur imposait, et chacun envoya son mémoire à l'évêque, qui donna la préférence à celui de M. Cadieux[40]. » L'opuscule de Cadieux, après un long exposé théologique, se clôt sur ces paroles :

> Quant au mal incalculable que son écrit peut faire à la Religion de ce pays, auprès des ennemis du nom Catholique, nous le croyons sans remède. Nous rendons même à M. le Curé de Longueuil, la justice de croire que s'il l'eût prévu, il n'aurait pu se résoudre à cette publication qui a été mal vue de ceux mêmes qui partagent ses opinions et qui sont bien loin d'être la majorité du Clergé du District de Montréal[41].

Mais les propos de Dionne concernant un « concours » entre les abbés Painchaud et Cadieux semblent inexacts. Le 4 septembre 1823,

Mgr Plessis écrivait à Mgr Lartigue pour lui signaler que Cadieux avait commencé sa réfutation[42]. Mais surtout, dans une lettre au même destinataire le 30 décembre de la même année, il dit que l'abbé Painchaud prépare un écrit, et que celui de Cadieux est mal imprimé[43]. Ainsi, il n'y a pas eu de concours entre les deux, et le texte de Painchaud ne semble jamais avoir été publié[44].

Après le stratagème littéraire, l'anonymat : ces *Observations* de l'abbé Cadieux ne sont en vérité pas signées du nom de leur auteur, ce qui conduit Chaboillez à écrire à nouveau dans *Le Spectateur canadien*, pour se plaindre de ces manigances mais, surtout, pour annoncer une réponse à venir :

> Le public, qui ne demande qu'à connaître la vérité, a droit d'attendre de moi une justification de mes principes et de ma conduite […]. Vous me mettez donc, dans la nécessité de prolonger cette discussion, et de réfuter les sophismes et les calomnies dont fourmillent vos observations et la lettre de votre digne collègue[45].

Sitôt dit, sitôt fait ! Chaboillez revient ainsi à la charge avec le quatrième et dernier pamphlet de cet échange pour le moins tendu : *Réponse de Messire Chaboillez, Curé de Longueuil à la lettre de P. H. Bédard ; suivie de quelques remarques sur les « Observations » imprimées aux Trois-Rivières*[46], parue en février 1824. La discussion est encore à saveur théologique, certes, mais Chaboillez va même jusqu'à écrire que le rapport évêque-prêtre ne doit pas être celui de maître-esclave… Augustin Chaboillez connaît très bien sa cible : « Il ne peut y avoir de danger à faire connaître la vérité et la justice, que pour ceux dont les prétentions sont contraires à la justice et à la vérité[47]. »

Ces contestations ne sont pas de simples feux de paille. Siméon Pagnuelo écrit : « Aussi jamais l'Église n'a couru, en ce pays, un aussi grand danger […], elle était menacée d'un schisme dans le district de Montréal[48]. » « Personne au Canada n'avait vu jusque là pareil mépris de l'autorité du pape et des évêques », affirme l'abbé Allaire[49]. Le dernier pamphlet de Chaboillez a d'ailleurs été un best-seller : 150 exemplaires vendus en une seule journée[50].

Ces attaques contre le clergé sont évidemment de nature à faire voir les stratégies censoriales de l'époque. Or, dans ce contexte de dissensions, comment l'Église s'y est-elle prise pour essayer de bâillonner le bouillant curé de Longueuil ? La censure ecclésiastique s'est-elle exercée de quelque manière ?

Faire taire les récalcitrants ne s'annonçait pas une tâche facile : Chaboillez n'était pas seul, jouissant d'appuis importants. Les réponses de Mgr Lartigue et de l'abbé Cadieux constituent tout au plus des réprobations, et il est même étonnant qu'un dialogue ait été entrepris. À cette offensive anti-Chaboillez s'ajoute une pétition, préparée par Mgr Lartigue, contre les principes et le texte du curé de Longueuil. Le 25 décembre 1823, il écrit à Mgr Plessis qu'il songe à présenter aux prêtres de son district un désaveu accompagné de la traduction de la lettre du vicaire apostolique de Londres, Mgr Poynter qui, mis au courant de l'histoire, avait écrit : « j'espère que le clergé et le peuple du District de Montréal et du Canada, voyant les tendances schismatiques des conclusions de l'auteur, se réunira pour en réprouver la publication[51] ». La lettre de désaveu s'inspire de la même formulation : « Nous désavouons de plus tout ce qui a pu être écrit contre les dispositions des dits brefs et mandements, et spécialement le pamphlet sus-mentionné "Questions sur le Gouvernement ecclésiastique du District de Montréal", lequel nous désavouons très-expressément[52]. » Ce désaveu paraît peu de temps après le second pamphlet de Chaboillez, mais Mgr Plessis, dans une lettre à Cadieux (qui préparait une autre réfutation) le 9 mars 1824, dit s'inquiéter de la situation précaire : trois prêtres du district de Montréal ont rétracté leur signature, et d'autres suivront[53]. La seule solution, ajoute-t-il, c'est de laisser mourir l'affaire. Dans *Le Spectateur canadien* du 10 avril 1824, P.-H. Bédard répond longuement au deuxième pamphlet de Chaboillez ; mais il ajoute, à la requête de son évêque, qu'il se retire du débat, « prenant pour toujours congé » de ceux qui essaieront de le poursuivre. Le 17 mai suivant, Mgr Plessis écrit à Augustin Chaboillez pour lui demander de faire des excuses à Mgr Lartigue, excuses qu'il ne fera pas, semble-t-il[54]. Mais ce ne sera qu'en avril 1828 que Mgr Panet pourra écrire à Mgr Juliopolis, à la Rivière-Rouge : « On n'entend plus rien de Mr Chaboillez[55]. »

Même avec une distance de plus d'un siècle et demi, l'affaire Chaboillez étonne. Quand on sait avec quelle vigueur l'Église s'est efforcée de surveiller les écrits au milieu du XIXe siècle, on mesure l'écart entre ce qui devait survenir quelques décennies plus tard et les frasques de l'abbé Chaboillez. Car l'esprit de rébellion ne s'est pas manifesté que dans le contenu du pamphlet : le geste même de le soumettre à des avocats plutôt qu'aux autorités ecclésiastiques était à lui seul une contestation ouverte. L'appareil répressif du clergé apparaît nettement dépassé par l'ampleur des événements. Mgr Plessis considérera qu'il s'agissait d'un mal irréparable d'avoir étalé sur la place publique pareilles discussions ; et jamais le clergé n'a véritablement pu réprimer le mouvement de contestation. On voit clairement ici que l'Église livrée à elle-même avait étonnamment peu de pouvoir, même contre ses ouailles; l'on s'étonne d'ailleurs de voir l'Église du Bas-Canada encaisser pareilles gifles. L'élaboration de stratégies de censure s'imposera bientôt, à la faveur du renforcement du pouvoir religieux; mais en attendant, les déboires du clergé ne sont pas finis. Les activités de l'abbé François-Xavier Pigeon vont, à certains égards, dépasser l'audace qu'a manifestée Augustin Chaboillez.

Le curé de Saint-Philippe-de-Laprairie, François-Xavier Pigeon, ne semble pas avoir connu l'audience de Chaboillez. En revanche, ses activités ont peut-être poussé plus loin la contestation: non seulement a-t-il publié des pamphlets contre Mgr Lartigue et Mgr Plessis, mais en plus, il a censuré un mandement et fondé une imprimerie qui a grandement inquiété ses supérieurs. Les noms de Chaboillez et de Pigeon sont à cet égard inséparables.

Les années 1820 sont décidément pénibles pour Mgr Lartigue. Le 18 septembre 1822, celui-ci envoie à F.-X. Pigeon copie de son mandement «pour la circonscription d'une nouvelle paroisse dans la seigneurie de Léry[56]». Qu'à cela ne tienne: le 30 septembre le curé de Saint-Philippe, s'objectant au démembrement de sa paroisse, répond catégoriquement: «je n'ai point cru et ne crois pas encore devoir publier votre Mandement[57]». S'ensuit une correspondance acerbe, parfois spécieuse, où se trouve encore une fois contestée l'autorité de Mgr Lartigue. Mgr Plessis n'hésite pas à qualifier ce refus de rébellion inacceptable: «Quel rôle, mon cher Abbé, que celui d'un Prêtre qui se déclare en opposition contre ses Supérieurs légitimes! Est-ce l'esprit de Dieu qui vous conduit en cela? Ne serait-ce pas plutôt un esprit de vanité et d'indépendance[58]?» Mais Pigeon s'entête, car publier ledit mandement serait «reconnaître l'Évêque de Telmesse pour l'Ordinaire du District de Montréal, surnommé inopinément *District Épiscopal*, sans savoir sur quelle autorité *civile* et ecclésiastique est fondé ce nouveau Titre [...][59]». Le torchon brûle entre Mgr Lartigue et l'abbé F.-X. Pigeon. Le 1er mai 1825, Mgr Lartigue prévient Pigeon qu'il ne fera pas de visite pastorale dans sa paroisse[60]. Furieux, Pigeon s'insurge le 19 août suivant, dans une lettre caustique, contre ce qu'il appelle un «coup d'autorité inouï jusqu'ici dans ce Diocèse[61]», et dit comprendre que Mgr Lartigue veut ainsi punir son curé; est-ce pour avoir pris parti pour ce que Pigeon lui-même appelle les «antitelmessiens»? C'est du moins ce qu'il est possible de lire entre les lignes. Au terme de sa lettre, le curé de Saint-Philippe laisse même présager des mesures contre Mgr Lartigue, si ce dernier s'entête. Moyennant certaines conditions, l'évêque se résout enfin à rendre visite à Pigeon.

Pour comble, Pigeon avait décidé entre-temps de fonder une imprimerie à Saint-Philippe. Mgr Lartigue écrit à Mgr Plessis, le 5 novembre 1823, qu'on peut soupçonner que les produits de cette presse seront dangereux. Il ajoute que les membres «de cette cabale» auraient dû être arrêtés dans leur projet dès le début[62]. Il voudrait empêcher Pigeon de se livrer à pareilles activités, mais ne sait comment s'y prendre pour museler un imprimeur qui produit des documents dirigés contre les évêques[63].

Il est bien évident que les productions de cette imprimerie avaient de quoi poser problème à des autorités religieuses passablement ébranlées par l'affaire Chaboillez. En fait, en janvier 1826, Pigeon écrit à Mgr Panet : « Voilà douze ouvrages différents que nous avons imprimés, formant environ 5000 exemplaires.» Dans cette même lettre, il demande à l'évêque «d'honorer [son] imprimeur [Joseph Hébert] du titre d'*Imprimeur de Monseigneur l'Évêque et du Clergé* ; et je désire que tout livre qui sortira de mon imprimerie ait l'approbation de V. G. ou d'un de vos Grands Vicaires[64] ». Mgr Panet lui répond qu'il ne patronnera pas l'imprimerie, mais que Pigeon peut tout de même conduire son commerce — qui fonctionnait de toute façon depuis 1823 —, à condition que les ouvrages soient «préalablement approuvés par les supérieurs ecclésiastiques[65]». Or Pigeon fait immédiatement publier la seule partie de cette lettre qui donne le feu vert à l'imprimerie, donnant ainsi l'impression que Mgr Panet prête son nom à un tel commerce. Dans une réaction vive, ce dernier lui conseille de retirer cette circulaire. Perspicace, Pigeon rétorque qu'il ne répondra même pas à pareille requête : « le fond n'est pas de vous[66] ». Mgr Lartigue se profile en effet derrière ces recommandations : deux mois plus tôt, l'évêque de Telmesse avait écrit à Pigeon pour lui rappeler que tout ce qui émanait de la presse de Saint-Philippe devait être soumis à la censure ecclésiastique et que, au surplus, les saints canons défendaient à tout prêtre d'exploiter un tel commerce. Il voulait en outre avoir la preuve que Pigeon n'était pour rien dans cet établissement d'une imprimerie[67]. Pour tout dire, l'opinion de Mgr Lartigue est sans appel : ce commerce est illicite, écrit-il le 8 mai 1826 à Mgr Panet[68] qui, lui-même, quatre jours plus tôt, avait jugé ce commerce acceptable[69].

Il est bien vrai que, de son côté, Pigeon souhaitait, en sus de ses livres, imprimer un journal religieux, *L'Ecclésiastique*. Mgr Panet ne voyait pas ce projet d'un bon œil, témoin cette lettre à Mgr Lartigue, datée du 2 décembre 1826 : «Je ne suis pas encore déterminé sur ce que je dois faire, soit en ne répondant pas, soit en lui disant des vérités toutes nues[70].» Mgr Panet parlait alors d'une requête de Pigeon lui demandant de se mettre à la tête des souscripteurs de *L'Ecclésiastique*, gazette de Saint-Philippe. Le nom *L'Ecclésiastique* ne fut pas autorisé ; néanmoins, selon Jean-Jacques Lefebvre, le journal parut sous le libellé de *Gazette de Saint-Philippe*, en 1826-1827, journal qui semble aujourd'hui introuvable[71]. Mais la chronologie des événements conduit à penser encore une fois que Pigeon s'est peu préoccupé de l'approbation de son évêque. En effet, s'il demandait à Mgr Panet d'appuyer son journal, le 2 décembre 1826, ce même mois *La Bibliothèque canadienne* communiquait, avec comme en-tête *L'Ecclésiastique*, le prospectus « d'une *Gazette religieuse*, qui doit se publier au commencement du mois prochain, s'il y a assez de souscripteurs[72] ». Le journal de l'abbé Pigeon s'y définit résolument comme religieux et dit avoir « le mérite d'être le premier établissement en ce genre qui ait été fait jusqu'ici en Canada ». Aucun nom de propriétaire ou d'imprimeur n'est donné, et pour s'abonner l'on devait se présenter chez le libraire Édouard-Raymond Fabre à Montréal. Et n'oublions pas que l'imprimerie de Pigeon continuera ses activités jusqu'en 1829 : nous en possédons aujourd'hui une douzaine de documents, tous inoffensifs, à l'exception de deux opuscules livrant la correspondance entre Pigeon et ses supérieurs lors de conflits importants : *Correspondance entre l'évêque de Telmesse et le curé de Saint-Philippe*, publiée vraisemblablement en 1825[73], et qui porte sur la visite pastorale refusée et le démembrement de sa paroisse ; et *Rapports entre le curé de Saint-Philippe et Monseigneur de Québec*, paru selon toute probabilité en 1826, et qui traite surtout de l'autorisation de son imprimerie.

L'affaire Pigeon s'est terminée comme celle de Chaboillez : par l'usure. On laissera le curé de Saint-Philippe s'occuper de son imprimerie ; mais surtout, on évitera les coups d'éclat qui pourraient éclabousser davantage un clergé déjà fort ébranlé. Leurs réactions respectives portent à croire que Mgr Panet et Mgr Lartigue n'ont pas fait corps face à cette affaire. Mgr Panet écrivit à Pigeon pour lui dire que son commerce était acceptable, mais que ce qui en sortait devait recevoir l'approbation de Mgr Lartigue[74] ; en revanche, Mgr Lartigue lui avait refusé l'approbation des *Sages conseils* tant que Pigeon n'aurait pas prouvé qu'il n'était pour rien dans le commerce de cette imprimerie[75]. L'affaire se tassera pourtant. Lors d'une visite en 1828, Mgr Lartigue se félicitera des prêtres qu'il a rencontrés, en particulier… Chaboillez et Pigeon[76]. Plusieurs années après ces événements, Mgr Lartigue, écrivant à Mgr Signay, parlera de Pigeon comme d'un « curé unique dans son espèce[77] ».

De cette tourmente surgissent d'abord une prise de conscience, un nouveau savoir à l'égard du contrôle des imprimés, puis l'élaboration d'une stratégie censoriale ; enfin, et Mgr Bourget s'en fera le champion, un souci d'unité dans le clergé. Abordons maintenant la deuxième phase de l'élaboration d'une censure institutionnalisée.

Le vouloir censorial : les efforts de Mgr Lartigue

Nous venons d'aborder deux cas déterminants de la décennie 1820-1830 ; or il est intéressant de noter que les conditions qui ont provoqué l'émergence de la censure à Rome, c'est-à-dire le développement de l'imprimerie et la menace d'un schisme dans l'Église, se trouvent mis en place au terme des années 1825-1830. L'imprimerie existe depuis quelque soixante ans au Bas-Canada ; les risques de schisme se sont multipliés avec les écarts de conduite des abbés Chaboillez et Pigeon, qui représentent la partie peu docile du clergé, faction sans doute importante à l'époque. À ces dangers s'ajoute l'arrivée des protestants depuis la Conquête, eux qui ont bien compris l'importance de la propagande par l'imprimé. Et pourtant, on ne sent pas en ces années 1820-1830 une force coercitive suffisamment puissante pour parler véritablement d'une mainmise sur les produits de la presse : il manque encore au clergé une assise de pouvoir assez bien établie pour déployer une stratégie censoriale. À clergé faible, censure faible ; toutefois, les années 1830-1840 vont, à cet égard, marquer un tournant décisif, la naissance d'une volonté de contrôle.

L'affaire Chaboillez et les activités de Pigeon ont bien mis en relief, aux yeux du clergé, l'importance des journaux et de l'imprimé en général dans la diffusion des idées. Parlant des dissensions du curé de Longueuil, l'abbé Jean-Baptiste Ferland écrit : « Bien entendu que les journaux, qui n'étaient pas sous son contrôle [celui du clergé], continuaient à débattre la question sur un terrain bien éloigné de celui où elle avait été placée[78]. » Mgr Lartigue a-t-il pris conscience du contrôle de la presse à partir de ce moment ? La chose est bien possible, si l'on en juge par les projets qui ont suivi.

Dans son étude sur l'évêque de Montréal, Gilles Chaussé retrace le projet caressé par Lartigue de fonder un journal ecclésiastique, projet qui remonte à 1828 et qui sera abandonné en mai 1832, devant l'opposition de Mgr Panet et de Mgr Signay. Ce projet visait à contrer les journaux démocrates et la propagande protestante.

Le 28 juillet 1828, Mgr Lartigue amorce une série de demandes à Mgr Panet au sujet d'un journal ecclésiastique qui manque depuis longtemps aux Canadiens français, alors que les autres sectes ont les leurs[79]. Mais l'évêque de Québec lui répond que le temps n'est probablement pas venu pour une telle entreprise, et qu'il serait difficile de trouver quelqu'un pour s'en occuper. Quatre ans plus tard, Mgr Lartigue revient à la charge :

> Je voudrais savoir d'une manière définitive si, quoique vous ne vouliez pas prendre part à l'œuvre du Journal ecclésiastique, vous n'avez aucune objection à ce que je me mette à la tête de ce projet afin de le diriger pour le plus grand bien ; car je ne voudrais pas aller en cela contre votre volonté, non plus qu'en toute autre chose qui concerne votre diocèse[80].

Cette fois, Mgr Panet refuse carrément, et il ne croit pas que Mgr Lartigue, vu son manque de modération, puisse même en assumer la direction[81]. Le projet avorte donc, mais Mgr Lartigue aura au moins essayé : « Je me lave les mains par rapport aux conséquences ; car ma conscience me rend témoignage que j'ai fait ce qui dépendait de moi, après quoi tout est dit[82]. »

Les visées de Mgr Lartigue avaient d'abord, certes, une portée religieuse ; mais celles-ci s'avéraient inséparables du problème général de la liberté de la presse et du contrôle d'ensemble des journaux.

La liberté de la presse avait été vaillamment défendue par *Le Canadien*, dès 1806, sans que le clergé y ait pu quoi que ce soit ; pareille situation est maintenant devenue intolérable. À l'occasion d'un article à tendance révolutionnaire publié dans *La Minerve*, Mgr Lartigue fait bien ressortir à nouveau, en 1832, l'importance d'une presse religieuse :

> Croyez-vous maintenant que si nous avions une presse indépendante, telle que projetée pour notre journal ecclésiastique, elle ne serait pas nécessaire pour bâillonner cette canaille ; car telle est la liberté de la presse comme ils l'entendent qu'ils refusent d'imprimer ce qui est contraire à leurs opinions et qu'ils veulent même en ôter les moyens […]. Je serais fâché qu'on pût dire par la suite que le clergé n'a pas voulu empêcher le mal quand il l'aurait pu[83].

Tout autant que la fondation d'un journal, c'est donc l'établissement d'une presse qui est chère à l'évêque de Montréal. La stratégie va même jusqu'à un point qui eût été impensable quelque vingt ans plus tôt : demander aux imprimeurs du *Canadien* s'ils ne consentiraient pas à mettre leurs presses sous le contrôle du clergé[84] ! La nécessité d'une presse accompagnait donc toujours le projet particulier d'un journal religieux : « Nous avons un besoin urgent de la presse, pour venger avec vigueur et prudence, la religion et nos droits attaqués de tous côtés[85] » ; « les difficultés présentes montrent la nécessité d'avoir une presse et un Journal ecclésiastique [...][86] ».

Mais la presse n'est qu'un organe, un moyen dont la fin semble être le pouvoir, mot qui apparaît sous la plume de Mgr Lartigue en 1832, au moment où le projet est sur le point de faire naufrage : les évêques, faute d'appuyer le journal, se privent « d'une arme qui aurait pu leur assurer un grand pouvoir[87] ». Un mois plus tard, le mois même où il devait essuyer un refus définitif de la part de son évêque, Mgr Lartigue écrit : « Quel avantage pour la religion si l'évêque avait un aussi puissant moyen pour former et maîtriser l'opinion publique, et la faire tourner au profit de l'Église[88] ! » L'échec du projet prend alors des proportions telles que ce qui est en cause, ce n'est rien de moins que le contrôle du discours social : « *La Quotidienne* fait son métier ordinaire de vilipender le clergé : mais qu'y faire lorsqu'on laisse tout imprimer[89] ? » déplore Mgr Lartigue.

Les préoccupations de Mgr Lartigue se portent aussi vers le livre en général et, si l'évêque de Telmesse n'a pas de projets précis à cet égard, il n'en demeure pas moins qu'un souci de diffusion du bon livre le suit constamment. Ainsi, il propose de répandre dans les campagnes plusieurs centaines d'exemplaires de l'*Ami de l'ordre* de Hamel[90] et de l'exposition de la foi catholique de Bossuet[91]. Mais les mauvais livres l'inquiètent également, entre autres les *Paroles d'un croyant*, de Lamennais, « imprimées dans le Bas-Canada grâce à une souscription fort discrète [...]. Ludger Duvernay et le Suisse protestant Amury Girod avaient bien préparé la publication de ce bouquin antireligieux[92] ». L'évêque déplore que les catholiques se prêtent à la publication de ce livre et voit clairement le danger de ne pas interdire ces *Paroles* qui se distribuent sous le couvert[93]. Mais Mgr Lartigue a beau faire part de ses inquiétudes à Mgr Signay, il ne parvient pas à s'attirer l'appui de ce dernier, qui tergiverse sans cesse dans ses réponses aux préoccupations de l'évêque montréalais.

Chat échaudé craint l'eau froide : Mgr Lartigue regarde aussi avec méfiance certaines productions imprimées qui émanent de son clergé même. Il demande à Joseph Marcoux des explications sur une légende que ce dernier aurait présumément publiée dans *L'Ami du peuple*[94] ; il défend même à Charles-Irénée Lagarce, s'il est bien l'auteur d'articles dans *Le Canadien*, d'écrire sans autorisation dans les papiers publics[95].

Enfin, même les exercices littéraires font l'objet d'une surveillance de la part de Mgr Lartigue. Il écrit à l'abbé Jean-Charles Prince, directeur du Collège de Saint-Hyacinthe, pour critiquer le choix d'une pièce sur Bonaparte comme exercice de fin d'année 1838 : mauvaise décision politique, affirme-t-il. Derrière cette réprimande transparaît une volonté de contrôle :

> D'ailleurs, il s'étonne que tous les ans on soumette les pièces littéraires à son approbation quand il n'est plus temps de les changer ; il laisse donc à la Corporation du Collège toute responsabilité à cet égard après avoir biffé deux phrases dans le manuscrit présenté par M. Désaulniers, parce qu'elles regardaient la religion. Parce qu'il doute que son coadjuteur puisse présider la Corporation à sa place, il se réserve de ne pas approuver ce qu'elle aura décidé[96].

L'année suivante, Mgr Lartigue dira encore à Prince que ces exercices ne doivent pas être simplement « un spectacle divertissant[97] ».

Toute la correspondance de Mgr Lartigue — mais on ne peut en dire autant des évêques Panet et Signay — manifeste, entre 1828 et 1839, un souci aigu de l'importance de l'imprimé. L'ère de l'innocence, si l'on peut dire, est révolue ; les attaques de Chaboillez et de Pigeon[98] ont fait apparaître la nécessité d'une presse religieuse appuyée par un contrôle des lectures. Mais si l'ère de l'innocence est terminée, celle de l'impuissance persiste, du moins de manière relative, car Mgr Lartigue n'a pu qu'élaborer des projets qui n'ont jamais vu le jour, ou poser des gestes personnels liés à des cas isolés. Par contre, celui qui a longtemps été son secrétaire et qui, on peut aisément le présumer, s'est pénétré des vues de son évêque, jettera les bases de la censure de l'imprimé : Mgr Ignace Bourget mènera à sa pleine réalisation la volonté de son prédécesseur.

Mais faut-il répéter que cette philosophie censoriale et son exécution ont été produites à la suite d'un long cheminement ponctué de misères et d'échecs ?

Au début du XIXe siècle, et surtout entre 1820 et 1830, les écueils furent le lot du clergé en matière censoriale. Certes, il y eut auparavant la saisie du *Canadien* mais, sans l'initiative du pouvoir civil, Mgr Plessis n'aurait jamais tenté quoi que ce soit, même si ses lettres nous montrent qu'il abhorrait ce journal et, de manière générale, les principes démocratiques et libéraux qu'engendrait la Constitution de 1791.

Les démêlés avec Chaboillez et Pigeon ont fait voir, ensuite, le rôle déterminant qui revient à la diffusion du livre et à l'imprimerie. Le clergé est sorti boiteux de cette querelle, et les divisions furent encore accrues. Mgr Lartigue en a toutefois tiré les leçons qui s'imposaient : sans un journal religieux, sans une presse ecclésiastique, sans le contrôle des livres, le clergé était voué à des attaques incessantes, tant de l'intérieur que de l'extérieur. Mais ce qui a grevé ses efforts, ce fut le fait qu'étant évêque à Montréal, mais non de Montréal, il lui fallait l'autorisation de Mgr Panet, qui n'appuya pas son confrère. En définitive, l'établissement du diocèse de Montréal en 1836, le recrutement d'effectifs vers 1840 et le renouveau religieux qui marque cette même époque[99], l'arrivée de l'énergique Mgr Bourget, succédant à un Lartigue vieilli et lui-même nourri des leçons fournies par les déboires antérieurs, favorisent à partir 1840 la mise sur pied de tout un appareillage censorial fondé sur un pouvoir réel de la société ecclésiastique.

DEUXIÈME PARTIE

L'ÉGLISE MILITANTE :
Grandeurs et misères
de la censure proscriptive
(1840-1910)

3
Mgr Bourget: l'Institut canadien de Montréal, répression et accalmie (1840-1876)

Une censure organisée ne commence à se tisser véritablement qu'à partir de 1840; mais avant d'y arriver, il fallait mettre l'accent sur le parcours qui l'a rendue possible, c'est-à-dire le fractionnement qu'a connu l'Église catholique du Québec. À quelque chose malheur est bon: le clergé a maintenant pris conscience de la nécessité de contrôler l'imprimé et il s'attelle à la tâche. Voilà pourquoi l'on examinera tout d'abord le souffle nouveau donné par Mgr Bourget avec son appel à l'unité — il sait, lui, les affres de la division intestine —, souffle qui s'incarne dans de nouvelles entreprises, dont *Les Mélanges religieux* et, surtout, l'Œuvre des bons livres.

Cependant monte un pouvoir laïque représenté par l'Institut canadien de Montréal. Il faudra donc suivre attentivement son émergence, ses dissensions intérieures et, surtout, le défi qu'il porte à l'autorité de l'évêque de Montréal. Tel sera l'essentiel de ce chapitre, qui tentera de retracer presque pas à pas ce grand affrontement qui durera plus d'un quart de siècle.

1. PRÉMICES D'UN SIÈCLE DE CENSURE ECCLÉSIASTIQUE

« L'union fait la force » : et Mgr Bourget vint

Succédant à Mgr Lartigue en 1840, Mgr Bourget, témoin des dissensions entre le clergé de Montréal et celui de Québec, en tire la leçon qui s'impose: là où il n'y a pas d'unité, il n'y a point de contrôle. Dès le

2 mai 1840, il lance le mot d'ordre « l'union fait la force[1] ». Dans une circulaire émise pour répondre aux prêtres qui lui demandent quelle conduite adopter au sujet des bals et des divertissements populaires, Mgr Bourget suggère à ces derniers de lui écrire pour donner leur avis, « pour qu'il y ait uniformité de conduite[2] ». Mais pour connaître le prix véritable qu'attache l'évêque de Montréal à l'uniformité du clergé, il faut lire sa longue circulaire de 1843, où chaque article discuté, entre autres les bals et les divertissements, est précédé d'un appel à l'uniformité. Au risque de paraître répétitif, mais ce n'est là que la redondance de la circulaire, relevons les appels à l'uniformité : « Il n'est rien de si important que l'uniformité de conduite » ; « Il est aussi extrêmement important d'établir l'uniformité de conduite » ; « Pour qu'il y ait uniformité en toute notre conduite » ; « Pour l'uniformité » ; « Ayons l'esprit de corps[3] ». Nous sommes ici au seuil de l'implantation d'une orthodoxie qui, si elle suscitera des adversaires, saura néanmoins imprégner tout le reste du siècle.

Savoir, vouloir et, enfin, pouvoir

Mgr Lartigue savait, voulait ; Mgr Bourget pouvait. Car le nouvel évêque de Montréal, affranchi de Québec pour la prise de décisions, pénétré des principes et des volontés de son prédécesseur, va utiliser ces nouveaux pouvoirs pour passer à l'acte. Les établissements fondés par Mgr Bourget pour le contrôle des imprimés sont bien connus, particulièrement les *Mélanges religieux* en 1840 et l'Œuvre des bons livres en 1844. Faut-il rappeler qu'ils sont le fruit des vingt années précédentes ? Non, sans doute, car on a vu combien une juste compréhension du début du xixe siècle permet de voir ces interventions de l'évêque de Montréal comme un aboutissement autant qu'un point de départ.

Mgr Bourget peut ainsi annoncer la fondation des *Mélanges religieux*, dont le Prospectus, paru dans la livraison du 1er décembre de la *Gazette de Québec*, ne laisse subsister aucune équivoque : le journal entend

> montrer à toutes les classes de la Société la vertu comme la route du bonheur ; encourager le bien, de quelque part qu'il vienne ; censurer le mal avec l'accent de la charité, dans l'espoir de le guérir […].

Les causes immédiates de la création d'un journal sont évidentes : le militantisme protestant, la menace créée par l'élite libérale montante[4], bref, la nécessité de combattre « les efforts incroyables que font les ennemis de la Religion contre la foi dans ces temps orageux[5]». Qui dit journal dit aussi presse ecclésiastique : la Circulaire du 21 décembre 1840 en est le premier produit, si bien qu'à Mgr Signay, qui doutait de l'opportunité de cette initiative, Mgr Bourget peut répondre : «je n'agis que pour exécuter les plans formés par mon prédécesseur [...][6]».

Dans la foulée de Mgr Lartigue, Mgr Bourget se préoccupe de la diffusion des livres. Faisant sans doute allusion à «une Société de missionnaires pour la *conversion* [...] des *Canadiens-français*[7]», société qui répand «un déluge de Bibles corrompues», l'évêque revient à la charge avec une lettre pastorale contre ces «bibles corrompues et [...] petits livres empoisonnés[8]». Il se limite pour l'instant au plan religieux; mais l'offensive ne tardera pas à s'élargir, et l'Œuvre des bons livres atteindra une envergure qu'aucun effort de balisage des lectures n'avait eue auparavant.

L'Œuvre des bons livres s'est donné une structure très précise, nous conduisant en cela au seuil d'une nouvelle ère. Son «Ordonnance d'organisation et règlement[9]», tout en posant pour but la défense de la foi, restreint la lecture aux ouvrages «qui ne respirent que la morale la plus pure[10]». Tous les évêques du Québec devaient suivre le mouvement quelques années plus tard, comme en témoigne leur lettre pastorale du 11 mai 1850 : ce document contient tous les poncifs auxquels nous a si largement habitués la deuxième moitié du xixe siècle : «La plaie des mauvais livres est une plaie stagnante et cruelle», «Un bon livre [...] est un ami qui donne de sages conseils[11]» contre les faux plaisirs. Suivent les règlements de l'Œuvre, où tout livre pour la bibliothèque doit être approuvé par le curé ; le document se termine par le tableau des indulgences accordées aux Associés de l'Œuvre.

Inutile d'insister sur ces faits connus, qui marquent d'ailleurs le point d'arrivée de ces prolégomènes à une étude d'un continent nouveau : l'importance de la censure est désormais comprise par le clergé, et les stratégies nécessaires sont établies, particulièrement à Montréal.

Mais, en même temps, s'élève une force contrariante, animée par des laïcs : l'Institut canadien de Montréal. L'émergence du pouvoir religieux entraîne par la même occasion un affrontement important en ce milieu du xixe siècle, que nous allons maintenant retracer.

2. DÉBUTS TROUBLÉS DE L'INSTITUT CANADIEN (1844-1850)

Un départ pourtant orthodoxe

En 1844, Louis Racine, président du Lycée canadien nouvellement formé, entre en contact avec Antoine Gérin-Lajoie, qui avait quelque expérience dans les sociétés de discussion. Ils réunissent une cinquantaine de jeunes gens qui forment en leur sein un comité chargé de rédiger la constitution d'une éventuelle organisation qui aura pour but de réunir la jeunesse canadienne. Convoqués le 17 décembre 1844, plus de 200 jeunes gens répondent à l'invitation et se rendent à la salle de la Société d'histoire naturelle : « Les travaux de l'assemblée se bornèrent donc à la fondation d'une société qui prit pour titre : L'INSTITUT CANADIEN, et il fut résolu que le Lycée canadien disparaîtrait pour y faire face[12]. »

Le 23 du même mois, on adopte une constitution et procède à l'élection des premiers officiers. De plus, l'Institut canadien finit par absorber la Société des amis, cercle littéraire et philosophique créé en novembre 1844, qui avait fondé, en janvier 1845, *La Revue canadienne*. Malgré certaines difficultés à maintenir l'assiduité des membres[13] et à obtenir la collaboration des aînés[14], l'Institut canadien est accueilli avec bienveillance et suivi avec intérêt. En 1846, *La Minerve* considère encore l'Institut comme un « corps patriotique et bienfaisant[15] ». À ce moment, les rapports entre le clergé et l'Institut sont des plus cordiaux : « Plusieurs clercs montent à la tribune de l'institut. Bernard O'Reilly, Charles Chiniquy, le jésuite Félix Martin, Armand de Charbonnel, futur évêque de Toronto[16] […] »

La lecture de Monsieur de Charbonnel, portant sur les « caractères de la société chrétienne », a lieu le 6 mai 1847 dans la cathédrale de Montréal, gracieusement prêtée par l'évêque, Mgr Bourget. Le 8, l'Institut adopte une résolution témoignant de sa reconnaissance envers l'évêque qui lui fait répondre par le biais de M. Joseph-Octave Paré

> [que Sa Grandeur] s'estime heureuse d'avoir eu l'occasion de manifester l'intérêt qu'elle porte à l'Institut et le désir ardent qu'Elle a de lui voir acquérir cette haute importance qui le mette à même de procurer sous tous les rapports le bonheur de la société[17].

En cette même année 1847, cependant, l'Institut prend l'habitude d'inscrire pour discussion des sujets de plus en plus osés. Citons par exemple celui-ci, qui reviendra plus de dix ans plus tard : « Le commerce a-t-il plus contribué au progrès de la civilisation que la religion ?» On discute aussi des avantages des sociétés secrètes, alors que l'évêque les a condamnées l'année précédente, et on se questionne sur l'opportunité d'encourager l'établissement d'ordres religieux au moment même où Mgr Bourget est en pleine campagne de recrutement auprès des congrégations françaises[18]. Marcel Dandurand, abbé et historien, écrit en 1955 des lignes qui nous semblent bien rendre compte de la réaction des milieux catholiques de l'époque : « Sans doute ces différentes questions sont-elles résolues dans le bon sens. Le fait néanmoins que des jeunes songent à les soulever ne laisse pas que de surprendre[19]. »

Premières lézardes : la colonisation des Townships et la situation politique de 1848

En 1848, le prestige de l'Institut est assez grand pour réunir Mgr Bourget et Louis-Joseph Papineau autour d'une même œuvre. Le but visé est de diriger les Canadiens français promis à l'exil dans les villes industrielles des États-Unis vers les terres inoccupées des Townships de l'Est, les actuels Cantons de l'Est. En plus de préserver les mœurs et la morale des colons pressentis, la colonisation permettra « d'augmenter la force et la prospérité de notre race par la propriété du sol[20] ». Le 2 mars, il est résolu de fonder l'Association pour l'Établissement des Canadiens-Français dans les Townships du Bas-Canada, de la placer sous le patronage de Mgr Bourget et de former un comité pour organiser cette association.

Or, parmi les membres de ce comité, on remarquera quelques jeunes gens qui se sont déjà distingués par leur allégeance libérale : Jean-Baptiste Éric Dorion, propriétaire et gérant-général de *L'Avenir*, Rodolphe Laflamme, Pierre Blanchet, Joseph Doutre et Louis Labrèche-Viger. Les méfiances ainsi soulevées se confirment à l'assemblée du 5 avril. Le comité, qui a travaillé dans le secret, invite l'assemblée à adopter des règlements qui ne lui ont pas été communiqués d'avance et à confirmer une liste d'officiers pré-établie. Parmi ceux-ci, outre Mgr Bourget, président, et Louis-Joseph Papineau, deuxième vice-président, on retrouve plusieurs membres de l'Institut : Labrèche-Viger, Joseph Papin, Joseph Doutre, Rodolphe Laflamme et Romuald Trudeau. Le parti de *L'Avenir* et l'Institut canadien sont alors accusés de vouloir détourner cette œuvre nationale vers des fins politiques : redonner à Papineau tout son prestige en l'associant à cette noble cause.

Le rapport de l'assemblée du clergé du 25 juillet 1848, à laquelle assistaient une cinquantaine de prêtres du diocèse, témoigne déjà d'une certaine méfiance à l'égard de l'Association des Établissements des Townships. Il y est résolu :

1° Que le clergé continu[e] à promouvoir, autant que possible, les intérêts de cette association bienveillante.

2° Que l'on [ait] pour unique but de procurer au bon peuple de bons établissements ; et que l'on demeure étranger à toute question politique, si jamais il s'en élevait dans le sein de l'association[21].

L'effet combiné des hésitations de l'Exécutif et du manque de confiance d'une part du public fait que l'Association n'a jamais pris son envol[22]. Le 9 août, Mgr Bourget écrit à Joseph Papin, secrétaire de l'Association, « que les malheureuses affaires qui viennent d'arriver et qui ont failli souiller notre cité du sang de ses propres enfants, ne [lui] permettent plus de travailler comme ci-devant à la belle œuvre de colonisation[23] ».

Mais il apparaît que l'évêque est trop heureux de se tirer de ce mauvais pas. En novembre, un correspondant de *L'Avenir* regrette « la décision qu'a prise Monseigneur de ne plus faire partie du comité[24] ». Quelques jours plus tard, le journal accuse les *Mélanges religieux*, organe du clergé, d'avoir conseillé « aux campagnes de n'avoir aucune relation avec le comité central dont Monseigneur de Montréal est le patron ». D'après *L'Avenir*, ce journal « s'est fait l'éteignoir d'une œuvre patriotique[25] ». Mais il semble bien que dès le mois de juin, l'évêque détournait lui-même les paroisses de cette association. Dans une lettre à M. Antoine Manseau, curé de l'Industrie (Joliette), il l'invite, s'il ne peut multiplier les associations, à encourager la Propagande de la foi au détriment de l'Association des Townships et à « travailler à encourager la première pour la mettre en état de remplir les fins de la seconde[26] ». Manifestement, l'évêque est plus à l'aise avec celle des deux associations qui lui échappe le moins.

Quant aux motifs de son retrait, Mgr Bourget prie les *Mélanges religieux* de faire savoir que

> c'est avec regret qu'il a appris que l'on faisait circuler certains bruits tendant à faire croire que s'il avait refusé d'accepter la présidence de l'Association des Établissement Canadiens des Townships, c'était dans le but de n'avoir point de rapport avec M. L.-J. Papineau. Sa Grandeur croit devoir protester contre ces bruits, qui sont contraires à la vérité[27].

L'impossibilité de réunir les deux hommes semble pourtant bien être la pierre d'achoppement. Selon ce qu'écrira J.-L. Lafontaine, membre de l'Institut, en 1855 : « le parti envieux qui voulait alors fermer toutes les issues de la vie publique à l'honorable proscrit [...] préféra laisser mourir la société d'inanition plutôt que d'y voir figurer M. Papineau[28] ».

La courte saga de la Société de colonisation des Townships illustre bien comment l'année 1848 marque une rupture ; c'est l'année où l'Institut se politise. Cette société de discussion, d'entraide et d'instruction mutuelle ne pouvait échapper aux grands débats qui secouaient l'Europe. Mais ce n'est pas en tant que bloc uni qu'elle y réagira.

Déjà ressenties lors des élections de novembre 1847[29], les dissensions politiques éclatent lors de celles du 14 mai 1848. Selon Jean-Roch Rioux : « La lecture du rapport [de l'assemblée] montre à l'évidence une orchestration bien dirigée de la part des rédacteurs de L'Avenir, principaux artisans de cette élection. Aux neuf postes les plus importants accèdent six rédacteurs du journal[30]. »

Le parti de L'Avenir, c'est en fait celui de Papineau, qui s'oppose à celui de Louis-Hippolyte Lafontaine. C'est en effet au printemps de 1848 qu'éclate la rupture entre les deux hommes. Antoine Gérin-Lajoie, champion du parti de Lafontaine, commente ainsi la division :

> Aux élections de l'Institut Canadien, le parti de Papineau s'organisa pour élever un de leurs amis à la présidence. C'était introduire la politique et partant la zizanie dans le sein de cette institution [...]. Dès que le parti Lafontaine s'aperçut de ce mouvement, il se prépara à résister[31].

Un correspondant du *Journal de Québec*, membre de l'Institut, nomme autrement les deux partis en cause : « Il y a à présent deux partis dans cette institution, l'un est appelé *L'Avenir* !!! l'autre peut être appelé le parti de *La Minerve*[32]. »

L'entrée de la politique dans les affaires de l'Institut se présente donc sous le signe de la division. Si le parti de *L'Avenir* triomphe aux élections de mai 1848, ce n'est pas de façon définitive et les divisions internes iront en s'accentuant.

L'Avenir : *le journal à abattre*

Mais quel est donc ce fameux parti de *L'Avenir*? La feuille en question est fondée à Montréal le 16 juillet 1847. Ce « journal publié dans les intérêts de la jeunesse » reprend le nom de celui de Lamennais, condamné par Rome en 1832. Faut-il le préciser, c'est le Lamennais deuxième manière, le Lamennais libéral, qui inspire les jeunes fondateurs de *L'Avenir*. En novembre de la même année, lorsque son cofondateur George Batchelor quitte le pays, Jean-Baptiste-Éric Dorion, membre fondateur de l'Institut canadien, en devient l'unique propriétaire. Le même mois, Dorion est élu deuxième vice-président de l'Institut.

L'Avenir se défend bien d'être l'organe de l'Institut canadien, même s'il déclare en décembre 1847 considérer « l'Institut comme la base sur laquelle repose l'avenir littéraire du Canada, et comme devant avoir une influence immense sur le progrès de l'éducation et de la civilisation en ce pays[33] ».

C'est aussi en décembre que *L'Avenir* publie la première lettre d'Anti-Union, pseudonyme de Louis-Antoine Dessaulles, qui reprend les revendications de Papineau concernant le rappel de l'Union. On exagérera beaucoup, par la suite, l'influence directe de Papineau sur *L'Avenir*, comme sur l'Institut canadien. Ses ennemis l'accuseront volontiers d'utiliser ces deux tribunes et de manipuler ses jeunes enthousiastes. Il serait plus juste à cet égard d'évoquer, avec Philippe Sylvain, « le prestige de l'ancien tribun » et « les liens d'amitié et de parenté[34] ». Au printemps et à l'été 1848, *L'Avenir* se retrouve résolument campé derrière Papineau.

Sur le théâtre français, les grands républicains que Papineau a fréquentés lors de son exil jouiront, après la révolution de février 1848, d'un prestige inégalé. Lamartine et Lamennais, particulièrement, sont les héros d'une certaine jeunesse canadienne. Dans son discours du mois d'avril devant l'assemblée de fondation de l'Association des Townships — devant l'évêque, donc — Papineau exalte cette France révolutionnaire.

Comme le fait remarquer Philippe Sylvain, « la doctrine que prônait Papineau [...] se rattachait au "Principe des nationalités" ou droit des peuples à disposer d'eux-mêmes[35] ». Pour les catholiques ultramontains, cette doctrine est irrecevable, puisqu'elle fonde la légitimité du pouvoir sur la volonté populaire et non sur le droit divin, comme l'enseignait l'Église et comme l'avait brutalement rappelé le mandement de Mgr Lartigue à la veille des événements de 1837.

Après quelques hésitations, le clergé s'était finalement rangé du côté du ministère Lafontaine-Baldwin, privilégiant avec lui le maintien de l'Acte d'union. Dans le programme politique qu'il publie en août 1848, *L'Avenir* se prononce pour le rappel de l'Union en plus de demander le droit de suffrage universel, une éducation plus répandue et « la plus grande somme de liberté possible dans les limites de l'ordre et de la paix[36] ». Denis Monière a donc raison lorsqu'il signale que « La lutte entre le clergé et les libéraux nationaux est amorcée par l'attitude de *L'Avenir* sur deux questions non religieuses : le rappel de l'Union et l'appréciation des révolutions de 1848 […][37]. »

Or 1848 a vu bien plus que la seule Révolution française. La révolution italienne, qui causera en novembre l'exil de Pie IX, occupe également les esprits. Dans ce conflit, le pape souverain des états du Vatican apparaît comme un monarque ordinaire avec des intérêts territoriaux comparables à ceux de l'empereur d'Autriche et du tsar de Russie. Les épreuves subies par le Pape-Roi entraînent un durcissement de la position de l'Église face aux idéaux révolutionnaires ; elles activeront également l'engagement réactionnaire de Mgr Bourget. Louis-Antoine Dessaulles constatera, quelques mois plus tard, que le clergé est devenu un acteur politique important : « il devient excessivement probable, sinon évident, que le clergé fait aujourd'hui des efforts très prononcés pour favoriser, dans le pays, la tentative de réaction contre les idées démocratiques à la tête de laquelle s'est placé le ministère[38] ».

Le 18 janvier 1849, Mgr Bourget publie une lettre pastorale *Ordonnant des prières pour notre Saint Père le Pape, Pie IX, obligé de quitter Rome et de se réfugier dans un royaume étranger*, dans laquelle, par des allusions transparentes, il met les fidèles en garde contre les libéraux et *L'Avenir* :

> Soyez fidèles à Dieu et respectez les autorités légitimement constituées […]. N'écoutez pas ceux qui vous adressent des discours séditieux […]. Ne lisez pas ces livres et ces papiers qui soufflent l'esprit de révolte, car ils sont les véhicules des doctrines empestées […][39].

La circulaire au clergé accompagnant la lettre contenait une autre allusion à *L'Avenir* : « un certain journal Français [sic] cherche à répandre des principes révolutionnaires[40] ».

Le 13 mars 1849, *L'Avenir* publie un article dans lequel il dénonce l'excommunication par le pape de ceux qui participent au gouvernement de la république romaine nouvellement formée. Le 18 avril, Charles Chiniquy publie dans *L'Avenir* une lettre dans laquelle il demande aux rédacteurs du journal de retirer certaines expressions blessantes à l'égard de l'Église. *L'Avenir* maintient sa position en disant que « le Pape a abusé de son pouvoir spirituel lorsqu'il s'en est servi pour conserver son pouvoir temporel[41] ». Chiniquy répondra que les jeunes gens de *L'Avenir* sont bien mal placés pour connaître « les véritables bornes du pouvoir temporel[42] ». *L'Avenir* laisse alors entendre que cette nouvelle attaque de l'abbé est commandée par ses supérieurs. Ils placent cette action dans la continuité des gestes posés contre le journal depuis la pastorale de janvier en ajoutant que les motifs de ces censures sont clairement politiques : « Notre clergé n'est pas démocrate [...]. De tous [sic] temps, il s'est opposé à la diffusion des principes démocratiques[43]. » La querelle entre Chiniquy et *L'Avenir* se poursuivra un certain temps[44].

Le 14 juin, un correspondant de *L'Avenir*, probablement Pierre Blanchet, membre de l'Institut, prend acte de la lettre pastorale du 18 janvier et signale que « depuis, le clergé a fait une guerre à mort à l'Avenir ». Il dénonce à son tour « la conspiration tramée depuis assez longtemps dans les hautes régions du gouvernement civil et ecclésiastique de notre pays [...] pour arrêter le progrès irrésistible de la démocratie parmi la population de la campagne[45] ».

Les rédacteurs de *L'Avenir* eux-mêmes considèrent la publication de la lettre pastorale comme un point tournant dans l'attitude du clergé : « Dès ce moment, des membres du clergé commencèrent à travailler auprès de nos abonnés pour les engager à renvoyer notre feuille[46]. »

Au cours des années 1850-1851, les pages de *L'Avenir* recèlent des témoignages sur la proscription dont le journal ferait l'objet. Dès janvier 1850, un lecteur de Saint-Jacques l'Achigan se plaint du fait que

> nos prêtres ont cherché par tous les moyens possibles à détruire votre journal au profit de notre bon gouvernement ; représentations, menaces et châtiments, rien n'a été épargné [...] ils en sont venus à se servir de la chaire de vérité et du tribunal de la pénitence[47].

Ce lecteur, qui signe simplement E. S., implique nommément certains notables du village dans cette proscription, notables qui formeraient un « tribunal » d'autorité auquel on devra se référer si on doute des égarements de *L'Avenir* et du *Moniteur canadien*, autre cible de cette alliance politico-religieuse. E. S. implique également un certain vicaire Maréchal qui lui aurait rendu visite personnellement pour le convaincre de renvoyer *L'Avenir*. À la suite des dénégations d'un paroissien parues dans *La Minerve*[48], E.S. récidive en s'étonnant que l'on « ose nier des faits si notoirement connus dans St-Jacques[49] ». Le 16 avril, trois paroissiens de Saint-Jacques viennent appuyer ses dires. Deux d'entre eux ajoutent qu'ils se sont vu refuser l'absolution par

M. Maréchal, l'un spécifiant qu'on lui refuserait la sépulture ecclésiastique s'il venait à mourir sans avoir renvoyé *L'Avenir*. Le troisième paroissien n'a pas eu droit à l'absolution lorsqu'il s'est confessé au vicaire Perrault. Celui-ci lui aurait assuré agir ainsi par ordre de ses supérieurs.

Cette lutte locale trouve en effet son aval en très haut lieu. Dans une lettre privée à M. Maréchal, datée d'octobre 1849, Mgr Bourget dit que les lecteurs de *L'Avenir* ne peuvent être absous s'ils s'obstinent à encourager ce journal irréligieux[50]. En octobre 1850, c'est un lecteur de Sault-au-Récollet qui porte des accusations contre son curé. Celui-ci aurait entrepris de chasser le médecin du village, lecteur de *L'Avenir* sympathique à «la cause du progrès». La tactique est simple : faire venir un autre médecin vers lequel on dirigera les paroissiens. La rumeur veut que les conditions suivantes aient été imposées au nouveau médecin :
1. On ira à confesse, au curé, souvent.
2. On ne recevra pas *L'Avenir*.
3. On ne parlera pas contre les dîmes[51].

En novembre 1850, Chiniquy lui-même monte en chaire «en froissant *L'Avenir* dans ses mains». Dans l'article qui relate cet événement, celui qui autrefois était regardé comme un conseiller bienveillant est peint en homme malade : «on dirait à l'entendre le bruit d'un cerveau qui se détracte[52]». Chiniquy demande aux abonnés de Longueuil de renvoyer *L'Avenir* et de lui préférer les *Mélanges religieux* car, selon les paroles que lui attribue *L'Avenir*: «il faut choisir entre Dieu et le Diable et ceux qui reçoivent un mauvais journal font aussi bien de rester chez eux et de ne pas venir à l'église[53]».

En juin 1851, c'est dans Sainte-Anne de la Pocatière que les curés sont pointés du doigt. Ils auraient encouragé un agent de *L'Avenir* à rompre publiquement avec le journal[54]. Puis, à Sainte-Thérèse de Blainville on accuse le curé, lors des visites pastorales, de «parler d'affaires politiques et, comme il se doit, du terrible journal *L'Avenir*[55]». Le même mois, le curé de Sainte-Flavie est mis en cause pour avoir transformé la chaire de vérité en tribunal politique. Le correspondant de *L'Avenir* qui le dénonce réclame lui aussi la séparation du politique et du religieux : «Convoquez, dit-il au prêtre, une assemblée pour aucun temps qu'il vous plaira, pourvu que ce ne soit point dans l'église ni dans la sacristie[56].» Cette séparation a pour corollaire l'obligation, pour le prêtre, de se comporter de manière responsable. C'est l'idée que sous-tend cette correspondance d'un citoyen de Rimouski ayant à se plaindre des agissements d'un curé de passage dans sa paroisse : « Dites maintenant si cela n'équivaut pas à un délit et s'il n'y a pas des moyens pour la loi de faire cesser ces attaques[57]. » Pour une des premières fois dans la lutte des libéraux, la question du recours aux tribunaux est soulevée pour endiguer les débordements du clergé en dehors de sa sphère d'influence légitime.

L'évêque a toutes les raisons de ne pas aimer *L'Avenir*; dès 1849, il redoute également les lectures qui se font à l'Institut. Étienne Parent y prononce une conférence éloquemment intitulée : « Du prêtre et du spiritualisme dans leurs rapports avec la société ». Étienne Parent, selon le présentateur de ses œuvres, Jean-Charles Falardeau, n'a rien d'un anticlérical radical et les idées qu'il soulève ici sont fort représentatives de celles qui animent les esprits libéraux. Or le conférencier prétend que « les grands et importants rapports sociaux des citoyens entre eux, des gouvernés avec les gouvernants, d'un pays avec un autre [...], rien de tout cela n'est du ressort du prêtre[58] ».

Et, après un regard sur le rôle de l'Église catholique dans l'histoire, il termine en disant que : « De nos jours encore, la malheureuse Pologne, au lieu d'encouragements [...], s'est entendu dire que ses efforts héroïques étaient un crime[59]. » Ces paroles inquiètent. Lorsqu'un informateur dit à l'évêque que M. Charles Chiniquy est l'auteur d'une lettre de félicitations à M. Parent[60], Mgr Bourget lui demande si c'est effectivement le cas et si oui, quelles sont les raisons qui l'ont amené à dire à M. Parent : « Que sa lecture était admirable [...]. Que les théologiens qui l'ont réfuté sont des ergoteurs [...]. Qu'il a touché la plaie du malade, et que tant mieux s'il pousse un cri de douleur[61]. »

Cette méfiance accrue face aux idées qui circulent dans le cénacle de l'Institut s'étend également aux livres et journaux qui y sont gardés. En 1850, Chiniquy est à la tête d'un mouvement visant à exclure *L'Avenir* de la salle des nouvelles de l'Institut. La tentative échoue[62]. Lorsque, le 17 février 1850, un incendie détruit les locaux de l'Institut, emportant sa bibliothèque, ses archives, de même que les presses de *L'Avenir*, Mgr Bourget ne peut que saluer « le feu du ciel [qui] a fait justice des livres impies et immoraux de notre Institut Canadien[63] ».

Les conciles de 1850 et 1854 et la réaction catholique

Ce passage est tiré d'une lettre que Mgr Bourget adresse à Mgr Turgeon, évêque de Québec. L'évêque y évoque, en plus du sinistre qui a temporairement abattu l'Institut et *L'Avenir*, son intention de former une association des Bons Livres et d'assister certains laïcs dans la création d'un journal anglophone qui contrecarrera auprès de la population irlandaise les attaques du *Witness* et consorts «contre les institutions catholiques[64]».

Datée du 9 avril 1850, cette lettre prépare la rencontre des évêques des diocèses de Québec, Montréal, Kingston, Toronto et Bytown (Ottawa) qui se tient au début de mai. De cette réunion émanera le 11 du même mois une circulaire collective dans laquelle les évêques font part de leurs décisions. Un regard sur la structure même de la circulaire permet de voir comment le clergé réuni compte faire face aux impératifs du temps et suivre les recommandations que le Saint-Père faisait, le 9 mars 1850, au gouvernement de Sade, témoin le préambule: «soutenir l'épiscopat et le clergé, [et] promouvoir la cause de la religion, cause inséparable de la félicité des peuples et de la sécurité de la société, qui est aujourd'hui secouée et menacée de toute part[65]».

Les premières décisions touchent les bibles falsifiées et rappellent les limitations quant à la lecture des écritures saintes. Les interdictions de lecture s'étendent à «tout traité, pamphlet, livre, journal, etc. contraire à la foi, ou aux mœurs». Suit cette mise en garde: «ceux qui […] refuseraient de s'y soumettre ne devraient point être admis aux sacrements[66]». La cible principale est ici la masse des textes protestants qui sont diffusés, en français, et mis à la disposition d'une population nouvellement alphabétisée par des groupes comme la Bible Society[67].

La deuxième partie de la circulaire s'intitule «bibliothèques» et pose en préambule que «pour éloigner le peuple des mauvaises lectures, il importe de lui procurer les moyens d'en faire de bonnes[68] […]». On recommande donc l'établissement de bibliothèques paroissiales et on institue dans chaque paroisse l'Œuvre des bons livres dans le but de voir s'étendre cette œuvre déjà dynamique.

En fait, l'Œuvre des bons livres existe depuis 1844 et Mgr Bourget en avait émis le mandement d'installation en septembre 1845. Elle est fondée par les Sulpiciens dans le but «de combattre l'impiété, en opposant aux livres impies des livres pleins de la doctrine de la foi et conformes à ses dogmes et à sa morale[69]» ou, plus prosaïquement, «d'endiguer les mauvaises lectures, de fournir des livres moraux à une population en voie d'alphabétisation et de stimuler le mouvement des bibliothèques paroissiales[70]». Plus qu'une bibliothèque avec des abonnés, l'Œuvre des bons livres se présente comme une réunion d'associés engagés dans une mission commune. Le titre cinquième de l'*Ordonnance d'organisation et règlement de l'Œuvre des bons livres de Montréal*, celui qui traite «Des Associés», est éloquent à ce sujet:

[Les associés] ne souffriront dans leur maison aucun livre contre la foi ni contre les mœurs, et pour se conformer aux instructions de Notre Saint-Père le Pape, ils s'empresseront de faire porter soit à l'Évêque, soit aux prêtres, tous les ouvrages de ce genre […][71].

Sa collection, constituée au départ par l'élagage «des bibliothèques des deux congrégations de la paroisse Notre-Dame et des bibliothèques des Sulpiciens[72]», attire essentiellement une clientèle populaire alors que «les marchands support[ent] davantage l'Institut Canadien[73]». Ce n'est pas là que l'on consultera les ouvrages de science ou d'économie chers aux membres de l'Institut. Ce n'est qu'à partir des années 1850, quand sa collection s'enrichira et que l'Œuvre donnera naissance au Cabinet de lecture paroissial, qu'elle deviendra un concurrent sérieux de l'Institut.

Dans la troisième partie de la circulaire du 11 mai 1850, on constate que «le journalisme est une puissance formidable dont l'enfer se sert […] pour empoisonner le monde […]. La religion se voit donc dans la nécessité de se servir de cette arme […][74].» On annonce la fondation du *True Witness* qui sera «rédigé par des laïcs sous la surveillance de quelques prêtres[75]». La circulaire donne la liste des «examinateurs et surveillants» du nouveau journal. On demande aux curés de trouver des abonnés, on désigne dans chaque diocèse un prêtre qui sera à la fois correspondant et conseiller auprès du journal. En proposant ce nouveau moyen de propagande, Bourget s'inspire du succès qu'ont connu ses *Mélanges religieux*, journal dont il fut l'initiateur en 1840.

Lorsqu'ils se réunissent pour un deuxième concile provincial, en 1854, les évêques réitèrent sensiblement les mêmes préoccupations. Leur *Règlement disciplinaire* contient des sections traitant «des journaux», «des bibles falsifiées, des feuilletons et des livres immoraux», «des bibliothèques paroissiales», en plus d'un article très important au sujet «des instituts littéraires» sur lequel nous aurons l'occasion de revenir. C'est dire que quatre des neuf articles qu'ils adoptent touchent à la circulation de l'imprimé ou à la vie littéraire. Dans la section portant sur les journaux, après les mises en garde d'usage, les évêques appellent de leurs vœux la création d'un autre journal français. Cet appel se concrétisera dans l'aventure du *Courrier du Canada*[76]. Il semble que pour les évêques, le prosélytisme protestant et le dynamisme de l'Institut canadien sont les repoussoirs déterminants qui les incitent à l'action positive comme la création de bibliothèques, d'organes de presse et de lieux d'échange culturels. Pierre Blanchet pourra prétendre, au temps fort de la lutte pour la bibliothèque, que les adversaires de l'Institut sont ceux qui « avant la fondation de cette institution n'avaient jamais pensé à fonder [...] une bibliothèque ni aucun cabinet de lecture publique, pas même de Cabinet Paroissial[77] ».

3. DISSENSIONS INTERNES IMPORTANTES (1851-1855)

La nouvelle constitution de l'Institut : la brèche s'élargit

À la fin de novembre 1850, il est proposé par J.-A. Lafond, appuyé par Blanchet : « Qu'un comité de trois membres soit nommé pour réviser la constitution[78] » de l'Institut canadien. Les trois membres désignés sont Pierre Blanchet, Jean-Baptiste-Éric Dorion et M. Emery. Depuis l'incendie, l'Institut n'a plus de copie authentique de sa constitution et le comité en rédige une nouvelle, s'inspirant d'une copie non officielle. Cette nouvelle constitution sera plus tard identifiée comme étant la source de bien des maux.

L'article quatre de la constitution de 1844, qui stipulait que « pourra être membre actif tout canadien [...] d'origine française [...] ou tout individu qui aura épousé une canadienne-française [sic][79] », devient, dans celle de 1850 : « Peut être membre actif toute personne admise sur motion régulière[80] ». L'Institut renonce donc à son statut national et, par voie de conséquence, à son statut catholique. Plusieurs années plus tard, Dessaulles défendra cette position :

> Dans un pays de population mixte, comment veut-on vivre en paix avec ses voisins si on proclame l'intolérance religieuse et l'exclusivisme absolu comme base nécessaire de l'organisation d'une société littéraire ? [...] Une association ayant pour but l'étude et l'enseignement mutuel ne comporte pas de soi, l'exclusivisme religieux[81].

La tolérance exprimée dans la constitution de 1850 n'est pas nouvelle — un des membres fondateurs et premiers présidents de l'Institut —, Francis Cassidy, est d'origine irlandaise, mais il s'agit néanmoins d'un point tournant « motivé par une raison idéologique : l'application du principe de fraternité universelle[82] ». C'est bien ce que constate rétrospectivement un membre de l'Institut : « la fraternité universelle qui dilatait alors tous les cœurs fit regarder comme mesquine l'exclusion des autres races [...], l'idée de nous cramponner au legs glorieux de nos ancêtres fut systématiquement désignée comme étroitesse d'esprit [...][83] ».

À cet idéal fraternel, il faut ajouter, comme le laisse entendre la déclaration de Dessaulles, le besoin de soustraire à l'emprise du religieux (car la religion et la nation sont largement confondues) certains domaines d'activité. L'enjeu est la création d'un espace où l'étude, la discussion et la vie littéraire ne seraient soumis à aucun impératif externe.

Cette prise de position est fondamentale. Pour la première fois, on fait la distinction, par un acte officiel, entre les convictions religieuses et l'appartenance ethnique des membres pris individuellement et la position de l'Institut en tant que corps. Celui-ci, en sa qualité d'institution laïque et civile, n'a ni conviction religieuse, ni nationalité, ni idées politiques. On arguera toujours et sans relâche que les positions ou les convictions des membres n'engagent pas l'Institut et que celui-ci n'est soumis qu'aux autorités civiles.

Zizanie au sein de l'Institut canadien

Malgré son association à *L'Avenir*, son allégeance libérale et son statut non confessionnel, l'Institut n'est pas encore perdu aux yeux de tous. Certains voient une issue. Magloire Desnoyers, par exemple, propose d'en bannir les discussions politiques. La résolution qu'il soumet à l'assemblée du 12 juin 1851 demande que « la discussion de toute question politique d'une application immédiate et de nature à créer de la division parmi ses membres, soit par là même déclarée contraire à la lettre et à l'esprit de sa constitution[84] ».

En effet, l'esprit de la constitution est de faire de l'Institut un lieu d'instruction mutuelle et d'union. Mais, selon les considérants de la proposition, « le public [est] sous l'impression que l'Institut est une association politique » à cause « des questions politiques discutées par ses membres et ensuite publiées dans les journaux ». Cela aura privé l'Institut de l'« appui unanime si nécessaire », comme « le préjugé qui a existé et qui existe encore dans le public que le journal *L'Avenir* et l'Institut ne font qu'un » et propose donc que l'Institut se déclare « étranger aux opinions entretenues par tout journal[85] ». Dans une lettre publiée dans *La Minerve* avant la séance du 12 juin, Desnoyers s'explique en niant la rumeur prétendant « que le but de ces résolutions était de faire adopter à l'Institut un programme ministériel, de faire proscrire de la chambre de lecture le journal *L'Avenir* et plusieurs autres absurdités semblables[86] ».

La séance soulève quelques passions. Si on en juge par le compte rendu publié dans *L'Avenir*, beaucoup de membres et de personnes étrangères se sont présentées et la discussion s'est étirée jusqu'au matin. La proposition est rejetée au profit de l'amendement suivant : « Qu'il soit résolu : — Qu'aujourd'hui comme par le passé l'Institut canadien de Montréal déclare qu'il ne soutient, comme corps, aucun parti politique[87]. » Encore une fois, on entend laisser les coudées franches aux membres tout en préservant la neutralité du corps.

Cette proposition marque la première d'une série de tentatives visant, *de l'intérieur*, à limiter la parole ou les lectures de l'Institut. Elle sera suivie de plusieurs autres qui culmineront dans l'affrontement de 1858 autour de la bibliothèque. Mais avant de suivre cette progression, attardons-nous à un événement qui marque bien la profondeur de la rupture entre le clergé et l'Institut.

En 1852, l'Institut est encore à la recherche d'un local adéquat. Il envisage la possibilité de louer les salles, occupées par le « Mercantile Library Association », qui sont propriété du Séminaire. L'Institut charge Louis Bétournay de faire des démarches auprès des Messieurs du Séminaire ; celui-ci livre son rapport au comité de régie en février 1852 :

> La réponse de ces Messieurs, agissant par le supérieur, est, qu'ils sont consentants à louer un local à l'Institut Canadien à condition que nous ne discuterons aucune question morale ou religieuse, que nous exclurons de notre salle de lecture les journaux dont la couleur ne leur plaît pas (cette couleur doit-elle s'entendre religieusement ou politiquement, je l'ignore) ; donner un catalogue de notre bibliothèque à l'Évêque de Montréal, avec permission donnée à Sa Grandeur d'en faire disparaître les livres qui pourraient lui porter ombrage : cependant, on veut bien nous garantir que l'Évêque sera très libéral sur ce point[88].

Chargé de se prononcer sur le rapport, le comité hésite. Une première proposition, visant à remettre la décision, est rejetée. Une autre qui, au nom de la dignité de l'Institut, qualifie la proposition d'insultante, est également écartée. On envisage ensuite de ne rien répondre, pour se fixer finalement sur une proposition visant à consigner le rapport de Bétournay au procès verbal en ajoutant « que l'Institut canadien concourt pleinement dans les réflexions de son auteur[89] ». Bétournay avait qualifié les propositions de ridicules, la prise de position du comité de régie pourrait donc sembler cinglante, mais le procès verbal de cette rencontre n'a été publié dans les journaux... que dix ans plus tard. Ces hésitations témoignent, à notre sens, de la recherche d'une attitude juste, qui préserverait l'intégrité de l'Institut sans le compromettre dans des querelles d'où, assurément, il sortirait perdant.

En 1852, on tente de bannir le *Semeur canadien*, journal protestant, de la salle des nouvelles de l'Institut. Le journal en question est rédigé par Narcisse Cyr, un des quelques Canadiens français convertis au protestantisme qui sont membres de l'Institut. La motion d'exclusion est battue, mais lorsque le *Globe* salue «les jeunes Canadiens-Français [sic] de Montréal [qui] maintiennent leur opposition au contrôle clérical[90]», on se croit obligé de nier cette interprétation de la décision de l'Institut, surtout que l'article du journal tend à faire voir l'Institut comme un foyer de rayonnement pour la doctrine protestante, ce qui pourrait lui être bien dommageable. On insiste encore une fois sur la neutralité et l'ouverture de l'Institut : « les principes larges sur lesquels repose cette institution n'excluent aucune source de connaissance et accueillent toutes les idées pour les comparer[91] ».

Mais la liberté de lecture et de discussion, la tolérance ethnique et religieuse sont en elles-mêmes coupables. La lettre circulaire du Second Concile provincial de Québec, publiée le 4 juin 1854, contient, nous l'avons dit, une section de son règlement disciplinaire consacrée aux instituts littéraires. Ici, la directive du clergé est plus qu'explicite. Elle suscitera une escalade des moyens de pression internes sur l'Institut. On peut y lire :

> 1° Lorsqu'il est constant qu'il y a dans un institut littéraire des livres contre la foi ou les mœurs ; qu'il s'y donne des lectures contraires à la religion ; qu'il s'y lit des journaux immoraux ou irréligieux, on ne peut admettre aux sacrements ceux qui en font partie, à moins qu'il n'y ait sujet d'espérer [qu'ils] pourront contribuer à les réformer[92].

Les évêques condamnent donc l'appartenance à un institut, même si le corps lui-même n'embrasse aucune des erreurs du temps. Sa seule tolérance suffit à le rendre indésirable. Léon Pouliot nous fait connaître une des suites de cette circulaire : « Au début de 1855, alors que Mgr Bourget est à Rome, des pressions s'exercent sur l'évêché de Montréal pour obtenir la condamnation de l'Institut Canadien[93]. » Sur un autre front, quelques membres amorcent la tentative de réforme que sollicitait la communication épiscopale.

En mars 1855, on fait face à une nouvelle motion de censure, plus importante celle-là, à cause du nombre de publications visées et des acteurs en cause. À la séance du 21 mars, « M. Labrèche-Viger, secondé par M. Duhamel, propose que l'Institut Canadien ne reçoive plus dans sa chambre de lecture les journaux suivans [sic] : Le Semeur Canadien, le Witness et le True Witness[94] ».

On remarquera qu'en plus de l'exclusion de deux journaux protestants, on vise le *True Witness*, journal fondé sous l'initiative personnelle de Mgr Bourget. C'est donc la polémique religieuse que l'on cherche à exclure, plutôt que l'un ou l'autre des partis. Les censeurs ne cherchent pas nécessairement à faire l'apologie de la religion catholique. À cette proposition, Joseph Doutre suggère un amendement qui stipule que l'Institut « ne peut admettre le droit de censure ». L'amendement est battu par 108 voix contre 75. Wilfrid Dorion, secondé par Henri-Émile Chevalier, revient à la charge avec un amendement plus prudent qui sera adopté : « la considération de la motion principale [est] remise à douze mois ». Le 5 avril, Labrèche-Viger contestera la décision de l'assemblée en demandant un recomptage des votes. Sa proposition sera refusée de peu : 114 voix contre 101.

Moins de deux mois avant d'avoir appuyé la proposition de Labrèche-Viger[95], Duhamel avait proposé que l'Institut s'abonne à *L'Univers*, journal parisien dirigé par l'ultramontain Veuillot. Au mois d'août de la même année, Michel Emery signale qu'il « continue son avis de motion tendant à faire abonner l'Institut au *Siècle*[96] », journal libéral catholique, concurrent de *L'Univers*. Emery avait voté contre les deux propositions de Labrèche-Viger.

La confrontation de 1855 n'aura été que le prélude d'un affrontement plus grand. C'est au printemps de 1858 que les divisions internes de l'Institut, combinées aux pressions externes, mènent à la crise décisive. La tentative de censure de la bibliothèque de l'Institut canadien qui a lieu en ce mois d'avril engagera les membres à prendre parti de façon nette et publique. Plusieurs membres démissionneront, ceux qui resteront le feront au risque d'être mis au ban de la société.

4. LA GRANDE GUERRE ECCLÉSIASTIQUE (1858-1874)

L'affrontement décisif: l'année 1858

Pour comprendre cette affaire complexe qui se joue sur plusieurs tableaux, commençons par situer les gestes les plus officiels, qui sont aussi les plus connus. Le 10 mars 1858, Mgr Bourget publie une lettre pastorale « sur l'allocution prononcée par Sa Sainteté Pie IX. Contre les erreurs du temps » dont l'objectif est de dénoncer « les désordres causés par les révolutions et d'ouvrir les yeux du peuple sur le malheur des nations qui ont passé par ces terribles commotions[97] ». La lettre insiste particulièrement sur les mauvais livres, journaux et discours porteurs des erreurs du temps ainsi que sur les instituts qui les tolèrent. L'évêque demande donc « de la part de Dieu » : 1 — De ne lire aucun livre « dont la doctrine et la morale ne soient pas approuvées par l'Église ». 2 — De ne pas recevoir les livres colportés « à moins que ces livres ne portent l'approbation des Supérieurs Ecclésiastiques[98] ».

Suivent des instructions très précises adressées aux membres d'instituts littéraires :

> 3 — [...] regardez-vous comme strictement obligés de ne pas permettre qu'il s'y introduise des livres contraires à la foi et aux mœurs.
>
> 4 — Que si déjà de mauvais ouvrages se trouvent dans la bibliothèque de tel institut, vous devez en conscience faire tous vos efforts pour les faire disparaître [...]
>
> 5 — S'il vous était impossible [...] de faire purger de telles bibliothèques de tous les livres impies et obscènes qui s'y trouveraient, il ne vous resterait plus d'autre parti à prendre que de vous retirer, en protestant énergiquement et publiquement [...][99]

La procédure sera suivie à la lettre. Dès le 1er avril, à l'Institut :

> M. Éraste D'Orsonnens donne avis qu'il proposera, à la prochaine séance, qu'un comité [...] soit nommé et reçoive l'instruction de faire une liste des livres qui, d'après son opinion, devraient être retranchés de la bibliothèque de l'Institut Canadien[100].

Le 10 avril, *La Minerve* reproduit de larges extraits de la lettre pastorale, dont ceux que nous avons cités, en dressant dans son préambule l'enjeu de l'assemblée à venir :

> Il est temps que l'on sache quels adversaires compte la religion parmi nous. Il est temps que les honnêtes gens retirent à l'impiété leur nom qui sert de prétexte et d'excuse. À ceux-là, leur conduite se trouve tracée dans la lettre pastorale[101].

La séance extraordinaire a donc lieu, à huis clos, le 13 avril. D'Orsonnens, secondé par Romuald Trudeau, fait sa proposition. Un amendement est déposé qui étend le pouvoir du comité à l'étude de « tout ouvrage ou publication pouvant lui être indiqué par écrit[102] ». Mais c'est un deuxième amendement, déposé par Pierre Blanchet, qui sera finalement adopté. Le texte de cet amendement rappelle les débuts de l'Institut, ses objectifs nobles et les persécutions dont il a fait l'objet. Sur la question débattue, il déclare « Que l'Institut […] est seul compétent à juger de la moralité de sa bibliothèque et qu'il est capable d'en prendre l'administration sans l'intervention d'influences étrangères[103] » et que la bibliothèque de l'Institut ne contient aucun livre « d'une nature obscène ou immorale ». Labrèche-Viger et Hector Fabre prennent la parole contre l'amendement qui est finalement adopté par 110 voix contre 88.

Le 24 avril paraît dans *Le Pays* et *La Minerve* la lettre de démission de 138 membres de l'Institut, rédigée par Labrèche-Viger et datée du 22. Elle reprend les accusations contre la bibliothèque en en ajoutant quelques-unes concernant les idées émises au sein de l'Institut. Le 30, Mgr Bourget publie une lettre pastorale « sur l'Institut Canadien et contre les mauvais livres » dans laquelle il prend acte de la séance du 13 et salue le courage des membres démissionnaires. Cette lettre récuse deux grandes erreurs contenues dans l'amendement Blanchet. Selon Bourget, l'Institut ne peut être seul compétent à juger les livres alors que le concile de Trente « a déclaré que c'est à l'Évêque, ou à son Député, qu'appartient le droit d'approuver et d'examiner les livres[104] ». L'autre erreur est l'affirmation selon laquelle la bibliothèque ne contient que des livres moraux : l'évêque s'appuie sur le témoignage des dissidents et sur la comparaison du catalogue de la bibliothèque à la liste des livres à l'Index pour affirmer qu'il y a bien matière à censure. Il poursuit sa lettre par un exposé, en termes généraux, des règles suivies et des tribunaux établis à Rome pour l'examen des livres ainsi que des peines spirituelles encourues par ceux qui lisent des livres défendus. L'évêque ne condamne pas explicitement l'Institut, il lui fait une sévère mise en garde en insistant sur le fait « qu'il est encore temps » mais que si les membres « venaient à s'opiniâtrer dans la mauvaise voie, ils encourraient des peines terribles[105] ».

Mgr Bourget complète la mise au point entreprise dans sa pastorale sur les mauvais livres en publiant, le 31 mai, une lettre pastorale « contre les mauvais journaux ». Ici, ce sont toutes les formes du mauvais journal qui sont décrites : le journal irréligieux, le journal hérétique, l'immoral, l'impie et, finalement, le journal libéral. Une bonne portion de la lettre est consacrée à la réfutation de la doctrine présentée dans ce dernier type de journal. On peut résumer cet exposé en trois points à l'aide des citations suivantes : 1 — « il n'est permis à personne d'être libre dans ses opinions religieuses et politiques » ; 2 — « l'Église ne doit pas être séparée de l'État » ; 3 — « la Religion peut et doit s'allier avec une bonne et sainte politique[106] ». Le texte se termine par une série de recommandations sur les comportements à suivre en temps d'élection. On voit donc à quel point, pour Mgr Bourget, la lutte contre les mauvaises lectures s'inscrit dans le combat contre les erreurs du temps qu'il importe de chasser où qu'elles se trouvent, à l'intérieur des corps laïques comme sur l'arène politique. C'est aussi une occasion pour lui de réaffirmer ses positions ultramontaines.

Avant d'examiner la portée des condamnations de l'évêque et les conséquences de la prise de position de l'Institut, voyons d'abord à travers quel bourdonnement d'activités officieuses ces gestes publics ont été posés.

Avant les événements d'avril, et probablement à la suite de ceux de 1855, quelques membres de l'Institut sont allés consulter l'évêque sur l'attitude à prendre. Devaient-ils démissionner ? Mgr Bourget, dans un document privé, relate le contenu de ces discussions :

> Je déclarai alors privément à ceux qui étaient bien disposés à se soumettre à l'Église, que la première chose à faire était de travailler constitutionnellement à faire purger la bibliothèque de tous les livres dangereux et à faire décréter qu'il n'y aurait plus aucune lecture capable de choquer la foi et les mœurs[107].

Cette invitation d'agir constitutionnellement, comme toutes les interventions de l'évêque, vise donc à la fois la bibliothèque et les lectures publiques. Or nous pouvons constater que dès le mois de mars 1858, une agitation particulière règne autour de celles-ci, de même qu'autour du choix des débats.

Dans une séance qui a lieu le 18 mars, la question suivante est choisie, sur proposition de Médéric Lanctôt, appuyé par Lafond, comme devant être discutée dans trois semaines : « la religion a-t-elle plus fait pour la civilisation que le commerce[108] ? » Mais la question est proposée à une heure tardive, au moment où il ne reste qu'une dizaine de membres présents. La discussion est quand même vive. Au cours de celle-ci, un certain Z. Gauthier rappelle « qu'il avait été convenu que nous ne discuterions pas de religion[109] ». Toujours le 18 mars, Désiré Girouard est expulsé de la séance pour son langage grossier et insultant. Ce jeune étudiant en droit, qui n'est pas membre de l'Institut, avait entrepris de lui donner une leçon de moralité. Évoquant cet incident, un correspondant du *Pays* en conclura que « l'étourderie d'un esprit vindicatif et préjugé […] n'est donc que l'effet direct d'un système qui a sa source […] on sait où[110] ». Notant la recrudescence des attaques, il souligne qu'aux calomnies et mensonges à l'endroit de l'Institut s'ajoute maintenant la publication de pamphlets. Il fait probablement allusion à la série *Les Contemporains canadiens*[111], qui caricature quelques membres de l'Institut et est précédé d'un texte intitulé «*Inferius tendimus ou l'Institut Canadien*[112]».

Éraste d'Orsonnens demandera à l'assemblée, le 1er avril, de revenir sur le choix de ce sujet de discussion. Lors d'une assemblée tenue la semaine précédente, c'est Francis Cassidy qui s'oppose à une discussion dont le sujet, cette fois-ci, est politique, «alléguant que l'esprit de la constitution est opposé à la discussion de telles questions[113]». À Cassidy comme à Gauthier, c'est Blanchet qui répondra. On voit donc à quel point certains membres tendent à restreindre la liberté de discussion en évitant de soulever toute question politique ou religieuse d'«application immédiate», comme le disait déjà, en 1851, la proposition de Magloire Desnoyers et conformément aux souhaits de Mgr Bourget.

Au chapitre des lectures publiques, les censeurs sont aussi actifs, quoique leurs succès soient moindres. Le printemps 1858 voit nombre de lectures à l'orthodoxie discutable. À la fin février, Dessaulles avait lancé le bal avec une lecture sur le progrès ; à la fin mars, Théodore Lafleur, protestant, disserte sur la nature de l'homme et le 9 avril, Médéric Lanctôt y va de sa contribution sur le sentiment national et la nationalité canadienne-française. On comprend l'affirmation des démissionnaires selon laquelle : «La tribune de l'Institut est devenue la trompette au moyen de laquelle on répand à grand bruit [...] les idées les plus absurdes en fait de religion, de morale et de nationalité[114].»

Lafleur et Dessaulles sont vertement attaqués dans les journaux[115]. Lanctôt, lui, «a saisi l'occasion de sa lecture pour répondre à certaines critiques dont il avait été l'objet[116]». Quelles critiques? D'Orsonnens prétend, par le biais des journaux, que Lanctôt et Lafond se sont targués d'être impies, lors de l'assemblée du 18 mars. La réplique de Lafond, dans laquelle il attaque rondement d'Orsonnens, paraît le matin du 13 avril dans *Le Pays*, le jour même où doit se décider le sort de la bibliothèque.

Lesquelles de ces actions ont été commandées (conseillées) par l'évêque, à quel point y avait-il eu concertation et quels gestes relevaient de l'initiative individuelle? À cette question nous ne pouvons répondre de façon définitive. Une partie de la réponse se trouve sûrement dans le texte même de l'amendement de Pierre Blanchet :

> sous l'influence du *Sacerdoce laïque*, société nouvellement organisée pour empêcher le développement du progrès et de l'intelligence,

l'Institut voit avec peine et douleur un redoublement de calomnies et de diffamations contre son institution [...][117].

Intermède : *l'Institut canadien-français*

Certains des membres démissionnaires de l'Institut canadien fondent, dès le 3 mai 1858, l'Institut canadien-français, qui adoptera un fonctionnement similaire au précédent. Parmi les règlements adoptés lors de cette première séance, l'on veut :

> Que toute lecture publique dans un sens opposé aux croyances catholiques et toute discussion sur des sujets religieux soient formellement interdites dans l'Institut-Canadien-Français. Que la bibliothèque de cet Institut ne se compose que d'ouvrages instructifs, utiles et moraux[118].

En outre, « pour faire partie de cette société il faut être canadien français, ou considéré comme tel, parler la langue française et être catholique[119] ». Certains noms qui apparaissent au premier procès-verbal de cette association nous sont déjà familiers : Romuald Trudeau, Hector Fabre, Louis Labrèche-Viger, Éraste d'Orsonnens. Presque tous les autres noms figurent dans la liste des démissionnaires du 22 avril.

Ces jeunes gens ne sont tout de même pas si pressés d'entrer dans le giron de l'Église puisqu'ils fondent cette association au lieu de se joindre à celles déjà en place. Mgr Bourget ne peut s'empêcher d'exprimer un regret :

> Le nouvel Institut Canadien qui est à coup sûr composé d'hommes respectables et religieux, n'a pas même eu la pensée de s'unir avec [le] Cabinet de lecture [...]. On ne peut se dissimuler que ces messieurs ne veulent pas être sous l'influence des prêtres[120] [...].

Le Cabinet de lecture est pourtant, en 1858, une institution prospère. Il est issu de l'Œuvre des bons livres, dont les dirigeants ont senti le besoin d'élargir la mission devant la popularité des instituts littéraires. La bibliothèque est d'abord dotée d'une salle de nouvelles où on recevait les journaux, puis le Cabinet de lecture paroissial est ouvert le 16 février 1857. « Ce qui importait aux responsables du Cabinet de lecture, c'était d'établir un foyer prestigieux et puissant d'orthodoxie face à l'Institut canadien qui l'était de moins en moins à leurs yeux[121]. » Pour répondre à cette mission, le Cabinet avait inauguré un nouvel édifice en 1858. Cette association s'était formée autour d'anciens membres de l'Institut national, un autre groupe constitué de dissidents de l'Institut, en 1852, à la suite de l'échec de l'initiative de Magloire Desnoyers. Cette autre association n'avait vécu que jusqu'en 1855 et encore, sans donner de véritables fruits[122].

Réactions à la condamnation

Ainsi, l'évêque n'a pas condamné explicitement l'Institut ni interdit aux catholiques d'en être membres. Pourtant, à partir de ce printemps 1858, les membres de l'Institut sont bel et bien exclus de la famille des fidèles. Comment donc s'est opéré ce glissement? Dans un document déposé à Rome, les membres catholiques de l'Institut prétendront que Mgr Bourget donna

> ordre à tous les confesseurs du Diocèse de considérer les membres de l'Institut Canadien comme s'étant délibérément placés sous le coup des censures ecclésiastiques et leur enjoignit de refuser l'absolution et les secours de la Religion, même à l'article de la mort, à tous ceux des membres de l'Institut qui n'auraient pas préalablement signé leur résignation […][123].

L'accusation est réitérée lors du fameux procès Guibord par Rodolphe Laflamme: «Sans autre procédé, l'évêque donne ordre à tous les prêtres de son diocèse de refuser les sacrements de l'Église aux membres de l'Institut[124].» On accuse donc Mgr Bourget d'avoir agi sous le couvert du secret et celui-ci admet qu'il «enjoignit aux confesseurs de refuser l'absolution à ceux qui refuseraient de s'y soumettre [aux lois de l'*Index*], qu'ils fussent ou non de l'Institut[125]», mais il nuance en affirmant «qu'il ne fulmina contre qui que ce soit aucune censure particulière et ne fit aucun cas réservé[126]».

Cette communication privée a-t-elle été vraiment déterminante? Bien sûr, comme le rappelle Léon Pouliot, «l'excommunication dont il est ici question s'encourt par le seul fait du délit; le fidèle s'excommunie lui-même[127]» et, à ce titre, le rôle de l'évêque n'aura été que de rappeler les lois de l'Église aux fidèles et d'appeler les confesseurs à une certaine vigilance. Mais même formulée en termes généraux et prudents, on se doute qu'une telle lettre ait pu être interprétée par certains esprits surchauffés comme un véritable mandat d'action contre les membres de l'Institut. Le caractère privé de la véritable condamnation de l'Institut apparaîtra toujours comme une arme à ceux qui contesteront son application.

Les membres de l'Institut considèrent en outre qu'ils ont été jugés sans avoir été entendus. L'évêque a agi sur la seule foi des allégations de la minorité, sans entendre la version de la majorité. Or, en bons légistes qu'ils sont, les membres de l'Institut ne manqueront pas de rappeler « qu'une condamnation n'est légitime qu'à la condition expresse que la partie condamnée aura été entendue pour sa défense[128] ». Ils en tirent les conséquences en jugeant « qu'une condamnation injuste ne lie pas[129] ».

De plus, la condamnation est tombée à peine huit jours après la démission massive, ce qui laisse croire, et dire, qu'elle était prête avant même que la cause fût complètement instruite. Ces faits suffisent à pousser l'Institut à crier à l'injustice.

Plus importante pour nous est la position de principe qu'adopte l'Institut quant à l'autorité de l'*Index* et à la nature des livres condamnables. En insistant, dans le texte de l'amendement Blanchet, sur le fait que « sa bibliothèque n'a jamais contenu de livre d'une nature obscène ou immorale », l'Institut fait une distinction entre les livres condamnables et ceux qui sont effectivement condamnés par l'Église. Les deux partis s'entendent donc sur le caractère indésirable de certaines publications, mais quant à rejeter celles qui ont trait à l'histoire, à l'économie et aux sciences, l'Institut restera intraitable.

Quoi qu'il en soit, la condamnation de l'Institut est effective et la mise au ban de ses membres se fait sentir dès le mois de juin 1858 alors que

> Mgr de Montréal a fait savoir au comité St. Jean-Baptiste qu'il ne donnerait ni messe ni sermon le jour de notre fête nationale si l'Institut-Canadien y était invité ; et de plus, que les enfants des écoles et les sociétés de bienfaisance de Montréal ne marcheraient pas dans les rangs de la procession, si l'Institut-Canadien y marchait en corps[130].

En 1865, lorsque certains membres catholiques se plaindront à Rome, ils auront colligé un certain nombre de faits attestant soit le refus de l'absolution ou encore l'obligation faite à des mourants de donner leur résignation « avant la réception des sacrements à l'article de la mort[131] ». Nul doute qu'une fois de plus, la chaire et le confessionnal ont été utilisés contre l'Institut, si bien qu'en 1870, un journaliste de *La Minerve* pouvait écrire qu'à partir des lettres pastorales :

> on sut généralement dans le public que l'absolution était refusée, même hors du diocèse de Montréal, à ceux qui persistaient à rester membre de l'Institut Canadien. Les confesseurs avaient reçu à ce sujet des ordres qu'ils exécutaient sévèrement. Tout le monde sait,

par exemple [...], que le tant regretté Joseph Papin [...] n'a pu être absous qu'après avoir envoyé sa démission par écrit[132]. Une lettre du confesseur de Papin, M. Dorval, nous donne une bonne idée de l'atmosphère qui devait régner au chevet du mourant et de la manière employée pour obtenir cette fameuse lettre de résignation de l'Institut. M. Dorval s'adresse à Mgr Bourget, « qui s'était beaucoup intéressé à [Papin] durant sa maladie », dans une lettre qu'il convient de citer :

> Je suis allé le voir bien des fois dans sa maladie, enfin, lundi dernier je m'aperçus bien que sa mort était très prochaine, il avait encore espérance alors je crus devoir l'avertir franchement qu'il ne recouvrirait [sic] pas la santé [...], notre entrevue a été très longue, je parvins à lui faire signer la lettre que je vous ai transmise la semaine dernière. Le lendemain je suis allé le voir, il était dans une faiblesse extrême, mais il avait encore sa pleine connaissance, après l'avoir vu en particulier, je lui ai demandé en présence de plusieurs témoins s'il renonçait à l'Institut Canadien, il me répondit que oui, je ne pouvais rien exiger davantage car il était trop faible pour signer son nom [...][133].

Dans le mémoire qu'il dépose à Rome, Dessaulles ne semble pas exagérer en disant que dans ce cas, comme dans celui de Télesphore Chagnon, un autre membre de l'Institut de qui on a exigé la résignation, M. Dorval « a un peu outrepassé les bornes de l'Indulgence à laquelle tout pénitent a droit[134] ».

Les membres de l'Institut auront en plus à se plaindre que « Sa Grandeur le poursuit partout [l'Institut], non seulement comme corps, mais jusque dans la personne de ses membres[135] », et il faut constater avec eux que Mgr de Montréal « va jusqu'à chercher à nuire aux membres de l'Institut dans leurs capacités professionnelles[136] ». Par exemple, le 31 juillet 1861, Mgr Bourget adresse une lettre à l'École de Médecine, qui vient de se donner comme président le docteur Jean-Gaspard Bibaud, membre de l'Institut. Or l'évêque voit dans cette nomination un affront à la Religion et déclare que « par ce procédé [...], votre société me force à lui retirer la protection que je lui avais donnée[137] ». En effet, selon lui, « il n'y a vraiment plus moyen, pour le clergé, de recommander aux élèves sur lesquels ils peuvent [sic] avoir quelque influence de fréquenter vos cours ». Cette rupture survient à un bien mauvais moment car l'évêque annonce justement qu'il était en train de méditer « quelque chose [...] pour donner à votre institution une importance plus grande encore». La réponse du Dr Bibaud est éloquente dans son laconisme même : « J'ai l'honneur de répondre à votre lettre [...] en vous informant que je ne suis plus membre de l'Institut Canadien. Je profiterai incessamment de votre bienveillante invitation pour vous demander quelques instants d'entretien[138]. »

Le Pays : *à abattre lui aussi*

L'attention se déplacera un temps du côté de la presse. Le parti rouge s'était, depuis 1852, doté d'un nouvel organe, *Le Pays*, moins radical que le défunt *Avenir*. Dès ses premières parutions, alors que l'agonie de *L'Avenir* s'étirait, *Le Pays* publiait déjà les comptes rendus des séances de l'Institut, ce qui porte à penser que l'Institut lui-même était plus à l'aise avec le nouveau ton adopté, nettement moins virulent qu'à *L'Avenir*.

Ces changements correspondent à une tendance chez les rouges de s'éloigner d'un radicalisme qui n'avait eu qu'un succès mitigé auprès de la population. Mais encore une fois, c'est le passage à l'avant-scène de l'actualité de la question romaine qui marque le début des véritables hostilités entre l'évêque de Montréal et l'organe des démocrates montréalais. Au début de l'année 1860, la constitution progressive de l'unité italienne au détriment des États pontificaux force le pape à poser un geste d'éclat. Le 26 mars, Pie IX proclame l'excommunication des spoliateurs de ses États.

Le 14 avril, *Le Pays* commente la proclamation papale et publie

> une longue formule d'excommunication par laquelle l'excommunié était maudit au nom des trois personnes divines et des saints, partout, toujours, et dans toutes les parties de son corps. La formule était cruelle et explicite, par exemple dans l'énumération des parties du corps, au point d'être tout à fait ridicule[139].

Cet affront pousse Mgr Bourget à agir. Dans une circulaire au clergé datée du 31 mai, il déclare :

> La pensée que le Chef Suprême de l'Église a été indignement méprisé par un de nos journaux publics me préoccupe nuit et jour, et je me sens intérieurement obligé de faire quelque chose[140].

Il signale donc à son clergé, dans un « document privé », « ceux [des journaux] qui sont aujourd'hui dignes de censure[141] ». Il en profite pour relater ses démarches auprès du *Pays* :

Nous n'eûmes pas plutôt lu la Feuille du 14 Avril, que nous en fîmes nos plaintes à l'un des principaux actionnaires, qui Nous assura qu'il allait demander une assemblée du bureau, pour examiner le fait […]. Dans une entrevue subséquente, tenue à la suite de la réunion du bureau, […] deux des actionnaires s'étant abouchés avec Nous, convinrent sans peine que la formule d'excommunication qu'ils avaient publiée était de nature à jeter un grand ridicule sur la Bulle d'excommunication […]. Nous insistâmes auprès de ces Messieurs sur la nécessité, non seulement de désavouer la fausse Bulle en question, mais encore de travailler à faire disparaître de l'esprit des lecteurs du *Pays* les mauvaises impressions causées par la publication de cette fausse pièce[142].

Le 24 avril, *Le Pays* se présente comme « victime d'une erreur volontaire ou involontaire du *Siècle* », journal parisien duquel il tirait la bulle. Mais cette amende n'est pas satisfaisante car le *Pays*, toujours selon Bourget, continue d'appuyer les ennemis de la papauté, en l'occurrence le roi du Piedmont et le prince Victor-Emmanuel, en plus de puiser systématiquement ses informations dans *Le Siècle*, ce que l'évêque et les journaux catholiques lui ont maintes fois reproché. À ces offenses politico-religieuses, Bourget en ajoute quelques-unes qui sont de nature littéraire et culturelle, cette fois : « *Le Pays* loue les acteurs et invite ses lecteurs à fréquenter le théâtre (26 Mai 1860). Il sature l'esprit de ses lecteurs des principes de l'impie Dumas […][143]. »

L'évêque conclut donc sur *Le Pays* en disant à ses prêtres que « c'est [leur] devoir de travailler, par tous les moyens en [leur] pouvoir, à l'empêcher de séduire les fidèles confiés à nos soins[144] !» Il signale en outre à l'attention le *Witness* et le *Semeur*, « car il est bien compris qu'il ne saurait être permis à un catholique de favoriser directement ou indirectement ces deux journaux[145] », ainsi que le *Courrier de St-Hyacinthe* « qui n'est que l'écho du *Pays* et qui se trouve par là même compris dans la censure que nous venons de faire de ce journal[146] ».

Le Pays se fait plus prudent pour un temps, mais il n'est pas pressé de s'amender. Le 1er mars 1861, Dessaulles en devient le rédacteur et donc responsable de la position du journal en ce qui a trait à la question romaine. Son ardeur polémique et la qualité de ses sources documentaires en font un adversaire redoutable. En novembre de la même année, la visite du prince Napoléon vient jeter de l'huile sur le feu. Accueilli chaleureusement par l'Institut canadien, le cousin de Napoléon III, allié des libéraux italiens, est reçu froidement par le clergé. L'enthousiasme des gens du *Pays* et de l'Institut exaspère les ultramontains.

En février 1862, Mgr Bourget décide d'agir et de réfuter publiquement «les erreurs multiples et séduisantes du journal *Le Pays*[147]». Du 12 au 24 février, il rédige donc sept lettres en priant le directeur du *Pays* de les publier. Écrites dans l'esprit du *Supplément* de mai 1860, les lettres reprennent les principaux reproches adressés au *Pays*, de la glorification du roi du Piedmont à la diffusion d'un roman de Dumas, en passant par la critique des États pontificaux et la reprise de textes publiés dans *Le Siècle* de Paris. Dans une circulaire au clergé datée du 26, Bourget annonce que les lettres «seront imprimées par les feuilles catholiques de cette ville[148]» advenant un refus de la part des directeurs du *Pays*. De fait, le journal refuse, réaffirmant sa volonté de garder séparées «les choses de l'ordre spirituel de celles que Dieu a livrées aux disputes du monde[149]». Deux jours plus tard, le secrétaire de l'évêque répète la demande : « Veuillez donc publier les lettres sans aucun commentaire[150]. » C'est Dessaulles lui-même qui répond le lendemain 7 mars, déversant son fiel dans une longue lettre à l'évêque. Responsable de la rédaction, il se sent personnellement pris à parti :

> je suis en conséquence forcé de regarder comme s'adressant à moi personnellement les incroyables expressions que Votre Grandeur n'a pas craint d'employer en reprochant au *Pays* d'impudents mensonges [...]. Je ne puis comprendre, Mgr, comment V. G. a cru pouvoir, j'ose me permettre de dire, abuser de sa haute position jusqu'à exprimer une pareille insulte[151].

À la mi-mars, Mgr Bourget part pour Rome alors que les lettres ne sont pas encore publiées. Sûrement impressionné par la réponse de Dessaulles, le Chapitre préfère suspendre la parution de lettres et «réfuter indirectement sur *La Minerve* et sur *L'Ordre* les erreurs et les fautes que *Le Pays* publie contre la Religion et le Saint-Siège[152] ». Le grand-vicaire Alexis-Frédéric Truteau précise, dans sa lettre à Bourget, être «sous l'impression qu'il peut y avoir une poursuite judiciaire contre Votre Grandeur. D'un autre côté, comme ces gens-là, surtout M. Dessaulles, sont d'une violence extrême [...] ils peuvent mettre bien en peine pour les réponses à leur faire[153]. »

Les gens de l'évêché ont raison de craindre Dessaulles, lui qui a déjà poursuivi Ludger Duvernay, de *La Minerve*, pour l'avoir traité d'impie au début des années 1850. D'ailleurs, tout en tenant tête à l'évêque, le rédacteur du *Pays* croise le fer avec Hector Fabre, qui rédige *L'Ordre*. Déclenchée par la visite du prince Napoléon, la polémique dégénère en un procès en règle de l'Institut canadien. Elle culmine, en mars 1862, par une série d'articles de Dessaulles intitulée « Aux détracteurs de l'Institut-Canadien, Grands et Petits ». C'est la première fois que l'Institut est amené à s'expliquer publiquement depuis les condamnations de 1858. Il donne d'ailleurs la raison de son silence : « quand l'institut vit Sa Grandeur mettre tant d'empressement à le condamner [...] il comprit parfaitement qu'il y avait parti pris de le détruire si on le pouvait, et il crut qu'une lutte directe avec l'Évêque ne pouvait avoir de résultat utile[154] ».

Le texte est donc assez dur pour l'évêque, qu'il accuse de déni de justice et d'avoir conspiré avec les démissionnaires de 1858. Au rédacteur de *L'Ordre*, signataire de la résignation collective, il lance quelques flèches empoisonnées qui s'étendent à tout le parti clérical : « En 1858, vous avez voulu introniser la censure ! Quels cris quand vous n'avez pas réussi[155] ! » Les articles tendent également à discréditer les censures de 1858 en diminuant leur impact réel :

> L'Institut est si peu au ban de la conscience publique que tous et chacun de ses membres sont admis dans les familles les plus régulières, bien vus, bien reçus et regardés comme d'honnête gens qu'[il] serait dommage de brûler uniquement parce qu'ils ne pensent pas comme vous ! [...] On croit si peu à leur impiété, que tous les jours on va chez eux, comme chez vous, leur demander non seulement l'obole aux pauvres mais aussi l'offrande du catholique pour l'ornementation des églises [...] on ne croit pas le premier mot des reproches d'impiété et d'irréligion que l'on fait circuler dans le public dans un but trop facile à comprendre[156].

En décembre, Dessaulles, agissant à titre de président de l'Institut, prononce un discours à l'assemblée marquant le dix-huitième anniversaire de l'Institut. Il revient sur les mêmes thèmes que dans ses articles du printemps en mettant l'accent particulièrement sur la nécessité pour un Institut de mettre la meilleure bibliothèque possible à la disposition de ses membres. Revenant sur l'histoire de l'*Index*, il montre à quel point celui-ci a été un obstacle au progrès et au développement des hommes. Le discours, repris en brochure au début de l'année suivante sous le titre *Discours sur l'Institut-Canadien*, attaquait encore l'évêque qui

> se voyait trop directement pris à partie, ses pastorales de 1858 trop manifestement visées quand Dessaulles mentionnait les « attaques » dont l'Institut était l'objet depuis quatre ans dans la presse et « souvent même dans l'intimité de la famille », pour ne pas riposter[157].

N'était-ce pas plutôt cette habitude que commençait à prendre Dessaulles de mener les débats sur la place publique qui incite Mgr Bourget à l'action ? Mais laissons plutôt la parole au principal intéressé :

> Mr Dessaulles, après une lecture publique dans l'Institut Canadien *sur le progrès*, fit une brochure sur l'Institut Canadien pour y attirer les jeunes gens du pays [...]. Comme ces deux ouvrages étaient séduisants, je crus devoir prévenir les fidèles contre leur dangereuse séduction, en faisant donner un avis public dans toutes les églises de cette ville. Cet avis se terminait ainsi : « Nous allons donc prier pour que ce monstre affreux du rationalisme, qui vient de montrer de nouveau sa tête hideuse dans l'Institut, et qui cherche à répandre son venin infect dans une brochure qui répète les blasphèmes qui ont retenti dans cette chaire de pestilence, ne puisse nuire à personne[158]. »

Encore une fois, Dessaulles est piqué au vif : « Voilà donc une accusation contre moi d'avoir publiquement proféré *des blasphèmes* ! C'est un Évêque qui l'affirme dans une lettre pastorale en se servant des termes les plus acerbes et les plus injurieux possibles[159] ! »

Dans une lettre qu'il adresse à Bourget dès le 9 février 1863, il dit : « j'ose réclamer respectueusement de Votre Grandeur ou l'indication des "blasphèmes que j'ai répétés" ou une rétractation si je n'ai rien dit qui y ressemble[160] ». C'est donc de nouveau la question de la responsabilité civile des gens de robe qui est soulevée. Dessaulles n'en démord pas : « Sur le terrain de l'attaque personnelle directe, l'Évêque est légalement et socialement responsable de chacune de ses paroles offensantes[161]. »

Dernières tentatives de rapprochement

Si acerbe qu'elle soit, cette lettre tente tout de même de jeter des ponts entre l'évêque et les membres de l'Institut. Elle évoque à preuve de la bonne foi des excommuniés « l'empressement que l'Institut a mis dernièrement à censurer un de ses membres, et à déclarer qu'il prohibait toute tentative de propagande religieuse dans ses discussions[162] ». En octobre, l'Institut nomme un comité qui aurait comme tâche « de s'enquérir des moyens propres à aplanir les difficultés survenues entre Sa Grandeur Monseigneur l'Évêque de Montréal et l'Institut ». Ce comité était formé de Dessaulles, Joseph Doutre, Wilfrid Laurier et Émery-Coderre. Il ne rencontre l'évêque qu'en mars 1864. Coderre donne, dans son témoignage au procès Guibord, un résumé des faits :

[Sa Grandeur] nous fit remarquer que c'était surtout la composition de la bibliothèque de l'Institut à laquelle Elle avait objection, et qu'il fallait faire disparaître les ouvrages condamnés par l'Église, ou mis à l'Index. Nous fîmes remarquer à Sa Grandeur que les membres catholiques de l'Institut n'étaient point seuls propriétaires de la bibliothèque, que quant à nous Catholiques, nous prenions l'engagement de faire tout ce qui dépendrait de nous pour que ces ouvrages, s'il s'en trouvait, fussent mis sur un rayon sous clé, et ne fussent consultés que sur une demande spéciale. Et afin de connaître les ouvrages auxquels Sa Grandeur avait objection, nous la priâmes de vouloir bien examiner le catalogue de la Bibliothèque de l'institut et d'indiquer ces livres, s'il s'en trouvait. Et comme nous n'avions pas le catalogue avec nous, nous lui demandâmes qui si Elle voulait bien l'accepter, nous lui ferions remettre[163].

Dessaulles présente une version légèrement différente :

Ce comité eut l'honneur de s'aboucher une fois avec Sa Grandeur, fut reçu avec une parfaite cordialité, mais l'entrevue ne produisit aucun résultat parce que, même sur la question des journaux locaux [...] les exigences dépassaient tellement ce qui est toléré partout ailleurs que les membres du comité comprirent qu'il ne restait plus que l'une de ces deux choses à faire : ou bien rester dans le regrettable état de lutte qui existait depuis six ans, ou faire un appel régulier au Supérieur diocésain[164].

Une seconde rencontre a quand même lieu, entre Dessaulles et Casimir-Firmin Papineau, président de l'Institut, et Mgr Bourget. On remet le catalogue de l'Institut à l'évêque et c'est lors de cette rencontre, selon Dessaulles, que la question du séquestre des livres est soulevée. Quoi qu'il en soit, le résultat reste le même : l'évêque garde le catalogue pendant six mois sans donner de ses nouvelles aux membres du comité. Son départ à Rome étant imminent, Dessaulles décide de le relancer. La rencontre entre les deux hommes, le 14 novembre 1864, est extrêmement tendue. Mgr Bourget rend le catalogue à Dessaulles en disant « qu'il y avait trouvé des livres répréhensibles, mais qu'il s'était abstenu de les indiquer "parce que cela ne mènerait à aucun résultat pratique[165]" ».

Dessaulles revient alors sur sa lecture de décembre 1862. Il la sort de sa poche pour demander à Bourget de lui indiquer les passages blasphématoires. Écoutons Dessaulles :

Sa Grandeur [...] perdit un peu là son équilibre moral, prit d'abord des faux fuyants [...] puis finit par refuser de m'indiquer « les blasphèmes » vu qu'Elle *n'avait de compte à rendre à personne* [...] et après m'avoir dit, à deux reprises différentes, les choses les plus insultantes possibles, Elle me donna mon congé en m'indiquant qu'il était temps que l'entretien finît[166].

L'impasse est donc complète. L'Institut avait pourtant fait preuve de bonne volonté : en février 1864, on avait écarté une conférence « sur la raison et la foi » et adopté, le 17 mars, une résolution qui était dans le même esprit que les précédentes et visant à démontrer que l'Institut se maintient « absolument, comme corps, en dehors de la sphère religieuse[167] » :

> Que la constitution de l'Institut-Canadien, en ne demandant compte à aucun de ses membres de sa foi religieuse, n'implique en cela la négation d'aucune vérité et autorité religieuse, et laisse subsister dans leur intégrité les responsabilités et les devoirs individuels de ses membres dans leurs rapports avec les cultes établis ; que pour placer la liberté religieuse, admise dans cette institution, au-dessus de toute espèce de conflit et à l'abri de tout malaise, il est essentiel d'éviter avec soin de traiter ou discuter toute question qui pourrait blesser les susceptibilités d'aucuns des membres de cette institution. Qu'en conséquence il serait préférable qu'aucune lecture ou discussion ne pût donner lieu à aucune plainte à cet égard[168].

La rigueur excessive de l'évêque suggère aux membres de l'Institut d'en appeler à son supérieur, soit au Saint-Siège. Mais cet appel arrive à un fort mauvais moment, la papauté n'étant pas plus favorablement disposée à transiger avec les idées modernes que ne l'est Mgr Bourget.

En fait, depuis les événements de 1848, Pie IX s'est engagé à affirmer le cadre doctrinal de l'Église et à restaurer son autorité. Cet affermissement suit une progression qu'il n'est pas indifférent de rappeler :

> En 1854, [...] il définit solennellement le dogme de l'Immaculée Conception ; or, il agit seul, exerçant déjà de facto le privilège de l'infaillibilité pontificale [qui sera établi en 1870]. Dix ans plus tard [1864], l'encyclique *Quanta Cura* et le *Syllabus errorum* s'avèrent une condamnation solennelle des erreurs de l'époque et deviennent des instruments dangereux entre les mains des ultramontains contre les libéraux [...][169].

Le mandement de Mgr Bourget *contre les erreurs réprouvées*, datant de décembre 1863, est tout à fait dans le ton du *Syllabus errorum*. On y manifeste le même refus de la civilisation moderne en dénonçant les «Dangers des temps dans lesquels nous vivons»; «Dangers des hommes avec lesquels nous vivons» et «Dangers des erreurs au milieu desquelles nous vivons». Le mandement se termine par une liste de 67 propositions erronées, impies ou hérétiques. La première, jugée «Impie, injurieuse à la Religion, conduisant à l'athéisme, subversive à l'ordre moral et contraire à la parole de Dieu[170]» commence ainsi: «Le progrès civil exige que la société humaine soit établie sur des fondements humains, sans aucun égard à la Religion[171].»

C'est dans ce climat austère que se présente la *Supplique de l'Institut-Canadien au Pape Pie IX*, accompagnée d'un mémoire du président (Dessaulles) et de pièces justificatives venant appuyer les doléances émises. Le tout a été expédié le 10 novembre 1865.

Malgré ce que laisse entendre son titre, cette supplique n'est pas le fait de l'Institut lui-même, mais plutôt de 18 membres catholiques agissant en leur nom. Encore une fois, l'Institut ne saurait solliciter l'intervention des autorités catholiques puisqu'il accueille quelques protestants et qu'il professe la liberté de culte. Cette distinction sera à l'origine de l'échec de l'enquête apostolique que devait mener Mgr Laflèche, évêque de Trois-Rivières, désigné par le Saint-Siège en 1868 pour recueillir les témoignages et faire rapport à Rome[172]. Outre le président de l'Institut, Louis-Antoine Dessaulles, on compte parmi les signataires trois juges de paix, deux notaires, six avocats dont le jeune Wilfrid Laurier, le docteur Émery-Coderre, professeur à l'École de médecine, et Joseph Guibord.

Invité à répondre, Mgr Bourget dépose «Le Mémoire de l'Évêque de Montréal concernant l'Institut Canadien», le 21 septembre 1866. La cause est maintenant devant juge, il faut attendre.

Le déclin des années 1865-1868

Les années 1865-1868 sont celles où l'Institut récolte les fruits de sa gloire et de sa vigueur passées, du moins à première vue. Il compte encore parmi les forces vives de la société canadienne-française. «Les dirigeants et les membres de l'Institut Canadien-français, du Cabinet de lecture paroissial et de l'Union catholique avaient beau déployer tous les efforts [...], l'Institut canadien demeurait encore, en 1865, la plus importante société littéraire de Montréal[173].» En 1866, il prend possession en grande pompe d'un édifice neuf, construit pour lui.

L'inauguration coïncide avec les célébrations du 22ᵉ anniversaire de l'Institut et donne lieu, le 17 décembre 1866, à une grande manifestation. Les discours qui y sont prononcés et les articles qui couvrent l'événement prennent volontiers un ton triomphant :

> [L'Institut] sait aujourd'hui qu'il n'est pas isolé et qu'il compte de chaudes et puissantes sympathies parmi toutes les classes de la population, surtout parmi les classes éclairées. [...] sa cause rallie aujourd'hui de bien généreuses adhésions : ce n'est que justice[174].

Parmi ces appuis, il peut se flatter de la présence de M. Workman, président du Literary Club, qui s'adresse en anglais à la foule pour « [faire] l'Éloge des institutions littéraires et scientifiques, qui, par leur nature, sont infiniment au-dessus des préjugés de race, des dissidences religieuses et des hostilités politiques[175] ». M. J.J. Day, de la Société Saint-George, s'adresse également à la foule en anglais puis vient le maire de Montréal, M. Henry Starnes, qui soulève des applaudissements lorsqu'il dit regretter l'absence dans cette assemblée de Louis-Joseph Papineau !

Mais ces années 1865-1868 sont aussi celles du déclin de l'Institut. Les difficultés financières causées par la construction du nouvel édifice en sont en partie la cause. Une souscription est lancée en 1867 auprès de la population anglo-protestante. « Il va sans dire qu'une telle collaboration avidement recherchée auprès d'hommes qui ne parlaient pas notre langue et ne professaient pas notre foi fit sensation, voire scandale, dans le Montréal de 1867[176]. »

Cette campagne permet de jeter un regard sur la situation de l'Institut. On pointe du doigt les associations rivales qui, encouragées par un clergé hostile à l'Institut, lui font concurrence au niveau du recrutement des membres. Pourtant, le Cabinet de lecture paroissial cesse de présenter des lectures en décembre 1867. Selon Marcel Lajeunesse, « la formule des conférences publiques semblait dépassée. Les sports et les loisirs avaient supplanté les "lectures"[177]. » Une époque prend fin, l'atmosphère à l'Institut est plus morose. Arthur Buies parle ainsi des années 1865-1869 :

> Les « anciens » étaient devenus de plus en plus rares aux séances de l'Institut [...]. Le fait est qu'une espèce de dégoût s'était emparée de plus en plus de libéraux de renom, et que, voyant le terrain leur échapper davantage tous les jours, ils aimaient mieux se retirer que de se compromettre [...], de sorte que les hommes arrivés étaient bien aise de trouver des remplaçants, sans cela l'Institut aurait été obligé de fermer ses portes[178].

Les élections de septembre 1867, qui suivent la sanction de l'Acte de l'Amérique du Nord britannique auquel les rouges s'étaient opposés, consacrent le recul de ces derniers. Jusqu'en décembre, Dessaulles et Alphonse Lusignan, rédacteur du *Pays*, mènent dans ce journal une campagne visant à dénoncer les interventions cléricales lors des élections[179], mais « la guerre rangée entre les Rouges et le clergé était déjà terminée, et la victoire acquise à celui-ci[180] ». Au printemps 1868, les propriétaires du *Pays* invitent Lusignan « à mettre fin aux articles "religieux ou cléricaux" et à s'occuper "exclusivement de politique"[181] ».

Pour ce qui est de ses problèmes avec l'Église, l'Institut canadien se fait assez discret. « Et malgré les tentatives faites par le journal *L'Ordre* pour provoquer une discussion sur les plaintes formulées, on avait agi comme si l'affaire était *sub judice*, de façon à ne pas compromettre l'effort[182]. » C'est d'ailleurs l'attitude de Dessaulles dans sa lecture du 17 décembre 1866 à l'Institut : « Je n'entends pas ici faire de la discussion sur une question qui est maintenant portée devant le tribunal de la Propagande, à Rome, car cette discussion serait inconvenante à l'heure qu'il est[183]. »

La condamnation romaine

Mais deux ans plus tard, lors des célébrations du 24ᵉ anniversaire de l'Institut, la conférence que Dessaulles donne sur la tolérance est nettement moins prudente. Mᵍʳ Bourget est à Rome en février 1869, ce qui lui permet de déposer en preuve dans la cause l'Annuaire de l'Institut pour 1868, dans lequel figure la conférence de Dessaulles. L'évêque de Montréal demande que ce texte soit considéré comme un document officiel de l'Institut. La décision tant attendue du tribunal romain vient finalement le 7 juillet 1869. Elle est double. D'une part, l'*Annuaire* de 1868 est mis à l'index. La seconde partie du jugement est plus complexe. Les « Éminentissimes et Révérendissimes Pères […] ont ordonné que [Mᵍʳ Bourget] [lui]-même devait être exhort[é] à s'entendre avec le clergé de [son] diocèse, pour que les catholiques, et surtout la jeunesse, soient éloignés du susdit Institut[184] ». Selon Yvan Lamonde, à la suite de ce jugement « l'Institut canadien est bien condamné pour ses doctrines pernicieuses contenues dans son *Annuaire*[185] », alors que Léon Pouliot affirme « que si le Saint-Office avait voulu condamner l'Institut, il l'aurait dit clairement. […] Au contraire, les suggestions du tribunal visent à améliorer l'Institut en le soulageant de ses éléments dangereux. Et pourquoi ? Sinon afin de le maintenir, tel que le désirait naguère, la Commission de Mᵍʳ Laflèche[186]. »

Quoi qu'il en soit, la lecture qu'en fait Mgr Bourget est, elle, sans équivoque. L'évêque de Montréal s'est « réservé de rédiger l'acte promulgant les décisions dans [son] diocèse[187] », qui la forme d'une *Annonce à faire au prône* datée du 16 juillet 1869 qui devait être lue le 29 août dans toutes les églises du diocèse. L'effet aurait été dramatique, n'eût été une fuite qui a fait paraître le texte du jugement dans *La Minerve* onze jours avant[188]. Après avoir livré ledit texte, l'*Annonce* de Mgr Bourget en tire les conclusions suivantes :

> [...] deux choses sont [dans le jugement du Saint-Office] spécialement défendues : 1°, de faire partie de l'Institut Canadien, tant qu'il enseignera des doctrines pernicieuses, et 2°, de publier, retenir, garder lire l'*Annuaire* du dit Institut pour 1868. [...] En conséquence, celui qui persiste à vouloir demeurer dans le dit Institut, ou à lire ou seulement garder le susdit *Annuaire*, sans y être autorisé par l'Église, se prive lui-même des Sacrements, même à l'article de la mort [...][189].

Dans sa décision, le Saint-Office avait tenu à « donner des louanges à une autre société, appelée Institut Canadien Français, ainsi qu'au journal nommé *Courrier de Saint-Hyacinthe* ; et ils ont ordonné que l'un et l'autre fussent favorisés[190] ». Dans la circulaire accompagnant son *Annonce*, Mgr Bourget va plus loin, et confie quelques propositions au zèle de son clergé. Parmi celles-ci :

> 5° Les journalistes sont invités à prêter le secours de la presse, contre les dangereuses doctrines de l'institut [...]. 6° L'Institut Canadien Français, Le Cabinet de Lecture, L'Union catholique, le Cercle Littéraire et autres institutions voudront bien apporter leur concours de zèle et de dévouement [...] 7° Il est souverainement à désirer que l'on mette en circulation les brochures qui renferment l'antidote du poison des mauvaises doctrines que l'Institut Canadien cherche à répandre dans toutes les classes de la société[191].

Les juristes qui siègent à l'Institut voient de multiples failles dans le jugement romain et dans l'interprétation qu'en fait l'évêque de Montréal. On remarque d'abord que la décision ne porte pas sur l'appel des dix-huit membres catholiques, mais sur une question postérieure (*Annuaire de 1868*) sur laquelle l'Institut n'a pas eu la chance d'être entendu. De plus, il a toujours été soutenu que l'Institut, comme corps, ne professait aucune doctrine. Inutile, donc, de préserver les jeunes contre les doctrines qu'il enseigne, puisqu'*il n'enseigne rien*. C'est sur cette distinction fondamentale que revient le comité nommé pour envisager une réaction à la condamnation. Deux propositions sont envisagées :

> 1° que l'Institut comme corps n'enseigne aucune doctrine et exige de ses membres le respect des doctrines professées par les autres ; 2° que les membres catholiques ayant appris la condamnation de *L'Annuaire* de 1868 par décret de l'autorité romaine se soumettent purement et simplement[192].

Avant d'être soumises aux membres de l'Institut, ces propositions sont présentées aux autorités diocésaines qui les jugent insatisfaisantes. Celles-ci posent leurs propres conditions :

> soumission de l'Institut, *comme corps* aux deux jugements de Rome, rejet par l'Institut des doctrines pernicieuses que l'Église condamne et qui sont contenues dans l'encyclique *Quanta Cura* de 1864 [...], acceptation par l'Institut d'un droit de juridiction ordinaire de l'évêque à expurger la bibliothèque [...], soumission à l'évêque de la constitution et des règlements de l'Institut [...][193].

Ces conditions sont bien entendu inacceptables et, d'ailleurs, l'Institut n'a pas le loisir de les examiner sereinement. Son comité est espionné et harcelé par le *Nouveau Monde*, journal dont le principal « conseiller », le chanoine Godefroy Lamarche, siège au Conseil de l'évêché, chargé d'examiner les résolutions de l'Institut[194]. Ce même Lamarche a écrit à Dessaulles : « Rien ne nous satisfera que la dissolution de l'Institut[195] » !

Devant l'impasse, l'Institut décide d'en référer à Rome une seconde fois, cet appel portant surtout sur des points de droit relatifs à la première décision. De plus, Gonzalve Doutre se rend à Rome pour suivre les affaires de l'Institut ; il y arrivera le 6 décembre. Mais, le 18 novembre, Joseph Guibord meurt.

L'Affaire Guibord

« C'était un prédestiné », peut-on lire dans *La Minerve* du 29 janvier 1870. En effet, le dénommé Guibord avait déjà frôlé la mort quelques années plus tôt. Cet épisode était relaté dans la supplique à Rome de 1865 :

> après l'absolution donnée et la communion offerte, le confesseur, apprenant que Guibord est membre de l'Institut, revient en toute hâte lui dire qu'il n'aurait jamais dû lui donner l'absolution et exige sa résignation comme membre[196].

Guibord avait refusé. À l'époque, le triste spectacle d'un « bon prêtre qui retournait en hâte redemander en quelque sorte l'absolution qu'il avait donnée[197] » avait porté à rire mais, trois mois après la promulgation de la décision des tribunaux romains, la mort subite du typographe, homme de condition modeste, déclenche les passions.

Cet épisode est sans doute le plus connu de l'histoire de l'Institut canadien[198]; rappelons simplement les faits. M. Benjamin-Victor Rousselot, curé de Notre-Dame, refuse l'inhumation de Guibord dans la partie catholique du cimetière Côte-des-Neiges. Il offre plutôt d'ensevelir le corps dans la partie réservée aux inconnus et aux enfants morts sans baptême; il s'agit là d'une insulte à la mémoire du défunt. Rodolphe Laflamme et Joseph Doutre, avocats, se font mandataires de la veuve de Guibord dans une action en justice intentée contre la Fabrique Notre-Dame, représentée entre autres par Francis Cassidy, membre fondateur de l'Institut qui en a fait partie jusqu'en 1867.

Le procès commence avec l'année 1870 et se termine par une victoire de l'Institut. La décision est renversée en appel en décembre de la même année. C'est un âpre combat qui finit de discréditer l'Institut dans l'opinion publique comme de miner ses dernières énergies. Dans sa conférence sur *L'Affaire Guibord*, Dessaulles trace nettement les enjeux de cette dernière confrontation:

> Quand l'autorité ecclésiastique tombe dans l'arbitraire vis-à-vis des citoyens […] quand enfin elle se sert illégitimement de la religion pour atteindre dans son existence légale une association laïque uniquement parce que celle-ci veut, ce qui est son droit, se tenir en dehors de la sphère religieuse; il faut bien que les citoyens […] trouvent une protection quelque part. Et si cette protection n'existe que dans les tribunaux, toutes les colères du *Nouveau-Monde* […] n'empêcheront pas les juges de faire[199].

On le voit, l'action en justice est l'aboutissement logique de plus de vingt ans de confrontation pendant lesquelles religieux et laïcs se sont affrontés sur les droits et devoirs, les compétences de chacun. On voudrait voir établi par les tribunaux « que l'Église est dans l'État, et non l'État dans l'Église. Et si le clergé refuse d'admettre ce principe, […] il a clairement besoin de leçon[200]!! »

Si, comme le dit Gonzalve Doutre, « le refus de sépulture ecclésiastique [lui] avait enfin permis de poser le problème de toutes [ces] difficultés devant les tribunaux civils[201] », l'affaire Guibord indisposera définitivement les tribunaux romains à l'endroit de l'Institut.

Le second appel est rejeté. Léon Pouliot explique ce rejet par la perte de crédibilité de l'Institut à travers la personne de son mandataire, Louis-Antoine Dessaulles. Alors que celui-ci proteste à Rome de sa soumission et de sa bonne foi, il prononce à Montréal des discours dignes des censures ecclésiastiques (*Annuaire de 1868* et *L'Affaire Guibord* suivi de *L'Index*, qui constituent l'*Annuaire de l'Institut-Canadien pour 1869*) et participe à traîner l'évêque devant les tribunaux civils. La décision est arrêtée le 13 août 1870. Le 31, l'*Annuaire* de 1869 est mis à l'index.

Encore une fois, le tribunal ne condamne pas directement l'Institut, il refuse d'entendre les plaignants parce qu'il doute de leur bonne foi. Ainsi, « Rome n'a jamais condamné purement et simplement l'Institut Canadien de Montréal[202] » et même si, en 1874, le Conseil privé de Londres tranchera en faveur de l'Institut dans l'affaire Guibord, celui-ci a bel et bien perdu la bataille. Ses forces sont dispersées et la crédibilité de son principal défenseur est lourdement entachée.

Durant les quelque trente ans de son existence, l'Institut canadien a vu les forces catholiques organiser, mener et remporter la lutte contre le libéralisme. Dessaulles lui-même en manifeste quelque surprise. Dans sa conférence sur l'affaire Guibord, il déclarait : « Nous ne pouvions guère nous attendre, messieurs, dans la 7ème décade de ce grand 19ème siècle que le progrès en tous genres a fait si brillant […] à voir pareille recrudescence d'un fanatisme aveugle autour de nous[203]. »

En fait, depuis la condamnation de 1858, le temps jouait en faveur de l'Église, les polémiques publiques et les recours judiciaires ne pouvant rien contre le lent effet de l'ostracisme. Dans sa troisième *Lettre sur le Canada*, Arthur Buies décrit cette période d'étiolement qui se clôt sur une certaine noirceur :

> On eut peur. L'occulte puissance du clergé répand toujours une terreur indomptable. Résister à un ennemi qu'on ne peut atteindre […] se fermer l'avenir au début de sa carrière ; avoir devant soi toute une vie de luttes contre la méchanceté […]. C'était plus qu'il n'en fallait pour décourager plusieurs de ces jeunes gens […]. En même temps, les Jésuites, qui venaient de bâtir un collège à Montréal, répandaient partout le noir essaim de leurs agents ; leurs mielleuses paroles attiraient la jeunesse confiante, les familles se livraient à eux, leurs confessionnaux toujours ouverts suintaient d'innombrables secrets, d'intrigues infatigables ; l'œuvre était complète, et le voile de l'obscurantisme un instant soulevé s'alourdissait de nouveau sur les esprits[204].

L'« éteignoir clérical » a donc fait son œuvre. Le clergé, et l'ultramontanisme en particulier, sort de ces années en position de force. Maintenant qu'il a, à toutes fins utiles, écrasé l'ennemi extérieur, il ne peut que trouver en lui-même ses nouveaux détracteurs : « Le triomphe relatif des conservateurs et des ultramontains et la montée de leur pouvoir entraînaient toutefois des désaccords et des dissensions parmi eux quant à l'extension de ce pouvoir[205]. »

Le 20 avril 1871, *Le Journal de Trois-Rivières* jette les bases d'un Programme catholique, nouvelle étape de l'immixtion du clergé dans la chose politique. Mgr Bourget et Mgr Laflèche, dont la lettre pastorale du 10 mars a inspiré le programme, appuient le programme. Messeigneurs de Québec, Saint-Hyacinthe et Rimouski le désapprouvent. La confrontation devient inévitable, particulièrement du fait qu'elle est attisée par la plume des ultramontains militants.

Dans la pièce *La Comédie infernale*, qui commence à paraître en novembre 1871, Un Illuminé (pseudonyme d'Alphonse Villeneuve) attaque les ennemis de l'Église. Outre Dessaulles, représentant du libéralisme, se trouvent pris à parti les sulpiciens et tous les éléments du clergé suspects de libéralisme ou de gallicanisme. Ces dissensions à l'intérieur d'un corps qui se prétend infaillible donnent un prétexte rêvé à Dessaulles pour reprendre la plume combattante. Sa brochure *La Grande guerre ecclésiastique. La Comédie infernale et les noces d'or. La suprématie de l'ordre temporel* paraît en juin 1873. Son objectif est de « faire voir le sens et les conséquences de cette guerre ecclésiastique, souligner les contradictions du clergé québécois et l'injustice du traitement subi par lui et les libéraux[206] […] ».

Sa brochure est interdite dès le 13 juin par Mgr Bourget qui incite le clergé à la considérer comme étant sur le même pied que *L'Annuaire de L'Institut-Canadien pour 1868*. Dessaulles répondra par une *Réponse honnête à une circulaire assez peu chrétienne*. Attaqué par la presse ultramontaine, il publiera deux autres brochures en août : *Quelques observations sur une averse d'injures à moi adressées par quelques savants Défenseurs des bons principes* et *Examen critique de la soi-disant réfutation de la Grande guerre ecclésiastique […]*, mais il fait de plus en plus figure de franc-tireur solitaire.

C'est bien en son sein que le clergé trouvera désormais ses ennemis les plus redoutables, tant chez les modérés que chez les ultramontains exacerbés. Nous voici ainsi rendus au seuil de la querelle universitaire, qui marquera le début du règne de Mgr Fabre, successeur de Mgr Bourget.

4

Mgr Fabre : la querelle universitaire et l'affaire *Canada-Revue* (1876-1894)

Le grand affrontement avec l'Institut canadien de Montréal a été suivi d'une certaine accalmie. En vérité, entre 1876 et 1892, on peut dire qu'une seule question a vraiment agité l'opinion publique au point de conduire à une intervention des évêques : la controverse au sujet de l'Université Laval et de sa succursale montréalaise, particulièrement entre 1881 et 1884[1]. Toutefois, le règne de Mgr Fabre se terminera sur des cas difficiles, en 1894 et 1896 ; celui de Mgr Bruchési, surtout durant les seize premières années de son épiscopat (1897-1913), sera marqué par un nombre presque incroyable d'interdictions et de semonces.

Ce chapitre fera le point sur la querelle universitaire en mettant l'accent tout particulièrement sur les écrits de l'abbé Alexis Pelletier, puis s'arrêtera sur les quatre dernières années du gouvernement spirituel de Mgr Fabre, qui se caractérisent par une aventure pénible : le procès intenté par *Canada-Revue* (1894), qui donnera l'occasion d'attaquer la mauvaise presse. Certes, la fin du règne de Mgr Fabre est marquée par la mise à l'Index du *Clergé canadien, sa mission, son œuvre* ; cependant, cette seconde question, celle de David, sera abordée séparément, en l'occurrence au chapitre VI, car non seulement est-elle un tournant majeur du XIXe siècle, mais surtout, elle est en lien indissociable avec le virage de censure prescriptive qui marquera le début du XXe siècle.

Quoi qu'il en soit, durant ce temps, ce qui marque la vie de l'imprimé, c'est la montée importante de sa dissémination et l'extension du goût de la lecture. Une mise au point dans *La Semaine religieuse de Québec* parle de ce fléau :

> Oui, bien aveugles sont ceux qui ne s'en aperçoivent pas ! lorsqu'il suffit, pour constater ce fait, de mettre le passé et le présent en regard. Nous avons souvenance du temps où le journal le plus en vogue du district de Québec, comptait un nombre d'abonnés que les publications les moins favorisées atteignent assez facilement aujourd'hui. Les livres étaient rares et se vendaient au prix de l'or, à cette époque ; abstraction faite de la classe professionnelle et quelque peu instruite, personne à peu près ne lisait[2].

L'article poursuit en notant des changements majeurs, en plus de l'importance du nombre des journaux :

> Les librairies se sont multipliées, et les livres abondent, presque au prix du marché de Paris, grâce au développement des relations commerciales et à la facilité des communications postales. Aussi, il sera bientôt vrai de dire que toute notre population lit, et que le nombre de ceux qui reçoivent au moins un journal est légion[3].

Comble d'ironie, l'on ajoute que « le clergé, sans s'en douter peut-être, a contribué dans une large mesure à faire naître le goût de la lecture par la création des bibliothèques paroissiales[4] ». Il lui faudra désormais composer avec cette nouvelle donne...

Or, les cas à l'étude ici conduiront à celui de Laurent-Olivier David, constituant un chaînon nécessaire pour comprendre la montée, au début du xxe siècle, des mouvements d'action sociale catholique et l'encadrement idéologique presque total réalisé par le clergé à partir de 1915-1920 environ, vu comme la réaction la plus opportune à ce nouveau tableau social ; ce sera l'objet, répétons-le, de la troisième et dernière partie de notre parcours, qui conduit à « l'action positive » comme nouvelle stratégie de censure. Cependant, comme transition entre ces deux types de censure, proscriptive et prescriptive, l'on décrira dans le présent chapitre les combats de Mgr Fabre et, dans le suivant, l'on mesurera le zèle intempestif de Mgr Bruchési, pour bien marquer la fin de ce monde de répression à la pièce.

1. LE LIBÉRALISME TOUS AZIMUTS : LA QUERELLE UNIVERSITAIRE

Le dernier quart du xixe siècle, avec comme apogée l'année 1896, verra les principes libéraux réveiller l'hydre de la censure à trois reprises, dans les secteurs de l'éducation (la querelle universitaire), de la presse (le procès intenté par *Canada-Revue*) et de la politique (l'élection de

Wilfrid Laurier). Ces événements se déroulent en séquence chronologique : la question de l'Université de Montréal dure dix ans (1881-1891), le procès intenté par Aristide Filiatreault couvre les années 1892-1894, et l'élection du Parti libéral fédéral sera encadrée d'une série de péripéties qui s'étaleront du mois de mai 1896 au mois de février 1897.

Si ces trois affrontements marquent la même avancée, sur divers fronts, de la poussée libéraliste, par contre les adversaires en lice ne sont pas toujours les seuls laïcs. Certes, dans les deux derniers cas, les antagonistes seront Mgr Fabre et, respectivement, Aristide Filiatreault et Laurent-Olivier David. Cependant, en ce qui concerne la querelle universitaire, l'adversaire du clergé proviendra autant de ses rangs que de l'extérieur ; qui plus est, en pareil cas, ce sera une faction du clergé qui sera accusée de connivence libérale.

Le débat se polarise autour de la fondation, à Montréal, d'une université autonome, distincte de l'Université Laval. Il n'est pas inutile de rappeler l'origine de la première institution universitaire québécoise, afin de saisir l'objet des débats qui marquent le début des années 1880[5].

Au milieu du XIXe siècle, l'Église contrôle l'éducation qui est donnée dans les collèges et séminaires ; et, en ce qui touche le niveau primaire, il s'y trouve plus de laïcs que de religieux, mais la situation est en voie de se corriger. Cependant, un pan énorme échappe totalement au clergé, en l'occurrence l'enseignement universitaire. Dès les années 1843-1845, Mgr Bourget caresse le projet d'une université catholique à Montréal : un tel souhait n'est pas étranger à la naissance de l'Institut canadien, qui tient déjà un discours sur une université montréalaise, mais laïque, il va sans dire.

Diverses contraintes conduisent cependant l'évêque de Montréal à accepter le Séminaire de Québec comme tremplin pour cette université, avec l'espoir que si la tête se trouve à Québec, de nombreux collèges universitaires pourront aussi essaimer *au* Québec. Mais l'harmonie est loin d'exister entre Montréal et Québec : Montréal veut édifier son entreprise sur des fondements romains et ultramontains, alors que Québec sympathise davantage avec les principes gallicans. Le point de vue de Québec prédomine et, en 1852, l'Université Laval est créée, « couronnement de l'emprise du clergé sur l'évolution intellectuelle du Québec[6] ».

Le « problème montréalais », si l'on peut dire, n'est pas pour autant réglé : non seulement Mgr Bourget aurait-il souhaité une institution provinciale, plutôt que « québecquoise », mais aussi constate-t-il les effets néfastes de l'Université protestante et anglophone McGill, dans laquelle s'engouffrent de nombreux jeunes Montréalais qui n'ont pas du tout envie d'émigrer à Québec. L'idée d'une université catholique s'impose de plus en plus à Montréal, mais elle se heurte à Laval, qui ne veut en rien concéder son monopole. À ce propos, Rome déboute Mgr Bourget à deux reprises (1862 et 1865). Ainsi, s'opposer à l'Université Laval et persister dans l'entreprise montréalaise, c'est en quelque sorte s'opposer à la volonté de Rome.

En 1872, Mgr Bourget revient à la charge ; et les positions se cristallisent de plus en plus entre l'Université montréalaise potentielle, qui se voudrait ultramontaine, et l'Université Laval gallicane et libérale. Car, faut-il ajouter, l'Université Laval est depuis quelques années la cible d'une série d'accusations tendant à en faire un porte-parole du libéralisme. Rome se prononce définitivement en lavant «de tout soupçon de laxisme doctrinal» l'Université de Québec, en l'érigeant en université canonique et en donnant l'autorisation d'établir simplement une succursale à Montréal[7]. L'on est alors en 1876, année de la démission de Mgr Bourget, causée par cette rebuffade.

L'Université Laval de Montréal sera dès lors inaugurée en 1878 ; mais elle ne satisfait nullement les partisans d'une université montréalaise autonome. De nombreux esprits s'agitent à ce sujet, mais un laïc, Elzéar Paquin, et un prêtre, Alexis Pelletier, feront paraître deux textes qui s'attireront l'interdit clérical.

Trahison épiscopale...

Elzéar Paquin (1850-1947), médecin, fait paraître en 1882 *La Conscience catholique outragée [...]*, une attaque en règle contre Mgr Fabre et Mgr Taschereau. Pourquoi à la fois les évêques de Montréal et de Québec ? Parce que ceux-ci appuient l'Université Laval qui,

> ayant dès le commencement manqué à sa mission, n'a jamais mérité autre chose que l'antipathie du peuple canadien. Le résultat de son enseignement porte le nom de libéralisme. C'est pour cette raison grave et pour bien d'autres encore, que les progrès réalisés, en Canada, dans le domaine de la raison, ne sont redevables de rien à cette université. La science sacrée est dans cette institution plus ou moins au service du libéralisme catholique[8].

Or — qui l'eût cru ! — les responsables de ce mal sont Mgr Taschereau et Mgr Fabre qui, par leur appui à l'Université Laval,

« abandonnent les doctrines saintes de Mgr. [sic] Bourget, de Mgr. Laflèche et de tous les défenseurs des bons principes [...][9] ». Le mal qui afflige le peuple canadien se nomme le libéralisme, et il a contaminé le clergé même ; pire encore, « les noms de ceux qui sont causes du mal dont nous souffrons aujourd'hui[10] » sont ceux des plus hauts représentants de l'autorité religieuse au Québec! « Mais comme le libéralisme catholique trompe les plus fervents [...] et même quelques-uns des membres les plus hauts [sic] placés dans la hiérarchie ecclésiastique, il est bon de penser que Dieu pardonnera à l'Archevêque de Québec et à Mgr de Montréal[11]. »

Cette dernière remarque fait peut-être sourire ; mais elle n'a pas produit le même effet chez les victimes de cette ironie, particulièrement Mgr Fabre, qui émet le 13 mars une « Ordonnance pour défendre la lecture d'une brochure contre l'Université Laval[12] ». Comme à l'habitude, le ton péremptoire interdit de lire ou de garder en sa possession la brochure. En outre, comme Paquin annonçait une suite à son opuscule, la même défense est étendue à toute récidive possible, laquelle, par ailleurs, ne semble jamais avoir existé. L'estocade est donnée à « cet amas indigeste de grands mots et de phrases creuses, d'assertions et d'accusations gratuites [...][13] ». Mais le taureau ne fonçait pas seul ; en vérité, il sera suivi d'un des esprits les plus frondeurs du XIXe siècle, un prêtre de surcroît, l'abbé Alexis Pelletier.

Alexis Pelletier, alias « Un chrétien »,
George Saint-Aimé, Luigi

L'abbé Alexis Pelletier représente l'un des plus singuliers personnages du XIXe siècle. Né en 1837, il fait ses études au Séminaire de Québec et est ordonné prêtre en 1863. À partir de cette date, il partage sa vie entre diverses cures et la dénonciation des maux qui affligent son siècle. « Les dix-sept brochures que publia l'abbé Alexis Pelletier peuvent se regrouper autour de deux thèmes : la réforme chrétienne de l'enseignement classique et les erreurs modernes, et particulièrement le libéralisme[14]. »

Ce sera surtout entre 1864, date de sa première brochure, et 1875, que l'abbé Pelletier traitera de la question des classiques ; quant au libéralisme, il sera pour l'abbé un sujet constant de préoccupation, mais sa réplique à *La Grande Guerre ecclésiastique* de Dessaulles, en 1873[15], et plus particulièrement sa montée dans l'arène de la querelle universitaire, avec *La Source du mal de l'époque au Canada*[16], en 1881, représentent deux des temps forts de sa croisade.

Dans le cadre de la querelle au sujet de l'Université Laval, c'est ce dernier ouvrage qui retient l'attention. Mais il se comprend d'autant mieux que l'on connaît l'intransigeance de l'abbé Pelletier, ce qu'un regard sur quelques-unes de ses brochures antérieures permet d'apprécier sans difficulté. Par ailleurs, *La Source du mal de l'époque au Canada* est particulièrement utile à cette fin, puisque cet essai presque autobiographique retrace les principales étapes de la carrière polémique de l'auteur-prêtre.

Le principal cheval de bataille du jeune abbé Pelletier fut la réforme chrétienne de l'enseignement. Deux brochures se distinguent principalement sur ce sujet (on verra plus loin pourquoi ces deux-là) : *Lettre à Monseigneur Baillargeon évêque de Tloa sur la question des classiques et commentaire sur la lettre du Cardinal Patrizi* [17], et *Réponse aux dernières attaques dirigées par M. l'abbé Chandonnet contre les partisans de la méthode chrétienne et commentaires sur des documents authentiques qui dévoilent les machinations de MM. les abbés Chandonnet et Benjamin Pâquet* [18]. Ces deux brochures portent le pseudonyme de George Saint-Aimé ; la première parut vraisemblablement en 1867, et la seconde, l'année suivante. La question débattue étant celle des classiques, retraçons la source de cette préoccupation chez l'abbé Pelletier.

En 1861, sur l'invitation du futur archevêque Taschereau qui est à ce moment recteur de l'Université Laval, invitation dont il se repentira, un prêtre français vient enseigner la théologie à la toute jeune université. Ce prêtre, c'est Jacques-Michel Stremler ; et ce que l'abbé Taschereau n'avait point prévu, c'est que

> l'abbé Stremler était gaumiste, c'est-à-dire partisan de la thèse de Mgr Gaume sur la réforme chrétienne des études classiques, et il eut le malheur d'y gagner des adhérents parmi les professeurs du séminaire. Le plus ardent de ces néophytes était un tout jeune prêtre de grand talent, condamné à enseigner les mathématiques : l'abbé Alexis Pelletier, dont les polémiques allaient retentir jusqu'à Rome [19].

Il n'en fallut pas davantage pour que la guerre entre les tenants des auteurs classiques et des auteurs païens se déclenche. La méthode chrétienne de l'enseignement enjoint les professeurs d'abandonner l'éducation de la jeunesse par les auteurs païens :

> du matin au soir on explique Horace, Virgile, Cicéron, etc. ; une fois par semaine on donne une leçon de catéchisme, et des plus maigres qu'on puisse imaginer. Grand Dieu ! il faut bien lâcher le mot : quelle stupidité [20] !

Cependant, l'abbé Stremler est victime d'une « véritable et très-inique persécution[21] », dont le principal instigateur est l'abbé Thomas-Aimé Chandonnet[22], qui sera pris à parti plus tard par l'abbé Pelletier. Mais il faut aussi compter sur le vicaire général Charles-Félix Cazeau pour tenter de limoger les gaumistes :

> le G.-V. Cazeau aurait alors battu le pavé et fait le tour des imprimeries de Québec pour enjoindre à leur propriétaire de ne rien publier en faveur de la réforme chrétienne de l'enseignement, sous peine d'encourir sa disgrâce, celle du séminaire et de l'Archevêché[23].

Ces exactions n'empêchent pas le fougueux abbé Alexis Pelletier d'entrer en lice, témoin la dizaine de brochures qu'il fait paraître pour défendre le gaumiste, dût-il pour cela attaquer ses confrères prêtres. Or, deux de ces pamphlets entraînent un interdit épiscopal.

Alexis Pelletier exprime ainsi les raisons qui l'ont conduit à écrire ses pamphlets :

> Au temps ou MM. Stremler & Vézina furent chassés du Séminaire de Québec, il y avait plusieurs autres prêtres de cette maison, en particulier M. Alexis Pelletier, qui, d'après les idées reçues de M. Stremler et d'après les études faites au point de vue vraiment catholique, se convainquirent que la réforme chrétienne de l'enseignement, telle que proposée par Mgr Gaume, était un des principaux moyens de dissiper notre ignorance et de conjurer bien des maux qui nous menaçaient.
>
> Afin de faire connaître et goûter cette réforme, ils publièrent dans le journal le *Courrier du Canada*, des extraits des œuvres de Mgr Gaume et de M. l'abbé Vervost sur la question. Tout le Séminaire de Québec s'émut à cette occasion, et, de par l'autorité de Mgr Baillargeon, stricte défense fut faite aux journaux de continuer à publier des écrits en ce sens[24].

L'abbé Pelletier justifie ainsi qu'il publie, en 1865, deux brochures, « sous le voile de l'anonyme, afin de se soustraire aux persécutions qui n'auraient pas manqué de sévir contre lui, s'il eut [sic] été connu[25] ».

Quittant le Séminaire de Québec en 1866, l'abbé Pelletier signe ensuite trois autres brochures du pseudonyme de George Saint-Aimé. Cette fois, la censure frappe plus durement.

Mgr Baillargeon, à la suite des « intrigues[26] » de Taschereau et de Benjamin Pâquet, publie une « Circulaire au sujet des Classiques », où, en plus de viser une brochure de George Saint-Aimé, brochure qu'il ne nomme pas mais qui a « rempli [son] cœur d'amertume, tant elle était injurieuse à l'autorité ecclésiastique, et aux maisons de haut enseignement[27]», il dit avoir demandé à la Sacrée Congrégation de l'Inquisition et du Saint-Office de se prononcer sur l'usage des auteurs païens pour l'éducation chrétienne. Est-il nécessaire de dire que la réponse de Rome, transmise dans cette circulaire, ne voit dans le recours aux auteurs païens rien de répréhensible ?

Mais il en faut davantage pour arrêter l'abbé Pelletier, qui fait paraître, toujours sous le pseudonyme de George Saint-Aimé, *Lettre à Monseigneur Baillargeon [...]*. La première brochure vise à démontrer que Rome ne désapprouve pas le gaumisme ; la seconde, plus virulente et au seuil des attaques *ad hominem*, met au jour les manigances de l'abbé Chandonnet contre le gaumisme.

Le clergé réplique vivement : le 12 août 1868, Mgr Baillargeon publie un « Mandement pour condamner les deux brochures de George Saint-Aimé » : défense est ainsi faite aux fidèles « de lire, de prêter, ou même de garder en leur possession les susdites brochures, ou l'une d'elles, ou copies d'icelles, ou les manuscrits de l'auteur, et même enjoignons, sous les mêmes peines, de les brûler dans les trois jours qui suivront la connaissance reçue de la présente condamnation[28] ». Du même souffle, l'autorité épiscopale saisit la question tout entière de la réforme de l'enseignement, défendant de publier, de contribuer à publier ou de lire quoi que ce soit à ce sujet sans permission expresse.

En outre, Mgr Baillargeon enjoint l'auteur à faire œuvre de réparation ; cependant, comme « hors un petit nombre d'amis dévoués et très discrets, nul ne savait que M. Pelletier fut l'auteur de ces brochures[29] », celui-ci jugea que la sanction contre lui était nulle, à cause précisément du pseudonymat et des persécutions dont il aurait été victime s'il se fût lui-même fait connaître. Thomas Charland signale, en guise de conclusion à ce premier épisode de censure contre l'abbé Pelletier, que ce dernier

> porta secrètement plainte au Saint-Office, par l'entremise de Mgr Filippi, contre Mgr Baillargeon. Ce dernier cessa, quelque temps après, de tenir aux prescriptions de son mandement. On sut, par la suite, qu'il avait reçu du Saint-Office un *monitum* blâmant la sévérité de son mandement, que le cardinal Barnabo, préfet de la Propagande, avait critiqué ce même mandement en présence de prêtres et d'évêques canadiens[30].

Mais, comme un orage qui devait éclater quelque vingt ans plus tard, le second épisode de censure, lié à la question universitaire, entache l'harmonie religieuse du Québec. Comme le dit lui-même l'abbé Pelletier, la réforme chrétienne de l'enseignement avait à peu près passé inaperçue aux yeux du public. La querelle universitaire entre Québec et Montréal, au contraire, croît en intensité, de 1862 jusqu'au tournant des années 1880 ; c'est d'ailleurs ce moment que choisit Alexis Pelletier pour fustiger les démons du temps.

Mgr Taschereau, voilà l'ennemi !

Après sa condamnation en 1868 et sa soumission ultérieure, l'abbé Pelletier « prépara sa revanche contre Mgr Taschereau » par son ouvrage *La Source du mal au Canada*, une attaque en règle contre la personne de l'archevêque de Québec : « quelle est la cause de la division de nos évêques entre eux, si ce n'est comme le démontre péremptoirement cet exposé de faits, si ce n'est le seul archevêque de Québec[31] ».

Il faut cependant noter que ce pamphlet de l'abbé Pelletier a d'abord été présenté en 1877, sous forme de manuscrit, à Mgr Conroy, puis, dans une version augmentée, à Mgr Bourget et à Mgr Pinsonneault. Le manuscrit n'est imprimé qu'en 1881, à tirage très réduit, à titre de mémoire confidentiel pour les hautes autorités romaines[32].

« Au bout de deux ans, la brochure finit par tomber entre les mains d'indiscrets. Un rédacteur de la *Patrie* (Louis Fréchette) la dénonça dans un article du 11 janvier 1884 [...][33]. »

La réaction du pouvoir religieux est subite. Il faut se rappeler que l'ouvrage d'Elzéar Paquin a été condamné deux ans plus tôt ; au surplus, en 1881, l'ensemble des archevêques et évêques du Québec avaient signé une déclaration où s'exprimait la volonté que, en vertu du cinquième concile de Québec, tout « grief contre cette institution catholique ou quelque autre, [se] fasse non pas devant le tribunal incompétent de l'opinion publique, par la voie des journaux, mais devant ceux que les saintes lois de la hiérarchie catholique ont institués les juges et les gardiens de la foi[34] ». Plutôt que d'agiter l'opinion publique sur ces questions, c'est donc privément qu'il convient de faire connaître ses plaintes et griefs.

Tout autre est la voie empruntée par l'abbé Pelletier, dès la publication de son manuscrit. Y eut-il quelque infortune du destin pour que l'ouvrage, une fois publié, fût connu et dénoncé en 1884 ? Peut-être, mais ces aléas importent moins que l'insigne honneur, pour l'abbé Pelletier, de poursuivre sa collection de condamnations, la présente se payant le privilège d'être faite à deux voix. C'est d'abord Mgr Fabre, de Montréal, dans une circulaire datée du 20 janvier 1884, qui attaque ce « libelle diffamatoire », ce « pamphlet haineux », cette « œuvre malsaine », ordonnant bien sûr de ne pas le garder en sa possession et de le brûler dans les vingt-quatre heures[35]. Le 2 février suivant, Mgr Taschereau appuie la condamnation de son collègue montréalais[36]. L'affaire n'ira guère plus loin : l'abbé Pelletier remet définitivement sa plume dans le carquois. Il meurt en 1919, après avoir été pendant quinze ans aumônier du Bon-Pasteur, à Montréal.

Il y a du libéralisme et du gallicanisme en Canada : tel était le titre de l'une des brochures de l'abbé Pelletier, publiée en 1873. Cependant, ce n'est pas parce que, dix ans plus tard, l'abbé se tait, que le libéralisme et le gallicanisme sont matés. En vérité, un nouvel affrontement se dessine autour d'Aristide Filiatreault et de son *Canada-Revue*, puis de l'arrivée au pouvoir de Wilfrid Laurier et d'un petit ouvrage qui, modeste tremplin, projettera le débat jusqu'à Rome : *Le Clergé canadien, sa mission, son œuvre*, de Laurent-Olivier David. En somme, les années 1880-1896 semblent marquer le triomphe total du pouvoir religieux. Sur le plan de l'éducation universitaire, les esprits rebelles, qu'ils soient laïques ou cléricaux, paraissent tranquillisés ; pendant ce temps, le clergé resserre son emprise par divers moyens. Il rappelle entre autres à ses membres que : « Personne ne doit se croire autorisé à imprimer des livres, des feuilles ou des images de piété, sans que l'Évêque, après un sérieux examen, n'ait donné par écrit sa permission, qui devra figurer soit au commencement, soit à la fin de ces livres ou feuilles imprimées[37]. » Il intensifie son action positive en lançant, à Montréal d'abord (en 1883), *La Semaine religieuse*, qui « fera un contrepoids salutaire à tant de livres frivoles, qui malheureusement circulent dans beaucoup de familles[38] ». Il s'attaque à tous les « désordres » qui peuvent faire dévier le peuple de la voie droite. À ce chapitre, une circulaire de Mgr Fabre témoigne, en 1885, de l'ampleur de l'offensive mais, aussi, de la rhétorique totalitaire. L'évêque de Montréal, après avoir évoqué une série de malheurs comme autant de châtiments de Dieu (problèmes manitobains, petite vérole à Montréal, nombreux incendies dans les campagnes), déclare que « le Seigneur ne nous a ainsi visités que pour nous avertir que nous avions à fléchir sa colère par une vie plus chrétienne et plus en harmonie avec ses divins commandements[39] ». Les causes de ces malheurs, les sources de péché, donc, ce sont les théâtres, les auberges, les maisons de jeu, les clubs, les glissoires, les courses de raquette et, bien sûr, les danses. Désormais, rien ne semble trouver grâce aux yeux du clergé. Quant à l'affaire du *Canada-Revue*, on le verra à l'instant, elle confirmera par la voie des tribunaux la légitimité des interventions épiscopales. Enfin, la mise à l'index du livre de Laurent-Olivier David apparaîtra comme le point culminant du triomphe de la répression. Mais toute cette animation censoriale est un écran qui camoufle la vraie réalité, celle d'un pouvoir religieux dont la force véritable est en raison inverse de la quantité des interdictions. Telle sera la grande leçon que, d'instinct, le clergé comprendra au seuil du XXe siècle; mais avant, dans ce qui est presque un rite de passage, il lui faut affronter deux épreuves déterminantes.

2. CANADA-REVUE : UN PROCÈS CAPITAL

Avril 1894 : pendant quatre jours, du 10 au 13 plus précisément, le procès intenté par *Canada-Revue* contre l'évêque de Montréal, Mgr Fabre, fait déambuler devant le juge Doherty des personnages notoires : Arthur Globensky, Paul Bruchési, chanoine et futur évêque de Montréal, Paul-Marc Sauvalle, journaliste libéral[40], Louis-Honoré Fréchette et, bien sûr, les parties demanderesse (le directeur-gérant de la revue, Aristide Filiatreault) et défenderesse (Mgr Fabre). Le contentieux ? Aristide Filiatreault allègue qu'une circulaire de Mgr Fabre (la déclaration en cour supérieure parle d'un mandement), datée du 11 novembre 1892 et qui frappe d'interdit *Canada-Revue*, a porté un préjudice grave à ce journal, « ruinant ainsi les affaires de la demanderesse[41] ». Et, à qui croirait que la censure religieuse n'est qu'affaire de forme, la déposition de Filiatreault, le 12 avril, ne souffre pas d'équivoque :

> Q. Voulez-vous nous dire, monsieur, quel a été l'effet de l'interdiction, ou du mandement, pour le journal ?
> R. Ruine complète. La semaine qui a suivi la publication du mandement, nous sommes tombés de seize à dix-sept cents [abonnés], si je me rappelle bien, et nous avons continué à diminuer de semaine en semaine ; nous sommes arrivés aujourd'hui à neuf cents ou mille, et nous avons mendié depuis douze mois pour continuer notre œuvre[42].

Retraçons les principales étapes de cet affrontement épique ; mais auparavant, établissons l'identité de ce journal belliqueux, *Canada-Revue*, et de son propriétaire, Aristide Filiatreault.

L'origine de Canada-Revue

Canada-Revue est le troisième d'une filiation de journaux qui se sont succédé, faisant suite à *L'Album musical* et au *Canada artistique*. Lorsque Filiatreault fonde *L'Album musical*, en 1881, c'est véritablement dans l'intention d'accroître la culture musicale au Canada ; mais le journal s'évanouit en 1884, en raison de problèmes pécuniaires. Filiatreault récidive quelques années plus tard : *Le Canada artistique* ouvre sa carrière en décembre 1889, à la faveur d'une mission élargie aux beaux-arts en général et d'un engagement plus ouvert sur les questions sociales. Ce deuxième journal vise à

> éveiller et aiguiser le sens culturel des canadiens-français [sic], permettre aux beaux-arts de s'intégrer à la vie des canadiens-français d'une manière souple et durable, amener le système d'éducation à ces réalités naturelles si souvent ignorées[43].

Cependant, dès le mois d'août 1890, Filiatreault écrit un éditorial où il entend donner davantage d'importance aux questions politiques et sociales. Cet agrandissement de vues, de *L'Album musical* au *Canada artistique*, appelle la naissance d'un troisième journal, *Canada-Revue*, sur-titrée « Revue politique et littéraire », et qui fait ses débuts en janvier 1891.

Et c'est précisément à ce moment que *Canada-Revue* commence à se créer des ennemis. Il[44] appuie le libéral Laurier ; il engendre des inquiétudes pour avoir mis à la disposition de ses abonnés une bibliothèque de 1600 volumes, parmi lesquels « figurait Alexandre Dumas dont les ouvrages étaient à l'*Index*[45] ». *La Semaine religieuse de Québec*, puis *La Semaine religieuse de Montréal* commencent d'invectiver *Canada-Revue*. Filiatreault intente même un premier procès contre l'abbé David Gosselin, directeur de *La Semaine religieuse de Québec*, qui a traité le directeur de *Canada-Revue* « d'empoisonneur public » :

> Nous voyons par la *Vérité* de Québec, qu'il se publie à Montréal une revue politique et littéraire, intitulée *Canada-Revue*. La direction de cette *Revue* met, paraît-il, à la disposition de ses abonnés 1600 volumes, parmi lesquels figurent les œuvres d'Alexandre Dumas, Richebourg, Souvestre, Guy de Maupassant, etc. Nous mettons nos lecteurs en garde contre cette pacotille malsaine, et contre la *Revue* elle-même. Car l'esprit d'une publication dont le directeur exerce le métier d'empoisonneur public, ne peut pas valoir grand'chose[46].

Dans sa livraison du 28 mars 1891, *La Semaine religieuse de Québec* dit avoir reçu l'action intentée par Filiatreault : « On se plaint que l'écrit de la *Semaine religieuse* est faux, libelleux, de nature à nuire au demandeur, qui est marié, père de famille, et qui a été profondément humilié et blessé dans sa sensibilité. » Filiatreault est cependant débouté, le 15 juin 1891, par un jury de 23 membres qui estime la poursuite non fondée[47].

Le ton monte, d'autant plus que le journal va bien. *Canada-Revue* dénonce à grands cris, attaquant l'influence exagérée du clergé, le système d'éducation désuet, l'exemption de taxes accordée aux communautés religieuses, etc.[48] Mensuelle, la revue devient hebdomadaire le 23 juillet 1892 ; elle profite de cette nouvelle périodicité pour raffermir son programme et, dans sa première livraison hebdomadaire, pour clamer : « Le *Canada-Revue* [...] a l'intention d'ouvrir une ère nouvelle dans le journalisme canadien : l'ère de la libre parole. »

Mission oblige : les articles les plus violents contre le clergé, contre la « clique cléricale » dira-t-on, paraissent à l'automne 1892. Ces assauts obligent Mgr Fabre à mener le combat.

Le premier affrontement

Tout d'abord paraît[49], signée du 29 septembre 1892 par onze archevêques, évêques et un vicaire apostolique, une longue lettre pastorale « sur les devoirs des catholiques en face des accusations dont le clergé est l'objet à la suite d'un scandale récemment arrivé à Montréal ». Quelle histoire se profile derrière un titre aussi évasif ? Car, dans les 11 pages de cette lettre, personne n'est nommé, pas plus qu'un titre de journal. Mais tous comprennent qu'il s'agit du cas Guyot :

> Un Sulpicien, l'abbé Guyot fortement soupçonné d'entretenir des relations trop intimes avec quelques-unes de ses paroissiennes, voit sa correspondance tomber entre les mains des journalistes. *Canada-Revue* en prend connaissance et exploite à fond la nouvelle, attaquant par le fait même le clergé tout entier[50].

Canada-Revue (comme, d'ailleurs, *L'Écho des Deux-Montagnes*[51]) n'avait rien ménagé pour extirper tout le fiel de cette situation apparemment exemplaire. Trois semaines avant la lettre pastorale, il avait écrit :

> Les abus d'autorité, l'accumulation des richesses, l'amour du bien-être, la condamnation pendant des années des hommes les plus honnêtes, le défaut de surveillance des jeunes prêtres, l'impudence

avec laquelle on les met en contact journalier avec les femmes, l'acharnement avec lequel on se cramponne à des privilèges et à des exemptions de taxes et de redevances que tout bon citoyen devrait payer, tout cela devrait produire dans l'ordre religieux, politique et social ce que nous voyons[52].

Entre ce 3 septembre et la lettre du clergé, les attaques continuent à chaque livraison, si bien qu'« Il faut agir[53] » : cette lettre pastorale est la première d'une série d'interventions qui culmineront avec l'anathème jeté sur *Canada-Revue*.
Et que retrouve-t-on, dans ladite lettre pastorale ? En substance, les signataires affirment que, s'il est malheureux qu'un prêtre ait connu une « chute humiliante », il n'est pas moins vrai que

> ce n'est pas aux fidèles, quelque catholiques qu'ils soient ou se prétendent, à leur [les évêques] tracer une ligne de conduite, encore moins à les juger et à les censurer. En tout ce qui regarde la piété, la morale et la discipline, ils ne relèvent aucunement de l'opinion des hommes […][54].

L'occasion d'invectiver contre la presse est ainsi créée : les évêques déplorent notamment qu'il y ait en l'occurrence « absence presque complète de tout contrôle et de toute surveillance exigée par la morale chrétienne[55] ». Cette lettre émet un principe inviolable : il n'appartient pas aux fidèles de juger leurs prêtres, et elle attaque la presse. Si, répétons-le, cette charge se fait sans nommer de cible précise, il n'en va pas autrement pour le prochain document épiscopal, le 11 novembre suivant.

Notons que, entre la lettre pastorale du 29 septembre et la circulaire du 11 novembre, les hostilités ne fléchissent pas : *Canada-Revue* continue de multiplier les articles anticléricaux. En plus, le 5 novembre, il annonce la parution prochaine dans ses colonnes des *Trois Mousquetaires* d'Alexandre Dumas[56], qui soulève toute l'épineuse question du roman-feuilleton et qui, sans doute, fait éclater l'ire de Mgr Fabre, pourtant peu belliqueux. Cette circulaire du 11 novembre assène à *Canada-Revue* le coup fatal (en même temps qu'à *l'Écho des Deux-Montagnes*, alliée de *Canada-Revue*) :

> Nous défendons, jusqu'à nouvel ordre, à tous les fidèles, sous peine de refus des sacrements, d'imprimer, de mettre ou de conserver en dépôt, de vendre, de distribuer, de lire, de recevoir ou de garder en sa possession ces deux feuilles dangereuses ou malsaines, d'y collaborer et de les encourager d'une manière quelconque[57].

L'heure des choix est arrivée : *Canada-Revue* riposte ou meurt. Dans sa livraison du 24 décembre 1892, le journal publie un article important, « La censure ecclésiastique », où l'opinion de Rodolphe Laflamme, C.R.,[58] est mise à contribution pour la question décisive : « On demande à l'avocat soussigné si la loi et la jurisprudence reconnaissent le droit de poursuivre devant les tribunaux civils un dignitaire ecclésiastique[59] » qui est le responsable d'une circulaire dont l'intention était « d'arrêter toute circulation du journal ». Cette censure de Mgr Fabre est-elle conforme au droit canon ? Ou, au contraire, excède-t-elle « l'exercice légitime de l'autorité ecclésiastique[60] » ? Laflamme conclut que le geste de Mgr Fabre constitue « une injure grave de nature à causer une perte matérielle très considérable, et qu'elle donne droit à ceux qu'elle frappe dans leur honneur ou leurs biens, de poursuivre son auteur, devant les tribunaux civils, en réparation des dommages soufferts[61] ». L'opinion de Laflamme est datée du 19 décembre ; or, toujours dans ce même numéro du 24, le journal donne la conclusion d'une assemblée des actionnaires tenue le 21 : « il a été unanimement décidé d'autoriser le Bureau de Direction de la Compagnie à prendre des procédés légaux contre les autorités [sic] ecclésiastiques qui ont publié des mandements censurant le journal[62] ».

Canada-Revue *riposte : le procès*

Le sort en est jeté : Mgr Fabre est poursuivi pour 50 000 dollars, et l'action est signifiée le 22 avril 1893, bien qu'un protêt ait été déposé antérieurement. Après une série de brèves comparutions et d'ajournements, la vraie cause est entendue entre le 10 et le 13 avril 1894, suivie des plaidoyers. Épargnons aux témoins de comparaître à nouveau à la barre de l'histoire ; l'étude de leurs dépositions entraînerait une excroissance inopportune. Que la décision du juge Doherty, le 30 octobre 1894, suffise : *Canada-Revue* est renvoyé avec dépens, et « Mgr Fabre devient le porte étendard de la victoire de tous les catholiques[63] ».

Que s'est-il passé entre le début des recours judiciaires, en décembre 1892, et le jugement rendu en octobre 1894 ? *Canada-Revue* a continué d'attaquer, et *La Semaine religieuse de Montréal*, de riposter. Mais surtout, les ventes du journal ont baissé radicalement, entraînant inéluctablement sa perte : le numéro ultime de *Canada-Revue* était paru depuis deux mois en août 1894, donc quand le juge rendit son verdict.

Là s'arrêtent les malheurs de *Canada-Revue*, mais non l'action de Filiatreault: en septembre 1894, un mois après la disparition de *Canada-Revue*, il lance *Le Réveil* (1894-1901). D'un genre moins spectaculaire, *Le Réveil* sera tenu à l'œil par Mgr Bruchési. De plus, entre le début des recours judiciaires, en l'occurrence le protêt du 31 décembre 1892, et l'audition de la cause en avril 1894, paraît un ouvrage accablant le clergé, *Ruines cléricales*[64], attribué, il va sans dire, à Filiatreault.

Quel est, pour terminer, le sens à donner à toute cette question dans le cadre général de l'histoire de la censure? L'enjeu juridique est capital; rappelons, pour bien le comprendre, un fait judiciaire qui s'est passé quelques années plus tôt, c'est-à-dire en 1889.

Ayant demandé à la librairie Cadieux & Derome de distribuer des œuvres de Victor Hugo, Louis-Hippolyte Taché s'était heurté à une fin de non-recevoir: en conscience, les libraires ne pouvaient diffuser des livres suspects, dont certains même étaient à l'index. N'acceptant pas cette décision, Taché porta la cause devant les tribunaux civils. L'importance du jugement est manifeste:

> quant [sic] un livre a été jugé assez immoral ou assez impie pour être mis sur la liste de l'Index, n'est-ce pas assez pour satisfaire un tribunal, surtout lorsqu'il s'agit de deux catholiques? Qui doit être juge de la moralité d'un ouvrage? Quand dira-t-on qu'un livre est *contraire aux bonnes mœurs*? Faudrait-il plier les consciences catholiques à l'interprétation que les protestants donneront à ces mots, et à l'application qu'ils jugent à propos d'en faire[65]?

Cadieux & Derome perdent leur cause en première instance et décident d'en appeler: cette fois, la cour penche en leur faveur[66].

La brèche déjà ouverte par l'affaire Guibord et par les cas d'«influence indue» s'élargit donc: le pouvoir civil pourrait limiter le pouvoir ecclésiastique et ses interventions d'interdiction, de censure, de condamnation. Il devient clair que la cause de *Canada-Revue* s'insère dans le même ordre de contestation, et qu'elle est d'autant plus importante que les acteurs sont plus connus et plus nombreux, que l'affaire rayonne davantage. Dans une longue lettre au cardinal Ledochowski, préfet de la Congrégation de la Propagande à Rome, Mgr Fabre insiste sur l'importance «de cette cause, l'une des plus graves qui se soient encore plaidées en notre pays, au point de vue des intérêts religieux[67]»:

Par mes avocats, je répondis d'abord en récusant la compétence du tribunal civil pour juger de la valeur des motifs qui m'avaient amener [sic] à condamner la revue. C'était diminuer les chances de succès devant une Cour qui devait se prononcer d'après le droit civil qui nous régit et non d'après le droit canonique. Mais c'était aussi sauvegarder les droits les plus sacrés de l'Église et protester contre ceux qui cherchaient à entraver sa liberté[68].

Les jugements, dont celui de la Cour de Révision qui a été rendu la veille de cette lettre au cardinal, reconnaissent, à la satisfaction de Mgr Fabre,

> les droits que possède tout évêque de défendre aux fidèles la lecture d'un journal, d'une revue ou d'un livre contraire au dogme catholique, à la morale ou à la discipline et de protéger ainsi ses ouailles contre ce qui est de nature à les perdre ou à nuire à leurs intérêts spirituels[69].

« L'affaire Guibord allait en quelque sorte être une victoire à la Pyrrhus pour ses membres. L'affaire du *Canada-Revue* devait permettre de concrétiser la véritable force du clergé[70]. » Force ? Oui, sans doute, mais une force qui se mesure au nombre croissant d'ennemis à vaincre, ce qui en désigne en même temps la faiblesse. Le prochain chapitre, consacré à Mgr Bruchési, révèle plus que jamais l'épuisement qui guette le franc-tireur.

5

Mgr Bruchési: champion de la répression et dernier d'une espèce (1897-1910)

Le tournant du siècle marque une ère d'expansion industrielle, économique et démographique. Ces mutations structurelles ne sont cependant pas accompagnées par des transformations idéologiques correspondantes; sur plusieurs plans, la pensée des élites canadiennes-françaises éprouve de la difficulté à s'ajuster à la nouvelle conjoncture. L'idéologie conservatrice du XIXe siècle survit à l'entrée dans le XXe siècle et se déploie, sur le plan de l'imprimé, contre le libéralisme véhiculé par certains journaux et contre le roman jugé naturaliste, voire simplement réaliste.

En ce qui a trait au contrôle de l'imprimé, le début du XXe siècle peut donc être perçu comme le prolongement de la mentalité coercitive du siècle précédent; néanmoins, deux traits importants caractérisent de manière particulière les années 1900-1910[1]. En premier lieu, il faut noter une prolifération de paroles divergentes — ou sans cesse susceptibles de le devenir — à cause du développement extraordinaire de la presse, d'une vie théâtrale importante et de la parution d'un certain nombre de romans hétérodoxes. L'enjeu est de taille, mais il est surtout nouveau, puisque « d'instinct, les clercs ressentent que, rejoignant directement la population, les médias court-circuitent la communication sociale qui traditionnellement s'effectuait via les élites. C'est le fondement même de leur pouvoir qui est mis en cause[2]. » Le second trait qui démarque le début du siècle est le manque d'unanimité chez le clergé même quant aux moyens à prendre pour contrer toute parole qui s'écarte de la *doxa*; et cette divergence d'opinions est particulièrement notable entre Montréal et Québec, sur le plan de la presse périodique. « À Montréal, Mgr Bruchési préfère influencer indirectement la grande presse plutôt que de créer un quotidien, geste qui risquerait d'indisposer nombre d'entreprises de presse en paix avec le catholicisme et d'entretenir l'épiscopat dans de stériles luttes politiques[3]. » L'archevêque de Montréal incline en effet vers les mesures privées et incitatives favorisées par sa propre influence, en particulier à *La Patrie* et à *La Presse*, tandis que Mgr Bégin n'hésitera pas à fonder l'Action sociale catholique et à lancer son œuvre de presse, le quotidien *L'Action catholique* : « Au seul chapitre des lectures il [Mgr Bruchési] sert deux fois plus de directives que son confrère québécois[4]. »

Réservant à plus tard ce qu'il est convenu d'appeler *l'action positive* de Québec, tournons-nous plutôt vers Montréal pour comprendre les modalités et les stratégies propres à la surveillance, au contrôle et à la répression des imprimés.

L'archevêque de Montréal n'aura de cesse qu'il n'ait fustigé toute manifestation divergente : description trop crue d'un crime sordide, annonce commerciale tendancieuse, laxisme de la douane pour l'importation de revues, recommandations de volumes au Département de l'Instruction publique, bref, tout ce qui lui apparaît susceptible d'éviter la contamination de la Parole fait l'objet d'une intervention de sa part. Serait-il même possible de faire l'énumération des cas où Mgr Bruchési a jugé opportun de s'immiscer ? Il faut renoncer à ce genre de répertoire, vu son ampleur et sa nature quelque peu vaine : la multiplicité des cibles et des moyens d'intervention offre beaucoup moins d'intérêt que les stratégies de contrôle. L'approche chronologique s'avère beaucoup moins riche d'enseignements que l'approche logique[5].

Or, sur le plan des stratégies, trois grandes catégories d'intervention peuvent être dégagées afin de cerner la censure exercée par Mgr Bruchési : les mesures préventives, les interventions privées et la répression publique. Les mesures préventives consistent à agir à l'aide de structures existantes mais, surtout, sur les structures en place ou à venir ; les interventions privées se caractérisent par un dialogisme qui permet au censuré de se justifier ou d'améliorer sa conduite ; enfin, la répression publique, en tant que Parole monologique, n'admet normalement point de réplique. Ces trois niveaux exercent leur action à l'aide de trois médias : les réseaux de communication sociale, la correspondance privée et le document officiel (lettre pastorale, mandement, etc.).

Les mesures préventives

Inutile de revenir ici sur cette structure de contrôle séculaire que constitue la censure préalable ; son histoire démontre que, n'atteignant pas tous les sujets, elle a dû être appuyée par l'Index et l'interdiction[6]. La pratique de la censure préalable dans le diocèse de Montréal indique bien les limites de ce moyen de contrôle[7].

Certes, les laïcs n'y étaient pas soumis : des ouvrages comme *Lauriers et feuilles d'érable* d'Albert Lozeau[8] ou *Le Canada apostolique* de Henri Bourassa[9] ne portent ni la mention *nihil obstat* ni l'*imprimatur*. Mais même les ecclésiastiques ne semblent pas s'y plier systématiquement[10]. Lionel Groulx illustre ces divergences de comportement : *Une croisade d'adolescents* (1912) et *Les Rapaillages* (1916) ont subi la lecture préalable mais *L'Appel de la race* (1922), non plus qu'*Au cap Blomidon* (1932) ne feront l'objet d'un examen avant publication[11].

Certains laïcs pouvaient tout de même soumettre une œuvre littéraire aux censeurs, surtout si celle-ci traitait de sujets religieux au moyen de la fiction. Aussi le juge Adolphe-Basile Routhier envoie-t-il en 1908 son *Centurion* à Mgr Bruchési[12] ; mais il n'y trouve pas une oreille entièrement favorable :

> Pour moi, je ne vous le cache pas : au sujet d'un ouvrage comme celui que vous me faites l'honneur de me soumettre, une inquiétude me reste et je vous la dis bien sincèrement : « Peut-on approuver un livre dans lequel la fiction et les aventures de roman sont mêlés au récit inspiré de l'Évangile ? » Je ne voudrais pas répondre d'une manière absolue et je serais très heureux que la Congrégation de l'Index fut [sic] consultée secrètement à ce propos. Il n'y a qu'un mot d'elle qui pourrait me tranquiliser [sic] parfaitement[13].

L'ouvrage, poursuit l'archevêque, sera ainsi transmis au censeur, l'abbé Lecoq : « *Le Centurion* est entre les mains de quelqu'un qui vous estime et qui vous aime[14]. » À défaut d'autres pièces dans ce même dossier, l'on peut présumer que l'amour a eu des limites, puisque *Le Centurion* paraîtra à l'Action sociale, dans le diocèse de Québec.

Certes, beaucoup d'écrits ne parviennent pas à ce petit comité de censeurs : il faut accroître la prévention par un comité de surveillance. Celui-ci n'est pas revêtu d'un caractère officiel dans la mesure où il fait simplement appel à la vigilance attentive de chacun des membres du clergé. Mais ce n'est pas tant une attitude spontanée de leur part que la conséquence d'une recommandation de Mgr Bruchési, ainsi qu'en témoignent ces propos de Georges Dugas, alors retiré à

Sainte-Anne des Plaines : « Sa grandeur Mᵍʳ l'Archevêque nous a dit de lui signaler les articles irréligieux [sic] et impies ainsi que les erreurs de doctrine que nous découvririons dans les journaux qui se disent catholiques[15]. » À l'extérieur même du champ du volume imprimé, il pouvait difficilement exister une censure préalable ou un comité de surveillance ; mais cette limitation n'empêche pas Mᵍʳ Bruchési d'exporter cette mesure essentiellement ecclésiastique vers des organismes ou mouvements laïques. Aussi, en 1907, réclame-t-il du Théâtre des Nouveautés un comité de censure, à la suite de représentations jugées impies[16] :

> Je vous demande donc, écrit-il au président R.-J. Demers, de choisir parmi les citoyens dont les connaissances littéraires et la probité sont reconnues, deux hommes qui rempliront à l'égard de votre théâtre les fonctions de censeurs. […] Seules les pièces qu'ils auront examinées et autorisées pourront être jouées. […] Il ne suit pas de là, remarquez-le bien, que j'approuve et que je protège le théâtre. Dans notre état de société, il offre trop de dangers et nous expose à trop de douloureuses surprises. Mais puisqu'il existe, j'ai l'obligation de veiller à ce que la religion et la saine morale n'y soient pas méconnues et à ce qu'un lieu de divertissement ne soit pas transformé par l'art et le talent en un lieu de perdition. La censure que je demande n'a pas d'autre but[17].

Le 23 septembre suivant, Demers proposera les noms d'Albert Lozeau et de Germain Beaulieu ; Mᵍʳ Bruchési entérinera ce choix, non sans ajouter : « Je reste toujours comme évêque le gardien de la doctrine et de la morale et je conserve mes droits[18]. »

Toujours dans le cadre des mesures préventives, la censure préalable et les comités de surveillance s'attardent, le plus souvent, à des cas isolés. Or une prévention complète doit aussi toucher la circulation ou la diffusion des imprimés si bien que, à ce titre, deux réseaux de communication sociale seront particulièrement visés : les postes et les bibliothèques.

L'importation de livres et de revues passe nécessairement par la douane ; voilà pourquoi, afin d'assurer un contrôle rigoureux, Mᵍʳ Bruchési n'hésite pas à écrire à divers ministres et, même, au premier ministre Wilfrid Laurier lui-même. Le premier destinataire est évidemment le Ministre des douanes [sic], M. Paterson, de qui Mᵍʳ Bruchési vient solliciter une « intervention dans une question de la plus haute importance[19] ». L'archevêque lui signale qu'il se trouve à Montréal « plusieurs librairies françaises qui semblent se faire une spécialité de l'importation et de la vente des mauvais livres et des mauvaises revues ». Comment en empêcher la vente et la circulation, se demande Monseigneur ? « Il faudrait qu'un homme connaissant parfaitement le français fût spécialement chargé d'examiner la littérature importée de France et qu'il eût les instructions les plus sévères afin d'arrêter et de saisir au passage tout livre qui offrirait un danger réel pour les mœurs[20]. »

Mesure préventive idéale, sans doute, et au surplus appuyée par Wilfrid Laurier : « Je crois comme vous, que vous avez signalé au ministre un abus déplorable qui devrait engager une action immédiate[21]. » Quant à Paterson lui-même, il répond longuement à l'évêque et, tout en le rassurant de sa vigilance, lui signifie la difficulté de l'entreprise : « You will, of course, recognize, that it is not possible for the Department to read at all fully every book that comes through the mails, and it is, further, not always an easy matter to determine what literature should be classed as immoral[22]. »

Mgr Bruchési, quelques années plus tard, écrit à nouveau à Laurier nommément au sujet du *Rire* et du *Sourire*[23]. Laurier lui répond le lendemain qu'il prendra les moyens nécessaires pour supprimer ces journaux, « si vraiment ils passent par nos malles ». Le 30 mars, Rodolphe Lemieux reçoit une lettre de Mgr Bruchési pour le remercier « de la mesure si opportune » qu'il a prise « en interdisant la transmission par la poste des journaux *Le Rire* et *Le Sourire* ». Mais, comme si cela ne suffisait pas, le sous-ministre Gaboury fait parvenir à Bruchési, le 7 mai 1907, « une liste des publications non-admises en circulation dans la malle canadienne » : 61 titres y figurent, la plupart venant des États-Unis. De langue française ne s'y retrouvent que *La Vie parisienne*, *Le Rire* et *Le Sourire*, tous trois de Paris.

Mgr Bruchési multiplie ainsi la prévention sur tous les fronts ; mais une source d'approvisionnement a préoccupé tous les chefs de l'Église, les bibliothèques. L'évêque n'est pas en reste sur ses prédécesseurs dans sa crainte de perdre le contrôle de la lecture publique.

Sous la gouverne d'Honoré Mercier, à la fin du XIXe siècle, un effort avait été fait pour développer les bibliothèques, effort par ailleurs décrié par les ultramontains. Cependant, la chute du gouvernement Mercier, en 1891, lance un « retour en force des conservateurs [qui] donne en effet des ailes au contrôle clérical sur les livres et la lecture[24] ». Mgr Bruchési met d'ailleurs l'épaule à la roue, car c'est surtout la Bibliothèque de la Ville de Montréal qui lui cause grand souci, particulièrement au moment où elle veut ajouter, à son fonds essentiellement composé d'ouvrages techniques et scientifiques, des textes de nature historique, littéraire et artistique[25]. Répondant en 1908 à une missive d'Omer Héroux et prétendant exposer « le plus exactement possible la pensée de Mgr l'archevêque de Montréal sur cette question de la bibliothèque publique », le chanoine Émile Roy va droit au but : « Sans doute une bibliothèque publique est une excellente chose en soi ; mais une bibliothèque publique contrôlée par le pouvoir civil peut présenter bien des dangers d'un ordre moral et c'est pour cela que l'autorité religieuse ne peut pas s'en désintéresser[26]. » Si le Conseil de ville tient à son projet, « Sa Grandeur ne veut pas s'y opposer », mais il faudra, poursuit le chanoine, « un comité de contrôle pour le choix des livres, qui soit *stable* et *compétent* » de même qu'un « règlement bien précis » sur l'accès aux documents. C'est donc constamment la même pensée qui anime Mgr Bruchési : préserver la *doxa* contre toute voix divergente réprimée avant même l'étape de la manifestation[27].

Néanmoins, il serait injuste de réduire à leur seule partie négative les efforts préventifs du clergé ; car si, déjà, l'attitude vis-à-vis des bibliothèques consiste autant à diffuser le bon livre qu'à étouffer le mauvais, il faut ajouter une autre méthode, d'action positive, les recommandations favorables auprès du Conseil de l'Instruction publique et d'acheteurs éventuels, en particulier les établissements d'enseignement.

L'archevêque siégeant *ex officio* au Conseil de l'Instruction publique, peut-on être surpris du nombre d'auteurs qui lui font parvenir des ouvrages de toute nature pour obtenir une approbation ou un mot d'encouragement[28] ? Certes non, surtout lorsqu'on considère l'impact qu'une recommandation favorable pouvait avoir sur les ventes. Ainsi, Nérée Tremblay fait parvenir un abécédaire à Mgr Bruchési, « Dans l'espoir qu'à la prochaine réunion du conseil de l'Instruction publique vous voudrez bien lui accorder votre haute approbation [...][29] » ; le Dr Paul-Émile Provost fait de même pour un *Traité élémentaire d'anatomie, de physiologie et d'hygiène privée*[30]. Les ouvrages littéraires ont aussi droit à ce type d'égards, ainsi qu'en témoigne cette lettre d'une subtilité toute diplomatique :

> La bienveillance, écrit le poète Adolphe Poisson, que vous avez si hautement manifestée à l'égard de mes *Heures perdues* [1894] et la vente de 100 exemplaires à la Commission des écoles catholiques de Montréal grâce à votre généreuse intervention me font croire et espérer que ce que vous avez pu faire comme chanoine vous pouvez le réaliser avec encore plus de facilité comme archevêque[31].

La perception que l'on se fait de l'influence de Mgr Bruchési est donc très grande, si bien qu'un simple mot, une recommandation échappée çà ou là peut déterminer la carrière d'un ouvrage, même en dehors du réseau scolaire. Ainsi Jos.-M. Valois, Élie-Joseph Auclair, Henri Bernard n'hésitent-ils pas à solliciter une lettre d'appui en vue de l'adjoindre à une brochure publicitaire[32], l'autorisation pour une dédicace[33] ou pour reproduire une recommandation privée en tête d'une seconde édition[34]. L'on ne sera pas davantage étonné de voir des éditeurs ou imprimeurs chercher une poussée commerciale favorable : D. Théoret (*Law Bookseller, publisher, importer, binder, etc.*), George N. Morand and C°, Trefflé Berthiaume et fils, Léger Brousseau, Beauchemin, Cadieux & Derome figurent parmi ceux qui sollicitent quelque encouragement.

L'initiative d'éditeurs n'empêche en rien les auteurs eux-mêmes de s'occuper de leurs propres ventes, surtout si l'ouvrage a été édité à l'étranger ou au Québec par un imprimeur peu susceptible de favoriser la diffusion de l'ouvrage. À propos de la deuxième édition de ses *Aspirations*, William Chapman n'hésite pas à affirmer qu'il s'agit de l'un « des plus beaux volumes qui puissent être donnés comme prix, et la réduction que je fais cette année [6 $ la douzaine] vous offre une occasion unique, dont, j'en suis certain, vous profiterez, tant dans l'intérêt des écoles de Montréal que dans celui des lettres canadiennes[35] ». Dans une lettre de même inspiration, Ernest Myrand demande à Mgr Bruchési de recommander l'achat de la deuxième édition de ses *Noëls anciens de la Nouvelle France* au Collège de Montréal, au Collège des Jésuites et, enfin, à la « Commission scolaire des Écoles Catholiques de la Cité de Montréal dont vous avez immédiatement la haute surveillance et la direction[36] ».

Enrayer le mal avant même qu'il ne se manifeste n'est cependant pas toujours possible : l'ivraie a parfois la vie dure et finit par croître. Cependant, des mesures extraordinaires doivent attendre, au cas où des semonces privées obtiendraient l'effet voulu. Examinons cette deuxième stratégie.

Les semonces privées

De toutes les formes d'imprimés qui circulent en ce début de XXe siècle, celui qui échappe davantage aux ecclésiastiques est assurément le journal : *La Presse*, *La Patrie*, *Les Débats*, *Le Pays*, même *Le Devoir* appellent l'attention vigilante de l'archevêché de Montréal, d'autant plus que, « par le temps qui court, […] un certain nombre de journaux de Montréal sont pris de délire[37]». La première étape dans ce sens consiste à prendre la victime en aparté et à la ramener à des sentiments plus droits.

Mgr Bruchési, dans une lettre à Trefflé Berthiaume, énumère une série de griefs contre *La Presse* : trop d'importance attachée à l'évasion de deux prisonniers, une colonne ouvrière qui exhale du socialisme et un autre article dégoûtant dont l'épistolier n'ose même pas donner le titre. Mais ce qui intéresse surtout, c'est le début de cette missive de 1904, chapeautée par la mention « confidentiel » :

> Ceci est privé; recevez-le comme venant d'un ami. *La Presse* perd, je crois, de son prestige et de son influence; tous les jours, je l'entends critiquer sévèrement par des prêtres et des laïcs [sic]. C'est dommage, car répandue comme elle est, elle pourrait faire tant de bien. On dit que c'est avant tout une feuille sensationnelle. Si vous la laissez continuer dans cette voie, vous aurez peut-être à le regretter[38].

Le journal *La Patrie* s'était déjà attiré, l'année précédente, l'ire de Mgr Bruchési à propos de détails sordides révélés lors d'une tragédie à Saint-Eustache : « Je vous en supplie au nom de la morale et au nom du respect que vous devez à vos lecteurs, cessez de publier dans les colonnes de votre journal ces détails de crimes qui constituent un véritable scandale[39]. » *La Semaine religieuse* tirera de cette tragédie un enseignement qui s'apparente au syllogisme de la « pente fatale », raisonnement souvent utile au censeur :

> N'est-ce pas au théâtre, aux romans et surtout aux journaux où sont racontés chaque jour, avec détails, quantité d'assassinats et de suicides, qu'il faut attribuer, pour une large part, la proportion toujours grandissante de la criminalité et le nombre toujours croissant de ceux qui sortent volontairement de l'existence[40] ?

Au-delà, cependant, des admonestations générales, l'on demandera parfois au directeur du journal de désavouer un texte ou de licencier un employé précis. « L'article que je vous signale devrait être désavoué[41] » ; « [...] si j'étais à votre place, je croirais avoir un devoir de réparation à remplir envers mes lecteurs[42] » ; et ce petit mot « personnel et privé » : « Voulez-vous avoir la bonté de me dire si M. Girard doit continuer de faire partie des rédacteurs ou des collaborateurs de votre journal[43]. »

Des trois stratégies de contrôle, les semonces privées sont cependant les plus faibles; dialogue oblige[44], le directeur du journal peut répliquer en s'excusant naïvement ou en feignant une ignorance enrobée des meilleures intentions. C'est la repartie adoptée par Israël Tarte au sujet d'un article sur les collèges :

> En réponse, je vous dirai que je regrette la publication de cet article, non pas que je veuille dire qu'il mérite d'être désavoué en entier, mais enfin, j'avais donné des ordres sévères à mes rédacteurs de ne discuter aucune question religieuse, ni d'éducation, sans me consulter[45].

Quelques années plus tard, Tarte résume toute la situation dans une formule lapidaire : « Votre Grandeur ne sait pas quelle difficulté il y a à contrôler un journal[46]. » En plus, les consignes émises par l'archevêque doivent s'appliquer à tous, sinon le journal qui les suit risque d'être pénalisé. La loi de la concurrence amène Tarte à signaler à Mgr Bruchési que *La Presse* rompt le pacte conclu concernant les comptes rendus d'affaires criminelles : si ce journal continue dans cette voie, poursuit-il, *La Patrie* devra le faire également, « si nous voulons être capables de lutter avec avantage contre elle, notre seule sérieuse concurrente aujourd'hui dans la province de Québec[47] ». Mgr Bruchési transmet cette lettre à Trefflé Berthiaume, de *La Presse*, qui, tout en se justifiant, proteste en éclaboussant à son tour *La Patrie*, elle qui a publié « le 21 janvier 1899 sous le titre *Un voleur* la nouvelle la plus immorale [d'André Theuriet] qui ait jamais souillé les colonnes d'un journal français au Canada[48] ». Tarte est évidemment courroucé par cette délation, mais il est aussi obligé de prendre « des mesures sévères pour que pareille chose ne se renouvelle plus[49] ». L'obéissance n'est pas toujours rentable, surtout si elle n'est pas collective. Laissons parler Trefflé Berthiaume :

> Je fais tout ce que je peux pour contrôler ce qui se rapporte aux affaires du crime, et résumer les rapports, mais j'espère que de votre côté vous m'accorderez toute la protection voulue en vous faisant écouter par les autres journaux. Le peuple qui est avide de ces nouvelles, recherchera le journal qui consacrera le plus d'espace, et si *La Patrie* a le loisir de servir force détails à ses lecteurs, il est évident que *La Presse* ne pourra soutenir cette concurrence qu'en satisfaisant ses lecteurs comme les autres journaux[50].

Peut-être serait-il temps que nous disions ce qu'est un bon journal ? L'exemple est donné par *La Vérité*, fondée par Jules-Paul Tardivel :

> Elle ne cherche pas la sensation, elle ne fait aucune réclame en faveur des théâtres, elle donne peu de place aux faits divers, mais

n'omet rien cependant de ce qui touche au mouvement politique, littéraire, scientifique ou religieux. On chercherait en vain dans ces pages le récit d'événements scabreux ou ténébreux. Elle est pleine d'idées[51].

De tous ces cas il ressort clairement jusqu'à quel point Mgr Bruchési multiplie les admonestations de nature privée et confidentielle, surtout contre les journalistes, «cette caste intéressante de plumitifs[52]». En fait, il ne recule devant rien, félicitant par exemple le juge Denoyers pour sa sentence contre *La Petite Revue*[53] ou, encore, sous la réserve «absolument confidentiel», lui demandant si un article contre les sœurs de la Miséricorde mériterait que l'on poursuive au criminel «le directeur de cette infâme revue[54]». Mais que faire si, malgré tous ces efforts de répression, l'ivraie en arrive à être vue de tous? Il faut alors recourir aux mesures répressives publiques.

La répression publique

Sanction ultime et généralement efficace, l'interdiction donne l'estocade à l'ennemi trop récalcitrant, le plus souvent les revues et journaux: *Les Débats* (Mandement du 29 septembre 1903[55]), *La Semaine* (Mandement du 27 juillet 1909), *La Lumière* (Lettre pastorale du 3 juin 1912) et *Le Pays* (même Lettre pastorale et Mandement du 25 septembre 1913) figurent parmi les cibles principales des documents officiels émanant de l'archevêché auxquels, concourant à la même cause, s'ajoutent d'autres interdictions parues dans *La Semaine religieuse*[56]. Cependant, les cas les plus éclairants sur le plan des stratégies sont *Le Pays* et les romans de Rodolphe Girard, d'Albert Laberge et d'Arsène Bessette.

Le cas du journal *Le Pays* (1910-1921) montre bien à quelles difficultés s'expose la presse libérale radicale, mais il manifeste surtout le passage d'une censure privée à une répression publique.

Fondé par Godfroy Langlois, qui avait dû quitter *Le Canada* à la suite, entre autres, de pressions de Mgr Bruchési, *Le Pays* entreprend de se battre contre tout ce qui brime la liberté individuelle. Ses lieux d'intervention sont principalement les systèmes scolaire et politique, et tout ce qui favorise l'uniformité de pensée chez les Canadiens français est rejeté du revers de la main; en outre, la franc-maçonnerie est derrière l'entreprise[57].

Comment s'étonner alors que, le 3 juin 1912, l'évêque de Montréal fasse circuler une lettre pastorale mettant ses fidèles en garde contre le journal mais, surtout, exhortant *Le Pays* à revenir dans le droit chemin ? Le discours est clair :

> Cette feuille, par son caractère, par son ton habituel, par ses railleries et ses critiques, par ses réclames imprudentes est devenue un péril pour l'intégrité de la foi de ceux dont le Seigneur nous a confié la garde. Nous serions en droit d'user envers elle des mesures répressives ; mais […] nous nous contentons pour aujourd'hui de cette franche et charitable monition[58].

Voilà bien le mot clé : monition. Mgr Bruchési espère donc que cette mesure incitative suffira, si bien qu'il écrit, le 11 juin suivant, une lettre confidentielle à Langlois pour l'enjoindre de se conformer à son « avertissement ». Mais Langlois lui répond que sa lettre pastorale et surtout cette lettre personnelle sont injustes. *Le Pays* continuera ainsi à errer, du moins aux yeux de Mgr Bruchési qui, dans un mandement du 25 septembre 1913, interdit « formellement la lecture de ce journal à tous les catholiques » du diocèse de Montréal. *Le Pays* riposte dans son édition du 4 octobre et fait même paraître cette réplique sous forme de brochure. La direction du journal y affirme sa détermination à ne jamais se « laisser étrangler […] par des coups de violence[59] ». Toutefois, le journal ne se remettra jamais véritablement de cet assaut et son directeur quittera le Canada pour l'Europe[60].

Ce même souci guide le clergé en ce qui a trait au livre[61]. Écho lointain de l'Œuvre des bons livres de Mgr Bourget, l'Apostolat des bons livres est mis sur pied à la fin du siècle. L'objectif se formule ainsi : « Fonder une bibliothèque qui ne contient que des livres où la vérité est enseignée, où la morale est respectée, où la vertu est exaltée, où le mal et l'erreur sont flétris […][62]. » Mais le mauvais livre continue évidemment d'être publié, obligeant à des mesures répressives. C'est ainsi que trois journalistes, Rodolphe Girard, Albert Laberge et Arsène Bessette, voient leur incursion en littérature marquée au coin de la réprobation ou de l'interdiction. Et le livre, à cet égard, ne peut être susceptible de contraintes de nature privée : il est ou n'est pas, contrairement au journal qui dure dans le temps. Dès lors, sa nature exige la sanction publique.

Marie Calumet (1904) de Rodolphe Girard possède plusieurs aspects susceptibles d'offenser le clergé : la raillerie des ecclésiastiques, la lecture qu'on y fait de la Bible et l'esprit rabelaisien en représentent quelques-uns. Quelles qu'en aient été les raisons premières, la circulaire de Mgr Bruchési, parue dans *La Presse* et qui fait écho à une condamnation dans *La Semaine religieuse*, règle le cas de ce « livre aussi grossier qu'immoral et impie. [...] Mais que l'on sache que des productions de ce genre n'ont pas besoin d'être condamnées nommément ; les lois générales de l'Index en interdisent la lecture[63].» Les ventes, malgré cet interdit, sont excellentes, mais Girard perd son emploi à *La Presse*[64].

Quelques années plus tard, un extrait de la future *Scouine* (1918) d'Albert Laberge donne à nouveau l'occasion à Mgr Bruchési de manifester sa vigilance. L'auteur avait commencé son roman en 1899 et il en fait paraître périodiquement des extraits dans divers journaux. C'est cependant l'épisode intitulé « Les Foins », dans *La Semaine* du 24 juillet 1909, qui soulève l'ire de l'évêque de Montréal : « C'est de l'ignoble pornographie », proclame-t-il.

Albert Laberge ne livrera pas d'autres extraits avant 1916, et son roman paraît en 1918[65]. Dans ce cas comme pour toutes ses œuvres subséquentes, l'auteur a toujours exprimé une distance, voire un mépris pour la diffusion de ses textes, qui ne connurent qu'un tirage non commercial et limité. Mais l'envers de cette question, c'est la difficulté qu'éprouvent ceux qui veulent se faire publier en dehors des sentiers idéologiques balisés par les principaux éditeurs de l'époque.

Arsène Bessette ne sera guère plus heureux que Girard ou Laberge. Son roman *Le Débutant* (1914) se veut une défense du journalisme honnête et préfigure par son intrigue et sa thématique *Les Demi-civilisés* de Jean-Charles Harvey (1934) ; de plus, il est « la seule œuvre romanesque d'inspiration maçonnique de la littérature québécoise[66] ». Les curés en prohibent la lecture et des membres de la famille seraient même allés jusqu'à le brûler[67]. Le fait que l'auteur soit un libéral radical et un franc-maçon[68] a contribué à cet anathème ; en effet, pour ces raisons, il était déjà tenu en suspicion par le clergé. En 1907, le chancelier de l'archevêché écrivait, au nom de l'archevêque de Montréal, à Gabriel Marchand, directeur du *Canada français* de Saint-Jean, au sujet d'un « article que M. Arsène Bessette a publié, il y a quelque temps, dans votre journal contre la censure théâtrale[69] ». En 1910, le nom de Bessette (comme d'ailleurs celui de Godfroy Langlois) figurait sur une liste des francs-maçons, à la suite d'un vol à l'endroit du secrétaire de la loge L'Émancipation[70]. Tous ces événements précédant la parution du *Débutant* ne lui laissaient guère de chance...

Dans le champ littéraire (au sens large) du début du XXe siècle, les stratégies de contrôle de l'imprimé par l'épiscopat montréalais jouent donc un rôle considérable. Privées ou publiques, ces mesures de balisage ou d'écrasement font en sorte que l'écrit marginal ne se trouve pas de lieu. Les cas des romans de Girard, Laberge et Bessette constituent des illustrations particulières, mais toutes trois similaires, d'une situation générale : la parole divergente, si elle réussit à poindre, est vite rendue muette. Ne faut-il pas s'étonner de ce qu'un simple article dans *La Semaine religieuse* en 1904, la condamnation d'un seul épisode d'un futur roman en 1909, et l'opprobre du silence en 1914 aient eu tant d'efficacité ? N'y aurait-il pas là l'indice d'un pouvoir devenu immense et omniprésent ? Ces trois romanciers, journalistes de surcroît, devront être « redécouverts » par l'histoire littéraire du Québec, Girard chez Serge Brousseau en 1946[71], Laberge par Gérard Bessette en 1960 et Arsène Bessette à l'occasion d'une réédition en 1977. Notons enfin que *Marie Calumet* ne porte pas de mention d'éditeur, que *La Scouine* a fait l'objet d'une édition privée et que *Le Débutant* a été imprimé par la Compagnie « Le Canada français », de Saint-Jean.

Or ces anathèmes sont l'œuvre d'un évêque qui semble tirer sur tout ce qui bouge ; l'opinion d'un observateur européen à cet égard est particulièrement crue :

> Mgr Bruchési, très certainement l'une des figures les plus curieuses de l'épiscopat catholique du xxe siècle, a apporté à ses fonctions un zèle passionné, un esprit d'inquisiteur et un langage d'autocrate. Considérant, avec Mgr Bourget, les journalistes comme les sangliers dans la vigne du Seigneur, il s'est acharné à les massacrer les uns après les autres. Il y a réussi en moins de dix ans. On croit même véritablement rêver quand on examine l'état de la presse de Montréal sous la suzeraineté de l'archevêque Bruchési[72].

Cependant, le dernier cas, celui du *Débutant*, constitue une sorte d'exception à notre méthode de travail, puisque notre objet devait être constitué des œuvres pointées par les documents officiels du clergé. Cet écart a cependant un sens : il invite à comprendre la nouvelle censure qui commence à s'implanter. Ayant compris les dangers de la censure post-éditoriale, le clergé

> s'était mis à la tâche de créer les conditions d'une *censure pré-éditoriale* permettant à la fois de contenir les élans des auteurs « dissidents » et des lecteurs enclins à avoir une autre conception du « littérairement mauvais ». En ce sens, il avait recours à deux formes d'incitation morale et idéologique : la publicisation [sic] des lois de l'*Index* romain [...] et l'établissement des critères de la « bonne littérature canadienne » par les critiques littéraires et les idéologues locaux[73].

Or l'absence de mandement au sujet du *Débutant* donne lieu à l'interprétation suivante : « la publication d'un tel mandement eut [*sic*] été, en soi, une dérogation à la règle du silence que l'on s'était proposé de respecter dans ce cas précis[74] ». L'attitude cléricale face au *Débutant* serait-elle ainsi le prototype d'une nouvelle approche de la censure ? C'est l'hypothèse qui gouvernera la fin de notre recherche.

L'entrée dans le xxe siècle ne s'accompagne donc pas, dans tous les secteurs de la vie québécoise, des mêmes transformations. La diffusion de l'imprimé se ressent tout particulièrement d'une vision du monde qui a beaucoup de difficulté à suivre les changements qui se font alors : les dissidents ou les marginaux, qui contestent l'idéologie traditionnelle et, parfois, affirment carrément leur modernité, trouvent peu de lieux où faire entendre leur voix. Et si celle-ci vient à percer, ce n'est jamais sans entendre une voix tout aussi forte, celle de la censure, sous ses diverses formes. Mais si la censure ultime consiste davantage à pré-dire qu'à proscrire, alors l'ère qui s'annonce peut assurément s'appeler l'âge d'or de la censure, âge où le discours est contraint dans son processus de génération même. En cela, de nombreux mouvements, mais en particulier celui de l'Action sociale catholique, ont contribué à programmer la parole. Ouvrons ce dernier volet qui, contrairement aux autres, ne manifeste pas que la censure répressive ; certes, il faudra d'abord passer par un épisode pour le moins houleux, dont Laurent-Olivier David fera les frais, pour accéder à cette forme, plus contraignante encore, de censure qui institutionnalise le discours admissible.

TROISIÈME PARTIE

L'ÉGLISE TRIOMPHANTE
Le virage prescriptif :
du cas Laurent-Olivier David
à l'action positive
(1896-1919)

6

La mise à l'index du
Clergé canadien, sa mission, son œuvre,
de Laurent-Olivier David :
fil d'Ariane entre deux siècles (1896)

Cette troisième partie associe deux chapitres inséparables pour fermer cette histoire de la censure en 1919 : la mise à l'Index du livre de Laurent-Olivier David, *Le Clergé canadien, sa mission, son œuvre*, en 1896, et l'émergence, au début du siècle suivant, des associations catholiques, particulièrement l'Association catholique de la jeunesse canadienne française et l'Action sociale catholique.

Le cas de David compte parmi les condamnations importantes du XIXe siècle. Toutefois, selon Jean de Bonville, il a moins de signification que celui de *Canada-Revue* : « La condamnation du périodique montréalais, de l'avis d'observateurs étrangers, mérite plus d'attention que l'affaire Guibord ou la condamnation du pamphlet de L.-O. David, *Le Clergé canadien, sa mission, son œuvre*[1]. » Certes, la victoire cléricale contre *Canada-Revue* revêt une grande importance ; mais la mise à l'index par Rome du livre de L.-O. David représente un point culminant de l'histoire de la censure. En effet, jamais les forces en présence n'avaient été aussi formidables ; et surtout, le cas David entraînera, comme on le verra, une nouvelle orientation censoriale de la part du clergé, au début du XXe siècle. Car, face à la force et à la multiplication des paroles divergentes, le clergé préférera l'action positive, l'encadrement a priori plutôt que le contrôle a posteriori. En d'autres mots, nous tenterons de montrer le lien entre « le cas David » et la naissance, au début du XXe siècle, des mouvements d'action catholique. Pour toutes ces raisons, l'importance que nous lui accordons appelle d'abord une étude minutieuse du cas David[2].

Dans le *Bulletin des recherches historiques*[3], « Liseur » demande, en 1897, si *Le Clergé canadien, sa mission, son œuvre* de Laurent-Olivier

David est le seul ouvrage canadien mis à l'index. La question est d'actualité, puisque cette interdiction avait été promulguée au mois de décembre précédent. L'abbé C.-J. R. répond, au numéro suivant, que l'*Index librorum prohibitorum* mentionne trois ouvrages canadiens : les *Annuaires de l'Institut canadien* de 1868 et 1869 et, en effet, l'opuscule de David. C'est maintenant ce dernier cas que l'on examinera ici : « Véritable écorché documentaire, cet opuscule est un fil d'Ariane dans le labyrinthe de la politique cléricale au Canada[4]. »

Cette histoire, dont l'essentiel dure un peu plus de six mois, est d'une grande complexité : la querelle scolaire manitobaine, l'arrivée de Wilfrid Laurier au pouvoir, une nouvelle poussée du libéralisme, les réactions du clergé, demanderaient à être scrutées longuement. De plus, les nombreux intervenants publics ont suscité un débat complexe : *L'Électeur*, *La Presse*, *Le Monde*, *Le Soleil* sont quelques-unes des voix qui se sont prononcées sur ce contentieux.

Plus restreints sont nos objectifs : donner les traits essentiels, sur les plans de sa production et de sa réception, de l'importance du livre de L.-O. David ; analyser la réaction de Rome ; enfin, donner les principales conséquences de cet épisode central dans l'histoire de la censure.

Le contexte : les élections fédérales du mois de juin 1896

Le cadre est très bien fourni par le « maître des contextes », Robert Rumilly. Nous sommes au mois de mai 1896, et des élections fédérales sont prévues pour le 23 juin suivant. Il s'agit d'une élection décisive, puisque les libéraux, remorqués par le puissant Wilfrid Laurier, se dirigent vers la victoire : « Il n'y avait plus, barrant la route de Wilfrid Laurier, que l'obstacle formidable dressé par Mgr Laflèche et l'épiscopat de sa province[5]. » Mais cette élection n'est pas qu'un choix entre les libéraux et les conservateurs, car la toile de fond qui divise les opinions touche la question scolaire au Manitoba. Le gouvernement de cette province ayant aboli les « écoles séparées », c'est-à-dire françaises et catholiques, il convenait de voter pour un futur premier ministre qui restituerait aux francophones leurs pleins droits.

Or tel n'est pas le dessein de Laurier, qui vise plutôt un arrangement de compromis. Voilà pourquoi, ne voulant pas que Laurier remporte ces élections, le clergé juge opportun de poser un geste qui l'a pourtant déjà embarrassé dans l'histoire[6], celui d'intervenir dans le processus électoral en manifestant une préférence[7]. Il faut relever, pourtant, que les évêques semblent croire que leurs indications ne

sont point, au sens strict, partisanes, à entendre les propos suivants de
Mgr Fabre au cardinal Ledochowski :

> Après trois séances d'une heure chacune, nous sommes tombés
> d'accord sur une lettre pastorale collective indiquant aux catholi-
> ques de nos diocèses, la direction à suivre au cours des prochaines
> élections pour le parlement fédéral.
> […]
> Nous nous sommes abstenus de tout ce qui aurait pu paraître de la
> partisannerie […][8].

L'évêque de Montréal sait cependant que, dans le contexte de ces élections, il est facile d'y voir un appui aux conservateurs, témoin cette
lettre à Mgr Langevin : « Dans notre dernière réunion, nous étions
convenus d'avertir nos prêtres qu'ils auraient à lire notre mandement
sans le commenter. Une des raisons que nous avions pour agir ainsi
était la diversité d'interprétation qu'il y avait à craindre[9]. »

Capitale, cette lettre pastorale est d'ailleurs précédée d'une circulaire réclamant des prêtres une conduite soumise :

> Nous demandons, et nous en avons le droit, que tous les prêtres,
> qui au jour de leur ordination ont promis respect et obéissance à
> leurs pasteurs respectifs, n'aient qu'un cœur et qu'une voix pour
> réclamer avec nous le redressement des griefs de la minorité
> Manitobaine [sic] par le moyen que l'épiscopat recommande, c'est-
> à-dire par une loi réparatrice[10].

Quant à la lettre pastorale elle-même, elle se fonde d'abord sur deux
principes directeurs : l'épiscopat a le devoir « d'indiquer » à tous les
fidèles soumis à [sa] juridiction […] la ligne de conduite à suivre dans
les présentes élections[11] », et la question des écoles du Manitoba est
« avant tout une question religieuse[12] ». La recommandation qui en
découle, quoique les évêques se fussent prémunis contre le fait que
celle-ci pût être comprise comme un rejet de Laurier et de son parti,
n'en demeure pas moins une censure de la position des libéraux :

> C'est pourquoi, nos très chers frères, tous les catholiques ne pour-
> ront accorder leur suffrage qu'aux candidats qui s'engageront for-
> mellement et solennellement à voter, au Parlement, en faveur d'une
> législation rendant à la minorité catholique du Manitoba les droits
> scolaires qui lui sont reconnus par l'Honorable Conseil Privé d'An-
> gleterre. Ce grave devoir s'impose à tout bon catholique, et vous ne

seriez justifiables ni devant vos guides spirituels ni devant Dieu lui-même de forfaire à cette obligation[13].

C'est dire l'enjeu de cette élection : « Dans la province de Québec, réputée intégralement et profondément catholique, la campagne avait pris l'aspect d'une lutte entre le parti libéral et l'épiscopat, entre Laurier et Mgr Laflèche[14]. » Certaines factions réagiront assez vivement, dont le journal *Le Réveil*, qui parodiera les interdictions religieuses :

> [...] Nous condamnons, en vertu de notre autorité, issue de Notre sollicitude, le mandement collectif des évêques dont la publication a été faite dans notre province et nous défendons formellement à tous les lecteurs du « Réveil » sous peine de refus d'un abonnement de lire, de recevoir, de garder en dépôt, de propager et de tenir compte de ce mandement dangereux et malsain dans ses tendances.
>
> Sera la présente circulaire lue et publiée dans les bonnes familles, par les soins du chef de la maison, le premier jour après sa réception[15].

Comme l'exprimera beaucoup plus tard Arthur Savaète, « La question des écoles du Manitoba n'est pas une question politique : c'est une question sociale et religieuse[16]. » L'interférence et le conflit entre différents champs de pouvoir se font manifestes. Or le résultat est sans équivoque : le Canada porte Laurier au pouvoir, et le Québec pour sa part élit 40 libéraux et 16 conservateurs.

La réplique de Laurier : ses émissaires à Rome

Toutefois, devant cette tentative d'influencer les élections de la part du clergé canadien-français, Wilfrid Laurier n'entend pas rester passif. Bien au contraire, il prend l'initiative d'envoyer deux émissaires à Rome, pour se plaindre de l'ingérence ecclésiastique. Le premier à partir est l'abbé Proulx, curé de Saint-Lin, la paroisse de Laurier, et « un des rarissimes curés partisans de Laurier[17] ».

Les journaux de l'époque hésitent sur le sens à donner à la mission de l'abbé Proulx. Dans un premier temps, Laurier nie avoir envoyé « un ambassadeur » à Rome « pour faire accepter le règlement de la question des écoles[18] » ; mais, quelques jours plus tard, l'abbé Proulx confirme sa « mission officielle ». *L'Électeur*[19] reproduit une lettre de Laurier à cet effet et précise que l'abbé Proulx « s'embarquait samedi [12 septembre 1896] sur un paquebot transatlantique pour l'Europe ». Qu'allait-il faire dans cette galère ? Le *Witness* dit que ce n'est pas pour faire avancer la cause scolaire, « mais pour faire part au Pape de toutes les extravagances de langage de certains prêtres durant la dernière campagne électorale[20] ». Mais l'abbé Proulx, sans plus de précision, adresse au *Star* le communiqué suivant : « Je n'ai aucune mission à Rome du genre que celle que m'attribuent les journaux[21]. » Pour embrouiller la situation, *La Presse*[22] annonce que « l'honorable W. Laurier a reçu, ces jours passés, une lettre de M. l'abbé Proulx, actuellement à Rome, l'informant que les négociations, dont il a été chargé, sont dans la meilleure voie de progrès possible ». Et cette négociation concerne la question scolaire… Sans doute *La Presse* a-t-elle raison d'affirmer :

> L'on assure ici que M. l'abbé Proulx et M. Gustave Drolet étaient réellement chargés par le gouvernement Laurier de faire accepter par le Vatican le fameux règlement de la question scolaire et d'exiger du Saint-Siège une intervention quelconque de façon à mettre un terme à cette prétendue influence indue du clergé en matière politique au Canada[23].

Feuilletons la correspondance entre Laurier et Proulx, et ainsi toute équivoque disparaîtra :

> La permission [de Mgr Fabre, sans doute] a été accordée bien gracieusement, écrit l'abbé Proulx à Laurier. J'aurai besoin de vous revoir pour avoir des explications plus détaillées. Je suppose que les documents à l'appui de la cause sont collectionnés et préparés. Plus la lettre que vous me donnerez sera précise et forte, plus les portes s'ouvriront faciles et larges. S'il est besoin que je vois [sic] l'autre Monsieur [Gustave Drolet] en votre présence, vous pourriez peut-être le faire appeler à Ottawa. Je me propose d'y aller mercredi prochain, par le train qui y arrive à midi et demi. Comme il importe que la chose reste secrète, du moins pour le moment, je me rendrai directement à votre maison privée […][24].

D'ailleurs, une fois rendu à Rome, Proulx n'écrit-il pas au révérend Joseph-Georges Payette : « Supposé que je sois venu ici pour voir le Saint-Père sur la question des écoles du Manitoba, quel mal y aurait-il pour un catholique de consulter le chez [sic] de l'Église sur un sujet qui intéresse les consciences[25] ? »

Comme le note Roberto Perin, Proulx se présente à Rome avec un « document écrit de sa main, mais signé par Fabre, qui accuse cinq évêques de manipulations électorales et réclame un délégué apostolique[26] ». Les accusés sont les évêques de Rimouski, Trois-Rivières,

Chicoutimi, Saint-Boniface et Antigonish. Comment Mgr Fabre en est-il venu à signer pareil document ? Le mystère demeure entier[27].

Bien informé, cet abbé Proulx ! Ami de Laurier, esprit astucieux et indépendant[28], il connaît parfaitement la question des écoles du Manitoba, au sujet de laquelle il est fortement documenté. Il a aussi du flair puisque, dès le mois de février 1896, trois mois donc avant le mandement des évêques sur les élections, il écrivait :

> Et si jamais les Évêques du Québec avaient à lancer un mandement collectif pour diriger sur ce sujet la conscience ou le vote éclairé des électeurs, cette lettre, que n'a pas dicté [sic] la prudence, serait auprès d'un grand nombre une source malheureuse de faiblesse[29].

Quoi qu'il en soit, l'abbé Proulx n'eut guère de succès dans sa mission, en apparence du moins ; le préfet de la Congrégation de la Propagande, dont relevait à ce moment le Canada comme pays de mission, approuvait « la publication du mandement épiscopal collectif du 6 mai, ainsi que la tenue générale de ce document[30] ». En outre, plusieurs évêques du Québec s'étaient eux aussi rendus à Rome ce même automne, pour expliquer leur position.

Laissons là l'infortuné abbé Proulx, et faisons plutôt connaissance avec Gustave Drolet, ancien zouave pontifical[31]. Ce second émissaire de Laurier est inséparable de Laurent-Olivier David mais, surtout, de la cause première du *Clergé canadien* [...].

Sommes-nous au début du mois d'août 1896 ? Impossible de le dire avec certitude. Mais une chose est certaine : greffier de la Cité de Montréal, Laurent-Olivier David est à rédiger l'un de ses nombreux ouvrages historiques. L'arrivée inopinée de Gustave Drolet déclenche ce qui conduira à la mise à l'index d'une œuvre qui n'avait jamais été destinée à paraître, comme le révèle David lui-même :

> Un jour, Drolet, vient me voir à l'hôtel de ville et me trouva occupé à écrire. Il me demanda ce que j'écrivais, et je lui répondis, que, me préparant à publier une histoire politique du Canada depuis l'établissement de la Confédération j'étais à rédiger quelques pages sur l'intervention du clergé dans nos luttes politiques et spécialement dans les dernières élections. « Montre-moi donc cela, me dit-il. » Je lui passai mon manuscrit, et après l'avoir parcouru, il me dit : « Sais-tu que tu pourrais me rendre un grand service. Je pars, comme tu sais, pour Rome, afin de renseigner les autorités ecclésiastiques sur la politique de Laurier relativement à la question des écoles, et je n'ai pas le temps de préparer le *factum* que je devrais

leur soumettre. Mais si tu terminais ton travail, je l'apporterais à Rome et ce serait mon *factum*[32].»

David hésite et dit qu'il n'acceptera que si Laurier approuve le projet[33]. Or non seulement Laurier accepte-t-il, mais il se charge de faire imprimer le manuscrit. «Quelques jours plus tard», poursuit David, Drolet part «pour Rome avec une cinquantaine d'exemplaires de ma brochure», qu'il distribue candidement parmi les autorités ecclésiastiques romaines.

On peut se demander si, en effet, il n'y avait pas quelque naïveté derrière la bonne foi de ce geste, ce que les mentions de responsabilité éditoriale nous inclinent à croire. Car il existe deux états du *Clergé canadien [...]*: l'un porte la mention «Eusèbe Senécal & Fils, Imprimeurs», l'autre, «En vente chez tous les libraires». Il tombe sous le sens que la première «édition» est celle qui est parue chez Senécal[34]. Comment est-on passé de la première à la seconde? Les cinquante premiers exemplaires étaient-ils les seuls à porter la mention «Eusèbe Senécal»? Tous les exemplaires portaient-ils cette mention mais, devant l'émoi causé par ce livre, l'imprimeur a-t-il cru opportun de se dégager nominalement de cette entreprise en réimprimant la couverture et la page de titre[35]? Sans doute ne le saurons-nous jamais, mais ces détails portent à croire que l'auteur, l'imprimeur, Drolet et sans doute Laurier lui-même n'avaient aucunement prévu la levée de boucliers qui suivrait cette publication et l'anathème ultime qu'elle provoquerait.

Cet ouvrage, qui semble écrit à l'avenant, fait état des contributions positives du clergé jusqu'aux troubles de 1837-1838, tournant important pour David puisqu'il marque ainsi le début d'une série d'ingérences du clergé dans le domaine politique. David esquisse quelques-uns de ces moments où le clergé aurait dû s'abstenir et, bien sûr, il consacre pour terminer plusieurs pages à la question manitobaine et aux élections de juin 1896.

Toujours est-il que Gustave Drolet part pour Rome le 21 septembre avec l'opuscule de David:

> M. Drolet emporte avec lui cinquante exemplaires de la brochure de M. L.O. David, intitulé [*sic*]: «Le Clergé canadien», et qui n'est pas encore en vente. Cette brochure, d'après M. Drolet, est appelée à faire beaucoup de bien, car elle est écrite par un catholique convaincu et pratiquant[36].

Réactions de l'opinion publique

C'est d'abord à partir du 23 septembre, en six tranches jusqu'au 1ᵉʳ octobre, que paraît Le Clergé canadien [...] dans L'Électeur : n'oublions pas ce fait qui vaudra au journal un sort semblable à celui du livre lui-même. On se doute bien que, tout de suite après sa parution, Le Clergé canadien [...] fait beaucoup de bruit et est généralement mal reçu sauf, il va sans dire, dans L'Électeur. Glanons quelques-uns de ces jugements monocordes.

Le Clergé canadien [...] est mis en vente vers la fin du mois de septembre ; mais déjà, dans sa livraison du 9 septembre, La Presse annonce cette publication à venir :

> On affirme que M. L. O. David, greffier de la cité, autrefois membre de la législature et écrivain bien connu, d'ailleurs, a actuellement sous presse un ouvrage intitulé : « Le clergé au Canada ». Dans cette brochure l'auteur paraît-il discute l'attitude du clergé pendant les dernières élections et il conclut que l'influence de ce corps a été grandement affaibli [sic] dans cette province par le zèle indiscret de plusieurs de ses membres, qui auraient pris fait et cause pour les deux partis politiques[37].

Tout de suite après sa parution, La Semaine religieuse dénonce le livre de David ; vive, cette réplique reproduite dans La Presse reprend en fait l'argumentation servie lors de la cause de Canada-Revue, affirmant qu'il ne revient pas aux laïcs de critiquer les prêtres : « scruter les actes épiscopaux, les critiquer, n'appartient nullement aux particuliers, mais cela regarde seulement ceux qui, dans la hiérarchie sacrée, ont un pouvoir supérieur, et surtout le Pontife suprême [...][38] ».

Cette position s'avère des plus intéressantes par la négation à la racine même de la critique de l'autorité. Voilà un principe central que ne reprendront généralement pas les journaux, orientant davantage leurs propos sur l'analyse de contenu afin d'arriver, comme Le Courrier du Canada, à une lamentation claire :

> La brochure de M. David n'est donc pas sûre quant aux faits et elle est erronée quant aux principes. Son auteur n'avait aucune autorité pour l'écrire, et il a commis une mauvaise action en jetant dans le public cet acte d'accusation contre les évêques et le clergé. Il y a dans cet opuscule de bonnes pages, mais elles sont destinées à servir de passe-port aux mauvaises, et nous avons là tout l'art de M. David. C'est le mélange de vrai et de faux où il a empêtré toute sa vie, et

dont il ne se dépêtra jamais, parce que ce trait constitue l'essence même de sa vie intellectuelle.

Nous regrettons la publication de cette brochure qui ne peut avoir pour résultat que de fausser les idées de la masse des lecteurs[39].

Déjà, le ton est élevé ; déjà, on s'attaque à la personne même de l'auteur : « Sa brochure est un parfait spécimen de naïve audace et d'inconsciente impertinence[40]. »

Dès ce moment, David sent le besoin de s'expliquer publiquement. « Je m'attendais, écrit-il, à des critiques sévères, blessantes mêmes […][41]. » Mais jamais n'avait-il prévu que *La Presse*, de même que *La Semaine religieuse de Montréal*, seraient à ce point excessives dans leurs jugements. David sait que sa brochure sera jugée à Rome, « où elle a grande chance d'être appréciée avec plus de justice[42] », et qu'il n'est point opportun de se plaindre ou de discuter. Cependant, la situation délicate n'empêche pas l'auteur de rappeler le grand principe qui anime son pamphlet :

> Encore une fois, ce qui est injuste, dangereux, funeste, c'est l'intervention spirituelle de l'évêque ou du prêtre allant jusqu'à priver l'électeur du libre exercice de son droit de vote.
>
> […]
>
> Toutes les critiques bienveillantes ou malveillantes ne m'empêcheront pas de continuer à croire et à dire qu'on peut être catholique et avoir la liberté de voter suivant sa conscience et son jugement […][43].

La Presse répliquera en ajoutant d'autres arguments pour démontrer les vices de ce livre : « M. David, note-t-elle, ne paraît pas se rendre compte des énormités que contient sa brochure[44]. » David prend à nouveau la plume, le 10 octobre, pour réaffirmer le grand principe de liberté de conscience sur lequel s'appuient ses propos, et pour demander à *La Presse* « de publier [sa] brochure en entier ». Inutile de dire que, dans ce même numéro, le journal attendra « la décision de la congrégation de l'*Index*, avant d'obtempérer à sa demande ». C'est croire que, déjà à ce moment, « il pouvait se faire [que la brochure] fût condamnée ».

Réprobations, semonces, regrets : jusqu'à présent, Laurent-Olivier David n'a pas eu à subir d'attaque soutenue. C'est à ce moment qu'entre en scène un personnage unique en son espèce, le père Dominique-Ceslas Gonthier, alias Pierre Bernard.

Réplique de Pierre Bernard

Le Courrier du livre accuse réception du pamphlet de David, et ajoute aussitôt : « En attendant, nous dirons à nos lecteurs que nous sommes informés qu'un religieux haut placé est à préparer une réponse au pamphlet de M. David[45]. » Pas étonnant qu'il le sache, car c'est l'éditeur même de cette revue, Léger Brousseau, qui publiera ladite réponse. Le 7 novembre, *La Presse* annonce pour la semaine suivante la réplique, et en publie un extrait ; le 11 novembre, elle en accuse réception et, le 26 novembre, elle annonce pour le lendemain la parution de la deuxième partie. Car, écrit Thomas Charland : « Vu la longueur de l'ouvrage, le trio [nous reviendrons sur ce trio] décida de faire deux brochures[46]. » Si l'on en croit encore *Le Courrier du livre*, l'ouvrage, intitulé *Un manifeste libéral [...]*[47], est un succès :

> Ces deux brochures sont appelées à créer toute une sensation. Déjà toute l'édition de 2000 exemplaires de la première partie a été enlevée par le public anxieux de connaître ce qu'on pense de l'attitude pour le moins extraordinaire de M. L.-O. David au sujet du clergé canadien et du rôle qu'il est appelé à jouer dans la politique lorsque des questions d'enseignement ou de dogme sont en jeu[48].

La réaction du clergé est cependant divisée à la suite de cette riposte. Mgr Blais, de Rimouski, « se montra particulièrement zélé. Il fit l'éloge de la brochure dans une circulaire à son clergé[49], invitant les curés à l'acheter pour eux et pour leurs paroissiens, et il en commanda lui-même cinq cents exemplaires[50] ». D'autres évêques en achètent l'un cinquante, l'autre cent, mais à Montréal, l'on se montre chiche : « Quant à Montréal, la terre classique de la prudence et de la précaution, chacun des MM. de l'archevêché en a pris une copie[51]. » Pourtant, l'imprimeur Léger Brousseau s'était donné la peine d'écrire lui-même à Mgr Bruchési, le 5 octobre, pour lui annoncer la réponse de Bernard et lui suggérer d'en acheter plusieurs exemplaires. Le futur archevêque de Montréal de lui répondre :

> Il ne me parait [sic] pas possible de vous en faire la forte commande que vous sollicitez ; mais vous le mettez, sans doute, immédiatement en vente chez nos libraires de Montréal, et M. l'administrateur, et nous tous, ne manquerons pas, soyez-en sûr, de lui donner tout l'encouragement qu'il mérite[52].

« Cette première brochure est une flagellation en règle de l'écrivain national. On raconte que la seconde sera un éreintement, ce qui ne vaudra guère mieux pour ce pauvre David[53].» Quelle est au juste la teneur de cette réponse? Qui en est l'auteur et dans quelles circonstances a-t-elle été produite? La première brochure réfute la vision de David en ce qui a trait au rôle du clergé dans l'histoire du Québec, particulièrement depuis 1837-1838, c'est-à-dire lors de l'intervention célèbre de Mgr Lartigue concernant la Rébellion. Quant à la seconde partie, elle traite plus précisément de la question des écoles du Manitoba. Tout en attaquant point par point les propos de David, particulièrement autour de l'affaire Louis Riel, Pierre Bernard n'hésite pas à miner la crédibilité même de son adversaire:

> Mais ce n'est plus le temps de rire avec M. David. Il grandit, il devient même immense! Jusqu'ici, en effet, il s'était contenté de condamner les Évêques le plus souvent et de les approuver quelquefois, non pas en son propre nom, mais comme délégué de *l'opinion nationale*. Quelle est la nation qui a signifié son opinion à M. David et qui lui a donné plein pouvoir de promulguer *urbi et orbi* ses jugements infaillibles et sans appel[54]?

Pierre Bernard n'attaque pas seulement le fond du pamphlet: à ses yeux, David n'a point le droit de s'ériger ainsi en «tribunal souverain».

Toutefois, le plus extraordinaire de cette riposte concerne la manière dont elle fut orchestrée. Thomas Charland en a donné les lignes essentielles, que nous reprenons maintenant.

Le clergé cherche quelqu'un pour le venger, mais qui? Mgr C.-A. Marois, vicaire général du diocèse de Québec, songe «à un de ses amis, un dominicain canadien assigné depuis un an au couvent de Fall River, dans le Massachussetts [sic], et qui se mourait de ne rien faire, le P. Dominique-Ceslas Gonthier[55]». Polémiste déjà reconnu, le père Gonthier se met à l'œuvre; Charland évoque même une rumeur selon laquelle, durant la rédaction de sa réponse, Gonthier avait toujours «le portrait de L.-O. David sur sa table de travail, pour entretenir sa verve». Mgr Marois s'adjoint deux censeurs pour réviser le texte à mesure qu'il s'écrit, les abbés Lionel Lindsay et Louis-Adolphe Pâquet. Le voici donc, le trio en question! Mais même L.-A. Pâquet ne connaît pas l'identité de l'auteur, car seuls Marois, Lindsay et l'abbé J.-M. Leclerc, un ami de Gonthier, savent qui est Pierre Bernard. Le public est berné lui aussi: «On prétend généralement que cette brochure qui est signée P. Bernard est due à trois prêtres distingués du Séminaire de Québec[56].» Le secret persistera-t-il? Non, puisque dans sa réponse à

Lazzareschi, dont nous parlerons à l'instant, Gonthier donne des indices sur sa vraie identité, si bien que *La Patrie* du 28 décembre en informe les lecteurs[57].

Une intervention imprévue

La conclusion de cette suite de péripéties autour du *Clergé canadien* [...] approche. On se doute bien que le coup de grâce sera assené par Rome ; mais auparavant, l'intervention d'un prélat romain semble soudainement redonner un avantage à David, qui ne perd cependant rien pour attendre, puisque les interdictions s'abattront ensuite sur le futur sénateur. Voyons d'abord le dernier moment un peu favorable à l'infortuné auteur.

Un événement inattendu vient en effet brouiller les cartes. *L'Électeur* du 1er décembre transmet le bref entrefilet suivant : « M.L.O. David a reçu le câblogramme suivant de Rome : (*Traduction*) Je vous ai envoyé une lettre en latin d'un éminent prélat approuvant votre livre[58].» Qui est cet «éminent prélat»? Quelle est la teneur de cette approbation plus qu'opportune pour David ? Il s'agit de Mgr Lazzareschi,

> un des prélats et docteurs romains les plus renommés pour leur science et leurs vertus. Nommé évêque de Gubbio en 1891, il fut appelé à Rome en 1893, pour y remplir de hautes fonctions. Il préside aux examens des ecclésiastiques qui se préparent à la maîtrise, il est censeur de l'Académie théologique de Rome, docteur en théologie, philosophie, droit canon et civil [...][59].

Mgr Lazzareschi répond ainsi à une requête de David qui avait demandé « à plusieurs des principaux docteurs en théologie et personnages éminents de la cour papale[60] » de donner leur opinion, qui est livrée en latin dans *L'Électeur* du 7 décembre, et en français deux jours plus tard. Et surtout elle est, dans l'ensemble, très sympathique au livre de David.

On sait que le cœur du débat réside dans l'ingérence politique du clergé ; après avoir loué les intentions de David, et apprécié «les très belles paroles» de Wilfrid Laurier, Mgr Lazzareschi, au sujet de l'immixtion religieuse dans le politique, garde un peu plus de distance :

> Il arrive souvent que les hommes veulent la même chose, et qu'ils poursuivent de toutes leurs forces le même but et que cependant ils

ne se comprennent pas et luttent entre eux comme des adversaires tandis qu'ils sont unis de sentiment et de volonté[61].

La conclusion seule du prélat romain suffit à conforter David : « Je vous félicite beaucoup de vos sentiments, de votre dévouement pour le bien de la patrie et de l'Église […][62]. » Enfin, sans autre explication, *L'Électeur* place à la une du lendemain ce paragraphe déterminant de Lazzareschi, au cas où il aurait échappé aux lecteurs du texte intégral :

> plusieurs d'entre eux [ceux qui forment le clergé et la hiérarchie de l'Église], par une inspiration funeste, mêlent les choses sacrées aux choses profanes et agissent par là sur l'esprit des gens timides, les effrayant par les menaces des peines ecclésiastiques, et, à la manière des faux prophètes d'Israël, allant prôner au peuple, que le Seigneur a parlé quand il n'a pas parlé[63].

La « presse bleue », comme la nomme *L'Électeur*, n'a d'autre choix que d'attaquer Mgr Lazzareschi lui-même, alléguant qu'il ne jouit pas de l'autorité nécessaire quant à l'approbation des livres : cette prérogative appartient à la Sacrée Congrégation de l'Index. L'un de ceux qui se portera à l'attaque sera encore Pierre Bernard, qui, par un feuillet in-quarto, récuse ainsi l'autorité de Lazzareschi dans la matière où il se prononce : « Officiellement le jugement privé de tous les théologiens et de tous les Prélats de la cour Pontificale ne signifie rien[64]. »

Étant parvenu ainsi à réfuter le clergé par le clergé, *L'Électeur* fait des gorges chaudes : « ceux qui combattent l'Église, ce sont ceux qui ne veulent pas écouter la voix de Rome chaque fois qu'elle vient de confirmer la sage attitude des libéraux[65] ». Le journal se montre ironiquement compréhensif :

> Certes, nous comprenons le mécontentement de nos adversaires. Mais ils devraient au moins ne pas se contredire, comme ils le font et ne pas manifester leur mauvaise foi en traitant avec si peu de respect l'opinion d'un prélat romain dont la science et les vertus sont incontestables[66].

Ici se termine pourtant le dernier moment heureux de David : les autorités locales puis romaines s'apprêtent maintenant à intervenir.

La condamnation

En décembre, Mgr Blais adresse au clergé une circulaire défendant la lecture du *Clergé canadien* [...]. Est-ce là un excès de zèle? En tout cas, *L'Électeur* ne manque pas de relever le fait suivant : « On nous assure que la condamnation du livre de M. L.O. David par l'évêque de Rimouski est désapprouvée par quelques-uns des chanoines de l'archevêché de Montréal[67]. » Tout porte à croire que David n'apprécie pas l'initiative de l'évêque : « On annonce que M. L.O. David vient d'en appeler à Rome de la décision de Mgr Blais concernant sa brochure sur le clergé Canadien [sic][68]. » La lettre à cet effet, signale *L'Électeur* du 21 décembre, est partie pour Rome le jour précédent ; et, au sujet de cette condamnation locale, David a dit, rapporte encore *L'Électeur*, « qu'il ne s'attendait pas du tout à cela, qu'il a écrit ce livre dans un bon but[69] ».

Laurent-Olivier David ignore cependant que son livre avait été condamné par Rome même, et ce, le 9 décembre. Pourtant, s'il avait pu correspondre avec l'abbé Proulx, il aurait eu l'heure juste puisque l'émissaire de Laurier, dès le début du mois de novembre, écrivait au premier ministre : « Le livre de M. David est très mal vu ici. Les adversaires essaient de l'identifier avec le parti libéral tout entier, de le donner comme résumé autorisé de sa doctrine, afin de tirer contre lui des conclusions défavorables[70]. » En effet, le Saint-Office émet un décret contre *Le Clergé* [...] et, le 18 décembre, la Sacrée Congrégation de l'Index interdit formellement le volume. Mgr Bégin reçoit un télégramme, le 22 décembre, confirmant le fait. Ce même jour, les évêques de Québec, Trois-Rivières, Nicolet, Rimouski et Chicoutimi condamnent le journal *L'Électeur* pour avoir, entre autres, publié le pamphlet de David ; l'interdiction touche même « tout journal qui osera émettre les mêmes idées malsaines et manifester le même esprit d'insoumission à l'autorité religieuse[71] ». Est-on étonné de la frontière ténue entre le politique et le religieux ? Ce n'est toutefois pas une question de frontière, mais de subordination. *La Semaine religieuse de Québec* avait déjà décrété péremptoirement :

> Le journal introduit dans une famille chrétienne, doit instruire, édifier et amuser, ou du moins, ne jamais scandaliser. S'il ne remplit pas cette dernière condition, on ne peut en conscience lui accorder son patronage. On doit le bannir impitoyablement, dût-on, en le faisant, sacrifier le journal de ses préférences politiques ; car, pour un catholique, le principe qui doit primer tous les autres, est l'horreur de toutes les œuvres diaboliques[72].

Mais cette condamnation n'empêchera pas *L'Électeur* de paraître, le 28 décembre, sous un nouveau nom : *Le Soleil*. Quant à l'abbé Proulx, il écrit de Rome :

> Le livre de M. David vient d'être condamné par la Congrégation de l'Index. Je m'attends, à cette occasion, à être attaqué par les journaux violemment ou sournoisement. Le fait est que je n'ai eu affaire au livre de M. David, ni de loin, ni de près, ni au Canada, ni à Rome[73].

Quelle sera la réaction de David ? La soumission complète, qu'il convient de citer en entier :

> Monsieur le Directeur,
>
> J'avais envoyé ma brochure sur le Clergé, à Rome, m'engageant à accepter le jugement des autorité romaines. J'apprends qu'elle a été condamnée par la Congrégation de l'Index ; je tiens ma promesse, je me soumets au jugement et je retire ma brochure de tous les dépôts où elle était en vente.
>
> Je crois devoir ajouter que je suis seul responsable de cette brochure que j'ai écrite moi-même depuis le premier jusqu'au dernier mot.
>
> Je ne crois pas devoir publier les autres approbations que j'ai reçues.
>
> Dura lex, sed lex.
> Vôtre, etc.
> L.O. David[74].

Il ne s'agissait pas des premiers démêlés de David, pourtant un libéral modéré, avec d'autres formes de censure. Déjà, en 1870, quand il avait fondé *L'Opinion publique* avec George E. Desbarats et Joseph-Alfred Mousseau, on avait refusé de lui laisser exprimer une opinion différente au sujet de l'octroi d'un contrat gouvernemental à des fins politiques : « je me crus obligé de protester, de menacer de retirer mon nom du journal, si on ne tenait pas compte de mes protestations. L'article ayant paru, je donnai ma démission[75] ». Et même, quelques années plus tard, dans *Le Bien public*[76], David avait publié le même genre d'articles que dans son *Clergé canadien [...]*. Il se le rappelle d'ailleurs, peu de temps après la parution de son pamphlet, en octobre 1896 :

> Quelques mois après, Rome intervenait et déclarait, dans sa sagesse, que des abus graves avaient été commis et que le clergé devait s'abstenir des luttes politiques.

Les condamnés furent les accusateurs. L'histoire pourrait bien se répéter, car les faits, les circonstances me donnent encore beaucoup plus raison qu'à cette époque[77].

De plus, en 1893, David avait protesté contre l'une des *Mines* du père Lacasse, ce qui lui avait valu un mauvais parti dans *La Semaine religieuse*[78]; en 1896, David devait être moins heureux…

Des suites étonnantes

Quelles sont les suites de cet épisode marquant? Elles prennent quatre voies : le repli de David vers le conservatisme, la conversion inverse de l'ancien zouave Drolet, le triomphe de Laurier et une perception nouvelle de cette année 1896, où l'anticléricalisme atteint un sommet mais, aussi, fait long feu.

Laurent-Olivier David ne fera plus de vagues, ayant sans doute été le premier étonné par les effets de son « écart de conduite ». Il se fera par la suite régulièrement le défenseur de la morale, voire de la censure, en demandant, par exemple, en son nom et au nom des membres du bureau de direction de la Société Saint-Jean Baptiste de Montréal, une sévère vigilance à l'occasion de la venue d'un opéra au Monument National, en 1899. S'il le faut, n'hésite-t-il pas à dire, l'on retranchera les ballets et censurera les costumes. Devenu plus tard sénateur, il proposera même une motion contre la littérature immorale, en 1904 :

> le gouvernement a aussi sa part de devoir à accomplir dans ce travail de protection. Il peut, il doit empêcher ces livres, ces journaux immoraux d'entrer dans le pays ; il doit avoir des officiers de douane assez intelligents et assez énergiques pour détourner de nos rivages les flots impurs qui nous viennent de l'étranger, pour rejeter ces saletés[79].

Faut-il pourtant en conclure que David s'est complètement rangé? La réalité est plus complexe, et une nuance néanmoins importante doit être relevée concernant la position idéologique de David. Car en même temps qu'il préconise la censure de l'opéra accueilli au Monument National en 1899, il pose cette distinction capitale, dans une lettre à Mgr Bruchési, qui dévoile à la fois la cohérence de l'auteur et sa persistance à croire qu'il n'eût point fallu condamner son œuvre en 1896 :

Quand il s'agit de morale, j'admets que je ne suis pas aussi indépendant que lorsqu'il s'agit de politique.

Je mourrai convaincu quoique je me sois soumis que les évêques et les prêtres ou chanoines qui ont fait condamner ma brochure à Rome, ont commis une grave erreur qui coûtera cher plus tard au clergé, et à la religion elle-même, mais quand il s'agit de morale et de dogme, je ne suis pas aussi dur, et je ne voudrais pas avoir de reproches à me faire[80].

Que veut-on de plus clair ? Il y a deux David, celui de la morale, et celui de la politique. Le premier est soumis au clergé, le second demeure libre, indépendant. Tout autre sera la réaction de l'un des deux émissaires de Laurier, Gustave Drolet. Ce dernier, de retour au Canada à la fin du mois de février 1897, accorde à *La Presse* une entrevue accablante pour le clergé. Il énumère des cas d'abus étonnants comme, par exemple, celui de Mgr François-Xavier Bossé, curé de Caplan, qui a affirmé qu'une absolution donnée par un prêtre partisan de Laurier était nulle et qu'il fallait se confesser de nouveau ! L'ancien zouave pontifical fait une synthèse accablante de l'année 1896 :

> Le clergé, au lieu de désarmer, persiste dans ses efforts, étouffe la libre discussion de certaines questions d'ordre public, interdit la lecture du journal politique *L'Électeur*, l'un des organes du gouvernement de Sa Majesté, dans la province de Québec, en fait un autodafé en place publique dans le diocèse de Chicoutimi, bâillonne d'autres journaux catholiques par des menaces, exige de la Congrégation de la Sainte Inquisition Romaine la condamnation d'un livre de l'historien L. O. David, « veritas odium parit », etc.
>
> Mais je m'arrête, car je ne sais plus si l'on peut tenir, aujourd'hui, dans la province de Québec, le même langage que j'ai tenu à Rome, sans m'exposer personnellement, ainsi que votre journal, à des censures ecclésiastiques[81].

Drolet suggère une conclusion opportune à ce nouvel épisode de l'histoire de la censure. Ses propos sont bien ceux d'un homme dérouté par les excès du clergé, mais, aussi, inquiet quant à la liberté d'expression. Certes, on ne le jettera pas en prison, puisque le cerbère des mœurs est ici le pouvoir religieux, et non civil. Mais ce pouvoir spirituel, plutôt que des menottes, se sert de la réprimande, de la menace, de la délation, voire de l'anathème dont l'effet même temporel est foudroyant. Ainsi l'administrateur du diocèse de Montréal, Florent

Bourgeault, écrit à Drolet, tout de suite après cette entrevue parue dans *La Presse* :

> Je n'aurais jamais cru qu'un citoyen de votre position, considéré comme un catholique sincère, qui autrefois a fait partie de l'armée pontificale, eût pu parler comme vous l'avez fait du clergé, de l'épiscopat, des cardinaux et des congrégations romaines. Vous doutez-vous, monsieur le chevalier, de tout le mal qu'un semblable langage est de nature à causer au sein de nos populations, surtout dans un temps où les passions sont si faciles à exciter ? Vous avez pu constater que vous avez réjoui les ennemis de l'Église, mais vous avez profondément blessé et affligé tous les vrais catholiques et vos pasteurs[82].

Le même jour, le chancelier Bourgeault transmet au cardinal Ledochowski, à Rome, à la fois le texte de l'entrevue et sa lettre de réprimande : « Voilà un des hommes auxquels le gouvernement fédéral a eu recours pour faire défendre le prétendu règlement de la question scolaire de [sic] Manitoba [...][83]. » Et, bien sûr, pour finir, une missive de blâme au propriétaire du journal, Trefflé Berthiaume[84].

Victoire ou défaite du premier ministre canadien ? Wilfrid Laurier ne se laissera pas arrêter par cet interdit qui n'est, dans l'aventure des écoles franco-manitobaines, qu'un épisode parmi d'autres. Par d'habiles manœuvres, il réussira à faire en sorte qu'un émissaire romain qui lui est a priori favorable vienne au Canada pour enquêter sur ce contentieux ; et Mgr Merry del Val ne désavouera pas la politique de Laurier, loin de là. La décision romaine d'envoyer au Canada Merry del Val « marque un triomphe total du point de vue de Laurier[85] ». L'épiscopat québécois sera irrité par ce choix ; Mgr Bégin se rend à Rome pour défendre, en vain, l'attitude des évêques québécois, et même Dominique-Ceslas Gonthier est investi d'une mission secrète[86]. Le point de vue de Laurier s'impose cependant de plus en plus, point de vue qu'il s'est chargé lui-même de défendre lors d'un séjour à Rome, en 1897. En définitive, le clergé est réprimandé par Rome même, et l'encyclique *Affari vos*, sur la question des écoles du Manitoba, donnera à l'épiscopat québécois le sentiment d'être profondément incompris. Mgr Bégin qualifie ainsi la mission de Merry del Val et le rapport qui s'ensuivit : « Une des plus pénibles épreuves et l'une des plus grandes calamités que Dieu ait infligées à l'Église du Canada[87]. » En définitive, le clergé québécois sera accusé de vivre « dans un monde imaginaire[88] » et d'abuser de son pouvoir au point d'avoir un comportement « antithéologique ». Voici quelques exemples accablants :

Mgr Thomas Labrèque, de Chicoutimi, a par exemple exigé que l'on refuse l'absolution à tous les lecteurs de journaux libéraux qui ne sont pourtant officiellement condamnés ni dans son propre diocèse ni ailleurs. Il a même ordonné aux prêtres de mener des enquêtes au bureau de poste pour identifier les abonnés, afin de les questionner plus efficacement au confessionnal. On a également défendu au clergé, sous peine d'interdit, de dire quoi que ce soit qui puisse être interprété comme une justification de l'accord Laurier-Greenway. Outre l'extrême sévérité et l'imprudence de ces mesures, Merry del Val en souligne l'absurdité, un acte étant un péché dans un diocèse et pas dans un autre[89].

L'année 1896 aura donc été éprouvante pour le clergé : il y eut, note Rumilly, « une petite explosion d'anticléricalisme ». Car le pamphlet de David est tendre en comparaison de trois autres ouvrages qui parurent vraisemblablement durant la deuxième moitié de l'année 1896 : *Curés et bedeaux*, *Les Hommes noirs* et *Saintes Comédies*. Ces trois opuscules anonymes sont des charges épouvantables contre le clergé. Le premier attaque « cette doctrine maudite et anti-sociale de tenir les peuples dans les ténèbres de l'ignorance et sous le boisseau de la religion qui a prévalu[90] ». Et l'auteur parle en particulier des événements politiques de cette année effervescente : « Au moment où j'allais terminer cette brochure, m'arrive, par la voie des journaux, un mandement collectif qui est un monument de prétentions despotiques[91] » ; et il ajoute cette phrase assassine : « Les évêques ne s'occupent pas des écoles, ils n'en veulent que le contrôle[92]. » Paraîtra ensuite *Les Hommes noirs*, qui affichera son parti pris dès les premières lignes :

> La série de publications anti cléricales [*sic*] que nous inaugurons aujourd'hui par *Les Hommes noirs*, ce n'est pas une œuvre de haine ; c'est mieux que cela : c'est une œuvre de justice et d'assainissement social.
>
> Esclaves d'un clergé implacable et insatiable, nous voulons briser nos fers, reconquérir la liberté de conscience qui nous a été ravie, et jouir paisiblement, au sein de nos familles, du fruit des pénibles labeurs que les nécessités de la vie nous imposent[93].

Enfin, *Saintes Comédies*, par le même auteur que *Curés et bedeaux*. Celui-ci dit n'être pas responsable des *Hommes noirs*, mais il approuve de tout cœur cet ouvrage. Quant à sa propre identité, il écrit : « On a accusé Fréchette, on a accusé Buies, on a accusé Sauvalle d'être l'auteur de *Curés et bedeaux*, mais on cherchera en vain à me découvrir[94]. » L'auteur consacre en outre un petit chapitre au livre de David :

Mais toute la presse ultra-catholique lui a jeté l'insulte à plein encrier et il a été dénoncé partout comme un suppôt de Satan. On ne lui a tenu aucun compte de ses droites intentions, de sa carrière de libéral modéré et de catholique pratiquant et on l'a classé entre Voltaire et Rousseau.
Voyons, mon cher David, vous ne saviez donc pas que dans notre petite Espagne il faut être entièrement pour le curé ou entièrement contre le curé[95].

Mais surtout, en cette année 1896, au-delà de ces exclamations anticléricales, cette élection « marquait bel et bien un nouvel épisode des rapports entre l'Église et le pouvoir laïc [sic] dans la province de Québec[96] ». Le verdict à chaud de C. Lapatrie (pseudonyme de Léon Rousseau) résume bien, mais au grand regret de son auteur, le virage important qui est en train de se prendre :

> C'est la victoire de l'indépendance politique vis-à-vis de l'autorité religieuse que fêtent tous ces ennemis de ce que nous avons de plus cher [...].
> Le libéralisme-catholique a donc triomphé. Il a triomphé, si l'on veut, sous de faux prétextes ; beaucoup l'ont appuyé sans le savoir, sans penser à mal[97].

Fernande Roy relève que « le "radicalisme" de la fin du XIXe siècle, peut-être indûment marginalisé, reste, à tout le moins, insuffisamment et, en général, mal étudié[98] ». Faut-il conclure à un relâchement du contrôle clérical, à une poussée continue et persistante de l'esprit d'indépendance ? Point du tout. Le tournant du siècle verra, à Québec surtout, s'organiser un réseau d'associations, de revues, de journaux, qui réussiront à implanter une *doxa* telle que, pendant une trentaine d'années, la parole dissidente se fera rarissime au pays du Québec. L'on verra, au prochain et dernier chapitre, comment l'épisode de la censure du *Clergé canadien [...]*, de même que l'arrivée du père Gonthier dans cette polémique, établit un lien direct avec la naissance de l'Action sociale catholique, à Québec, et avec la montée générale des associations visant à encadrer la pensée et, partant, la parole.

7
Vers l'âge d'or de la censure prescriptive : l'action positive (1907-1919)

Jusqu'à présent, c'est Montréal qui a surtout retenu l'attention : *Canada-Revue, Le Clergé canadien [...]* ont entraîné des réactions vives de la part de Mgr Fabre[1], et Mgr Bruchési semble avoir porté à son sommet la censure intensive. Il ne faut pourtant pas s'y méprendre : à part le cas de Jean-Charles Harvey (1934), on n'assistera plus à des gestes de répression aussi éclatants, aussi visibles. L'explication ne repose pas, toutefois, dans un retrait du clergé, bien au contraire ; c'est plutôt que, au début du XXe siècle, l'approche sera radicalement différente. Elle consistera désormais beaucoup moins à réprimer après coup qu'à façonner le dicible. La nécessité est la mère de l'invention : l'importance grandissante de la presse à grand tirage, l'autonomisation lente mais prévisible des structures d'édition, la menace d'un développement des bibliothèques publiques, l'engouement populaire pour le théâtre et, enfin, l'émergence du cinéma représentent quelques-unes des causes qui obligent le clergé à intervenir en amont de la parole.

En quoi se caractérise cette nouvelle approche ? Elle consiste très simplement, mais aussi très efficacement, à former les esprits à les programmer, dirait-on aujourd'hui, afin que ce qui en émane s'accorde avec l'orthodoxie[2]. Par quel moyen instituer ainsi le dicible ? En multipliant les mouvements, les œuvres, les associations qui touchent les jeunes écoliers, les aînés du cours classique, le peuple lui-même, et qui répandent tous la même doctrine. *Doctrine* : voilà bien, avec *propagande*, l'un des mots les plus importants pour comprendre ce nouveau discours, mots qui n'avaient point, comme aujourd'hui, une connotation négative.

De manière plus concrète, c'est dès la première décennie de ce nouveau siècle qu'émergeront des regroupements comme l'Association catholique de la jeunesse canadienne-française (ACJC) et, surtout, l'Action sociale catholique (ASC). Ce second mouvement est beaucoup plus important que l'ACJC de Montréal, non seulement parce qu'il a bénéficié de l'appui d'un bref papal, mais aussi parce que son rayonnement part de foyers multiples : journal, almanach, édition. Mais, dans un cas comme dans l'autre, nous proposons ici l'ACJC et l'ASC comme représentatives du façonnement des mentalités qui marque le début du nouveau siècle ; ce choix se fonde sur leur rayonnement, le public différent qu'ils visent et, enfin, l'importance de leur propagande par l'imprimé, ce qui explique l'intérêt que nous porterons à ce volet de leur activité.

Cependant, avant d'aborder l'ACJC et l'ASC, voyons les liens entre un cas de censure antérieur, celui du *Clergé canadien [...]* de David, et le projet de ce qui deviendra l'ASC.

Conséquences du cas David

Nous décrirons plus loin les étapes principales de la fondation de l'ASC, en 1907 ; il est pour le moment capital, dans le cadre d'une histoire de la censure, de comprendre que « le projet d'un journal franchement catholique [remonte] à une dizaine d'années en arrière, au plus fort de la lutte entre l'Épiscopat et les journaux libéraux, *L'Électeur* notamment[3] ».

On se souviendra, à ce propos, l'entrée dans la mêlée du père Dominique-Ceslas Gonthier, qui avait répliqué vertement à David sous le pseudonyme de Pierre Bernard. Les talents de polémiste du père Gonthier avaient grandement plu à plusieurs membres du clergé ; c'est pourquoi, devant la possibilité que le père Gonthier retourne à Fall River, l'un de ses amis, le vicaire-général Marois, lui écrit à propos de Mgr Bégin de Québec :

> J'espère que Monseigneur l'Archevêque de Cyrène, en constatant le talent de polémiste que la Divine Providence vous a donné, se décidera à réaliser le projet que nous caressons de vous voir consacrer votre vie à défendre nos intérêts religieux [...][4].

Comme le souligne Charland, l'abbé Pâquet croit également que la verve de Gonthier doit être mise à contribution, plus particulièrement pour la fondation d'un journal catholique :

P. Bernard est un homme trop précieux pour que sa plume soit si tôt déposée au musée. M'est avis que N.N.S.S. les Évêques devraient organiser la presse catholique sur un pied de lutte effective et constante, et confier à un écrivain comme Bernard le rôle de champion de la sainte doctrine[5].

Le projet s'affermit à la fin de 1897, mais la mission de Mgr Merry del Val au Canada, puis celle-là même du père Gonthier à Rome en retardent l'exécution. Entre-temps, Gonthier continue néanmoins à écrire, entre autres dans la *Nouvelle-France* où, en 1906, il rappelle les propos de Léon XIII à Mgr Bruchési, une dizaine d'années plus tôt : « On me dit qu'il n'y a pas dans votre pays de journal sérieux et vraiment catholique. Ce qu'il vous faudrait, c'est un bon journal[6]. »

En vérité, c'est beaucoup plus que d'un journal qu'il sera maintenant question. L'ACJC et l'ASC rayonneront au moyen de multiples œuvres de presse revue, journal, livre, almanach et, ainsi, contribueront à mouler tant la jeunesse pour l'ACJC, que le peuple entier en ce qui concerne l'ASC. Leur activité de sculpteur de mentalité collective est déterminante, et la méthode royale pour atteindre cette fin repose particulièrement sur leur rôle d'imprimeur-éditeur. Mais là où ces mouvements nous intéressent, c'est dans leurs rapports à l'imprimé et, particulièrement, dans le discours qu'ils ont tenu sur celui-ci. Leur influence a été considérable, tant sur la formation du public lecteur que sur le fait littéraire en général.

L'ASC se concentre à Québec alors que l'ACJC, tout en ayant son siège social à Montréal, essaime dans tout le Canada français ; mais, plus que leur position géographique, ce sont le public visé et les moyens d'action qui distinguent les deux associations. L'ACJC, par l'entremise de la jeunesse collégiale, vise avant tout l'élite en voie de formation qu'elle entend préparer à son rôle social. C'est une tout autre orientation que prend l'ASC ; ainsi, parlant en particulier des journaux et des revues, Mgr Bégin, archevêque de Québec, pose à l'occasion de sa lettre pastorale établissant l'ASC, la cible que celle-ci doit atteindre :

> Le diocèse de Québec est fier de posséder des publications hebdomadaires et mensuelles, qui sur le terrain des principes, en matière de morale, d'éducation, de droit chrétien, font une lutte vraiment digne d'éloges. Mais ces journaux et ces revues s'adressent principalement à l'élite des fidèles et ne pénétreront guère dans les milieux populaires. Or, c'est le peuple qu'il faut atteindre, c'est le peuple qu'il faut instruire de sa religion, renseigner sur les nombreuses

questions sociales qui le préoccupent maintenant et avertir de ses devoirs, puisque c'est lui surtout que les influences pernicieuses cherchent à séduire[7].

La jeunesse, l'avenir et la formation d'une élite, telles sont les grandes orientations de l'ACJC: « Déjà l'on pressent le jour où des jeunes hommes, plus maîtres de leur pensée et de leur vouloir s'étant rencontrés et groupés, à leur appel toute la jeunesse se lèvera pour les conquêtes prochaines[8] », écrit le jeune abbé Groulx. L'Action sociale catholique, elle, mise davantage sur le peuple, sur le présent.

L'autre distinction tient peut-être à une divergence de vue entre Bruchési et Bégin en ce qui a trait à leur conception du rapport entre la presse et le clergé. Mgr Bruchési, à Montréal, ne voit pas la nécessité de fonder un journal catholique, préférant influencer la presse existante; à Québec, Mgr Bégin ne partage pas ce point de vue et appuie l'idée d'un périodique[9]. Il ne sera donc pas étonnant de voir se développer davantage à Québec, et avec la bénédiction de l'archevêque, de nombreuses œuvres de presse. Plutôt que de multiplier les comparaisons, il convient d'examiner séparément chacune de ces associations pour en bien saisir la nature et les activités.

L'Association catholique de la jeunesse canadienne-française

Plusieurs groupes ou mouvements du début du siècle se sont inspirés d'associations qui existaient déjà depuis quelques années en France. L'ACJC participe de très près à sa contrepartie française, l'Association catholique de la jeunesse française, dont le premier comité central a été formé le 29 mars 1886; en outre, un autre mouvement catholique français fondé en 1891, Le Sillon, possède la revue du même nom qui annonce celle de l'ACJC, *Le Semeur*. Mais, au-delà de ces apparentes affinités avec certains mouvements français, l'ACJC a quand même son histoire propre et des objectifs particuliers.

Qu'est-ce qui a amené la fondation de l'ACJC? L'on peut dégager trois ordres de causes, liées à la conjoncture générale du début du siècle, à l'Action catholique dans les collèges et à la question du drapeau national.

En ce début du XXe siècle, plus que jamais s'emmêlent au Québec nationalisme, religion et langue. Mais ce qui aggrave la situation aux yeux de l'élite, c'est le sentiment que l'intégrité, voire la survie de la nation est menacée à cause de l'industrialisation, de l'américanisation, de l'impérialisme britannique et du sort précaire de la minorité canadienne-française hors Québec. L'affaire Riel, la question scolaire au Manitoba, la Guerre des Boers, le progrès de la franc-maçonnerie, «les premières invasions juives[10]» désignent quelques aspects concrets qui appellent une régénération canadienne-française; et un tel renouveau doit être fondé sur l'apostolat des jeunes.

C'est ainsi que s'organise dans divers collèges ce qu'il est convenu d'appeler l'Action catholique et que l'idée d'un regroupement de ces divers mouvements s'impose de plus en plus; le Congrès tenu les 25 et 26 juin 1903 sera décisif à cet effet.

L'intention de ce congrès est de faire avancer la cause du drapeau national, pour lequel une Ligue intercollégiale avait été formée; son fondateur, Joseph Versailles, élève de philosophie au collège Sainte-Marie à Montréal, cherchait un moyen «d'affirmer encore mieux nos convictions patriotiques et religieuses[11]». Toutefois, la question du drapeau ne sera pas le thème dominant du Congrès, le souci de regrouper les jeunes Canadiens français monopolisant toutes les énergies[12]. Des conclusions de la rencontre, notons ce premier de dix articles du credo national:

> Croire à une mission spéciale que la race canadienne-française a à remplir en terre d'Amérique, croire que cette race possède les aptitudes pour accomplir cette mission, et qu'elle doit conserver son particularisme par rapport aux autres races.

L'ACJC obtiendra sa reconnaissance officielle le 13 mars 1904[13].

L'instance à la base de l'ACJC est le cercle, groupe d'une dizaine de jeunes gens rassemblés autour d'un aumônier-directeur et associé généralement à un collège. Les cercles sont affiliés à un Conseil fédératif bien qu'ils jouissent, au niveau des activités régulières, d'une grande autonomie. C'est au Conseil fédératif que revient la tâche d'élire le Comité central, véritable «exécutif» de l'Association qui la représente et la dirige; le Comité central est en outre responsable de la publication du bulletin de l'Association, *Le Semeur*. Cette structure, flexible à la base et solide au sommet, explique en partie le succès de l'ACJC. La qualité de ses animateurs est sans nul doute une autre raison de son succès: les abbés Groulx et Chartier, et le père Bellavance participent activement à sa fondation et les cercles peuvent compter sur des aumôniers de la trempe de Camille Roy, du frère Marie-Victorin et de l'abbé Philippe Perrier.

Association d'étude et d'action, l'ACJC ménage une place particulière au livre dans ces deux sphères d'activités. Les cercles consacrent souvent leurs rencontres à la présentation de travaux d'étude réalisés par les membres. Une liste des travaux présentés au cours de l'année 1908-1909 permet de mesurer l'importance relative des sujets étudiés : sur 339 travaux, 145 portent sur des questions sociales ou économiques, 50 sur des questions religieuses et 144 traitent de questions historiques ou littéraires. Les cercles recevaient parfois des conférenciers ; Pamphile LeMay et Camille Roy trouvent alors leur place à côté des Omer Héroux et Édouard Montpetit.

Plusieurs cercles ont leur bibliothèque et certains jugent à propos de désigner un bibliothécaire parmi leurs membres. Que contiennent ces bibliothèques ? Le cercle Loyola parle d'une « salle de lecture où les amateurs de littérature et de science, surtout de science sociale, n'ont que l'embarras du choix[14] ».

Mais, plus qu'un sujet d'étude, l'imprimé est considéré comme un moyen d'action. Chaque « camarade » doit se faire diffuseur des publications de l'Association ou des groupes sympathisants. Les brochures de l'École sociale populaire, la revue *La Vie nouvelle*, les publications de l'Action sociale catholique ainsi que l'*Almanach de la langue française* sont activement diffusés par les membres. Le secrétaire-général de l'Association, Guy Vanier, lance en 1919 le mot d'ordre suivant : « Soyons de plus en plus avides de lire et de répandre toutes les brochures populaires qui se recommandent par la qualité de leurs auteurs ou par l'esprit d'entreprise des maisons qui les éditent dans l'intérêt public[15]. » C'est la même année que l'Association commence à offrir son service de librairie, dont le programme est à la fois ambitieux et révélateur : « Les cercles et les membres pourront y trouver tous les nouveaux volumes canadiens, les brochures de l'Action française, les publications du *Devoir*, les tracts de la Ligue de Ralliement français en Amérique et de l'Œuvre des Tracts, etc.[16] »

L'Association s'engage aussi dans l'Œuvre des livres français menée par la Société Saint-Jean-Baptiste de Montréal, qui fait parvenir des ouvrages francophones aux bibliothèques scolaires ontariennes pour contrecarrer les effets néfastes du Règlement XVII, qui compromettait gravement l'enseignement en français. Dans son rapport pour l'année 1915-1916, Vanier affirme que l'Association a contribué pour près de la moitié des 75 000 livres et 175 000 numéros de revue amassés[17].

Chanson et théâtre sont également mis à contribution. En 1912, l'ACJC organise une tournée d'un membre de la Bonne chanson française qui propose des causeries « sur le rôle moralisateur de la chanson[18] ». Pour le théâtre, notons la création de quelques pièces au cours de soirées dramatiques organisées par les cercles au profit d'œuvres locales. Le frère Marie-Victorin, aumônier d'un cercle de Longueuil, fait jouer une pièce intitulée *Charles LeMoyne*.

En 1919, on crée les Prix d'action intellectuelle, « afin de développer chez les jeunes Canadiens français le goût de la culture générale, et d'encourager le bon labeur[19] ». Chaque année, dix concours sont ouverts aux Canadiens français des deux sexes âgés entre vingt et trente-cinq ans, offrant des bourses de 100 $ chacun. La littérature accapare la moitié des prix. Notons, lors de la première remise de ces prix, en 1920, la collaboration de quelques éminents jurés : Henri d'Arles, Albert Ferland, Olivar Asselin, Ægidius Fauteux, Joseph Gauvreau, Georges Pelletier, etc.

L'activité éditoriale proprement dite de l'ACJC commence en 1907 par la publication d'une chansonnette, écrite par un membre et promise à devenir un véritable chant de la jeunesse. C'est la seule manifestation de l'Association en tant qu'éditeur « littéraire ». À partir de 1909, il arrivera que l'on publie les actes des congrès annuels. Les congrès de 1908, 1910, 1913, 1914, 1916 et 1919 font l'objet de publications.

L'ACJC publie plusieurs tracts visant surtout à faire la promotion de ses objectifs et à inciter la création de nouveaux cercles. En 1919, on lance une deuxième série de tracts alors que la première compte déjà huit titres. Plusieurs cercles régionaux parrainent la publication de tracts qui paraissent tantôt à l'Action sociale catholique, tantôt à l'imprimerie du *Messager* ou au *Devoir*; cette apparente dispersion doit être comprise comme un exemple de la valeur ponctuelle de l'imprimé aux yeux d'une association qui ne cherche pas à se constituer un fonds d'éditeur mais plutôt à rendre certains textes rapidement disponibles.

Il est difficile d'évaluer l'impact de ces manifestations, mots d'ordre, travaux d'étude inégalement diffusés. On doit garder à l'esprit l'ampleur de l'ACJC qui, en 1919, était présente dans 49 villes québécoises, quatre villes ontariennes et deux villes manitobaines, et comptait 105 cercles d'études.

L'Action sociale catholique

Avant d'examiner le rôle général de l'Action sociale catholique dans la diffusion de l'imprimé, retraçons les grandes lignes de sa fondation[20].

L'abbé Stanislas Lortie s'intéresse, depuis 1900 environ, à presque toutes les questions de nature sociale, ce qui l'amène à fonder, en 1905, la Société d'économie politique et sociale, « cercle d'étude où quelques ouvriers sont invités à venir exposer leur manière de voir et à expliquer ce qui se passe dans leur boutique[21] ». Le succès de cette entreprise conduit Mgr Bégin à appuyer la fondation de l'Action sociale catholique, dont la direction sera confiée à l'abbé Paul-Eugène Roy, frère du critique Camille Roy, à l'occasion de sa lettre pastorale du 31 mars 1907 : « *L'Action sociale catholique* [...] a pour objet d'unir d'abord dans un effort commun les esprits et les volontés pour les faire travailler ensemble à la réalisation du progrès social catholique[22]. » Ainsi, « Le premier initiateur de l'ASC a été l'abbé Alfred-Stanislas Lortie » qui avait « acquis une singulière science des questions sociales » en discutant régulièrement avec Adjutor Rivard, « de qui on peut dire qu'il a inauguré chez nous [le] laïcat selon Pie XI[23] ». Rappelons aussi l'influence du père Gonthier, qui a été établie plus haut.

Sur le plan de l'imprimé proprement dit, les nombreuses entreprises de l'Action sociale catholique montrent bien le rôle de premier plan accordé au journal et au livre. Dès sa fondation, l'ASC est indissociable de l'Œuvre de la presse catholique pour laquelle Mgr Bégin trace un mandat :

> C'est pourquoi, l'œuvre de la presse catholique ne pourrait ici se borner à la publication de journaux périodiques ou quotidiens. Le journal ne peut être qu'un article de son vaste programme. L'œuvre de la presse catholique comprend plutôt l'organisation de toute une campagne de propagande par le livre, par la revue, par le journal, par le bulletin, par la brochure, par le tract, par les publications de toutes sortes qui peuvent contribuer à la diffusion des connaissances et des idées chrétiennes[24].

Certes, la figure de proue demeure le journal *L'Action catholique*[25], qui paraît pour la première fois le 21 décembre 1907, mais le rôle de ce quotidien sera appuyé par beaucoup d'autres œuvres. Dès 1907, Paul-Eugène Roy voit la nécessité pour l'Œuvre de « se compléter par l'établissement d'une imprimerie et d'une librairie populaire[26] ». En 1917, l'ASC lance son *Almanach* et il revient à Adjutor Rivard, secrétaire général de l'ASC, d'y retracer la fondation du mouvement, de donner le portrait de son organisation et d'énumérer ses œuvres. Parmi celles-ci, retenons :

> Fondation et direction d'un journal catholique quotidien, avec hebdomadaire et dont elle a pu assurer l'existence par la fondation d'une compagnie à fonds social chargé de sa publication.
> Publication d'un *Bulletin social* de ses œuvres.

Publication de la *Semaine religieuse de Québec*.
Publication de tracts et de feuilles de propagande sur les sujets intéressant le bien religieux, moral et économique de notre société.
Propagation de bonnes et saines lectures par la distribution de livres et de brochures choisis.
Établissement d'une ligue de la Presse catholique de langue française du Canada et des États-Unis [...].
Établissement d'un catalogue pour bibliothèques paroissiales[27].

Vingt-cinq ans après sa fondation, Joseph-Papin Archambault donnait ce bilan positif de l'ensemble des œuvres de presse :

> Sous le nom de presse tout un faisceau de publications variées s'épanouit ; journaux, revues, bulletins, almanach, livres, brochures, tracts, feuilles volantes, annonces, affiches, et même un service d'imprimerie et de librairie. Je n'ai pas à vous dire le succès de cette branche de l'Action sociale catholique. C'est la plus connue, la plus active, la plus puissante[28].

Même si ce jésuite « n'a pas à nous dire » l'intensité et la puissance du service d'imprimerie et de librairie ou, pour parler en termes plus modernes, des éditions de l'Action sociale, il n'en demeure pas moins que nous n'avons de cette activité qu'une impression vague de laquelle surgissent le plus souvent les noms de Camille Roy et d'Adjutor Rivard. La question vaut d'être examinée de plus près.

Avec ses seize titres, le volet édition littéraire (essais littéraires, romans, poésie, théâtre) est plutôt marginal par rapport à l'ensemble, mais cette impression tient surtout à l'ampleur du catalogue (voir tableau). L'Action sociale publie quand même, en moyenne, un ouvrage littéraire par année.

L'essai littéraire est ici le domaine exclusif de Camille Roy qui publie en 1907 son *Tableau de l'histoire de la littérature canadienne-française*. Son fameux *Manuel d'histoire de la littérature canadienne-française* suit en 1918 et se montre favorable envers deux prosateurs publiant à la même enseigne : Adjutor Rivard et Adolphe-Basile Routhier. *Le Centurion*, que le juge Routhier publie en 1909, est un roman qui fond dans une même intrigue histoire romaine et histoire sainte et mérite à ce titre malgré une intrigue faible « les recommandations les plus chaleureuses des hautes autorités catholiques[29] ». Quant aux livres de Rivard, ce sont *Chez nous* en 1914, *Chez nos gens* en 1918, puis les deux ouvrages regroupés sous le titre *Chez nous*, en 1919. Ce dernier livre, réédité par la Bibliothèque de l'Action française en 1924, « demeura, dans l'esprit de plusieurs, l'exemple par excellence d'une certaine littérature canadienne[30] », régionaliste, il va sans dire. Les autres prosateurs de l'ASC sont Laure Conan, qui avec *L'Obscure souffrance* (1919) poursuit cette partie de son œuvre qui se rapproche du roman psychologique, et l'abbé Antonio Huot, auteur d'un bref récit célébrant les vertus de la vie d'habitant (*Le Bien paternel*, sous le pseudonyme de Jean Duterroir, 1912). Un seul roman se démarque de cet ensemble homogène, il s'agit de *Plutôt la mort*, un roman japonais écrit par Tokutomi Kenjiro et traduit par Olivier le Paladin. Il s'agit de la 100e édition de ce roman qui a donc connu une très large diffusion.

Du côté de la poésie, c'est Adjutor Rivard qui écrit l'introduction du recueil de vers *Les Deux Frances* (1908) de Gustave Zidler. Zidler est un écrivain français, ami du Canada et très apprécié par les écrivains nationalistes. Louis-Adolphe Doucet ne dit-il pas, en louant Ulrich Gingras, qu'il est « un nouveau Zidler[31] » ? Ce poète poursuit, dans *La Chanson du paysan* (1917), la veine terroiriste. Les deux autres recueils publiés par l'Action sociale sont d'Arthur Lacasse, curé de Saint-Tite des Caps : *Heures solitaires* (1916) et *L'Envol des heures* (1919). Le second contient, en guise de préface, une lettre de l'archevêque de Québec, Mgr Bégin, celui-là même qui a présidé à la création de l'Action sociale catholique. La seule œuvre dramatique publiée par L'ASC est *Âmes françaises*, d'Aimé Plamondon, qui la dédie à Camille Roy, son ancien professeur. Publiée pendant la Première Guerre mondiale, elle cherche à inciter les Canadiens français à s'enrôler volontairement pour sauver la France.

Cette série de renvois qui relie Camille Roy à la plupart des auteurs et l'appui de Mgr Bégin à Arthur Lacasse permettent de constater la grande cohésion de l'effort éditorial de l'ASC.

Vers l'âge d'or de la censure

Quand Pierre Jetté affirme que la victoire cléricale de Mgr Fabre sur *Canada-Revue* signifiait que « l'Église allait [...] encadrer, à la fin de ce procès, la société québécoise[32] », il anticipe quelque peu, ce phénomène d'encadrement se produisant plutôt au début du xxe siècle. Nous pouvons en effet conclure, de ce regard sur deux des associations majeures du début du siècle, que d'une part s'orchestre un façonnement de la jeunesse, par l'action de l'ACJC, et du peuple, par le rayonnement de l'ASC, et que d'autre part cette institution d'une forte orthodoxie représente l'hypothèse la plus plausible pour expliquer la baisse d'intervention censoriale à partir de 1910. Il n'est pas exagéré de dire que le clergé pose des pratiques qui amorcent un âge d'or de la censure. L'ACJC et l'ASC représentent deux des mouvements de cette époque; il y aurait cependant lieu d'ajouter, à ces cas exemplaires, de nombreux groupes déjà existants et qui retrouvent un regain de vitalité (telle la Société Saint-Jean-Baptiste, qui instaurera des concours littéraires à partir de 1916), des organes laïques représentant officieusement le clergé (on pense bien sûr au *Devoir*, fondé en 1910), ou des entreprises nationalistes guidées par des prêtres (comme l'Action française, dont la revue et les éditions en particulier sont dominées par Lionel Groulx[33]). Ajoutons dans ce carquois les nombreuses ligues du Sacré-Cœur et autres, le syndicalisme catholique, l'action des jésuites (l'École sociale populaire, en 1911, l'Œuvre des Tracts, en 1919), les innombrables feuillets paroissiaux, l'intensification de l'effort éditorial des communautés religieuses, pour avoir une idée des armes que se fabrique un clergé qui n'entend point reculer devant l'empire du Malin. Et que dire du système scolaire que disséquera la Commission Bouchard en 1963? L'Église contrôle tout le système de production et de diffusion du livre scolaire:

> Avec une froide assurance, le commissaire dresse un tableau couvrant plus de deux décennies mais qui était le produit pourri d'une vaste offensive amorcée avec force par l'évêque Bourget au milieu du XIXe siècle. Ce tableau [...] fait la preuve qu'un système avait été établi par l'Église auquel l'État consentait et qui assurait à celle-ci un contrôle servant les deux pouvoirs[34].

Ainsi, le lieu du pouvoir se déplace: jusqu'à présent, le clergé avait à peu près réussi à contrôler la source de la parole, l'élite, dont il composait d'ailleurs la majeure partie, de même que les paroles dissidentes. Désormais, le lieu du discours s'est fragmenté, et une autre faction de la population le détient, particulièrement les journalistes. De plus, les mauvais écrits risquent de pulluler, au point qu'ils échapperont à tout contrôle. La mobilisation, l'endoctrinement, au sens le plus neutre du terme, apparaissent dès lors beaucoup plus efficaces. «Mouvement de formation d'une élite, l'ACJC a été l'enclume sur laquelle s'est forgée une bonne partie des militants catholiques de l'entre-deux-guerres[35].» Embrassant tous les mouvements, Robert Rumilly n'hésite pas à dire: «*Le Devoir, L'Action sociale*, les nationalistes de l'ACJC tendaient à se rejoindre pour englober toute la jeunesse étudiante dans un vaste mouvement à la fois nationaliste et catholique[36]. » Un âge d'or, en effet : « Cette conjoncture spéciale mit l'Église québécoise en situation de bricoler un encadrement socio-religieux qui enserrait le peuple dans le filet du sacré[37]. » Robert Lahaise parle d'un clergé triomphaliste, qui « se retrouve sur tous les fronts et récupère tous les mouvements[38] ».

Conclusion

Cette première grande époque de la censure au Québec, marquée par le pouvoir religieux, a d'abord mis en relief une puissance en formation avant d'aborder une force tutélaire. Il importe de reprendre, pour terminer, les grandes étapes de ce gouvernement de la pensée et de la parole qui contraint de manière incontournable l'évolution de la littérature au Québec. Ensuite, au-delà des contingences historiques, je proposerai un modèle général qui permette de mieux comprendre à la fois la nature et le fonctionnement de la censure. Enfin, je fermerai cette étude sur ce qui m'apparaît être l'une des conséquences les plus débilitantes de la censure sur la littérature, le flétrissement de l'imaginaire.

Une histoire cohérente

J'ai écrit, en introduction à cet ouvrage, que nous savions peu de chose sur la censure religieuse au Québec, en ce qui a trait à sa constitution, son exercice et ses conséquences. Voilà pourquoi l'accent a été placé ici sur un historique des cas, avec une attention particulière aux liens et aux ruptures qui jalonnent la période étudiée. Ce choix s'imposait parce que, justement, tout le travail était à faire; et il s'avérait possible, à cette fin, de fonder la recherche sur les symptômes qu'offrent les mandements. La censure dans la vie *publique* a ainsi été l'objet de cette étude.

Il est cependant certain que, dans la sphère de la vie privée, familiale par exemple, une autre forme de censure a pu s'exercer. Combien de pères ou de mères de famille ont obéi à la consigne suivante?

Veillez soigneusement sur les lectures de vos fils et de vos filles. Fouillez à leur insu leurs effets, leurs meubles, et pendant qu'ils dorment, visitez les poches de leurs vêtements; car, vous avez le droit de tout voir, de tout contrôler, et n'allez pas croire que, pour qu'un livre soit sans danger, il suffise qu'il ne soit ni impie, ni immoral. Les romans, en général, sauf quelques-uns, écrits dans un but évidemment chrétien et pieux, sont aujourd'hui l'une des causes les plus actives de dépravation. Les femmes malheureusement sont trop portées à se livrer aux charmes d'une littérature agréable, à la lecture des romans. De là ces amours prématurés [sic], dévergondés dans leur ardeur, suivis de désespoirs profonds et intolérables[1].

Cependant, l'état général de la censure publique de l'imprimé, entre le XVIIe siècle et le début du XXe, devait d'abord être connu, *expliqué* dans son sens étymologique de *déplié*, *déroulé*, dût-il plus tard être vérifié ou amendé. En outre, il s'en dégage, en plus d'une connaissance des faits, l'établissement d'une histoire cohérente dont les trois phases indiquent une progression logique.

J'ai en effet divisé cet historique en trois grandes parties : l'ère pré-censoriale (1625-1840), l'offensive proscriptive (1840-1910) et le virage prescriptif (1896-1919). On ne m'en voudra pas trop, par ailleurs, de la superposition chronologique de la deuxième et de la troisième partie ; ce n'est pas tant ma faute que celle de Mgr Bruchési, qui a poussé son impétuosité par delà le XIXe siècle, alors que le paysage censorial avait déjà commencé à se transformer. De toute façon, chacun sait bien que l'histoire n'est pas tant un jeu de cubes que des champs, des réseaux qui sont reliés, voire enchevêtrés.

Un peu métaphoriquement, certes, mais aussi sur un fond de vérité, j'ai affublé ces trois phases au moyen des qualificatifs d'Église souffrante, militante et triomphante. Il est cependant clair que ces appellations et ces étapes correspondent à une progression dans l'histoire de la censure.

Deux siècles (1625-1840) ont été la propédeutique nécessaire pour que l'Église prenne conscience de la nécessité et des moyens à prendre pour contrôler l'imprimé, particulièrement entre 1800 et 1840. Je ne rappellerai pas les circonstances qui ont conduit à l'encadrement d'abord proscriptif du milieu du XIXe siècle; mais j'insiste cependant sur cette leçon importante, en l'occurrence que la censure cléricale, au Québec en tout cas, est le fruit d'un chemin de croix au cours duquel l'Église a chuté à quelques reprises, pour se relever une fois pour toutes (du moins pour la période visée par ce premier tome) et instituer un contrôle du discours social.

Conclusion

Je réitère ainsi cette conviction que, jusqu'en 1840, la censure est peu organisée; il faut attendre l'arrivée de Mgr Bourget pour que commence à s'instaurer un pouvoir religieux visant à contrôler l'imprimé. En ce sens, le XIXe siècle ou, du moins, les années 1840-1910 témoignent d'un rapport de force entre cette volonté de contrôle et la résistance. Dessaulles et Filiatreault désignent quelques-unes de ces figures d'opposition à l'épiscopat. Le XIXe siècle ne représente pas, contrairement à ce qu'entretiennent parfois certains clichés, l'âge d'or du clergé, en matière de censure du moins, mais une censure répressive qui se montre de plus en plus débordée par des francs-tireurs et, vers la fin du siècle, des moyens de communication qui risquent de lui échapper.

Or, toute réflexion faite, l'année charnière m'apparaît être 1896. Certes, c'est en 1896 que Wilfrid Laurier accède au pouvoir; mais surtout, une conjoncture particulière (la montée de la presse à grand tirage, les conséquences du procès par *Canada-Revue* mais, surtout, le cas David, etc.) conduit le clergé à se tourner vers la *vraie* censure, «l'exercice de la norme imposée par les opinions et les goûts dominants[2]», après un demi-siècle de «censure au sens strict, la sanction par les pouvoirs des textes déviants[3]». L'action positive représente la seule garantie d'avenir contre l'ennemi qui est, ici, la «Ligue internationale contre l'*Index*[4]», là, le modernisme[5]. Le clergé triomphe; ou, du moins, il en donne l'impression: c'est vers les années 1920 que s'est édifiée une nouvelle assise du pouvoir, fondée sur la propagande et la doctrine, leitmotiv de cette époque.

Mais les choses ne sont pas si simples: c'est aussi durant les années 1920 qu'émerge, en divers lieux (édition, critique littéraire, organes de consécration, clubs du livre, etc.), un pouvoir laïque qui retranchera petit à petit la littérature en particulier, et le discours public en général, de la sphère d'influence religieuse. De plus, ici encore, il faut compter sur un nouvel agent de censure, l'État, qui prendra en certaines matières le relais du clergé: la question de l'obscénité, à la fin des années 1950 et au début des années 1960, montre comment, en l'occurrence, le pouvoir judiciaire semble suppléer l'Église dans la régulation sociale. De façon encore plus globale,

> ce n'est qu'en se soumettant aux règles fondamentales d'une régulation libérale des rapports sociaux (primat du marché, dominance de l'État de droit dans le cadre d'une séparation stricte entre les sphères publique et privée) que l'Église a pu exercer une influence que certains ont pu qualifier d'absolue ou de quasi absolue[6].

Mais, justement, voilà une tout autre problématique, complexe à souhait, et qu'il faudra traiter avec ses exigences, le moment venu.

Au-delà de cette histoire : nature et modes de la censure

Je suis convaincu, au terme de cette étude, que la plus grande difficulté pour définir la censure réside dans le caractère presque inséparable du sujet et de l'objet. Définir la censure, c'est nécessairement tenir un discours lié à un point de vue, à un ensemble de valeurs qui constituent ce discours même. En d'autres mots, quand, dans la société civile, le clergé s'attaque à Dessaulles, David, Bessette, il prétend exercer un droit légitimé par son système de croyances, bien que l'étendue sociale du geste puisse être contestée. On pourrait par contre alléguer que, dans le domaine spirituel, la censure religieuse s'exerce en toute légitimité mais, encore là, on connaît de nombreux cas, même récents, où dans sa sphère propre l'autorité cléricale a été qualifiée de censure.

Une définition essentialiste de la censure apparaît donc de plus en plus difficile à circonscrire. À la question « qu'est-ce que la censure ? », préférons une version peut-être plus appropriée : « *quand* y a-t-il censure ? »

Pareille question se comprend d'autant mieux que l'on considère l'activité sociale analogiquement à un récit[7] et, partant, que l'on voit la censure comme le mécanisme régulateur de ce récit. Marc Angenot ne dit pas les choses autrement en parlant du discours social :

> La fonction majeure des discours sociaux, concomitante à leur monopole de représentation, est de produire et de fixer des légitimités, des validations, des publicités (rendre publics des goûts, des opinions, des informations). Tout discours légitime contribue à légitimer aussi des pratiques, des statuts, à assurer des profits symboliques [...][8].

Or les lieux où s'exerce la contrainte sont multiples : « Émanant du pouvoir, politique et/ou religieux, la censure s'exerce comme instrument de contrôle sur les productions culturelles. Elle prétend toujours, certes, séparer le bon grain de l'ivraie, mais cela ne l'empêche pas d'engendrer un effet répressif global qui influe sur toute création[9]. » La censure contrôle ainsi le discours social, compris comme un récit, sur les deux plans fondamentaux de tout récit : le niveau profond (pré-discursif, antérieur à la manifestation) et le niveau de la manifestation (discursif). Il s'institue au premier niveau en paraphra-

Conclusion

sant Claude Bremond une structure idéologique des possibles discursifs. Si ce niveau pré-discursif était parfaitement au point, le niveau de la manifestation ne serait que production de paroles orthodoxes : nous serions dans le *meilleur des mondes*... Mais on sait que même chez Aldous Huxley pointent quelques dissidents, et c'est à ce moment que la censure, au niveau de la manifestation, doit se mettre en branle.

Le schéma suivant donne une idée plus articulée de ces niveaux de contrôle du récit social. Et, pour revenir à la question de départ, « Quand y a-t-il censure ? », on dira qu'il y a censure lorsque, à l'un ou l'autre de ces niveaux, fonctionne un mécanisme (au sens très large) de régulation du récit social.

NIVEAU PROFOND
(Pré-discursif)

(MESURES)	CENSURE PRÉVENTIVE	
(OBJET)	INSTITUER LE DICIBLE	PRÉVENIR LE NON-DICIBLE
	1 encadrement idéologique ; autocensure	1 intervention privée
	2 encadrement structurel (Diffusion : bibliothèques, etc.)	2 censure préalable
(EFFET)	CENSURE PRATIQUE : CACHER	CENSURE DIALOGIQUE : FAIRE CACHER

NIVEAU DE LA MANIFESTATION
(Discursif)

(MESURES)	CENSURE PUBLIQUE
(OBJET)	RÉPRIMER LE NON-DICIBLE
(EFFET)	CENSURE MONOLOGIQUE : MONTRER POUR CACHER

La censure au niveau profond désigne une entreprise de balisage, de programmation. Dans un premier temps, elle vise à instituer le dicible et, ainsi, son effet est de cacher toute parole divergente. Dans un second temps, la censure profonde préventive vise à faire cacher un propos discordant, par des interventions préalables de nature privée.

Sur le plan de la manifestation, c'est-à-dire lorsque le niveau profond a été si inefficace que se produit un discours hétérodoxe, l'activité censoriale doit se résoudre à montrer (*Index*, au sens premier) pour cacher, contradiction difficile à contourner. La grande transformation de la censure cléricale, du XIXe siècle au début du XXe, aura été de passer du niveau de la manifestation au niveau profond. Ce modèle (rhétorique) de la censure parle en quelque sorte de lui-même. J'attire cependant l'attention sur le coefficient d'efficacité de la censure, qui va diminuant avec le niveau de la manifestation. Cela revient à dire que plus la censure se manifeste publiquement, plus la coercition montre sa faiblesse. On ne peut en faire une vérité générale, mais il est bien certain qu'à l'inverse, l'absence de censure au niveau de la manifestation n'est pas l'indice d'une absence de censure tout court, mais peut-être davantage d'un consensus inconscient.

Certes, ces niveaux s'investissent de contenus particuliers, en l'occurrence ces trois grands axes de la répression : « Sous sa forme la plus nue, le pouvoir implique l'usage de la violence, de la richesse et du savoir (au sens le plus large) en vue d'amener les hommes à se comporter d'une façon donnée[10]. » À cet égard, le Québec, sous la férule religieuse, n'a eu qu'à subir, de la violence, que les affres psychologiques (excommunication, refus d'absolution, etc.), de la richesse, que le contrôle symbolique (indulgences, etc.) et, du savoir, l'usage réel (système d'éducation, bibliothèques, etc.). Mais, en dernière analyse, l'Église a compris au tournant du siècle ce que John Saul a exprimé dans un essai récent :

> C'est le langage et non pas l'argent ou la force qui est facteur de légitimité. Tant que les systèmes militaire, politique, religieux ou financier ne contrôlent pas le langage, l'imagination du public peut évoluer librement, au gré des idées qui lui sont propres. L'autorité établie a toujours eu davantage à redouter des propos incontrôlés que des forces armées[11].

C'est dans cette entreprise du contrôle du langage que se lance le pouvoir religieux au début du XXe siècle. Au XIXe siècle, on voulait bien se réserver certains mots du domaine du sacré ; par exemple, la *Semaine religieuse de Québec* s'objectait à ce que le mot *miracle* fût employé dans les réclames publicitaires, « injure à Dieu[12] ». Mais au XXe, c'est le discours entier que l'on tentera de baliser.

De la pauvreté de notre imaginaire littéraire

Il ne faut tout de même pas oublier l'objet de ce livre, l'imprimé, et, en particulier, la littérature, lieu de la création, de l'imaginaire, du monde possible. On a déjà affirmé que la censure avait aseptisé notre milieu littéraire ; je ne crois pas que l'on puisse, même aujourd'hui, évaluer les effets véritables de cette censure sur notre imaginaire littéraire, mais de nombreux témoignages nous en livrent au moins quelques indices.

Écoutons en premier lieu un perspicace observateur étranger, que j'ai déjà eu le loisir de citer, R. de Marmande :

> Au lieu du régime de la discussion, de la critique comparée, le clergé a instauré le régime de la censure, et de l'Index, qu'il a tenté de justifier par tous les mauvais prétextes, en accusant à tort et à travers la littérature française des deux derniers siècles d'impiété, d'immoralité, d'hérésie, de mauvais goût, de libéralisme [sic], d'esprit antireligieux, de sacrilège et de tendances pélagiennes [sic][13].

Ce chapelet d'accusations entraîne, toujours selon de Marmande, un effet destructeur pour la littérature canadienne : « Privée ainsi de sa source, grâce à l'obstination d'un clergé retardataire et ignare, la littérature canadienne est morte avec Garneau [...][14]. »

Le roman, en particulier, apparaît d'une platitude incommensurable : « Le roman canadien demeure innocent et moral, mais combien enfantin ! Il n'en peut d'ailleurs être autrement, si l'on considère que la censure veille, qu'elle ne permet aux écrivains canadiens aucune fugue dans les endroits défendus[15]. »

Qu'en diraient les romanciers eux-mêmes ?

La condition d'existence de la littérature est assez peu représentée dans leurs œuvres, et pour cause : il eût fallu pour cela une distance peu commune, et fort risquée, pour tenir des propos comme ceux de R. de Marmande. En fait, il n'est qu'à lire les préfaces des romans du XIXe siècle, dont celle de *Charles Guérin* constitue l'épitomé, pour faire cette traversée du désert ; en ce qui touche le discours sur le roman, de méditer le recueil de condamnations qu'a accumulées Yves Dostaler[16]. Néanmoins, durant la période étudiée, un romancier — condamné, bien sûr — a tenu des propos critiques vis-à-vis de la condition littéraire en son temps et, en particulier, de la pauvreté de l'imaginaire créateur. Écoutons Arsène Bessette, qui fait parler ainsi l'un de ses personnages, mademoiselle Franjeu :

> Votre littérature nationale, mais elle n'existe pas, si je fais exception de quelques rares œuvres d'écrivains et de poètes de votre pays qui ont célébré les héros de la Nouvelle France et les patriotes de mil huit cent trente sept [sic]. Tous les livres qu'ont m'a signalés — je ne parle, bien entendu, que des romans — ne m'ont rien appris d'intéressant, d'inédit, sur le Canada et les canadiens [sic]. Vos romanciers n'ont fait qu'esquisser des idylles plus ou moins invraisemblables, n'ayant même pas le mérite de l'originalité[17].

Par la voix de son personnage, Arsène Bessette n'impute pas cette sclérose de l'imaginaire à la censure répressive, mais à cette obligation de dire plus débilitante encore. On me permettra de dépasser de dix ans le cadre de cette étude, et de faire témoigner l'un des critiques les plus éclairés et influents de l'époque, Louis Dantin, en écho aux propos de Bessette.

Dans une lettre à Alfred DesRochers, le 29 décembre 1929, après un acte de foi en la liberté, Dantin fait une sortie fracassante contre l'Église, « la plus grande force d'oppression qui pèse sur les droits de l'esprit », et plus particulièrement contre l'*Index*. Énumérant en deux pages ce qu'il est interdit de lire, le critique lance : « Et je me demande comment, dans le domaine de l'art littéraire, un esprit peut jamais atteindre à son complet développement, enserré dans ces bornes étouffantes. » Déplorant être coupé de la tradition séculaire des autres littératures, et en particulier de la littérature française, Dantin poursuit : « Croyez-vous qu'on puisse se passer de toute cette éducation intellectuelle, et devenir un écrivain ? » Puis il s'écrie :

> L'on se demande pourquoi la littérature canadienne reste étroite, mesquine et médiocre ! Mais mon cher ami, pour ce passage du *lit triste* de votre livre, qui est peut-être sa plus originale et sa plus belle trouvaille, vous êtes vous-même menacé de l'*Index* local. Non, il faut reconnaître ce qui est l'évidence même : l'Église, par son esprit statique et par ses restrictions sans mesure, se pose en ennemi de toute liberté, de toute originalité littéraires[18].

Autrement dit, la censure a empêché toute possibilité de stylisation, dont le propre « est de créer un objet culturel différent du réel, mais représentatif de ce dernier. La représentation nécessite l'abstraction du réel et sa reconstruction[19]. » L'esprit d'imitation, la servilité entravent l'imagination, certes, mais surtout, considérer le roman, et la littérature en général, dans leur seule fonction sociale et moralisatrice, les rend justiciables au premier degré.

C'est cependant au second degré que l'art acquiert son impunité ; et je ne parle pas seulement de l'impunité judiciaire[20], mais, plus largement, de celle que je qualifierais, à défaut de mieux, de sociale, liée jusqu'à un certain point au statut de la représentation et au degré d'autonomisation. Quand on ne comprend pas qu'un meurtre dans un roman et un meurtre dans la rue sont des événements non pas de degré, mais de nature différentes, l'art est alors en situation périlleuse. Certes, il y a des degrés de mimétisme : on s'aime (entendre : faire l'amour) et on se tue cent fois dans les films pour une fois dans les téléromans. Ce fait ne tient pas seulement à ce que le téléroman passe sur les ondes à 20 heures, mais surtout parce qu'il est reçu comme portant un degré de mimésis supérieur.

Voilà pourquoi la poétique du vrai, du bien et du beau mérite d'être examinée dans toutes ses conséquences. Cette trinité rend l'art justiciable aux yeux du clergé :

> Entre les doctrines vraies, les saintes mœurs et les belles créations de l'art, il y a connexion intime ; et cela doit être. Le vrai, le bien et le beau ne sont-ils pas, en effet, les trois principaux aspects sous lesquels se manifeste et rayonne, à travers son œuvre, l'Être souverain, premier principe et dernière fin de toutes les choses ? Or, le domaine propre de l'art, c'est le beau ; et le beau, surtout le beau moral, quand il nous apparaît clairement manifesté dans quelque chef-d'œuvre d'art, a pour effet pour ainsi dire de nous enlever à nous-même et de nous faire monter, au moins pour un instant, jusqu'à lui[21].

Pour une suite… qui n'aura jamais de fin

Je suis conscient, plus que quiconque sans doute, des limites de cette étude qui s'achève ici. En particulier, il faut noter que :

> Pour mieux arriver à cerner ce qui légitime la pratique de cette forme de censure telle qu'elle se dessina au XIXe siècle québécois, vue comme un mode de contrôle efficace de la réception et de la création des œuvres aux yeux mêmes des lecteurs et des écrivains qui en procèdent, nous pourrions ajouter à ces études [les cas d'interdiction] des observations sur des œuvres qui n'ont pas été censurées « explicitement », mais qui l'ont tout de même été par leur légitimation, puisqu'elles participaient de la même définition de la littérature qui aurait pu servir à les condamner […][22].

Malheureusement, cette attente de Manon Brunet n'aura pas trouvé ici de suites, car il m'a semblé préalable de saisir l'orthodoxie surtout par son volet hétérodoxe. J'espère cependant que, en plus de constituer un objet en lui-même, le champ de cette étude pourra se greffer à une visée plus compréhensive de la censure, sur les plans de la production et de la réception (contrôle du code esthétique par les groupes, associations, revues, éditeurs, etc.).

Quoi qu'il en soit, et au delà des chicanes méthodologiques, l'essentiel de ces pages est ailleurs. Le contenu immédiat de ce que nous écrivons, disons ou enseignons, est bien souvent un prétexte pour dire autre chose de plus important encore. « In any academic study we select the objects and methods of procedure which we believe the most important, and our assessment of their importance is governed by frames of interest deeply rooted in our practical forms of social life[23]. » Il en va de même pour l'objet de cette étude, qui n'est pas dénué de lien avec notre fin de siècle. Car, devant la montée de l'économisme, la jungle de la concurrence déchaînée, la poussée d'idéologies sournoisement hégémoniques mais, aussi, le détournement majeur qui semble se faire présentement de tout ce qui est gratuit, sans utilité immédiate (et je ne pense pas seulement ici à la littérature, mais au savoir en général), cette réflexion sur la censure, entreprise il y a dix ans dans un cadre purement académique, s'impose de plus en plus comme politique. Voilà pourquoi cette étude qui s'achève avec les années 1920 n'est pas sans liens avec notre présent, et qu'elle doit se poursuivre[24].

ANNEXE 1

Les évêques de Québec et de Montréal

Voici la liste des évêques de Québec et de Montréal, des origines jusqu'en 1919. Elle est tirée du *Dictionnaire général [...] du Canada*, de L. Le Jeune, Ottawa, Université d'Ottawa, 1931, p. 579-588.

Québec

Mgr de Laval (1675-1688)
Mgr de Saint-Vallier (1688-1727)
Mgr de Mornay (1727-1733)
Mgr Dosquet (1733-1738)
Mgr de Lauberivière (1739-1740)
Mgr de Pontbriand (1741-1760)
Mgr Briand (1766-1784)
Mgr d'Esglis (1784-1788)
Mgr Hubert (1788-1797)
Mgr Denault (1797-1806)
Mgr Plessis (1806-1825)
Mgr Panet (1825-1833)
Mgr Signay (1833-1850) *
Mgr Turgeon (1850-1867)
Mgr Baillargeon (1867-1870)
Mgr Taschereau (1870-1898)
Mgr Bégin (1898-1925)

Montréal

Mgr Lartigue (1836-1840)
Mgr Bourget (1840-1876)
Mgr Fabre (1876-1896)
Mgr Bruchési (1897-1939)

* Premier archevêque

ANNEXE 2

Mandements, circulaires et lettres pastorales

*Cette annexe présente, par ordre chronologique, un dépouillement des mandements, lettres pastorales, circulaires de Québec et de Montréal, des origines jusqu'en 1919, selon deux grandes divisions: documents de **Proscription** et documents de **Prescription**. Cette annexe peut ajouter certains renseignements dans le cadre de la présente étude, mais elle peut aussi servir à d'autres fins de consultation ; voilà pourquoi nous l'avons élargie à la censure prescriptive, et que nous avons inclus le théâtre, la lecture, etc.*

MANDEMENTS PROSCRIPTIFS

1685 ou 1686 [date incertaine] (*MÉQ*, vol. 1, *Avis donnés au gouverneur et à la gouvernante sur l'obligation où ils sont de donner le bon exemple au peuple*, «Touchant les comédies et autres déclamations», p. 171-172):
Dangers du théâtre, particulièrement des comédies.

1694-01-16 (*MÉQ*, vol. 1, *Éclaircissement touchant la comédie*, p. 304-308):
L'évêque s'appuie sur les écrits des Conciles, des saints Pères et Docteurs de l'Église pour dénoncer les dangers du théâtre. Par ailleurs, il distingue deux sortes de comédies: les unes absolument dangereuses et criminelles, les autres honnêtes en elles-mêmes, mais représentant un divertissement dangereux et une occasion prochaine de péché.

1694-01-16 (*MÉQ*, vol. 1, *Mandement au sujet des comédies*, p. 302-304):
Dangers du théâtre et des comédies pour la pureté des mœurs: allusion particulière au *Tartuffe* de Molière.

1694-01-16 (*MÉQ*, vol. 1, *Mandement sur les discours impies*, p. 301-302):
Mgr de Saint-Vallier menace d'excommunier le Sieur de Mareuil si ce dernier refuse de se repentir des discours impies qu'il profère en public malgré les avertissements du clergé (relativement à l'Affaire *Tartuffe*).

1694-02-05 (*MÉQ*, vol. 1, *Avis donnés aux curés et missionnaires dans une assemblée ecclésiastique tenue à Québec*, p. 311):
De la défense d'accorder l'absolution aux écrivains impies.

1694-03-10 (*MÉQ*, vol. 1, *Mandement pour les cas réservés*, p. 328-331) :
Cas de confession réservés aux évêques : entre autres, les écrivains injuriant Dieu. Censure de trois propositions en faveur de l'usure. Menace d'excommunication à ceux qui enseigneront, défendront ou publieront ces trois propositions.

1698-02-28 (*MÉQ*, vol. 1, *Statuts publiés dans le troisième synode tenu à Québec le vingt-septième jour de février de l'année 1698*, « Additions aux Statuts Synodaux, réglés dans la troisième Séance du Synode », p. 375) :
Cas de confessions réservés aux évêques : les écrivains injuriant Dieu.

1700-10-08 (*MÉQ*, vol. 1, *Ordonnance pour le règlement du diocèse*, p. 412-413) :
Dangers des comédies, qui sont « du parti des pompes du démon et de ses œuvres » (p. 413).

1700-10-08 (*MÉQ*, vol. 1, *Statuts publiés dans le Quatrième Synode tenu à Québec le 8 octobre 1700*, « XX », p. 395-396) :
Il est du devoir des curés de bannir de leurs paroisses les livres suspects et de refuser l'absolution aux fidèles qui se complaisent dans des occasions prochaines de péché telles que la danse.

1767-01-26 (*MÉQ*, vol. 2, *Mandement pour le jubilé accordé par notre Saint-Père le Pape Clément XIII*, p. 191-193) :
Constat des vices et nombreux scandales dans la colonie, dont, entre autres, « la hardiesse à lire les livres les plus dangereux et à écouter le langage de l'impiété et de l'irréligion […] » (p. 192).

1771-03-05 (*MÉQ*, vol. 2, *Mandement du jubilé pour la ville de Québec*, p. 222-224, 230-231) :
Les mauvaises lectures figurent parmi les dangers qui menacent la colonie. Il faut non seulement cesser ces lectures, mais encore brûler « avec courage et une espèce d'indignation ces livres séducteurs et empoisonnés […] » (p. 230).

1774-03-10 (*MÉQ*, vol. 2, *Mandement de Monseigneur l'évêque de Québec à l'occasion de son entrée dans sa cathédrale le jour anniversaire de sa consécration et la huitième année révolue de son épiscopat*, p. 247-252) :
Des désordres du temps.

1794 (*MÉQ*, vol. 2, *Mémoire sur le diocèse de Québec, 1794*, p. 487) :
Même si les mauvaises lectures ont fait de grands ravages dans la colonie, on observe une baisse des discours impies grâce aux autorités publiques.

1810-03-21 (*MÉQ*, vol. 3, *Proclamation par son excellence sir James-Henry Craig, chevalier du très honorable ordre du bain, capitaine général et gouverneur en chef des provinces du Bas-Canada, Haut-Canada, Nouvelle-Écosse, Nouveau-Brunswick, et leurs différentes dépendances, vice-amiral*

d'icelles: général et commandant de toutes les forces de sa majesté dans les dites provinces du Bas-Canada, Haut-Canada, Nouvelle-Écosse, Nouveau-Brunswick, et leurs différentes dépendances et dans l'île de Terre-Neuve, &c., &c., &c., p. 45-50):
Circonstances de la saisie du journal *Le Canadien* et justifications du Gouverneur James-Henry Craig.

1841-04-12 (*MÉM*, vol. 1, *Lettre pastorale de Mgr l'évêque de Montréal*, p. 135-136):
Dangers des mauvaises lectures, « poison de l'erreur [...] » (p. 135).

1849-02-15 (*MÉM*, vol. 2, *Extrait du procès verbal de la conférence, tenue dans une des salles du Séminaire de St-Sulpice, le 15 février 1849*, p. 46-47):
Interdiction aux prêtres d'absoudre les ouailles qui refusent de renoncer à la lecture de romans immoraux. Toutefois, on recommande de ne pas désigner nommément les journaux qui publient ces romans. Par ailleurs, on tolérera les représentations théâtrales chastes, mais on tentera prudemment d'en éloigner les fidèles.

1850-05-10 (*MÉM, vol. 8, Lettre particulière de Mgr l'évêque de Montréal, pour annoncer aux fidèles confiés à ses soins, une lettre pastorale, publiant les décisions de l'assemblée des évêques, tenue à l'évêché de Montréal, depuis le 1er jusqu'au 11 mai 1850*, p. 62-64):
Présentation d'une lettre pastorale publiant les décisions des évêques concernant les mauvaises lectures.

1850-05-11 (*MÉM*, vol. 2, *Circulaire des évêques de Sydime, de Montréal, de Carrha, de Martyropolis, et de Bytown, réunis à Montréal, au clergé de leurs diocèses*, « Décisions », « Bibliothèques », p. 116, et « Journal anglais », p. 116-119):
Brève présentation de la lettre pastorale des évêques de la province ecclésiastique de Québec, soulignant ses principales conclusions. Entre autres décisions: défense de lire des bibles falsifiées, des écrits contraires à la foi et aux mœurs, etc. Nécessité d'établir des bibliothèques paroissiales et de fonder un journal catholique anglais, le *True Witness*. (Circulaire reproduite dans *MÉQ*, 1850-05-11.)

1850-05-11 (*MÉM*, vol. 8, *Lettre pastorale des évêques de la province ecclésiastique de Québec, réunis en assemblée à Montréal*, p. 64-86):
Dangers des mauvaises lectures, plus particulièrement des bibles falsifiées et des mauvais journaux. Nécessité d'établir l'Œuvre des bons livres, doublée d'un réseau de bibliothèques paroissiales, pour contrer l'effet des mauvaises lectures. (Lettre pastorale reproduite dans *MÉQ*, 1850-05-11.)

1850-05-11 (*MÉQ*, vol. 3, *Circulaire des évêques de Sidyme, de Montréal, de Carrha, de Martyropolis et de Bytown, au clergé des diocèses de Québec, de Kingston, de Montréal, de Bytown et de Toronto*, p. 569-572):

Brève présentation de la lettre pastorale des évêques de la province ecclésiastique de Québec, soulignant ses principales conclusions. Entre autres décisions : défense de lire des bibles falsifiées, des écrits contraires à la foi et aux mœurs, etc. Nécessité d'établir des bibliothèques paroissiales et de fonder un journal catholique anglais, le *True Witness*. (Reprise de la circulaire du 1850-05-11, *MÉM*.)

1850-05-11 (*MÉQ*, vol. 3, *Lettre pastorale des évêques de la province ecclésiastique de Québec, réunis en assemblée à Montréal*, p. 579-601) :
Dangers des mauvaises lectures, plus particulièrement des bibles falsifiées et des mauvais journaux. Nécessité d'établir l'Œuvre des bons livres, doublée d'un réseau de bibliothèques paroissiales, pour contrer l'effet des mauvaises lectures. (Reprise de la lettre pastorale du 1850-05-11, *MÉM*.)

1854-06-04 (*MÉQ*, vol. 4, *Règlement disciplinaire adopté dans le Second Concile provincial de Québec*, «IV. Des Instituts littéraires», «VI. Des journaux», «VII. Des bibles falsifiées, des feuilletons et des livres immoraux», «VIII. Des bibliothèques paroissiales», p. 165-168) :
Dangers des instituts littéraires : les membres d'instituts jugés dangereux se verront refuser les sacrements. Urgence de contrer l'influence de la mauvaise presse en fondant un journal catholique français rédigé par des laïcs et en encourageant davantage la diffusion du *True Witness*. En outre, les bibles falsifiées, les feuilletons et les livres immoraux, «étant aujourd'hui grand moyen employé par l'enfer, pour perdre les âmes» (p. 167), le curé doit se montrer vigilant et «faire éliminer les livres suspects» (p. 167). Moyens à prendre pour fonder un réseau de bibliothèques paroissiales.

1858-03-10 (*MÉM*, vol. 3, *Circulaire au clergé*, p. 352-355) :
Présentation d'une Lettre pastorale où Mgr Bourget dénonce les dangers des mauvaises lectures et des mauvais discours, et par conséquent des instituts qui encouragent la lecture de ces écrits.

1858-03-10 (*MÉM*, vol. 3, *Lettre pastorale de Mgr l'évêque de Montréal, sur l'allocution prononcée par sa sainteté Pie IX. Contre les erreurs du temps, le 9 décembre 1854*, p. 366-375) :
Dangers des mauvaises lectures, qui sont «un poison mortel […]» (p. 367) que l'on veut faire boire aux fidèles. Interdiction de lire des livres dont la morale n'est pas approuvée par l'Église, de recevoir des livres colportés, d'appartenir à de mauvais instituts littéraires, de souscrire à des journaux anti-religieux, etc. Défense d'écouter les «hommes séducteurs […]» (p. 369) qui parlent «hors du sein de l'Église» (p. 370). Demande d'encouragement pour les missions de la Propagation de la foi à Vancouver.

1858-04-30 (*MÉM*, vol. 6, *Lettre pastorale de Mgr l'évêque de Montréal sur l'Institut Canadien et contre les mauvais livres*, p. 24-37):
Dénonciation des erreurs de l'Institut Canadien, association qui a méprisé ouvertement l'autorité cléricale en refusant de retrancher de sa bibliothèque les livres dangereux.

1858-05-13 (*MÉM*, vol. 3, *Lettre pastorale de Mgr l'évêque de Montréal contre les mauvais journaux*, p. 380-411):
Portrait général du mauvais journal, visant à aider les fidèles à le reconnaître et, par conséquent, à s'en éloigner. Définitions du journal irréligieux, du journal hérétique, du journal immoral, du journal impie, du journal libéral: «S'il se prétend libre, dans ses opinions religieuses ou politiques, c'est un journal libéral.» Arguments contre les «insinuations malignes et mensongères que l'on ne cesse de faire contre le Clergé» (p. 386). Défense du catholicisme. Interdiction de lire ou d'encourager une «gazette qui serait irreligieuse [*sic*], hérétique, impie, immorale ou libérale [...]» (p. 409). Condamnation de la liberté d'opinion. Nécessité d'encourager les bonnes publications.

1858-05-31 (*MÉM*, vol. 3, *Circulaire au clergé*, p. 376-378):
Présentation de deux lettres dénonçant les dangers des mauvais livres et des mauvais journaux. Obligation pour toutes les bibliothèques paroissiales d'acheter le livre de l'*Index*. Recommandation du livre *Les Révolutions. Recherches historiques sur l'origine et la propagation du mal en Europe* de l'abbé Gaume, pour prévenir le peuple contre les dangers des mauvaises lectures. Rappel des dangers des petits traités contre le catholicisme.

1858-09-24 (*MÉM*, vol. 3, *Souvenirs et résolutions de la retraite de 1858*, p. 412-415):
Sixième résolution de la retraite: «Combattre, avec les mêmes armes, l'irreligion [*sic*], le rationalisme et l'indifférentisme, que propagent les mauvais journaux, les mauvais livres, les mauvais instituts, etc.» (p. 413). Quatorzième résolution: «Ne jamais nommer publiquement, et encore moins en chaire, les journaux, ni pour en défendre la lecture, ni pour les recommander. Ce sera à l'Évêque à élever la voix dans ces occasions critiques.» (p. 414)

1859-02-04 (*MÉM*, vol. 3, *Lettre pastorale de Mgr l'évêque de Montréal, dénonçant M. Charles Chiniquy, prêtre, comme apostat*, p. 420-424):
Interdiction d'écouter la parole de Charles Chiniquy, ce «Pasteur changé en loup dévorant» (p. 421). Les catholiques doivent s'opposer à la secte de M. Chiniquy et prier pour les âmes qu'il a égarées.

1859-02-05 (*MÉM*, vol. 8, *Circulaire au clergé du diocèse de Montréal*, p. 196-197):

Présentation de la Lettre pastorale du 5 février 1859 dénonçant Charles Chiniquy comme apostat.

1859-02-05 (*MÉQ*, vol. 4, *Mandement contre l'apostat Chiniquy*, p. 329-330) :
L'apostat Charles Chiniquy incarne une menace pour l'Église catholique. Assister à ses discours serait pécher grièvement. « Nous vous en conjurons par l'intérêt que nous portons au salut de vos âmes, fuyez ces assemblées, fermez vos oreilles aux discours artificieux de ce prêtre déchu. » (p. 330)

1859-03-29 (*MÉM*, vol. 3, *Circulaire au clergé sur les questions à traiter dans les conférences de 1859*, p. 6) :
Projet d'édition par souscription de l'*Index*.

1859-07-21 (*MÉM*, vol. 4, *Circulaire au clergé*, p. 14-15) :
Mgr Bourget recommande aux curés de donner au prône des avis « sévères contre l'Opéra, le Théâtre, le Cirque et autres divertissements profanes qui sont aujourd'hui, pour nos villes et nos campagnes, un vrai sujet de scandale » (p. 14).

1859-11-25 (*MÉM*, vol. 4, *Circulaire de Mgr l'évêque de Montréal au clergé de son diocèse, déterminant l'intention des Quarante Heures, durant l'année 1860*, p. 19) :
Le clergé se doit de donner « cette année des cours d'instructions suivies, contre les principaux vices […] » (p. 19). Un de ces vices à combattre est « l'esprit d'impiété, de curiosité et de légèreté qui s'insinue d'une manière alarmante dans les mauvais livres, les mauvais journaux et les mauvais traités qui circulent plus que jamais dans le monde » (p. 19).

1860-05-31 (*MÉM*, vol. 4, *Circulaire au clergé*, p. 111-112) :
Dénonciation du journal *Le Pays*, qui a ouvertement méprisé l'autorité pontificale. (Voir le supplément à la circulaire, 1860-05-31, *MÉM*.)

1860-05-31 (*MÉM*, vol. 8, *Premier Supplément au mandement du 31 mai 1860, concernant les journaux qui ont attaqué la bulle de sa Sainteté Pie IX, excommuniant les envahisseurs des États pontificaux, et autres, etc.*, p. 208-214) :
Reconstitution, dans ce document privé, des circonstances qui ont mené à la condamnation des journaux ayant attaqué la Bulle de Pie IX : *Le Pays, Le Constitutionnel, La Patrie, Le Siècle, L'Opinion Nationale, Le Courrier de Paris, Witness, Le Semeur, Le Courrier de St-Hyacinthe*. (Voir Circulaire du 1860-05-31, *MÉM*.)

1861-07-30 (*MÉM*, vol. 4, *Circulaire au clergé*, p. 245-246) :
Défense au clergé de lire ou de faire usage des ouvrages liturgiques imprimés sans le consentement de l'Ordinaire.

1862-02-26 (*MÉM*, vol. 4, *Lettre circulaire de Monseigneur l'Évêque de Montréal, accompagnant le mandement sur le « Denier de Saint-Pierre »*, p. 313-315) :

Nécessité de convaincre les abonnés et les directeurs du journal *Le Pays* du danger que représente ce journal pour la religion. Résumé des lettres écrites par l'Évêque de Montréal aux directeurs du *Pays*. Invitation au clergé à combattre ce journal (sans le nommer en chaire), et à défendre la Papauté.

1863-05-21 (*MÉQ*, vol. 4, *Lettre pastorale des Pères du troisième Concile provincial de Québec*, p. 448-449) :

Dangers des mauvaises lectures, « productions criminelles que l'enfer ne cesse de vomir sur la terre [...] » (p. 449).

1863-12-03 (*MÉM*, vol. 4, *Circulaire au clergé du diocèse de Montréal, fixant l'intention des Quarante Heures pour la fin de l'année 1863 et pour 1864*, p. 406-414) :

Dénonciation du roman d'Ernest Renan, *Vie de Jésus*, qui est « peut-être le livre le plus odieux et le plus repoussant pour un cœur chrétien, qu'ait produit l'impiété moderne » (p. 406). Analyse et réfutation des erreurs qui y sont propagées. De l'importance de défendre la religion pour réparer les erreurs de Renan.

1865-01-01 (*MÉM*, vol. 5, *Circulaire au clergé du diocèse de Montréal, accompagnant le mandement du 1 janvier 1865*, p. 39-41) :

Présentation des Lettres apostoliques de Pie IX, qui peuvent être un outil utile contre les discours libéraux. L'Évêque fait également le vœu de voir un jour naître « un bon Journal pour défendre ex professo les vrais principes, que le libéralisme attaque avec tant d'imprudence, pour renverser plus vite toutes les sociétés [...] » (p. 40).

1865-01-23 (*MÉM*, vol. 5, *Mandement du jubilé de 1865 accordé par sa sainteté Pie IX par ses lettres apostoliques du 8 décembre 1864*, p. 80-83) :

Dangers des mauvaises lectures, rappelés par Pie IX. Nécessité de défendre la religion contre les erreurs du temps.

1867-03-14 (*MÉQ*, vol. 4, *Circulaire au sujet des classiques*, p. 564-569) :

Lettre du Cardinal Patrizi approuvant l'étude des auteurs païens dans les programmes scolaires et destinée à faire taire les auteurs de « brochures sur la question des classiques » (p. 564). [Allusion à la brochure *La Méthode chrétienne considérée dans ses avantages et sa nécessité et réponses à certaines difficultés*, de George Saint-Aimé, Ottawa, G. E. Desbarats, 1866, 51 p.]

1868-05-14 (*MÉM*, vol. 5, *Lettre pastorale des Pères du Quatrième Concile provincial de Québec*, « IV. Livres et journaux », p. 328-331) :

Nécessité d'établir partout un réseau de bibliothèques paroissiales et de distribution des bons livres. Dangers des mauvais écrits, en particulier de ceux provenant d'anciens catholiques. (Voir aussi la lettre pastorale du 1868-05-14, *MÉQ*, section «censure prescriptive».)

1868-05-14 (*MÉQ*, vol. 4, *Lettre pastorale des Pères du Quatrième Concile de Québec*, «Éducation de la jeunesse», «Livres et journaux», p. 623-629):
Importance, dans l'éducation, d'initier la jeunesse aux bonnes lectures. Nécessité d'établir partout des bibliothèques paroissiales. Dangers des mauvais écrits, en particulier de ceux qui proviennent d'anciens catholiques.

1868-08-12 (*MÉQ*, vol. 4, *Mandement pour condamner les deux brochures de George Saint-Aimé*, p. 646-648):
Interdiction aux fidèles de lire, de prêter ou même de garder en leur possession les brochures de George Saint-Aimé [pseudonyme d'Alexis Pelletier] (*Lettre à Monsieur Baillargeon, évêque de Tloa, sur la question des classiques, et commentaire sur la lettre du Cardinal Patrizi* et *Réponse aux dernières attaques dirigées par Monsieur l'abbé Chandonnet contre les partisans de la méthode chrétienne et commentaires sur les documents authentiques qui dévoilent les machinations de Messieurs les abbés Chandonnet et Benjamin Pâquet*), sous peine de désobéissance grave et d'excommunication. Par ailleurs, Mgr Baillargeon défend la publication nouvelle de tout écrit concernant la question des classiques.

1868-08-29 (*MÉM*, vol. 5, *Circulaire de Mgr l'évêque de Montréal contre le théâtre*, p. 369-373):
Annonce de l'arrivée prochaine d'une troupe d'acteurs étrangers, événement qui doit «nous inspirer des craintes plus sérieuses que si l'on nous annonçait une nouvelle apparition du choléra ou du typhus [...]» (p. 369). Il est interdit aux catholiques de fréquenter l'Opéra Bouffe.

1869-07-12 (*MÉM*, vol. 6, *Decretum Feria II. Die 12 julii 1869*, p. 23):
Liste d'œuvres condamnées par Rome, dont, entre autres, *L'Annuaire de l'Institut Canadien pour 1868*.

1869-07-16 (*MÉM*, vol. 6, *Circulaire publiant la réponse du Saint-Office concernant l'Institut Canadien et le décret de la S.C. de l'Index condamnant l'annuaire du dit Institut pour 1868*, p. 38-45):
Décision de la Sacrée Congrégation de l'Index condamnant *L'Annuaire de l'Institut Canadien pour 1868* et commentaires de Mgr Bourget.

1869-08-14 (*MÉM*, vol. 6, *Annonce à faire au prône dans toutes les églises du diocèse de Montréal où se fait l'office public le dimanche qui aura été fixé*

par Mr *l'Administrateur, par ordre de* Mgr *l'évêque de Montréal, dans sa lettre en date du 16 juillet 1869, p.* 46-50):
Publication intégrale du décret de la Sacrée Congrégation de l'Index interdisant l'*Annuaire de l'Institut Canadien pour 1868*.

1870-11-06 (*MÉM*, vol. 6, *Circulaire au clergé*, p. 122):
Annonce de l'échec du second appel de l'Institut Canadien à Rome. Projet d'édition d'un livre sur les soldats pontificaux; chaque famille fera bien d'en prévoir l'achat.

1871-10-03 (*MÉM*, vol. 6, *Circulaire au clergé*, p. 209-210):
Mgr Bourget refuse de recevoir *Le Pays* à l'Évêché et rappelle qu'il n'a jamais donné d'approbation à ce journal.

1871-11-09 (*MÉM*, vol. 6, *Circulaire au clergé*, p. 213-214):
Condamnation du livre *Hygiène et physiologie du mariage, histoire naturelle et médicale de l'homme et de la femme mariés, dans ses plus curieux détails* [d'Auguste de Bey], publication infecte « qui a pour but de faire connaître aux âmes chastes le vice honteux que la pudeur ne permet pas de nommer » (p. 213).

1872-04-18 (*MÉM*, vol. 8, *Lettre adressée par Monseigneur l'évêque de Montréal à tous les curés de la ville et de la banlieue*, p. 425):
Annonce de l'arrivée prochaine de deux troupes de théâtre en provenance des États-Unis. Mise en garde contre ces représentations immorales.

1873-06-04 (*MÉM*, vol. 6, *Lettre de* Mgr *l'évêque de Montréal, au Nouveau Monde*, p. 403-405):
Lettre de Mgr Bourget aux rédacteurs du *Nouveau Monde*, expliquant qu'il ne faut pas chercher à justifier le clergé contre les attaques gratuites de *La Grande Guerre ecclésiastique* de Louis-Antoine Dessaulles. Mgr Bourget dénonce l'attitude de *La Minerve*, qui se targue d'être un journal catholique, mais qui a pourtant annoncé la brochure de Dessaulles.

1873-06-13 (*MÉM*, vol. 6, *Circulaire au clergé concernant le pamphlet de l'hon. L. A. Dessaulles, intitulé: « La Grande Guerre ecclésiastique », annoncé par la « Minerve »*, p. 405-415):
Condamnation de *La Grande Guerre ecclésiastique*, brochure qui doit être traitée par les catholiques comme *L'Annuaire de l'Institut Canadien pour 1868*. Avertissement à *La Minerve*.

1874-05-01 (*MÉQ*, vol. 5 [vol. 1, Nouvelle série], *Mandement aux fidèles de la cité de Québec au sujet de certaines représentations théâtrales*, p. 204-205):
Interdiction d'assister aux représentations théâtrales d'une troupe « de baladins étrangers [...] » (p. 204) en visite à Québec, sous peine

de « tomber dans un cas […] » (p. 204) réservé à l'évêque et aux grands vicaires.

1874-10-18 (*MÉM*, vol. 8, *Annonce à faire au prône de toutes les églises de la ville et de la banlieue où se fait l'office public, le dimanche dix-huitième jour du mois d'octobre 1874, au nom de Mgr l'évêque de Montréal*, p. 465-467) :
Annonce de l'arrivée prochaine d'acteurs français, qui ont conjuré « de ravir le précieux trésor de l'innocence à ceux qui assisteront à ces honteuses représentations » (p. 465). Interdiction aux catholiques de fréquenter le théâtre, « ce lieu de scandale, où règne Satan avec un empire absolu et qui est vraiment le vestibule de l'enfer » (p. 465).

1875-02-22 (*MÉM*, vol. 8, *Pastoral letter of his lordship the bishop of Montreal publishing the encyclical of our holy father pope Pius IX concerning the jubilee of 1875*, « XXI. Immoral Books », p. 505-506) :
De l'importance de promouvoir les bons livres pour contrer l'effet des mauvais.

1875-03-01 (*MÉQ*, vol. 5, [vol. 1, Nouvelle série], *Circulaire au clergé*, « IV », « V », p. 273-274) :
Mise en garde contre les colporteurs de bibles et de tracts protestants. L'ouvrage *Une leçon d'agriculture — Causeries agricoles*, d'Édouard A. Barnard, est recommandé en raison des conseils pratiques qu'il contient sur l'agriculture.

1875-03-18 (*MÉM*, vol. 7, *Circulaire au clergé concernant Mr. Chiniquy et le "Daily Witness"*, p. 103-107) :
Défense d'écouter les discours de Charles Chiniquy et de lire le *Daily Witness*, qui a pris l'apostat comme auxiliaire. Explications concernant les principales erreurs proférées par Chiniquy.

1875-03-19 (*MÉM*, vol. 7, *Lettre pastorale de Mgr l'évêque de Montréal pour dénoncer de nouveau Mr. Chiniquy et défendre aux catholiques de lire le « Daily Witness », en les invitant à encourager un journal anglais*, p. 107-125) :
Raisons pour lesquelles il ne faut pas assister aux discours de M. Chiniquy. Défense de lire le *Daily Witness* et rappel de l'importance de fonder et d'encourager un journal catholique anglais, « pour que la vérité se fasse jour à travers ces épaisses ténèbres […] » (p. 120).

1875-03-25 (*MÉM*, vol. 7, *Supplément à la lettre pastorale du 19 mars 1875 pour les communautés religieuses*, p. 172-175) :
Même si les communautés religieuses ne sont pas directement concernées, l'évêque a cru bon de leur faire part des scandales qui menacent la ville. En demandant aux communautés religieuses de prier pour réparer les erreurs de Charles Chiniquy et du *Daily Witness*, il espère venger l'honneur de Dieu.

1875-04-10 (*MÉQ*, vol. 5 [vol. 1, Nouvelle série], *Circulaire au clergé*, « V », p. 278-279) :
Défense de lire le *Daily Witness*, (qui a publié les « abominations […] » (p. 278) proférées par Chiniquy), sous peine de péché mortel.

1875-09-08 (*MÉM*, Appendice au vol. 11 (pièces omises dans les 10 premiers volumes), *Lettre pastorale de Mgr l'évêque de Montréal concernant la sépulture ecclésiastique demandée pour un catholique infortuné mort dans la disgrâce de l'Église*, p. 331-338) :
Par la présente lettre, Mgr Bourget déclare : « que le lieu du cimetière où serait enterré le corps de feu Joseph Guibord, si jamais dans la suite il y est inhumé d'une manière quelconque, sera de fait, et demeurera, ipso facto, interdit et séparé du reste du cimetière » (p. 335). (Reprise de la lettre pastorale, *MÉM*, 1875-09-08, vol. 7.)

1875-09-08 (*MÉM*, vol. 7, *Lettre pastorale concernant la sépulture ecclésiastique demandée pour un catholique infortuné, mort dans la disgrâce de l'Église*, p. 196-200) :
Par la présente lettre, Mgr Bourget déclare : « que le lieu du cimetière où serait enterré le corps de feu Joseph Guibord, si jamais dans la suite il y est inhumé d'une manière quelconque, sera de fait, et demeurera, ipso facto, interdit et séparé du reste du cimetière » (p. 198). (Document reproduit dans *MÉM*, 1875-09-08, vol. 11.)

1875-10-03 (*MÉM*, vol. 7, *Lettre pastorale concernant la sépulture de Joseph Guibord, membre de l'Institut Canadien*, p. 234-246) :
1. « De la sainteté du cimetière catholique », 2. « Justice de la décision donnée par l'Église contre le nommé Joseph Guibord », 3. « Décision du Conseil Privé ». Mgr Bourget affirme que « sans entrer en conflit avec l'autorité […] », il a su « sauvegarder la liberté de l'Église […] » puisque « la fosse du dit Guibord, quand même elle serait placée au milieu, ne pourra profaner ce lieu saint […] » (p. 242).

1875-11-16 (*MÉM*, vol. 7, *Lettre pastorale de Mgr l'évêque de Montréal, concernant l'enterrement de Joseph Guibord*, p. 267-274) :
Mgr Bourget expose dans sa lettre les faits saillants de l'Affaire Guibord. L'Église sort gagnante de ces procès puisque « le lieu où a été déposé le corps de cet enfant rebelle à l'Église se trouve de fait séparé du reste du cimetière bénit, pour n'être plus qu'un lieu profane » (p. 269-270).

1875-11-18 (*MÉM*, vol. 7, *Circulaire déterminant l'intention des Quarante-Heures pour les années 1875 et 1876*, p. 275) :
Rappel du but de la lettre pastorale du 16 novembre 1875 : « prémunir les fidèles contre le danger du scandale que pourrait leur donner l'enterrement de J. Guibord, dans le cimetière de la Côte-des-Neiges » (p. 275).

1876-02-01 (*MÉM*, vol. 7, *Lettre pastorale de M*^{gr} *l'évêque de Montréal concernant le libéralisme catholique, les journaux, etc.*, p. 299-311):
Définition et dangers du libéralisme catholique. Directives à suivre pour contrer l'influence du libéralisme. Défense de lire le *Witness*, « qui ne cesse de vomir les plus grossières injures contre ce que la Religion a de plus saint » (p. 309) et qui a en outre fait l'éloge d'un discours de Charles Chiniquy.

1876-08-31 (*MÉQ*, vol. 5 [vol. 1, Nouvelle série], *Circulaire au clergé*, p. 421-425):
Reproches faits au journal *Le Réveil*, qui non seulement exclut de ses colonnes les questions religieuses, mais qui, entre autres, adresse des injures au clergé et prône la fondation d'écoles « athées » (p. 421). Extrait de la lettre des Pères du quatrième Concile de Québec mettant le peuple en garde contre les mauvais journaux. Interdiction de lire *Le Réveil*.

1880-11-15 (*MÉQ*, vol. 6 [vol. 2, Nouvelle série], *Circulaire au clergé*, « I. Dictionnaire généalogique des familles canadiennes, recommandé », et « IV. Livres distribués par les sociétés bibliques », p. 226-228):
L'évêque recommande à chaque fabrique et à chaque bibliothèque paroissiale l'achat du *Dictionnaire généalogique des familles canadiennes*, de M. Cyprien Tanguay. En outre, il rappelle aux curés leur devoir de mettre leurs paroissiens en garde contre le colportage de bibles protestantes. Les bibles protestantes trouvées devront être brûlées.

1881-10-21 (*MÉQ*, vol. 6 [vol. 2, Nouvelle série], *Déclaration de l'Archevêque et des évêques de la province ecclésiastique de Québec concernant certains écrits publiés contre l'Université Laval*, p. 275-277):
Condamnation des écrits publiés contre l'Université Laval: « Nous voulons qu'à l'avenir quiconque croirait devant Dieu avoir un grief contre cette institution catholique ou quelque autre, le fasse non pas devant le tribunal incompétent de l'opinion publique, par la voie des journaux, mais devant ceux que les saintes lois de la hiérarchie catholique ont institués les juges et les gardiens de la foi. » (p. 276)

1881-10-25 (*MÉM*, vol. 9, *À Monsieur le rédacteur du journal « Le Monde »*, p. 596-599):
Lettre de protestation des évêques de la province ecclésiastique de Québec contre certains écrits injuriant l'Université Laval. Un bref billet de Mgr Laflèche à Mgr Fabre, daté du 28 octobre 1881, est joint à cette lettre. Mgr Laflèche y fait la déclaration suivante: « je regrette la signature que j'ai apposée au bas de la déclaration collective des Évêques de la Province au sujet de la plainte de l'Université Laval et [...] par le présent, je la retire pour des raisons que je vais exposer au St. Siége [*sic*] » (p. 599).

1882-01-29 (*MÉM*, vol. 9, *Circulaire de Mgr l'évêque de Montréal au clergé de son diocèse*, p. 397-401):

Mgr Fabre rappelle l'obéissance due au Saint-Siège dans la question des écrits contre l'Université Laval et en ce qui concerne l'ingérence du clergé dans les élections. L'évêque constate que « tous les membres du clergé n'ont pas su comprendre leur rôle d'enfants soumis et obéissants à la voix du chef de l'Église […] » (p. 397). En outre, il dénonce un certain journal [*Le Monde*] qui, fort de l'appui que lui a donné le clergé par le passé, « vient de lancer un article propre à scandaliser les consciences les moins scrupuleuses » (p. 398). Traduction d'une lettre de S. É. le Cardinal Siméoni, rappelant la soumission due aux décrets pontificaux de septembre 1881.

1882-02-02 (*MÉQ*, vol. 6 [vol. 2, Nouvelle série], *Circulaire au clergé*, « VIII », p. 294-296):

Rappel du respect et de l'obéissance dus au Souverain Pontife, aux Congrégations romaines, à l'Épiscopat et aux décrets apostoliques du 13 septembre 1881, relativement aux écrits publiés contre l'Université Laval.

1882-03-13 (*MÉQ*, vol. 6 [vol. 2, Nouvelle série], *Ordonnance pour défendre la lecture d'une brochure contre l'Université Laval*, p. 312-314):

Condamnation de la brochure *La Conscience catholique outragée et les droits de l'intelligence violés par les deux défenseurs de l'Université Laval, Sa grâce Monseigneur Taschereau, Archevêque de Québec, et Sa Grandeur Monseigneur Fabre, Évêque de Montréal. Ouvrage réservé pour le public canadien et Notre Très Saint Père le Pape*, d'Elzéar Paquin, en vertu de la dixième règle de l'*Index*. Condamnation à l'avance des prochaines œuvres du docteur Paquin.

1882-03-25 (*MÉM*, vol. 9, *Circulaire de Mgr l'évêque de Montréal au clergé de son diocèse*, « II. *Le Monde* et *La Revue canadienne* », p. 430-431):

Dans sa circulaire du 29 janvier 1882, Mgr Fabre protestait contre un article paru dans *Le Monde* et concernant la querelle de l'Université Laval. Or, non seulement *Le Monde* n'a pas désavoué cet article, mais il garde encore en ses rangs le rédacteur en cause. De surcroît, la *Revue canadienne* a endossé l'attitude du *Monde*. Messieurs les curés jugeront s'ils doivent continuer d'encourager de telles publications.

1882-04-09 (*MÉM*, vol. 9, *Lettre pastorale de Mgr l'évêque de Montréal, concernant le 6e Concile provincial*, p. 443-451):

Rappel des dangers des livres hérétiques. Le *Manuel du citoyen catholique* est recommandé. Mgr Fabre souligne que tout livre de piété doit porter l'approbation de l'évêque pour être publié.

1882-04-09 (*MÉM*, vol. 9, *Lettre pastorale de Mgr l'évêque de Montréal, concernant le 6e Concile provincial*, « Decretum XX. De examine novorum librorum. De l'examen des livres nouveaux », p. 443):

Mgr Fabre souligne que tout livre de piété doit porter l'approbation de l'évêque pour être publié.

1882-05-23 (*MÉQ*, vol. 6 [vol. 2, Nouvelle série], *Circulaire au clergé*, « VI » et « VII », p. 321-323):
Mise en garde contre les sociétés bibliques qui colportent des ouvrages religieux falsifiés. Le *Manuel du citoyen catholique* est recommandé aux bibliothèques paroissiales.

1882-07-18 (*MÉQ*, vol. 6 [vol. 2, Nouvelle série], *Lettre pastorale pour défendre la lecture du «Courrier des États-Unis»*, p. 324-326):
Interdiction aux paroissiens d'encourager le *Courrier des États-Unis* «sous peine de désobéissance grave et même de censures [...]» (p. 326).

1882-10-26 (*MÉM*, vol. 9, *Circulaire de Mgr l'évêque de Montréal au clergé de son diocèse*, « IV. "Le Courrier des États-Unis" et les autres journaux», p. 466-467):
À l'instar de l'archevêque de Québec, Mgr Fabre interdit dans son diocèse la lecture du *Courrier des États-Unis*.

1884-01-20 (*MÉM*, vol. 9, *Circulaire de Mgr l'évêque de Montréal au clergé de son diocèse*, «*Condamnation de la brochure "La Source du mal de l'époque au Canada, Par un catholique"*», p. 539-541):
Condamnation de *La Source du mal de l'époque au Canada*, par «Un catholique» [pseudonyme d'Alexis Pelletier]. Obligation de brûler cette «œuvre des ténèbres [...]» (p. 539), sous peine de confession réservée à l'évêque.

1884-02-02 (*MÉQ*, vol. 6 [vol. 2, Nouvelle série], *Circulaire au clergé*, «I. Condamnation de la brochure: La Source du mal de l'époque au Canada, par un catholique*, p. 391-392):
Condamnation de *La Source du mal de l'époque au Canada*, dont l'auteur [Alexis Pelletier], «qui se cache lâchement sous l'anonyme et qui ose se dire catholique [...], ne respecte rien [...]» (p. 391). Par conséquent, défense de lire, de garder, de prêter la brochure sous peine de faute grave.

1884-06-14 (Annexes aux Mandements) (*MÉM*, vol. 9, *Humanum Genus. Lettre encyclique de sa sainteté Léon XIII*, pages annexes [extrait de *L'Ouvrier*, vol. 1, n° 28, 14 juin 1884]):
Mandements de Mgr Fabre, Mgr Langevin et de Mgr Laflèche publiant l'encyclique de Léon XIII sur la franc-maçonnerie, *Humanum Genus*.

1884-12-19 (*MÉQ*, vol. 6 [vol. 2, Nouvelle série], *Lettre pastorale pour condamner le «Royal Museum»*, p. 448-450):
Défense d'assister aux représentations données par le Dime ou le Royal Museum, «où la morale est outragée de la manière la plus scandaleuse» (p. 448).

1885-06-07 (*MÉM*, vol. 10, *Circulaire de Mgr l'évêque de Montréal au clergé de son diocèse*, «III. Les théâtres», p. 131-133):
> Dangers des théâtres, «qui sont, la plupart du temps, loin d'être des écoles de bonnes mœurs» (p. 132). Mise en garde particulière contre le Dime Museum, à propos duquel l'évêque a obtenu «des informations qui ne le recommandent en aucune façon» (p. 132).

1885-12-16 (*MÉM*, vol. 10, *Circulaire de Mgr l'évêque de Montréal au clergé de son diocèse*, «I. Considérations sur l'année qui vient de s'écouler. Désordres à éviter», p. 223-227):
> Si l'année qui vient de s'écouler a été particulièrement éprouvante, c'est que Dieu a voulu donner un avertissement au peuple. Il importe donc d'éviter les désordres immoraux (le théâtre, les tenues immodestes, les danses lascives, les courses de raquettes, les glissoires) afin que l'ordre soit rétabli.

1886-11-08 (*MÉQ*, vol. 6 [vol. 2, Nouvelle série], *Circulaire au clergé pour condamner «La lanterne»*, p. 591-592):
> Interdiction de lire la nouvelle édition de *La Lanterne* d'Arthur Buies, «amas confus de blasphèmes, d'attaques contre l'Église catholique, sa hiérarchie, ses œuvres, son enseignement, ses institutions» (p. 591). Les éditions de 1868 et 1869 sont également condamnées.

1887-12-03 (*MÉQ*, vol. 6 [vol. 2, Nouvelle série], *Circulaire au clergé*, «III», p. 628):
> Interdiction d'organiser des soirées dramatiques, même lorsque «le produit est destiné à des bonnes œuvres» (p. 628).

1888-02-13 (*MÉM*, vol. 10, *Circulaire de Mgr l'évêque de Montréal au clergé de son diocèse*, «IV. Petits théâtres», p. 376-377):
> Renouvellement de la mise en garde contre les petits théâtres, qu'on appelle aussi «Dime Museums» et qui attirent les enfants par leur coût minime. Les spectacles qu'on y présente, sans nécessairement habituer les enfants au mal, les accoutument pour le moins au trivial, «ce qui est loin de leur faire du bien» (p. 377).

1888-10-07 (*MÉQ*, vol. 7, *Mandement promulguant une encyclique du souverain pontife sur la liberté humaine*, p. 29-35):
> De la liberté humaine, selon l'encyclique de Léon XIII. Des limites de la liberté de presse.

1888-12-25 (*MÉM*, vol. 10, *Circulaire au clergé du diocèse de Montréal*, «I. Lettre encyclique de Notre Très Saint Père le Pape Léon XIII, Exeunte», p. 473-498):
> Lettre encyclique de Léon XIII, Exeunte anno, sur les erreurs modernes, dont, entre autres, la mauvaise presse et le théâtre immoral.

1888-12-25 (*MÉQ*, vol. 7, *Mandement promulguant la bulle «exeunte anno»*, p. 63-68):
Désordres à éviter, dont «les représentations théâtrales où s'étalent l'impiété et la licence, les livres et les journaux qui favorisent toutes les passions.»

1889-01-01 (*MÉQ*, vol. 7, *Mandement promulguant les décrets du Septième Concile provincial de Québec, décrets 7, 8 et 9*, p. 56-58):
Dangers du théâtre. Rappel des devoirs des écrivains catholiques. Dangers des mauvaises lectures, «ces œuvres diaboliques si pernicieuses pour les enfants» (p. 58). Instructions aux parents, aux journalistes et aux libraires concernant les mauvaises lectures.

1889-03-10 (*MÉM*, Appendice au vol. 11, pièces omises dans les 10 premiers volumes, *Circulaire de Mgr l'archevêque de Montréal au clergé de son diocèse*, p. 431-435):
Depuis plusieurs années, un mouvement s'est organisé à Montréal, comptant parmi ses adhérents de nombreux membres du clergé. Or, ce mouvement a demandé à Mgr Fabre son appui dans une querelle l'opposant à «un certain journal [...]» (p. 434). Mgr Fabre ne peut toutefois donner son approbation à un mouvement et à un journal qui ont affiché ouvertement leurs opinions politiques. L'évêque en profite pour exposer sa conception de la bonne presse.

1889-04-15 (*MÉM*, vol. 10, *Circulaire de Mgr l'archevêque de Montréal au clergé de son diocèse*, «Decretum XXIII. De libris ephemeridibus que improbis», «II. Nouveau Catéchisme prescrit par le VIIe Concile», p. 530-537):
Dangers de la littérature immorale et de la presse à sensation. Recommandations aux journalistes catholiques. Obligation pour le clergé d'utiliser désormais le nouveau Catéchisme dans les écoles [probablement le *Petit Catéchisme de Québec*, Imprimerie générale A. Côté et Cie, 1888]. Rappel de la confidentialité des documents épiscopaux.

1889-05-01 (*MÉQ*, vol. 7, *Circulaire au clergé*, «XI», p. 73):
Mise en garde contre les colporteurs de bibles et de «tracts» protestants, tirée de *La Semaine religieuse* du 27 avril 1889.

1890-02-21 (*MÉQ*, vol. 7, *Circulaire au clergé*, «IV. Brochure condamnée», p. 107):
Condamnation de la brochure *Les Quinze Oraisons révélées par Notre-Seigneur à Sainte Brigitte, reine de Suède*. Les grands privilèges qui sont révélés dans cette brochure ne sont pas approuvés par l'Église.

1890-11-20 (*MÉQ*, vol. 7, *Circulaire au clergé*, «II», p. 177):
L'évêque condamne l'*Almanach du purgatoire pour 1891*, puisque les indulgences jadis accordées à l'Œuvre des âmes du purgatoire et de la conversion des infidèles ont été retirées.

1891-04-20 (*MÉM*, vol. 10, *Lettre pastorale de Mgr l'archevêque de Montréal au clergé de son diocèse*, p. 743-745) :
Des dangers des livres impies et obscènes, de même que de la presse à sensation. Nécessité de veiller sur les lectures des enfants et mise en garde contre les librairies ou bibliothèques « circulaires ».

1891-11-25 (*MÉM*, vol. 10, *Circulaire de Mgr l'archevêque de Montréal au clergé de son diocèse*, « Condamnation de *l'Almanach du purgatoire pour 1892* », p. 803-805) :
Condamnation de *l'Almanach du purgatoire pour 1892*, qui « attaque directement le Saint-Siège et se permet envers les ordonnance [sic] de l'Autorité le plus indigne persiflage » (p. 805). Mgr Fabre rappelle que l'Œuvre des âmes du purgatoire, responsable de cette publication, a été supprimée en 1890 et s'est vu retirer ses indulgences.

1891-12-08 (*MÉQ*, vol. 7, *Circulaire au clergé*, « I », p. 259-260) :
Défense de lire, de garder ou de distribuer *l'Almanach du purgatoire pour 1892* sous peine de faute grave et de désobéissance.

1892-05-13 (*MÉQ*, vol. 7, *Lettre pastorale au sujet de la vente de mauvais journaux*, p. 281-286) :
L'évêque démontre les dangers de la littérature impie et licencieuse, en s'appuyant sur saint Paul, saint Augustin, les Pères du troisième Concile de Québec, saint Basile. Il défend aux fidèles de lire, de garder ou de vendre des livres immoraux, sous peine de péché grave. Enfin, il demande aux catholiques de s'opposer à ces publications malsaines qui « finissent toujours par ravir les consolations du foyer domestique, souiller les consciences, corrompre les cœurs et porter atteinte au bon ordre de la société » (p. 285).

1892-09-29 (*MÉM*, vol. 11, *Lettre pastorale de NN. SS. Les archevêques et évêques des provinces ecclésiastiques de Québec, de Montréal et d'Ottawa, sur les devoirs des catholiques en face des accusations dont le clergé est l'objet à la suite d'un scandale récemment arrivé à Montréal*, p. 95-106) :
Les évêques défendent l'Église catholique devant deux journaux calomniateurs [*Canada-Revue* et *L'Écho des Deux-Montagnes*], à la suite de la chute d'un prêtre [l'abbé Guyot]. Ils dénoncent les erreurs de la presse et demandent aux familles chrétiennes de « n'encourager en aucune manière les journaux et les feuilles périodiques coupables des fautes et des erreurs […] » (p. 105) qui ont été signalées. (Lettre pastorale reproduite dans *MÉQ*, 1892-09-29.)

1892-09-29 (*MÉQ*, vol. 7, *Lettre pastorale de NN. SS. les archevêques et évêques des provinces ecclésiastiques de Québec, de Montréal et d'Ottawa, sur les devoirs des catholiques en face des accusations dont le clergé est l'objet à la suite d'un scandale récemment arrivé à Montréal*, p. 301-308) :

Les évêques défendent l'Église catholique devant deux journaux calomniateurs [*Canada-Revue* et *L'Écho des Deux-Montagnes*], à la suite de la chute d'un prêtre [l'abbé Guyot]. Ils dénoncent les erreurs de la presse et demandent aux familles chrétiennes de «n'encourager en aucune manière les journaux et les feuilles périodiques coupables des fautes et des erreurs [...]» (p. 308) qui ont été signalées. (Reprise de la lettre pastorale, *MÉM*, 1892-09-29.)

1892-11-11 (*MÉM*, vol. 11, *Circulaire de M*^{gr} *l'archevêque de Montréal au clergé de son diocèse, concernant la «Canada-Revue» et «L'Écho des Deux-Montagnes»*, p. 107):
Condamnation de ces deux revues.

1892-11-15 (*MÉQ*, vol. 7, *Lettre collective au clergé*, p. 327-328):
Après un avertissement dont ils n'ont pas tenu compte (Lettre pastorale du 1892-09-29), condamnation des journaux *L'Écho des Deux-Montagnes* et *Canada-Revue*. Défense aux fidèles «d'imprimer, de mettre ou de conserver en dépôt, de recevoir ou de garder en sa possession ces deux feuilles dangereuses et malsaines, d'y collaborer et de les encourager d'une manière quelconque» (p. 328), sous peine de refus des sacrements.

1893-12-04 (*MÉQ*, vol. 8, *Circulaire au clergé*, «II», p. 43-45):
Condamnation des lettres d'un curé concernant la loi des statistiques adoptée en 1892, parues dans le journal *La Vérité* (extrait d'une circulaire de l'évêque de Saint-Hyacinthe dénonçant ces correspondances).

1893-12-25 (*MÉM*, vol. 11, *Lettre pastorale de M*^{gr} *l'archevêque de Montréal sur l'état actuel de la société*, p. 237-238 et p. 241-248):
Constat de la soumission de la presse, dans son ensemble, à la religion. Dangers du théâtre, «descendu à un degré humiliant de l'échelle morale» (p. 241). Dangers de la presse immorale et impie, «encore plus à craindre que le mauvais théâtre» (p. 244).

1894-03-19 (*MÉM*, Appendice au vol. 11, pièces omises dans les 10 premiers volumes, *Lettre pastorale de nos seigneurs les archevêques et évêques des provinces ecclésiastiques de Québec, de Montréal et d'Ottawa, sur l'éducation*, «Mauvaises lectures à éviter», p. 664-669):
Exposé des dangers des mauvaises lectures (livres immoraux, presse à sensation, etc.) qui constituent un véritable poison pour l'âme, par opposition aux bienfaits de la bonne presse, «lumière pour l'intelligence [et] aliment sain pour l'âme» (p. 668).

1894-05-18 (*MÉM*, vol. 12, *Circulaire de M*^{gr} *l'archevêque de Montréal au clergé de son diocèse*, «II. Bazars, représentations théâtrales, pèlerinages, excursions de charité, etc., etc.», p. 22-26):
Règles relatives aux représentations théâtrales. Ex.: Défense de présenter sur scène un acteur en costume ecclésiastique ou religieux.

1895-02-28 (*MÉM*, vol. 12, *Circulaire de Mgr l'archevêque de Montréal au clergé de son diocèse*, « I. Les mauvais journaux », p. 74-76) :

Le 11 novembre 1892, Mgr Fabre condamnait la *Canada-Revue* et *L'Écho des Deux-Montagnes*. Si, depuis, les catholiques ont compris la gravité de cette interdiction, le problème de la mauvaise presse n'en est pas pour autant enrayé. Certains journaux manifestent encore un esprit hostile à la religion, et les prêtres devront rappeler aux fidèles les effets néfastes de ces publications sur l'âme.

1895-10-09 (*MÉM*, vol. 12, *Lettre pastorale des Pères du Premier Concile provincial de Montréal, Sur la presse*, p. 131-167) :

Principales parties de la lettre : 1. « Des devoirs de la presse (fonctions et apports) » (p. 133). 2. « Les abus de la presse (Mauvaise presse : journal à spéculation, presse immorale, servilisme politique, journal irréligieux, etc.) » (p. 143). 3. « Des droits de l'Église et de l'État à l'égard de la presse » (p. 153). 4. « Des devoirs des fidèles à l'égard de la presse » (p. 158).

1896-01-29 (*MÉM*, vol. 12, *Circulaire de Mgr l'archevêque de Montréal au clergé de son diocèse*, « V. Théâtre – Opéra », p. 182) :

Défense aux prêtres d'assister à des pièces de théâtre ou de se rendre à l'opéra. Le prêtre qui porterait ses habits séculiers afin de ne pas être reconnu se rendrait encore plus coupable.

1896-04-25 (*MÉQ*, vol. 8, *Circulaire au clergé*, « II », p. 258) :

Mise en garde contre les bibles et « tracts » protestants « qu'on commence à colporter partout, jusqu'au fond des campagnes les plus éloignées » (p. 258).

1896-05-06 (*MÉM*, vol. 12, *Lettre pastorale de nos seigneurs les archevêques et évêques des provinces ecclésiastiques de Québec, de Montréal et d'Ottawa sur la question des Écoles du Manitoba*, p. 196) :

Les évêques rappellent les devoirs qu'implique le droit de vote. Par ailleurs, ils insistent sur le caractère particulier de la présente campagne électorale, en rapport avec la question des Écoles du Manitoba. Les évêques ordonnent à tous les catholiques de n'accorder leur suffrage « qu'aux candidats qui s'engageront formellement et solennellement à voter, au Parlement, en faveur d'une législation rendant à la minorité catholique du Manitoba les droits scolaires qui lui sont reconnus par l'Honorable Conseil Privé d'Angleterre. »

1896-12-22 (*MÉQ*, vol. 8, *Lettre pastorale des évêques de la province ecclésiastique de Québec au sujet du journal «l'Électeur»*, p. 335-338) :

Condamnation du journal *L'Électeur* « dont les idées malsaines et les articles perfides […] constituent un vrai péril religieux et social » (p. 335). *L'Électeur* a été trop loin en attaquant ouvertement l'Église dans les numéros du 28 janvier et du 27 novembre. Interdiction de lire *L'Électeur*, sous peine de faute grave et de refus des sacrements.

1897-01-12 (*MÉQ*, vol. 8, *Circulaire au clergé*, « VII », p. 345-349) :
Présentation du décret de l'*Index* condamnant *Le Clergé canadien, sa mission, son œuvre* de Laurent-Olivier David. Justifications de cette censure et traduction du décret lui-même.

1897-01-25 (*MÉM*, vol. 12, *Circulaire au clergé du diocèse de Montréal*, « II.Condamnation du livre de M. L.-O. David », p. 224-231) :
Reproduction de la circulaire de Mgr Bégin et du décret condamnant *Le Clergé canadien, sa mission, son œuvre* de Laurent-Olivier David.

1898-09-01 (*MÉQ*, vol. 9, *Circulaire au clergé*, « IV », p. 51-52) :
Liste des auteurs dont les ouvrages sont à l'*Index* ou sont jugés dangereux : entre autres, l'œuvre complète de Balzac, d'Alexandre Dumas père et fils, de George Sand, d'Eugène Sue, d'Émile Zola...

1900-12-03 (*MÉM*, vol. 13, *Sujets de sermons sur les commandements de Dieu pour 1901*, « XXV. Mauvais livres », p. 331) :
Sujets de sermons concernant les mauvais livres.

1901-11-04 (*MÉM*, vol. 13, *Mandement de Mgr l'archevêque de Montréal prémunissant les fidèles de son diocèse contre un soi-disant prêtre étranger*, p. 424-426) :
Mise en garde contre M. Philippe Giraud, ce « soi-disant » prêtre. Interdiction de lire le journal *L'Église catholique*, l'organe de propagande de M. Giraud. Il est également formellement défendu aux fidèles d'assister à la messe chantée par ce faux prêtre.

1901-12-16 (*MÉM*, vol. 13, *Lettre pastorale de Mgr Paul Bruchési, archevêque de Montréal, sur l'affaiblissement de l'esprit chrétien et le goût des plaisirs du monde*, p. 452-464) :
Des dangers des représentations théâtrales, « champs ouverts à l'épanouissement facile de toutes les séductions du luxe et du mensonge, de l'orgueil et de la sensualité » (p. 458). Mgr Bruchési rappelle, à la lumière d'une tentative de quelques citoyens, qu'il est impossible de moraliser le théâtre.

1903-02-18 (*MÉM*, vol. 13, *Circulaire de Mgr l'archevêque de Montréal au clergé de son diocèse*, « II. Mauvais théâtres », p. 511-513) :
Dangers du théâtre. Dénonciation du fait que les journaux catholiques publient des annonces en faveur des troupes de théâtre. Félicitations à un magistrat civil [le juge Poirier], qui a donné « une leçon » à des acteurs du Palais-Royal en les condamnant à une amende ou à la prison.

1903-09-29 (*MÉM*, vol. 13, *Mandement de Mgr l'archevêque de Montréal interdisant le journal « Les Débats »*, p. 562-566) :
Condamnation du journal *Les Débats*, qui n'a pas tenu compte des avertissements réitérés de l'évêque et qui, non seulement a « émis des

doctrines voisines de l'hérésie» (p. 564), mais qui a aussi «insulté de manière ignoble» (p. 564) la mémoire de Mgr Bourget.

1903-10-28 (*MÉQ*, vol. 9, *Circulaire au clergé*, «VI», p. 293):
Mise en garde contre les tracts protestants et les écrits hérétiques, ces «petits livres remplis d'erreurs […]» (p. 293) qui doivent être brûlés.

1903-12-17 (*MÉM*, vol. 13, *Circulaire de Mgr l'archevêque de Montréal au clergé de son diocèse*, «Sujets de sermons pour l'année 1904. IV. Lecture», «IX. Théâtres», p. 590-591, 594):
Liste de sujets de sermons pour 1904, dont, entre autres: «Avantages des bonnes lectures» (p. 590); «Sortes de mauvais livres» (p. 590); «Effets des mauvaises lectures» (p. 591); «Condamnation des mauvais livres (*Index*)» (p. 591); «Théâtre: nature, condamnation, raison» (p. 594).

1904-01-20 (*MÉM*, vol. 13, *Circulaire de Mgr l'archevêque de Montréal au clergé de son diocèse*, p. 608-609):
Le journal *Les Débats*, condamné le 29 septembre 1903, continue de paraître sous un autre nom [*Le Combat*]. Ce journal est évidemment condamné par l'évêque.

1904-02-08 (*MÉM*, vol. 13, *Circulaire de Mgr l'archevêque de Montréal au clergé de son diocèse*, «II. Guerre aux mauvais journaux et aux mauvais livres. Lettre de son excellence le délégué apostolique», p. 613-616):
Reproduction de la lettre du délégué apostolique approuvant la condamnation du journal *Les Débats* sous son nouveau nom [*Le Combat*]. Mgr Bruchési rappelle l'importance de faire la guerre aux mauvais journaux et défend aux fidèles de lire «un livre paru récemment à Montréal […]» (p. 616) [*Marie Calumet*, de Rodolphe Girard].

1905-12-04 (*MÉM*, vol. 13, *Lettre circulaire de Mgr l'archevêque de Montréal au clergé de son diocèse*, «III. Les théâtres», p. 751-760):
De la nécessité d'exiger des filles qui veulent faire partie de l'Association des Enfants de Marie, «ainsi que des dames des diverses congrégations pieuses, […] la promesse de ne pas fréquenter les théâtres» (p. 752). Reproduction de deux lettres (26 novembre et 2 décembre 1905) de Mgr Bruchési concernant les dangers du théâtre. En soulignant la moralité de plus en plus dégradante des pièces jouées à Montréal, l'évêque fait allusion à la visite de Sarah Bernhardt: «telle actrice dont nous ne voudrions pas prononcer le nom n'a-t-elle pas, il y a quelques mois à peine, répété ici les scènes ignobles dont elle était coutumière ailleurs? Nous savons que plus d'un auditeur en a été alors indigné, mais aussi pourquoi ceux qui se respectent étaient-ils allés l'entendre?» (p. 754)

1906-02-12 (*MÉM*, vol. 14, *Circulaire de Mgr l'évêque de Montréal au clergé de son diocèse*, «IV. Observation du dimanche», p. 13-14):

Conformément à la règle concernant la sanctification dominicale, toute représentation théâtrale est interdite le dimanche.

1907-09-08 (*MÉQ*, vol. 10, *Encyclique de Pie X sur les doctrines modernistes*, « IV », p. 170-172) :

Dans son Encyclique sur les doctrines modernistes, Pie X souligne les dangers des mauvais livres et ordonne aux évêques de nommer des censeurs d'office dans tous les diocèses.

1907-12-18 (*MÉM*, vol. 14, *Circulaire de Mgr l'évêque de Montréal au clergé de son diocèse*, « Deuxième partie. Les causes de ces erreurs. — Celles qui les engendrent sont morales [la curiosité mal réglée et l'orgueil] et intellectuelles [l'ignorance de la philosophie scolastique] », « Troisième partie. Les remèdes », p. 133-135) :

Les mauvais journaux sont directement responsables de la propagation des erreurs concernant la religion. Pour remédier à ce danger, les évêques doivent notamment interdire la lecture d'œuvres modernistes, livres et journaux.

1908-08-04 (*MÉQ*, vol. 10, *Pie X. Exhortation à l'occasion du 50e anniversaire de son sacerdoce*, « Avantages des saintes lectures », p. 18-20) :

Avantages des saintes lectures et dangers des livres impies pour les prêtres.

1908-08-13 (*MÉM*, vol. 14, *Circulaire de Mgr l'évêque de Montréal au clergé de son diocèse*, « IV. Livres à l'*Index* », p. 239) :

Rectification de certaines idées reçues en ce qui concerne les lois de l'*Index*. Dangers des mauvaises lectures.

1909-05-10 (*MÉM*, vol. 14, *Circulaire de Mgr l'évêque de Montréal au clergé de son diocèse*, « I. Le "Théâtre Royal" de Montréal », p. 290-292) :

Mgr Bruchési défend aux catholiques d'assister aux représentations du Théâtre Royal. Il en profite par ailleurs pour rappeler aux journalistes qu'il est interdit de faire de la publicité en faveur des « pièces mauvaises ou suspectes » (p. 292).

1909-07-27 (*MÉM*, vol. 14, *Mandement de Mgr l'archevêque de Montréal aux fidèles de son diocèse interdisant la lecture du journal « La Semaine »*, p. 311-314) :

Interdiction aux catholiques de lire le journal *La Semaine*, qui a publié, outre des articles contraires à la religion, un conte que l'évêque qualifie « d'ignoble pornographie [...] » (p. 313) [« Les Foins », extrait de la future *Scouine*, d'Albert Laberge].

1909-11-11 (*MÉM*, vol. 14, *Lettre de Mgr l'archevêque de Montréal dénonçant un théâtre de Montréal*, « Aux catholiques de Montréal », p. 326-330) :

Dénonciation des pièces jouées à l'Académie de musique. Rappel des dangers du théâtre, qui « n'est pas la place d'une femme et d'une jeune fille vertueuse [..] » (p. 330).

1910-11-15 (*MÉQ*, vol. 10, Mgr *Bégin au clergé de son diocèse*, « IV », p. 340-342) :
  Dangers du modernisme. Mesures à prendre pour surveiller « toutes les traces de ces funestes doctrines soit dans les publications soit dans l'enseignement ».

1911-02-15 (*MÉQ*, vol. 10, *Lettre pastorale*, p. 357-368) :
  Mgr Bégin rappelle les devoirs de l'écrivain catholique et l'obligation qu'a l'évêque de s'opposer à la mauvaise presse. Il dénonce formellement des articles précis (« Une crèche dorée sur tranche », « Sans malice », « Pénible énigme » et « Un exemple à suivre ») parus dans *La Vigie*. Selon l'évêque, *La Vigie* et *Le Soleil* tentent de démolir l'œuvre du journal *L'Action sociale*, menant une « campagne injuste […] » (p. 364) contre les maisons d'éducation et propageant des opinions contraires à la tempérance. Mgr Bégin exhorte les directeurs de *La Vigie* et du *Soleil* à revenir dans la bonne voie et à respecter l'autorité religieuse.

1912-06-03 (*MÉM*, vol. 15, *Lettre pastorale de Mgr l'archevêque de Montréal au sujet d'une revue et d'un journal de Montréal*, p. 53-56) :
  Interdiction de lire la revue *La Lumière*, « dont le but avoué est de combattre la religion et la morale chrétienne » (p. 53). Avertissement au journal *Le Pays* de changer de « méthode et de langage » (p. 56).

1913-09-25 (*MÉM*, vol. 15, *Mandement de Mgr l'archevêque de Montréal au sujet du journal « Le Pays »*, p. 182-184) :
  Mgr Bruchési rappelle l'avertissement donné dans la lettre pastorale du 3 juin 1912, dont les rédacteurs du journal *Le Pays* n'ont pas tenu compte. Interdiction de lire ce journal.

1913-10-02 (*MÉQ*, vol. 11, *Mandement de Mgr L.-N. Bégin, archevêque de Québec, au sujet du journal « Le Pays »*, p. 51-53) :
  Reproduction du mandement de Mgr Bruchési (voir *MÉM*, 1913-09-25) interdisant la lecture du journal *Le Pays*. Interdiction de lire ce journal dans le diocèse de Québec, pour les mêmes raisons que Mgr Bruchési invoque.

1915-06-10 (*MÉQ*, vol. 11, *Lettre pastorale de son éminence le Cardinal Bégin*, « Les lectures », « La presse catholique », p. 193-195) :
  Dangers des mauvaises lectures qui, toutes, entraînent les mêmes conséquences : la décadence de la foi et l'affaiblissement des convictions. Réfutation des arguments du libre accès à l'information et rappel de l'importance de soutenir la presse catholique.

1916-11-04 (*MÉQ*, vol. 11, *Circulaire au clergé*, « III », p. 244-245) :
  Il est du devoir du curé de rappeler aux ouailles les dangers des mauvaises lectures et des représentations théâtrales, plus précisément en ce qui concerne la profanation du « saint jour du dimanche » (p. 244).

1917-12-28 (*MÉM*, vol. 15, *Circulaire de Mgr l'archevêque de Montréal au clergé de son diocèse,* « Sujets de sermons pour l'année 1918 », p. 531) :
Liste de sujets de sermons pour 1918, dont, entre autres : « Les mauvaises lectures : Quels sont les livres qu'on ne doit pas lire ? Pourquoi ? La bonne lecture ».

MANDEMENTS PRESCRIPTIFS

1694-03-10 (*MÉQ*, vol. 1, *Pratiques de piété qu'un curé doit inspirer à ses paroissiens,* p. 332-333) :
Liste d'ouvrages recommandés aux curés : entre autres, les *Confessions* de saint Augustin, la *Conduite de la Confession et de la Communion,* de saint François de Sales, l'*Institution chrétienne* de Mgr Abelly.

1700-09-01 (*MÉQ*, vol. 1, *Mandement pour la publication du Catéchisme,* p. 386-388) :
Mgr de Saint-Vallier expose dans ce mandement son intention de doter le diocèse de Québec d'un catéchisme qui répondra davantage aux besoins du clergé de la Nouvelle-France. Ce catéchisme ne paraîtra qu'en 1702.

1829-03-02 (*MÉQ*, vol. 3, *Mandement au sujet d'une nouvelle édition du Grand Catéchisme,* p. 233) :
Description de la nouvelle édition du catéchisme. [Selon toutes probabilités, il s'agit du *Grand Catéchisme à l'usage du diocèse de Québec,* Québec, T. Cary et Cie, 1829.]

1845 ? [date incertaine] (*MÉM*, vol. 3, *Règlement pour l'Œuvre des bons livres. Règles fondamentales et invariables,* p. 176-179) :
Énonciation des règlements de l'Œuvre des bons livres de Montréal.

1845 ? [date incertaine] (*MÉM*, vol. 3, *Tableau des indulgences accordées par les Souverains pontifes aux associés de l'Œuvre des bons livres de Bordeaux, et qui pourront être gagnées par les associations du même genre au Canada,* p. 179-180) :
Liste des indulgences accordées à l'Œuvre des bons livres de Montréal.

1845 ? [date incertaine] (*MÉM*, vol. 8, *Règlement pour l'Œuvre des bons livres,* p. 49-51) :
Liste des règlements de l'Œuvre des bons livres de Montréal.

1845-09-25 (*MÉM*, vol. 1, *Indulgences accordées par les Souverains Pontifes aux Associés de l'Œuvre des bons livres de Bordeaux et communiquées aux affiliés de Montréal, le 5 décembre 1844,* p. 310-312) :
Liste des indulgences accordées à l'Œuvre des bons livres.

1845-09-25 (*MÉM*, vol. 1, *Mandement d'installation de l'Œuvre des bons livres à Montréal*, p. 304-306):
Mgr Bourget souligne la nécessité d'établir l'Œuvre des bons livres à Montréal et approuve officiellement la création de cette nouvelle association.

1845-09-25 (*MÉM*, vol. 1, *Œuvre des bons livres. Ordonnance d'organisation et règlement de l'Œuvre des bons livres de Montréal*, p. 306-310):
Circonstances de l'installation de l'Œuvre des bons livres de Montréal. Buts, structure et règlements de l'association.

1846-05-25 (*MÉQ*, vol. 3, *Circulaire recommandant une traduction française du Nouveau Testament*, p. 482-483):
L'archevêque de Québec recommande au clergé l'utilisation d'une récente traduction du *Nouveau Testament*, publiée à Québec par ses soins.

1847-09-05 (*MÉM*, vol. 1, *Circulaire au clergé du diocèse de Montréal*, « 10e », p. 440-441):
Il est primordial d'établir de bonnes bibliothèques de paroisses pour contrer l'effet des mauvaises lectures.

1849-10-15 (*MÉQ*, vol. 3, *Circulaire à Messieurs les curés*, p. 556-557):
L'évêque demande aux curés de presser leurs paroissiens à s'abonner à un journal agricole [*The Agricultural Journal and Transaction of the Lower Canada Agricultural Society*], publié à Montréal et menacé de faillite.

1850-05-11 (*MÉM*, vol. 2, *Circulaire des évêques de Sydime, de Montréal, de Carrha, de Martyropolis, et de Bytown, réunis à Montréal, au clergé de leurs diocèses*, « Décisions », « Bibliothèques », p. 116, et « Journal anglais », p. 116-119):
Brève présentation de la lettre pastorale des évêques de la province ecclésiastique de Québec, soulignant ses principales conclusions. Entre autres décisions : défense de lire des bibles falsifiées, des écrits contraires à la foi et aux mœurs, etc. Nécessité d'établir des bibliothèques paroissiales et de fonder un journal catholique anglais, le *True Witness*. (Circulaire reproduite dans *MÉQ*, 1850-05-11.)

1850-05-11 (*MÉM*, vol. 8, *Lettre pastorale des évêques de la province ecclésiastique de Québec, réunis en assemblée à Montréal*, p. 64-86):
Dangers des mauvaises lectures, plus particulièrement des bibles falsifiées et des mauvais journaux. Nécessité d'établir l'Œuvre des bons livres, doublée d'un réseau de bibliothèques paroissiales, pour contrer l'effet des mauvaises lectures. (Lettre pastorale reproduite dans *MÉQ*, 1850-05-11.)

1850-05-11 (*MÉQ*, vol. 3, *Circulaire des évêques de Sidyme, de Montréal, de Carrha, de Martyropolis et de Bytown, au clergé des diocèses de Québec, de Kingston, de Montréal, de Bytown et de Toronto*, p. 569-572):
Brève présentation de la lettre pastorale des évêques de la province ecclésiastique de Québec, soulignant ses principales conclusions. Entre autres décisions: défense de lire des bibles falsifiées, des écrits contraires à la foi et aux mœurs, etc. Nécessité d'établir des bibliothèques paroissiales et de fonder un journal catholique anglais, le *True Witness*. (Reprise de la circulaire du 1850-05-11, *MÉM*.)

1850-05-11 (*MÉQ*, vol. 3, *Lettre pastorale des évêques de la province ecclésiastique de Québec, réunis en assemblée à Montréal*, p. 579-601):
Dangers des mauvaises lectures, plus particulièrement des bibles falsifiées et des mauvais journaux. Nécessité d'établir l'Œuvre des bons livres, doublée d'un réseau de bibliothèques paroissiales, pour contrer l'effet des mauvaises lectures. (Reprise de la lettre pastorale du 1850-05-11, *MÉM*.)

1850-05-11 (*MÉQ*, vol. 3, Règlement pour l'Œuvre des bons livres, p. 601-605):
Règlements et indulgences pour l'Œuvre des bons livres.

1850-11-26 (*MÉM*, vol. 2, Circulaire au clergé du diocèse de Montréal, p. 160-161):
Mgr Bourget invite les curés de son diocèse à diffuser le Traité de la tenue générale d'une terre dans le Bas-Canada, cadeau du Gouverneur général, en vue d'améliorer l'exploitation agricole au Bas-Canada.

1853-04-10 (*MÉQ*, vol. 4, *Mandement de Monseigneur l'archevêque de Québec pour la publication du Petit Catéchisme rédigé par l'ordre du Premier Concile provincial*, p. 90-94):
À la suite des décisions du Premier Concile provincial, les fidèles de langue anglaise utiliseront le Catéchisme de Butler, alors que ceux de langue française auront désormais recours à la nouvelle édition du Petit Catéchisme de Québec [Québec, Augustin Côté et Cie, 1853].

1853-05-31 (*MÉM*, vol. 8, *Conférence particulière. Bibliothèque paroissiale. Question à résoudre*, p. 94):
Liste de questions à résoudre pour faciliter la composition d'une bibliothèque de «livres bien choisis» (p. 94).

1853-09-08 (*MÉQ*, vol. 4, *Mandement de l'archevêque et des évêques de la province ecclésiastique de Québec, promulguant le nouveau catéchisme, rédigé par l'ordre du Premier Concile provincial*, p. 98-108):
Dans le but d'uniformiser l'enseignement de la doctrine chrétienne, les évêques promulguent la nouvelle édition du Grand Catéchisme de Québec comme seul catéchisme de langue française officiel.

1854, pentecôte (*MÉQ*, vol. 4, *Lettre pastorale des Pères du Second Concile provincial de Québec*, p. 172-173) :
Nécessité d'établir des bibliothèques paroissiales pour combattre les effets des mauvaises lectures, « que le démon arrache à l'art si noble de l'imprimerie » (p. 173).

1854-06-04 (*MÉM*, vol. 3, *Lettre circulaire au clergé du diocèse de Montréal*, p. 10) :
Invitation à diffuser davantage le *True Witness* auprès de tous les paroissiens jugés « capables d'en profiter […] » (p. 10). L'abonnement au *True Witness* sera en outre une excellente occasion d'apprendre l'anglais.

1854-06-04 (*MÉQ*, vol. 4, *Lettre circulaire des Pères du Second Concile provincial de Québec, au clergé de la province ecclésiastique*, p. 161-162) :
Les Pères du Second Concile rappellent l'excellence du journal *True Witness* et invitent les curés à s'y abonner rapidement afin de combler le déficit qui menace cette publication de faillite.

1854-06-04 (*MÉQ*, vol. 4, *Règlement disciplinaire adopté dans le Second Concile provincial de Québec*, « IV. Des Instituts littéraires », « VI. Des journaux », « VII. Des bibles falsifiées, des feuilletons et des livres immoraux », « VIII. Des bibliothèques paroissiales », p. 165-168) :
Dangers des instituts littéraires : les membres d'instituts jugés dangereux se verront refuser les sacrements. Urgence de contrer l'influence de la mauvaise presse en fondant un journal catholique français rédigé par des laïcs et en encourageant davantage la diffusion du *True Witness*. En outre, les bibles falsifiées, les feuilletons et les livres immoraux, « étant aujourd'hui grand moyen employé par l'enfer, pour perdre les âmes » (p. 167), le curé doit se montrer vigilant et « faire éliminer les livres suspects » (p. 167). Moyens à prendre pour fonder un réseau de bibliothèques paroissiales.

1856-04-16 (*MÉM*, vol. 3, [sans titre], p. 182) :
L'administrateur du diocèse invite le clergé à recommander l'*Histoire de l'Église aux États-Unis* de M. de Courcy de Laroche-Héron pour les bibliothèques paroissiales et les institutions d'éducation. Par ailleurs, il invite les curés à souscrire à cette édition.

1856-06-04 (*MÉQ*, vol. 4, « Circulaire au sujet d'un résumé des conférences ecclésiastiques », p. 280-281) :
Ouvrages fortement recommandés aux bibliothèques paroissiales : *Relation*, du R. P. Bressani, *Servantes de Dieu en Canada* et *Histoire de l'Église aux États-Unis*, de M. de Courcy de Laroche-Héron.

1857-01-29 (*MÉQ*, vol. 4, *Circulaire au sujet du magnétisme, des bons livres, de la Propagation de la foi et de la Sainte Enfance*, p. 293-297) :

De l'importance des bibliothèques paroissiales, « complément nécessaire de nos écoles » (p. 293). Liste d'indulgences accordées à l'Œuvre des bons livres.

1858-05-07 (*MÉQ*, vol. 4, *Circulaire aux présidents des conférences ecclésiastiques du diocèse en faveur du « Courrier du Canada »*, p. 323-324) :
On demande aux curés de payer et de faire payer les versements dus au Courrier du Canada, afin d'éviter l'opprobre qui serait rattaché à la disparition de ce journal.

1859-09-19 (*MÉQ*, vol. 4, *Circulaire en faveur du « True Witness »*, p. 337-339) :
En s'insurgeant contre le système de « Représentation basée sur la population », le *True Witness* a provoqué le mécontentement au Haut-Canada. L'évêque demande aux curés du diocèse de trouver de nouveaux souscripteurs dans le Bas-Canada, afin de « prévenir l'opprobre que la chute du *True Witness* fera inévitablement rejaillir sur les catholiques du Canada » (p. 338).

1861-03-14 (*MÉQ*, vol. 4, *Circulaire pour recommander une traduction du Nouveau-Testament à Messieurs les curés, missionnaires, desservants, et autres ecclésiastiques employés dans le Saint-Ministère*, p. 381-382) :
Le Testament de Notre-Seigneur Jésus-Christ, traduit par Mgr Signay, doit figurer dans toutes les bibliothèques paroissiales et dans toutes les bibliothèques de familles chrétiennes.

1861-05-11 (*MÉM*, vol. 4, *Circulaire au clergé, accompagnant le mandement de visite pour 1861 et 1862, pour être cependant envoyée dès maintenant à chaque curé du diocèse*, p. 242-244) :
Lors de la visite paroissiale, le prêtre doit prévenir les fidèles contre le « génie du mal […] » (p. 242) et recommander la brochure *Manuel de la Visite paroissiale* auprès des paroissiens.

1861-11-21 (*MÉM*, vol. 4, *Circulaire au clergé concernant les Quarante-Heures, l'Ordo, l'indulgence des chapelets, l'année religieuse, etc.*, p. 261) :
Publication prochaine d'une brochure, *L'Année religieuse*, « dont le but est de faire connaître aux fidèles les diverses dévotions en usage dans le Diocèse […] » (p. 261).

1863-12-01 (*MÉM*, vol. 4, *Circulaire au clergé du diocèse de Montréal*, p. 405) :
On prépare une nouvelle édition du livre de chants. Chaque fabrique devra en acheter un minimum de six exemplaires, et chaque curé devra en outre en posséder un exemplaire dans sa bibliothèque.

1864-01-06 (*MÉM*, vol. 4, *Circulaire de Mgr l'évêque de Montréal, accompagnant le mandement du 25 décembre 1863*, p. 445-447) :
Annonce de la publication prochaine d'un *Manuel des curés* et d'un livre de chant, ouvrages indispensables à tous les curés. Demande de

collaboration pour la préparation d'une nouvelle édition du *Catéchisme* [probablement le *Petit Catéchisme de Québec*, Montréal, Beauchemin et Valois, 1864].

1864-03-15 (*MÉQ*, vol. 4, *Circulaire au clergé*, «Instructions de la jeunesse», «Causeries de Mgr de Ségur, etc.», p. 471-472):
Les Instructions de la jeunesse et les Causeries de Mgr de Ségur doivent figurer sur les rayons des bibliothèques paroissiales et, si possible, trouver place dans les familles chrétiennes.

1864-09-15 (*MÉM*, vol. 4, *Circulaire au clergé*, p. 490-491):
Livres fortement recommandés aux fidèles : *Causeries sur le protestantisme*, *Du Pape*, *De la religion* et *Réponses aux objections populaires*, opuscules de Mgr de Ségur.

1864-11-04 (*MÉM*, vol. 5, *Circulaire de Mgr l'évêque de Montréal au clergé de son diocèse, concernant l'édition de livres de chant publiée par son ordre*, p. 15-17):
Description de la nouvelle édition du livre de chant et obligation de se conformer strictement à la notation qui y est inscrite.

1864-11-14 (*MÉM*, vol. 5, [Sans titre : lettre annexée à la circulaire du 1864-11-14], p. 33-34):
Détails financiers concernant l'édition du livre de chant.

1864-11-14 (*MÉM*, vol. 5, *Circulaire de l'évêque de Montréal au clergé du diocèse de Montréal, annonçant son cinquième voyage au tombeau des SS apôtres*, p. 32-33):
Le rédacteur du *True Witness* a fait de grands sacrifices et a refusé maintes offres pour demeurer «au poste que lui ont confié les Évêques de la Province» (p. 32). L'évêque espère en conséquence que le clergé portera secours à ce journaliste et le soutiendra financièrement.

1866-09-01 (*MÉM*, vol. 5, *Circulaire au clergé*, p. 178):
L'Annuaire de M. Latour est recommandé au clergé.

1867-03-14 (*MÉQ*, vol. 4, *Circulaire au sujet des classiques*, p. 564-569):
Lettre du Cardinal Patrizi approuvant l'étude des auteurs païens dans les programmes scolaires et destinée à faire taire les auteurs de « brochures sur la question des classiques » (p. 564). [Allusion à la brochure *La Méthode chrétienne considérée dans ses avantages et sa nécessité et réponses à certaines difficultés*, de George Saint-Aimé, Ottawa, G. E. Desbarats, 1866, 51 p.]

1868-05-14 (*MÉQ*, vol. 4, *Lettre pastorale des Pères du Quatrième Concile de Québec*, «Éducation de la jeunesse», «Livres et journaux», p. 623-629):
Importance, dans l'éducation, d'initier la jeunesse aux bonnes lectures. Nécessité d'établir partout des bibliothèques paroissiales. Dangers

des mauvais écrits, en particulier de ceux qui proviennent d'anciens catholiques.

1868-06-08 (*MÉM*, vol. 5, *Circulaire au clergé*, p. 361-363):
Le journal *Le Nouveau Monde* connaît un véritable succès, représentant une «arme puissante dans les terribles combats qu'il faut tenir contre le journalisme impie» (p. 361). Le clergé est invité à le propager davantage afin de l'aider financièrement.

1868-08-25 (*MÉM*, vol. 5, *Circulaire concernant les bibliothèques de paroisse, etc., etc., etc.*, p. 366-367):
Livres recommandés pour toutes les bibliothèques paroissiales: le *Nouveau Testament*, de l'Archevêque de Québec, empêchera la diffusion du *Testament* de Sacy, et *La Vie des Saints*, de M. Casgrain, répandra l'esprit de piété et de dévotion.

1868-09-24 (*MÉQ*, vol. 4, *Circulaire au clergé*, p. 651-652):
Afin de favoriser l'établissement des bibliothèques paroissiales, Mgr Baillargeon se propose de publier un catalogue des bons livres. Pour ce faire, il demande aux curés de bien vouloir lui faire parvenir une liste des livres qu'ils jugent nécessaires à l'édification de leurs paroissiens. En outre, l'évêque prépare une réédition du *Manuel à l'usage des confréries du Saint-Scapulaire et du Saint-Rosaire* établies dans l'archidiocèse.

1869-03-22 (*MÉM*, vol. 8, *Post-Scriptum à la circulaire du 22 mars 1869*, p. 354):
Demande de souscription pour un ouvrage sur les Conciles généraux, publié à Rome.

1870-03-22 (*MÉM*, vol. 8, *Circulaire: pèlerinage à la bonne Ste Anne de Beaupré*, p. 365-368):
Réponses de souscriptions de la part de plusieurs administrateurs de diocèses pour le projet d'édition du *Pèlerinage de la bonne sainte Anne*, préparé par l'évêché.

1870-09-09 (*MÉM*, vol. 8, *Postscriptum à la circulaire du 9 septembre 1870*, p. 379):
Désormais, les décès de prêtres seront annoncés dans *Le Nouveau Monde*.

1870-11-06 (*MÉM*, vol. 6, *Circulaire au clergé*, p. 122):
Annonce de l'échec du second appel de l'Institut Canadien à Rome. Projet d'édition d'un livre sur les soldats pontificaux; chaque famille fera bien d'en prévoir l'achat.

1871-03-12 (*MÉM*, vol. 6, *Circulaire de Mgr l'évêque de Montréal au clergé*, p. 158):

Ouvrages recommandés, dénonçant la franc-maçonnerie : *Les Francs-Maçons*, de Mgr de Ségur, *Jacquemin le Franc-Maçon* et *La Franc-Maçonnerie*, de l'abbé Cyr.

1871-05-06 (*MÉM*, vol. 6, *Circulaire au clergé concernant les élections*, p. 173) :
De l'importance de la bonne presse pour rappeler l'enseignement de la religion, plus particulièrement en période d'élections.

1871-08-19 (*MÉQ*, vol. 5 [vol. 1, Nouvelle série], *Circulaire au clergé*, « IV », p. 72) :
L'évêque recommande au clergé et aux fidèles la *Gazette des familles canadiennes*, journal religieux, agricole et d'économie domestique.

1872-03-19 (*MÉM*, vol. 6, *Circulaire au clergé concernant un ouvrage intitulé « Études historiques et légales sur la liberté religieuse en Canada »*, par M. l'avocat S. Pagnuelo, p. 235-239) :
Éloge du livre de M. [Siméon] Pagnuelo, *Études historiques et légales sur la liberté religieuse en Canada*. Hommage aux laïcs qui s'engagent pour défendre la cause catholique.

1872-04-17 (*MÉM*, vol. 8, *Approbation de sa grandeur Mgr Ignace Bourget, évêque de Montréal au sujet d'un livre de M. Pagnuelo*, p. 446) :
Mgr Bourget, après avoir fait examiner le livre de M.[Siméon] Pagnuelo par des théologiens, approuve et recommande les *Études historiques et légales sur la liberté religieuse en Canada*.

1872-05-10 (*MÉM*, vol. 6, *Circulaire au clergé, concernant le* Nouveau Monde, p. 249-254) :
De l'importance de la bonne presse comme arme contre les maux du temps. Moyens à prendre pour encourager davantage *Le Nouveau Monde*.

1872-06-01 (*MÉQ*, vol. 5 [vol. 1, Nouvelle série], *Circulaire au clergé*, « VII », p. 116-117) :
Les Quarante Heures et la communion est recommandé aux fidèles pour le temps des « Quarante Heures » et pour tout ce qui se rapporte à la dévotion envers l'eucharistie.

1872-09-23 (*MÉQ*, vol. 5 [vol. 1, Nouvelle série], *Circulaire au clergé*, « IV », p. 123) :
Les Quarante Heures et la communion est recommandé aux fidèles.

1873-06-02 (*MÉQ*, vol. 5 [vol. 1, Nouvelle série], *Circulaire au clergé*, « VI », p. 177) :
Le Paroissien noté est recommandé surtout pour les chantres, mais « peut être mis entre les mains d'un grand nombre d'enfants […] » (p. 177).

1874-02-21 (*MÉM*, vol. 6, *Circulaire au clergé*, p. 460) :
La brochure *Projet d'union dans le but de développer l'agriculture et la colonisation dans la province de Québec* sera envoyée à tous les prêtres, afin de les aider dans leur tâche de colonisateurs.

1874-05-29 (*MÉQ*, vol. 5 [vol. 1, Nouvelle série], *Circulaire au clergé*, « V » et « VI », p. 211-213) :
Chaque curé doit se procurer au plus tôt *L'Appendice du rituel* et s'y conformer. La nouvelle édition du *Petit Cérémonial* sera également disponible sous peu.

1874-09-16 (*MÉQ*, vol. 5 [vol. 1, Nouvelle série], *Circulaire au clergé*, « III », p. 225) :
La mise en pratique du *Petit Cérémonial* est temporairement suspendue.

1874-12-18 (*MÉQ*, vol. 5 [vol. 1, Nouvelle série], *Circulaire au clergé*, « II », p. 228) :
Le *Petit Cérémonial* est prêt et sera obligatoire à compter du 15 février 1875.

1875-03-01 (*MÉQ*, vol. 5, [vol. 1, Nouvelle série], *Circulaire au clergé*, « IV », « V », p. 273-274) :
Mise en garde contre les colporteurs de bibles et de tracts protestants. L'ouvrage *Une leçon d'agriculture. Causeries agricoles*, d'Édouard A. Barnard, est recommandé en raison des conseils pratiques qu'il contient sur l'agriculture.

1875-06-16 (*MÉQ*, vol. 5 [vol. 1, Nouvelle série], *Mandement promulguant les décrets du Cinquième Concile provincial de Québec*, p. 308-309) :
Les Pères du Cinquième Concile rappellent aux écrivains catholiques leurs principaux devoirs, tout en se défendant d'avoir adopté des journaux comme organes officiels de leurs diocèses. En conséquence, les Pères manifestent la volonté de n'être tenus responsables que des écrits qui portent leur signature.

1875-09-22 (*MÉM*, vol. 7, *Lettre pastorale des évêques de la province ecclésiastique de Québec*, « VI. La presse et ses devoirs », p. 212-214) :
Devoirs des journalistes catholiques, d'après le dernier Concile de Québec. (Voir le mandement du 1875-06-16, *MÉQ*, portant sur les devoirs des écrivains.)

1875-09-22 (*MÉQ*, vol. 5 [vol. 1, Nouvelle série], *Lettre pastorale*, « VI, La presse et ses devoirs », p. 329-331) :
Devoirs des journalistes catholiques, d'après le dernier Concile de Québec. (Voir le mandement du 1875-06-16, *MÉQ*, portant sur les devoirs des écrivains.)

1875-10-09 (*MÉM*, vol. 7, *Circulaire au clergé*, p. 246-247) :
Présentation de la lettre pastorale du 3 octobre 1875, qui « proteste aussi solennellement et prudemment que possible en faveur de la liberté religieuse » (p. 246).

1877-05-12 (*MÉM*, vol. 9, *Circulaire de Mgr l'évêque de Montréal au clergé de son diocèse*, « Annales de Sainte-Anne », p. 77) :
Mgr Fabre recommande la lecture des *Annales de sainte Anne*, « qui peut produire un grand bien parmi notre peuple » (p. 77).

1877-09-01 (*MÉQ*, vol. 6 [vol. 2, Nouvelle série], *Circulaire au clergé*, « VI », p. 42) :
L'achat des *Traités de droit canonique* est recommandé au clergé.

1877-11-10 (*MÉQ*, vol. 6 [vol. 2, Nouvelle série], *Circulaire au clergé*, « IX », p. 58) :
On demande aux fidèles de souscrire au journal *Le Foyer domestique*.

1878-01-21 (*MÉM*, vol. 9, *Circulaire de Mgr l'évêque de Montréal au clergé de son diocèse*, « IX. Conférences ecclésiastiques », p. 144) :
Le *Résumé des conférences ecclésiastiques pour l'année 1877* sera bientôt distribué à tous les prêtres du diocèse.

1878-11-07 (*MÉQ*, vol. 6 [vol. 2, Nouvelle série], *Circulaire au clergé*, « IX », p. 137-138) :
La table alphabétique des *Mandements et circulaires* est désormais disponible et est recommandée à toutes les fabriques.

1880-03-19 (*MÉQ*, vol. 6 [vol. 2, Nouvelle série], *Circulaire au clergé*, « V », p. 195) :
La *Conférence sur les propriétés délétères des liqueurs spiritueuses* est recommandée à tous les fidèles, afin « d'empêcher les ravages de l'intempérance » (p. 195).

1880-11-15 (*MÉQ*, vol. 6 [vol. 2, Nouvelle série], *Circulaire au clergé*, « I. Dictionnaire généalogique des familles canadiennes, recommandé », et « IV. Livres distribués par les sociétés bibliques », p. 226-228) :
L'évêque recommande à chaque fabrique et à chaque bibliothèque paroissiale l'achat du *Dictionnaire généalogique des familles canadiennes*, de M. Cyprien Tanguay. En outre, il rappelle aux curés leur devoir de mettre leurs paroissiens en garde contre le colportage de bibles protestantes. Les bibles protestantes trouvées devront être brûlées.

1881-01-25 (*MÉM*, vol. 9, *Circulaire sur le dictionnaire de M. Tanguay*, p. 590-593) :
M. Cyprien Tanguay, avec l'appui de Mgr Fabre, adresse aux prêtres du diocèse une demande de souscriptions pour son *Dictionnaire généalogique des familles canadiennes*.

1881-07-09 (*MÉM*, vol. 9, *Circulaire de Mgr l'évêque de Montréal au clergé de son diocèse*, « V. Mandements », p. 375) :
Dorénavant, la collection des *Mandements et circulaires* devra être conservée dans les archives de chaque fabrique.

1882-04-09 (*MÉM*, vol. 9, *Lettre pastorale de Mgr l'évêque de Montréal, concernant le 6e Concile provincial*, p. 443-451) :
Rappel des dangers des livres hérétiques. Le *Manuel du citoyen catholique* est recommandé. Mgr Fabre souligne que tout livre de piété doit porter l'approbation de l'évêque pour être publié.

1882-04-09 (*MÉM*, vol. 9, *Lettre pastorale de Mgr l'évêque de Montréal, concernant le 6e concile provincial*, « Decretum XX. De examine novorum librorum. De l'examen des livres nouveaux », p. 443) :
Mgr Fabre souligne que tout livre de piété doit porter l'approbation de l'évêque pour être publié.

1882-05-23 (*MÉQ*, vol. 6 [vol. 2, Nouvelle série], *Circulaire au clergé*, « VI » et « VII », p. 321-323) :
Mise en garde contre les sociétés bibliques qui colportent des ouvrages religieux falsifiés. Le *Manuel du citoyen catholique* est recommandé aux bibliothèques paroissiales.

1883-02-22 (*MÉM*, vol. 9, *Circulaire de Mgr l'évêque de Montréal au clergé de son diocèse*, « II. La Semaine religieuse », p. 474-475) :
La *Semaine religieuse de Montréal* est recommandée à toutes nos « bonnes familles si chrétiennes […] » (p. 475). Ce journal, suffisamment encouragé, « fera ainsi un contrepoids salutaire à tant de livres frivoles, qui malheureusement circulent dans beaucoup de familles » (p. 475).

1883-07-28 (*MÉM*, vol. 9, *Circulaire de Mgr l'évêque de Montréal au clergé de son diocèse*, « IV. Défense de publier les circulaires et mandements sur les journaux », p. 511) :
Il est interdit au clergé de communiquer le contenu des documents épiscopaux à la presse.

1884-11-04 (*MÉM*, vol. 10, *Circulaire de Mgr l'évêque de Montréal au clergé de son diocèse*, p. 109) :
Avertissement au clergé concernant la confidentialité des documents épiscopaux, la dernière circulaire de Mgr Fabre ayant paru, sans son consentement, dans le *Post*.

1885-01-21 (*MÉM*, vol. 10, *Circulaire de Mgr l'évêque de Montréal au clergé de son diocèse*, « IV. Théâtre de société », p. 113-115) :
Extrait du livre du R. P. Huguet, mariste, *Des délassements permis aux personnes pieuses appelées à vivre dans le monde* et exposant les dangers des « théâtres de société ».

1885-12-17 (*MÉM*, Appendice au vol. 11, pièces omises dans les 10 premiers volumes, *Circulaire de Mgr l'évêque de Montréal, au clergé de son diocèse*, p. 358-359) :

Le clergé doit se méfier de l'information divulguée par les journaux, qui ne sont « pas des guides sûrs, surtout dans les temps d'effervescence, dont chacun profite pour exciter les passions populaires à son crédit » (p. 358).

1888-08-21 (*MÉM*, vol. 10, *Circulaire de Mgr l'évêque de Montréal au clergé de son diocèse*, p. 465-466) :

Le *Nouveau Manuel de chants liturgiques*, de l'abbé C. Borduas, est recommandé aux églises et aux élèves des collèges.

1888-12-06 (*MÉQ*, vol. 7, *Circulaire au clergé*, « II », p. 46) :

Règles relatives à l'enseignement du nouveau Catéchisme [il s'agit probablement du *Catéchisme des provinces ecclésiastiques de Québec, Montréal, Ottawa*, Québec, Augustin Côté et Cie, 1888].

1889-03-10 (*MÉM*, Appendice au vol. 11, pièces omises dans les 10 premiers volumes, *Circulaire de Mgr l'archevêque de Montréal au clergé de son diocèse*, p. 431-435) :

Depuis plusieurs années, un mouvement s'est organisé à Montréal, comptant parmi ses adhérents de nombreux membres du clergé. Or ce mouvement a demandé à Mgr Fabre son appui dans une querelle l'opposant à « un certain journal [...] » (p. 434). Mgr Fabre ne peut toutefois donner son approbation à un mouvement et à un journal qui ont affiché ouvertement leurs opinions politiques. L'évêque en profite pour exposer sa conception de la bonne presse.

1889-10-05 (*MÉQ*, vol. 7, *Circulaire au clergé*, « IX », p. 103-104) :

La Semaine religieuse est une œuvre nécessaire qui tient « le clergé et les fidèles au fait de bien des événements que les journaux ne croient pas intéressants pour la religion » (p. 103). On recommande fortement aux bibliothèques paroissiales de s'y abonner.

1890-03-27 (*MÉQ*, vol. 7, *Circulaire au clergé*, « V », p. 144-145) :

Les fabriques sont invitées à commander le dernier volume des *Mandements des Évêques de Québec*.

1890-11-06 (*MÉQ*, vol. 7, *Circulaire au clergé*, « V », p. 173-174) :

Le Vénérable François de Laval : sa vie et ses vertus de l'abbé Auguste Gosselin est recommandé aux bibliothèques paroissiales et aux familles chrétiennes.

1891-03-17 (*MÉQ*, vol. 7, *Circulaire au clergé*, « III », p. 194) :

L'évêque demande aux curés de souscrire pour propager davantage l'*Almanach du clergé canadien*.

1892 (*MÉM*, vol. 11, *Circulaire de Mgr l'archevêque de Montréal au clergé de son diocèse*, « VI. Lecture des Mandements et des Circulaires », p. 161-162) :
De la nécessité de lire les mandements et circulaires aux paroissiens.

1892-11-18 (*MÉM*, vol. 11, *Circulaire de Mgr l'archevêque de Montréal au clergé de son diocèse*, « V. Mandements et circulaires », p. 113-114) :
Rappel de la confidentialité des documents épiscopaux, qui ne doivent pas être livrés à la presse.

1893-10-02 (*MÉQ*, vol. 8, *Circulaire au clergé*, « VI » et « VIII », p. 29) :
Lectures recommandées : *Le Droit paroissial* de P.B. Mignault et *Vie illustrée de la Vén. Mère Marie de l'Incarnation*.

1893-12-25 (*MÉM*, vol. 11, *Lettre pastorale de Mgr l'archevêque de Montréal sur l'état actuel de la société*, p. 237-238 et p. 241-248) :
Constat de la soumission de la presse, dans son ensemble, à la religion. Dangers du théâtre, « descendu à un degré humiliant de l'échelle morale » (p. 241). Dangers de la presse immorale et impie, « encore plus à craindre que le mauvais théâtre » (p. 244).

1894-02-12 (*MÉQ*, vol. 8 [Annexes], *Livres de choix pour les bibliothèques paroissiales*, p. 31-58) :
Liste d'ouvrages recommandés aux bibliothèques paroissiales, annoncée dans la Circulaire au clergé du 12 février 1894 (voir *MÉQ*, 1894-02-12). Les ouvrages sont divisés en dix-neuf catégories, dont, entre autres, Histoire de l'Église, Vie des saints, Biographies, Liturgie, Éducation, Philosophie, Science et arts, Histoire littéraire, Livres canadiens. Le document est également accompagné d'une liste d'ouvrages recommandés aux Congrégations d'Enfants de Marie ou aux Institutions de jeunes filles.

1894-02-12 (*MÉQ*, vol. 8, *Circulaire au clergé*, « I. Livres de choix pour les bibliothèques paroissiales », p. 93-94) :
Mgr Bégin, à la demande des curés, présente une liste d'ouvrages recommandés aux bibliothèques paroissiales (la liste est publiée en annexe au volume 8, *MÉQ*, 1894-02-12).

1894-03-10 (*MÉQ*, vol. 8, *Circulaire au clergé*, « II », p. 99) :
L'ouvrage de théologie dogmatique, *De creatione*, est recommandé au clergé.

1894-03-19 (*MÉM*, Appendice au vol. 11, pièces omises dans les 10 premiers volumes, *Lettre pastorale de nos seigneurs les archevêques et évêques des provinces ecclésiastiques de Québec, de Montréal et d'Ottawa, sur l'éducation*, « Mauvaises lectures à éviter », p. 664-669) :
Exposé des dangers des mauvaises lectures (livres immoraux, presse à sensation, etc.) qui constituent un véritable poison pour l'âme, par opposition aux bienfaits de la bonne presse, « lumière pour l'intelligence [et] aliment sain pour l'âme » (p. 668).

1894-03-22 (*MÉQ*, vol. 8, *Circulaire au clergé*, « III », p. 131-132) :
Un mémoire sur la question des Écoles du Nord-Ouest, signé par Mgr Taché, est recommandé au clergé, parce qu'il est bon que les curés soient « au fait de cette question qui passionne tant les esprits […] » (p. 132).

1894-11-14 (*MÉM*, vol. 12, *Circulaire de Mgr l'archevêque de Montréal à messieurs les curés de son diocèse*, « À propos des pratiques du spiritisme », p. 40-41) :
Annonce de la publication prochaine d'une étude sur le spiritisme dans *La Semaine religieuse*, que les prêtres devront lire à leurs fidèles.

1895-03-07 (*MÉQ*, vol. 8, *Circulaire au clergé*, « IV », p. 188-189) :
Le clergé ne doit en aucun temps communiquer aux journaux le contenu des documents épiscopaux, même si ceux-ci ont été lus en chaire.

1895-03-25 (*MÉM*, vol. 12, *Circulaire de Mgr l'archevêque de Montréal au clergé de son diocèse*, « II. Mandements et circulaires », p. 84) :
Rappel de la confidentialité des documents épiscopaux.

1895-05-18 (*MÉQ*, vol. 8, *Circulaire au clergé*, « VI », p. 195-196) :
Le *Code catholique* de l'abbé David Gosselin est recommandé aux catéchistes.

1895-09-23 (*MÉQ*, vol. 8, *Circulaire au clergé*, « II », p. 222) :
La Discipline du diocèse de Québec est un ouvrage obligatoire pour tous les prêtres du diocèse.

1895-10-09 (*MÉM*, vol. 12, *Lettre pastorale des Pères du Premier Concile provincial de Montréal, Sur la presse*, p. 131-167) :
Principales parties de la lettre : 1. « Des devoirs de la presse (fonctions et apports) » (p. 133). 2. « Les abus de la presse (Mauvaise presse : journal à spéculation, presse immorale, servilisme politique, journal irréligieux, etc.) » (p. 143). 3. « Des droits de l'Église et de l'État à l'égard de la presse » (p. 153). 4. « Des devoirs des fidèles à l'égard de la presse » (p. 158).

1898-01-07 (*MÉQ*, vol. 9, *Circulaire au clergé*, « II », p. 24-27) :
Exhortation au clergé à acheter et à étudier l'ouvrage de l'abbé Louis-Adolphe Pâquet, *Grâce et vertus*. Liste d'autres livres recommandés, tels que le *Cours de l'instruction religieuse* de Mgr Cauley, *The Catholic Belief*, *The Christian Father*, etc.

1898-03-19 (*MÉQ*, vol. 9, *Circulaire au clergé*, « IV », p. 33) :
L'Enseignement primaire est une revue pédagogique recommandée au clergé et au corps enseignant.

1899-01-10 (*MÉQ*, vol. 9, *Circulaire au clergé*, « IV », p. 63-64) :
Le *Code catholique*, de l'abbé David Gosselin, est fortement recommandé à quiconque enseigne le catéchisme. Par ailleurs, *Madame sainte Anne*, du R. P. Paul-Victor Charland, « devrait se retrouver surtout dans les bibliothèques ecclésiastiques » (p. 64).

1899-01-30 (*MÉQ*, vol. 9, *Circulaire au clergé*, « II », p. 66-67) :
Ouvrage recommandé à toutes les familles : *Le Carême sanctifié* du R. P. Wittebolle.

1899-04-25 (*MÉQ*, vol. 9, *Circulaire au clergé*, « IV », p. 72) :
L'ouvrage *Au-delà du tombeau*, du R. P. Hamon, est recommandé à toutes les bibliothèques paroissiales.

1900-12-25 (*MÉQ*, vol. 9, *Circulaire au clergé*, « IV », p. 197-200) :
La Revue eucharistique, organe de l'œuvre de l'adoration perpétuelle au sanctuaire de saint Antoine de Padoue à Québec est fortement recommandée à tous les fidèles.

1901-01-23 (*MÉM*, vol. 13, *Lettre pastorale de Mgr Bruchési, archevêque de Montréal, sur le mariage chrétien*, p. 349) :
Mgr Bruchési conseille aux journalistes d'observer une grande prudence en ce qui concerne « les faits qui se rattachent à nos saints dogmes ou [à] la discipline de l'Église […] » (p. 349).

1902-02-08 (*MÉQ*, vol. 9, *Circulaire au clergé*, « IV », « V », « VI », « VII », p. 248-251) :
Liste d'ouvrages recommandés : *Notre-Dame de Lorette en la Nouvelle-France*, de l'abbé Lionel St-Georges Lindsay, *Neuvaine au Saint-Esprit*, du R. P. Wittebolle, *Une gerbe d'or*, du R. P. Bischoff, etc.

1903-12-17 (*MÉM*, vol. 13, *Circulaire de Mgr l'archevêque de Montréal au clergé de son diocèse*, « Sujets de sermons pour l'année 1904. IV. Lecture », « IX. Théâtres », p. 590-591, 594) :
Liste de sujets de sermons pour 1904, dont, entre autres : « Avantages des bonnes lectures » (p. 590) ; « Sortes de mauvais livres » (p. 590), « Effets des mauvaises lectures » (p. 591), « Condamnation des mauvais livres (Index) » (p. 591) ; « Théâtre : nature, condamnation, raison » (p. 594).

1904-10-12 (*MÉQ*, vol. 9, *Circulaire au clergé*, « IV », p. 357) :
Le *Dictionnaire généalogique des familles de Charlesbourg* de l'abbé David Gosselin est recommandé au clergé et aux fabriques.

1904-10-18 (*MÉM*, vol. 13, *Circulaire de Mgr l'archevêque de Montréal au clergé de son diocèse*, « VII. Le Canada ecclésiastique », p. 689-690) :
Mgr Bruchési recommande fortement à chaque fabrique l'achat du *Canada ecclésiastique*, publication utile et qui a besoin d'encouragement.

1905-10-21 (*MÉQ*, vol. 9, *Circulaire au clergé*, « VI », p. 379) :
Le *Manuel anti-alcoolique* du Chanoine Sylvain est recommandé à toutes les familles, « fallut-il [sic] pour cela leur en faire cadeau » (p. 379).

1905-12-04 (*MÉM*, vol. 13, *Circulaire de Mgr l'archevêque de Montréal au clergé de son diocèse*, « Sujets de sermons pour l'année 1905 », p. 775) :
Ouvrages recommandés au clergé : *Notes d'un Catéchiste* et *Sommaire de la doctrine catholique*.

1906-05-15 (*MÉQ*, vol. 10, *Circulaire au clergé*, « V » et « VI », p. 23-24) :
Publications recommandées au clergé et aux familles chrétiennes : *La Tempérance*, bulletin mensuel des Franciscains, *Le Fléau maçonnique*, de l'abbé Antonio Huot et *Croire, c'est vivre*, de Mgr W. Stang, traduit par le R. P. Lalande.

1907-03-31 (*MÉQ*, vol. 10, *Lettre pastorale de Monseigneur Louis-Nazaire Bégin, archevêque de Québec, sur l'Action sociale catholique et en particulier sur l'œuvre de la presse catholique*, p. 57-69) :
Mgr Bégin rappelle la nécessité de l'action sociale catholique devant les maux de l'époque et rend hommage aux bonnes œuvres déjà accomplies. Il souligne l'importance de l'organisation d'une presse catholique et l'urgence d'établir des journaux quotidiens uniquement catholiques. À l'occasion de la création de l'Œuvre de la presse catholique, il expose les principaux devoirs de la presse.

1907-06-12 (*MÉQ*, vol. 10, *Circulaire au clergé*, « I », p. 77-85) :
Publication du Bref Pontifical de Pie X qui encourage l'Action sociale catholique. Le Bref est accompagné d'une traduction en français.

1908-02-26 (*MÉM*, vol. 14, *Circulaire de Mgr l'évêque de Montréal au clergé de son diocèse*, « II. Comité de vigilance », p. 159, « IV. L'Action sociale », p. 160-165) :
Liste des membres du nouveau comité de vigilance du diocèse. Encouragements à L'Action sociale, qui a maintenant un bureau à Montréal. Ce journal est recommandé à toutes les familles.

1908-08-04 (*MÉQ*, vol. 10, *Pie X. Exhortation à l'occasion du 50e anniversaire de son sacerdoce*, « Avantages des saintes lectures », p. 18-20) :
Avantages des saintes lectures et dangers des livres impies pour les prêtres.

1909-11-01 (*MÉM*, vol. 14, *Lettre pastorale des Pères du Premier Concile plénier de Québec, 19 septembre–1er novembre 1909. L'Esprit chrétien dans l'individu, dans la famille et dans la société*, « Devoirs de l'écrivain catholique », p. 592-598) :
Des conséquences de la mauvaise presse. De la nécessité de diffuser et d'encourager les journaux catholiques.

1909-11-01 (*MÉQ*, vol. 10, *Lettre pastorale des Pères du Premier Concile plénier de Québec*, « Devoirs de l'écrivain catholique », p. 27-32) :
Les Pères du Premier Concile plénier de Québec rappellent l'importance des journaux catholiques face à la mauvaise presse. Ils affirment également que les devoirs de l'écrivain catholique sont fondés sur un principe primordial : la soumission à l'autorité ecclésiastique.

1910-12-19 (*MÉM*, vol. 14, *Sujets de sermons pour l'année 1911*, p. 479-480) :
Liste de sujets de sermons pour 1911, dont, entre autres : « Formation du sens social catholique. La bonne presse » (p. 479); « Le mauvais journal » (p. 480).

1911-05-10 (*MÉQ*, vol. 10, *Circulaire au clergé*, « III », p. 390) :
À partir du 1er janvier 1908, toutes les associations pieuses établies par l'évêque seront soumises à l'Action sociale catholique.

1911-10-07 (*MÉQ*, vol. 10, *Circulaire au clergé*, « IV », p. 395-396) :
Livres particulièrement recommandés aux prêtres canadiens et aux bibliothèques paroissiales, « afin de donner à notre peuple la facilité de s'instruire et de s'édifier » (p. 396) : *L'Instruction au Canada sous le Régime français*, de l'abbé Amédée Gosselin, et *L'Église du Canada depuis Mgr de Laval jusqu'à la Conquête*, de l'abbé Auguste Gosselin.

1915-06-10 (*MÉQ*, vol. 11, *Lettre pastorale de son éminence le Cardinal Bégin*, « Les lectures », « La presse catholique », p. 193-195) :
Dangers des mauvaises lectures qui, toutes, arrivent au même résultat : la décadence de la foi et l'affaiblissement des convictions. Réfutation des arguments du libre accès à l'information et rappel de l'importance de soutenir la presse catholique.

1915-11-12 (*MÉQ*, vol. 11, *Circulaire au clergé*, « III », p. 207) :
Le Canada ecclésiastique est recommandé aux curés.

1915-12-24 (*MÉM*, vol. 15, *Circulaire de Mgr l'évêque de Montréal au clergé de son diocèse*, « III. Le "Canada Ecclésiastique" », p. 369) :
Obligation à toutes les fabriques d'acheter *Le Canada ecclésiastique* et nécessité d'encourager cette publication « précieuse », « car il serait pénible de voir disparaître, faute de sympathie efficace, une œuvre qui a rendu et rend encore les services les plus signalés » (p. 369).

1916-12-21 (*MÉM*, vol. 15, *Circulaire de Mgr l'évêque de Montréal au clergé de son diocèse*, « Sujets de sermons pour l'année 1917 », p. 440-441) :
Liste de sujets de sermons pour 1917, dont, entre autres, « La lecture » (p. 440), « Divertissements, etc. » (p. 441).

1918-12-23 (*MÉM*, vol. 16, *Circulaire de Mgr l'évêque de Montréal au clergé de son diocèse*, « III. Publication d'ouvrages et collaboration aux journaux », p. 108) :
Règle du Code canonique concernant la collaboration aux journaux et la publication d'ouvrages par des ecclésiastiques.

ANNEXE 3

Sur *Canada-Revue*: l'enjeu du procès

Nous présentons ici, toujours en respectant l'othographe de l'original, une lettre de Mgr Fabre au préfet de la Propagande à Rome, le cardinal Ledochowski. Cette missive, qui fait un bilan de la poursuite de Canada-Revue, donne un éclairage capital sur l'enjeu fondamental de ce litige, en ce qui a trait au pouvoir de l'Église. (Source: ACAM, RLF.7, p. 295-299)

Archevêché de Montréal, 26 Nov. 1895

À Son Éminence le Card. Ledochowski,
Préfet de la S. Congrégation
de la Propagande, Rome.

Éminentissime Seigneur,

 Le 29 Novembre 1892, je crus de mon devoir de condamner nommément deux feuilles périodiques publiées dans mon diocèse. Le ton de persifflage de ces feuilles à l'égard des choses saintes et de l'autorité ecclésiastique, les scandales de toutes sortes qu'elles se faisaient comme une mission de dévoiler et de publier, surtout en ce qui concernait le clergé, leurs attaques continuelles contre la discipline de l'Église, contre la magistrature, etc, avaient soulever l'indignation dans les rangs des bons catholiques et constituaient en même temps un danger pour les faibles.

 Ma lettre circulaire, par laquelle défense était faite aux fidèles *sub gravi* de recevoir, lire, publier, vendre etc. les deux journaux en question, fut reproduite et endossée par tous les évêques de la Province civile de Québec qui la publièrent dans leur diocèse respectif et lui donnèrent la même sanction.

 La compagnie de publication de la "Canada-Revue", l'une des feuilles condamnées, me poursuivit à cette occasion devant le tribunal civil, demandant à celui-ci de casser mon jugement ou de me forcer à le retirer, et de plus exigeant la somme de 250,000 francs, (50,000 dollars) pour dommages et intérêts.

Dans le protêt qui me fut signifié, on m'accusait de deux choses, savoir : 1° d'avoir condamné le journal sans raisons suffisantes ; 2° d'avoir agi malicieusement et pour nuire au journal lui-même et causer sa ruine. Par mes avocats, je répondis d'abord en récusant la compétence du tribunal civil pour juger de la valeur des motifs qui m'avaient amener à condamner la revue. C'était diminuer les chances de succès devant une Cour qui devait se prononcer d'après le droit civil qui nous régit et non d'après le droit canonique. Mais aussi c'était sauvegarder les droits les plus sacrés de l'Église et protester contre ceux qui cherchaient à entraver sa liberté. En cédant sur ce point important, j'ouvrais la porte à tous les abus et j'entrais dans une voie des plus périlleuses. Quant à l'accusation d'avoir agi avec malice, comme il s'agissait ici de moi seul, de ma personne et non de principes, et comme par ailleurs je savais que l'accusation n'était nullement fondée, je me laissai poursuivre sans recourir à des droits dont l'exercice dans les circonstances eut fait du bruit et de l'éclat sans améliorer la position.

Des prières nombreuses, depuis cette époque, ont été faites par les fidèles, les communautés religieuses et le clergé, pour le succès de cette cause, l'une des plus graves qui se soient encore plaidées en notre pays, au point de vue des intérêts religieux.

Jusqu'ici Dieu a exaucé tant et de si ferventes supplications. En effet, un jugement en première instance porté au mois d'Octobre de l'an dernier, reconnut les droits que possède tout évêque de défendre aux fidèles la lecture d'un journal, d'une revue ou d'un livre contraire au dogme catholique, à la morale ou à la discipline et de protéger ainsi ses ouailles contre ce qui est de nature à les perdre ou à nuire à leurs intérêts spirituels ; il déclara de plus qu'en agissant ainsi, je ne l'avais nullement fait par malice, mais bien en suivant les règles requises en pareil cas, et conclut en renvoyant la demande avec frais et dépens.

La cause fut alors portée devant la Cour de Révision qui a rendu son jugement hier matin. Elle se composait d'un juge catholique et de deux juges protestants. L'un de ces derniers fut dissident, mais les deux autres furent d'accord à confirmer le jugement en première instance, et ont de nouveau renvoyé la cause avec frais et dépens contre la demanderesse.

Cette bonne nouvelle a réjoui grandement les cœurs de tous les catholiques et particulièrement les évêques qui viennent de remporter ainsi un triomphe cher à leur âme, car il assure la liberté de leur action et de leur Ministère en matière d'enseignement religieux, et de surveillance efficace sur la presse en ce qui concerne la foi, les mœurs et la discipline.

Je suis donc heureux, Éminentissime Seigneur, de faire parvenir sans retard au Saint-Siège la connaissance de ces faits importants.

La cause, il est vrai, sera peut-être portée devant le Conseil privé de Sa Majesté Britannique, mais après deux jugements en notre faveur, et des jugements aussi élaborés, nous n'avons guère à craindre et nous avons la certitude morale qu'en Angleterre comme au Canada, nos droits seront reconnus et maintenus.

Les journaux d'hier reproduisent une dépêche de Rome annonçant que le Saint-Père est retenu dans ses appartements privés par une indisposition assez grave. J'espère que cette nouvelle est fausse ou du moins exagérée. Quoiqu'il en soit, nous faisons des prières ardentes pour que Dieu prolonge les années de vie de l'illustre Pontife, et qu'il le conserve longtemps à l'affection, au respect de la Catholicité et à l'admiration du monde entier.

Veuillez donc, Éminentissime Seigneur, déposer ces humbles vœux aux pieds de notre père commun et l'assurer des sentiments de profonde vénération et d'amour filial de ses enfants du Canada.

Je demeure respectueusement
De Votre Éminence,
le dévoué serviteur,

(copie) + Édouard-Chs, arch. de Montréal

ANNEXE 4

Sur *Le Clergé canadien, sa mission, son œuvre* : l'unique témoignage de David

Dans Figures canadiennes *(p. 162), l'abbé Élie Auclair écrit à propos de David : « Lors de la publication de son dernier livre* Au soir de la vie, *on lui suggéra de donner au public une explication de cette condamnation [celle du* Clergé canadien, *bien sûr]. Pour ne pas réveiller des polémiques qui eussent pu paralyser certaines énergies tournées vers le bien, ou tout au moins diminuer leur élan, et par respect pour l'autorité de l'Église, il décida de n'en rien faire. Mais, l'explication est prête, signée de sa main — j'en possède une copie — dont l'histoire plus tard pourra utilement faire état. » Selon toute vraisemblance, c'est cette copie que nous livrons ici, puisqu'elle dormait dans le fonds Auclair, aux archives de la Chancellerie de l'archevêché de Montréal. Elle est donnée dans l'orthographe d'origine. (Source : ACAM, 990.073)*

Le clergé, sa mission, et ses œuvres.

À Monsieur l'Abbé Auclair,

En réponse à votre lettre me demandant des renseignements sur la condamnation de ma brochure portant le titre "Le clergé, sa mission et ses œuvres", je vous soumets l'historique de cette œuvre infortunée.

C'était au lendemain des élections de 1896. Le clergé avait approuvé ouvertement le fameux bill rémédiateur proposé par le gouvernement conservateur pour régler l'épineuse question des écoles du Manitoba et combattre les candidats libéraux et leur chef Laurier. Néanmoins le parti libéral avait triomphé, Laurier était arrivé au pouvoir et il avait fait avec le gouvernement manitobain ce qu'il considérait le meilleur règlement possible dans les circonstances.

Je sais la peine que Laurier s'était donnée pour obtenir du cabinet Greenway les concessions que ce règlement comportait en faveur des écoles catholiques et françaises. Or, nos évêques furent d'opinion que le règlement n'était pas acceptable et ils s'adressèrent à Rome pour le faire condamner et obtenir en même temps la condamnation du parti libéral.

Cette démarche fit croire et dire que le triomphe du parti libéral les avait poussés à demander à Rome la justification de leur conduite et de leurs craintes.

Afin de se tenir au courant de ce qui allait se passer à Rome, Laurier jugea opportun d'y envoyer M. Gustave Drolet, ancien zouave pontifical, qu'il avait raison de croire *persona grata* dans les cercles pontificaux.

Un jour, Drolet, vint me voir à l'hôtel de ville et me trouva occupé à écrire. Il me demanda ce que j'écrivais, et je lui répondis, que, me préparant à publier une histoire politique du Canada depuis l'établissement de la Confédération j'étais à rédiger quelques pages sur l'intervention du clergé dans nos luttes politiques et spécialement dans les dernières élections. «Montre moi donc cela, me dit-il.» Je lui passai mon manuscrit, et après l'avoir parcouru, il me dit: «Sais-tu que tu pourrais me rendre un grand service. Je pars, comme tu sais, pour Rome, afin de renseigner les autorités ecclésiastiques sur la politique de Laurier relativement à la question des écoles, et je n'ai pas le temps de préparer le factum que je devrais leur soumettre. Mais si tu terminais ton travail, je l'apporterais à Rome et ce serait mon factum.» Après hésitations je lui dis que j'acquiescerais à sa demande pourvu que Laurier approuvât son projet. Je lui remis mon manuscrit. Il alla à Ottawa et revint me trouver en me disant que Laurier partageait son opinion et se chargeait de faire imprimer mon manuscrit.

Quelques jours plus tard, Drolet partait pour Rome avec une cinquantaine d'exemplaires de ma brochure, et se hâtait, rendu là-bas, de les distribuer parmi les sommités du monde ecclésiastique.

Mais lorsque les évêques canadiens eurent pris connaissance de ma brochure, ils la considérèrent comme un défi porté à leur autorité et résolurent de la faire condamner afin d'en neutraliser les effets. Drolet, prévoyant le danger, l'avait fait approuver par trois hommes haut placés dans le monde théologique, entre autres Mgr. Lazzareshi. Nos évêques démontrèrent avec tant d'énergie que ma brochure serait funeste à leur influence au Canada qu'ils réussirent à obtenir sa condamnation. Drolet m'ayant fait connaître le malheureux sort de ma brochure, je m'empressai de déclarer que je la retirais de la circulation et que je me soumettais à la décision de la Congrégation de l'Index.

Drolet estima que c'était la première étape de la condamnation du parti libéral et que le seul moyen de l'éviter était de réussir à obtenir l'envoi au Canada d'un délégué chargé de faire une enquête sur la question des écoles et sur la situation religieuse en général. Il s'y employa avec énergie. Mais il aurait échoué si Laurier n'avait pas eu la pensée de charger Sir Charles Fitzpatrick d'essayer de sauver le parti libéral du danger qui le menaçait. Sir Charles n'eut jamais une occasion plus favorable de déployer toute l'habilité et le talent de diplomate dont il est doué. Il commença par aller à Londres voir quelques-unes des sommités du monde catholique anglais afin d'obtenir leur aide et leur intervention. Il leur démontra le danger d'une condamnation qui aurait pour effet de faire croire que, dans un pays régi par la constitution anglaise, les membres d'un parlement n'avaient pas le droit de choisir le mode qu'ils croyaient le plus pratique de régler une question de cette nature. Il réussit à les convaincre, partit pour Rome accompagné de M. Russell, un avocat Haut placé dans le monde catholique anglais, et plaida si bien sa cause auprès des grandes influences romaines, que le Souverain Pontife, Léon XIII, chargea Mgr. Merry Del Val de venir au Canada faire l'enquête demandée.

Le choix ne pouvait être plus judicieux. Le futur cardinal avait toutes les qualités requises pour une mission de cette importance. Il vint au Canada et, après une minutieuse enquête, il fit un rapport dont le résultat fut la fameuse encyclique Affari vos. Le pape dans cette encyclique réglait — vous le savez mieux que moi — que les membres du Parlement avaient droit de choisir le mode qu'ils croyaient le plus propre à résoudre la question des écoles et que les catholiques devaient accepter les concessions qui leur étaient offertes avec l'espoir d'obtenir davantage plus tard.

C'est exactement ce que j'avais prétendu dans ma brochure.

Nos évêques obéissant aux conseils de Rome énoncèrent dans un mandement les principes sages qui devaient guider l'action politique du clergé. Ce fut la fin d'un conflit aussi funeste à l'Église qu'à l'État et à la liberté politique dont doivent jouir également tous les électeurs d'un pays de régime constitutionnel.

Comme, depuis des années, j'avais cru devoir combattre les tentatives de ce qu'on appelait l'influence indue, surtout depuis que le parti libéral s'était donné tant de mal pour faire disparaître les craintes que ses chefs avaient autrefois inspirées, qu'il avait même consenti à sacrifier le nom de libéral pour s'appeler le parti national ou réformiste, et comme je n'avais cessé de conseiller aux libéraux de s'adresser à Rome pour obtenir le droit d'exercer leurs droits politiques sans encourir les condamnations ecclésiastiques, personne, plus que moi, naturellement, n'accueillit avec satisfaction la décision de Rome.

Ma brochure était condamnée, il est vrai, et malgré ma soumission, elle avait été dénoncée en termes sévères dans toutes les églises de la province. Je crus, un instant, comme tout le monde, que j'avais dû me rendre coupable de quelque hérésie, et je cherchai à connaître les raisons de ma condamnation, à savoir quelles erreurs j'avais commises. Mais tout ce que je pus obtenir fut qu'il y avait des condamnations d'opportunité et que mes vues, si elles eussent été exprimées dans d'autres circonstances, par exemple dans un livre historique, n'auraient pas été condamnées.

Le fait est que mon livre sur la politique canadienne depuis la confédération, paru plus tard, contient à peu près les mêmes faits, les mêmes opinions, et il n'a pas été condamné. [Ce paragraphe est raturé dans le document.] Naturellement, la condamnation de ma brochure me fut sensible, et affligea mes amis, Laurier et Drolet spécialement. Mais s'il est vrai, comme on me l'a affirmé, qu'elle contribua à ouvrir les yeux à certains grands personnages ecclésiastiques de Rome sur les dangers de l'intervention de nos prêtres dans nos luttes politiques, je me console à la pensée que j'ai pu contribuer à pacifier les esprits.

Ayant appartenu aux deux partis, conservateur et libéral, ayant eu des relations intimes avec les chefs de l'un et de l'autre, j'étais d'opinion que cette intervention était dommageable au clergé lui-même et à la religion autant qu'elle était injuste pour des hommes qui depuis quelques années ne savaient que faire pour vaincre l'antipathie dont ils étaient victimes, et qui, une fois au pouvoir s'efforcèrent de démontrer qu'on avait eu tort de tant les craindre. Les colères et les ressentiments qui se manifestèrent dans certains cercles, me faisaient craindre que le clergé ne perdît dans les luttes politiques l'autorité dont il avait besoin pour exercer son action bienfaisante parmi nous, pour continuer d'être le gardien respecté de nos traditions religieuses et nationales.

Sans doute le désir de défendre des hommes que j'aimais, comme Laurier, Mercier, Langelier, Marchand et plusieurs autres, dont je connaissais les sentiments religieux et la bonne volonté, fut l'un des motifs qui me poussèrent à me plaindre d'une hostilité qu'ils ne méritaient pas, qui pouvait priver le pays de leurs service et les empêcher d'occuper une position digne de leurs talents et de leur patriotisme. Mais, vraiment, je crus rendre service en même temps au clergé et à la religion ; je pensai que l'intérêt national devait nous empêcher de faire croire à nos concitoyens anglais et protestants qu'un canadien-français catholique n'était pas libre d'agir en politique et de voter suivant son jugement et sa conscience dans les matières laissées libres aux disputes des hommes. C'était, il me semblait, avouer une infériorité humiliante, funeste à notre influence religieuse et nationale.

On m'a souvent demandé pourquoi j'avais désavoué des opinions que je croyais bien fondées, et une revue française, après avoir cité mes déclarations catholiques, disait : « Voilà l'homme qui a été condamné et qui s'est laissé condamner sans protester. » C'est pourtant bien simple. Je me suis soumis parce que, étant sincèrement catholique, je ne pouvais récuser l'autorité du tribunal suprême de l'Église, auquel j'avais si souvent conseillé à mes amis de s'adresser pour avoir justice. Je n'ai pas eu à désavouer des principes que j'aurais émis, à répudier des erreurs que j'aurais commises, puisqu'on m'a assuré que ma condamnation était ce qu'on appelle une condamnation d'opportunité. Je me suis soumis en retirant de la circulation ma brochure et en déclarant que j'acceptais la décision de la Congrégation de l'Index, parce que je ne voulais pas me mettre en contradiction avec les principes et les opinions que j'avais si souvent exprimés, parce que je ne voulais pas donner un exemple dangereux peu digne d'un vrai catholique. Enfin, je me suis soumis parce que ma conscience, mes convictions religieuses et même mon patriotisme m'en faisaient un devoir.

J'avais commis une imprudence en permettant à Drolet de remplacer le factum qu'il aurait dû préparer, par une brochure qui devait naturellement, dans les circonstances, être discutable et discutée.

Toutefois les censures ecclésiastiques dont j'ai souffert, même en dehors de la politique, n'ont jamais altéré mes convictions religieuses et ne m'ont jamais empêché de déclarer que notre clergé est le facteur le plus utile et le plus puissant de nos destinées religieuses et nationales.

Je dois ajouter que je n'ai jamais prétendu nier à nos prêtres la libre faculté d'exercer leurs droits politiques de citoyens, ni de rappeler en chaire les principes qui doivent guider les électeurs chrétiens.

On m'a souvent conseillé de publier les faits se rapportant à la condamnation de ma brochure, mais je n'ai jamais cru et ne crois pas encore opportun de suivre ce conseil. Plus tard, les circonstances pourront peut-être donner de l'actualité à cette publication et la justifier.

Sigles

BRH	Bulletin des recherches historiques
DBC	Dictionnaire biographique du Canada
DOLQ	Dictionnaire des œuvres littéraires du Québec
HCQ	Histoire du catholicisme québécois
HPQ	Histoire de la Province de Québec (R. Rumilly)
MÉM	Mandements des évêques de Montréal
MÉQ	Mandements des évêques de Québec
RAPQ	Rapport de l'archiviste de la Province de Québec
RHAF	Revue d'histoire de l'Amérique française
SRM	Semaine religieuse de Montréal
SRQ	Semaine religieuse de Québec

Pour les fins de cette étude, il est à noter que les mandements des évêques de Montréal et de Québec, de même que les « Semaine religieuse » de Montréal et de Québec, ont été dépouillés systématiquement jusqu'en 1919.

Bibliographie

L'Action sociale catholique et l'Œuvre de la Presse catholique. Motifs-programme-organisation-ressources, Québec, Imprimerie Éd. Marcotte, 1907, 44 p.

ALEXANDRE, Annie, « Le Pouvoir comme lecteur : la censure devant "Madame Bovary" et "La Scouine" », Ph. D. (Études françaises), Université de Montréal, 1982, 245 p.

ANGENOT, Marc, « Pour une théorie du discours social : problématique d'une recherche en cours », *Littérature*, « Médiations du social recherches actuelles », mai 1988, p. 82-98.

Annuaire de l'Institut-Canadien pour 1866. Célébration du 22ᵉ anniversaire de la fondation de l'Institut-Canadien le 17 décembre 1866, Montréal, Imprimerie du journal *Le Pays*, 1866, 32 p.

Annuaire de l'Institut-Canadien pour 1868. Célébration du 24ᵉ anniversaire de la fondation de l'Institut-Canadien le 17 décembre 1868, Montréal, Imprimerie du journal *Le Pays*, 1868, 31 p.

Anonyme, *Anti-Coton, ou Réfutation de la lettre déclaratoire de la doctrine des Pères Jésuites conforme aux décrets de concile de trente, par le Père Coton*, Paris, [s.é.], 12 décembre 1610.

Anonyme [?, pseud.], *Curés et Bedeaux. Le Cléricalisme au Canada*, Montréal, [s.é.], 1896, 88 p.

Anonyme [?, pseud.], *Les Hommes noirs. Propagande anti-cléricale*, Montréal, [s.é.], 1896, 87 p.

Anonyme [?, pseud.], *Saintes comédies. Le Cléricalisme au Canada II*, Montréal, [s.é.], 1896, t. II, 80 p.

BARTHES, Roland, *Leçon inaugurale de la chaire de sémiologie littéraire du Collège de France, prononcée le 7 janvier 1977*, Paris, Seuil, 1978, 46 p.

BELLUT, Eugène, *L'Association Catholique de la Jeunesse Canadienne-Française, Monographie reproduite de La Revue de l'Action populaire de Reims, livraison du 20 juillet 1910*, Montréal, Bureaux de l'ACJC, 1915, 19 p.

BERNARD, Jean-Paul, *Les Rouges. Libéralisme, nationalisme, anticléricalisme au Québec au XIXe siècle*, Montréal, Presses de l'Université du Québec, 1971, 394 p.

BERNARD, Henri, *La Ligue d'enseignement. Histoire d'une conspiration maçonnique à Montréal*, Notre-Dame des Neiges Ouest, s.é., 1903, 110 p.

BESSETTE, Arsène, *Le Débutant*, Saint-Jean, Compagnie de publication «Le Canada Français», 1914, 257 p.

BETHLÉEM, Louis, *Romans à lire et romans à proscrire. Essai de classification au point de vue moral des principaux romans de notre époque (1800-1922) avec notes et indications pratiques*, Paris, Lille, huitième édition, Bureau de la Revue des lectures, 1922, 393 p.

BOURASSA, Henri, *Le Canada apostolique*, Montréal, Bibliothèque de l'Action française, 1919, 173 p.

BOURDIEU, Pierre, «Le champ scientifique», *ARSS*, 2/3, 1976, p. 88-104.

BOURQUE, Gilles, Jules DUCHASTEL et Jacques BEAUCHEMIN, *La Société libérale duplessiste 1944-1960*, Montréal, PUM, 1994, 435 p.

BRUNET, Manon, «Faire l'histoire de la littérature française du XIXe siècle québécois», *Revue d'histoire de l'Amérique française*, 38, 4, printemps 1985, p. 523-547.

BRUNET, Manon et Serge GAGNON, *Discours et pratiques de l'intime*, Québec, IQRC, 1993, 256 p.

BUIES, Arthur, *Lettres sur le Canada. Études sociales, 1864-1867*, Montréal, Éditions de l'Étincelle, 1978, 94 p.

——, *La Lanterne*, Montréal, [s.é.], 1884, 336 p.

——, *Réminiscences. Les Jeunes Barbares*, Québec, Imprimerie de «L'Électeur», [1892], 110 p.

BURGER, Baudoin, *L'Activité théâtrale au Québec (1765-1825)*, Montréal, Parti pris, 1974, 410 p.

CAMBRON, Micheline, *Une société, un récit. Discours culturel au Québec (1967-1976)*, Montréal, L'Hexagone, 1989, 204 p.

CAMERLAIN, Lorraine, «Trois interventions du clergé dans l'histoire du théâtre à Montréal: 1789-90, 1859 et 1872-74», M. A. (Études françaises), Université de Montréal, 1979, 186 p.

CARON, Pierre, «Le livre dans la vie du clergé québécois sous le Régime anglais», M. A. (Histoire), Université Laval, 1980, 148 p.

Catalogue de la Bibliothèque de l'Œuvre des bons livres, Montréal, Imprimerie Louis Perreault, 1845.

CHABOILLEZ, Augustin, *Questions sur le gouvernement ecclésiastique du District de Montréal*, Montréal, Imprimerie de Thos. A. Turner, 1823, 40 p.

[CHABOILLEZ, Augustin], *Réponse de Messire Chaboillez, curé de Longueuil, à la lettre dep.h. Bédard ; suivie de quelques remarques sur les observations imprimées aux Trois-Rivières*, Montréal, T. A. Turner, 1824, 70 p.

CHABOT, Juliette, *Montréal et le rayonnement des bibliothèques publiques*, Montréal et Paris, Fides, 1963, 191 p.

CHAPAIS, Thomas, *L'Apostolat des bons livres et l'Association catholique de la jeunesse canadienne-française*, Québec, Imprimerie de l'Événement, 1905, 23 p.

——, *Mélanges de polémique et d'études religieuses, politiques et littéraires*, Québec, Imprimerie de la Compagnie de l'Événement, 1905, 373 p.

CHARLAND, Raymond M., *L'Index*, Ottawa, Éd. du Lévrier, 1938, 191 p.

CHARLAND, Thomas, « Les débuts du père Gonthier dans la polémique », *Revue d'histoire de l'Amérique française*, 6, 2, septembre 1952, p. 234-276.

——, « L'interdit du père Gonthier, O.p. », *Revue d'histoire de l'Amérique française*, 8, 1, juin 1954, p. 72-96.

——, *Le Père Gonthier et les écoles du Manitoba. Sa mission secrète en 1897-1898*, Montréal, Fides, 1979, 131 p.

——, « Un gaumiste canadien : l'abbé Alexis Pelletier », *Revue d'histoire de l'Amérique française*, 1, 2, septembre 1947, p. 195-236.

CHARLEBOIS, J., *La Bêche (The Spade) ou les assimilateurs en action. Dédié aux Franco-américains de la Nouvelle-Angleterre. Album de dessins gais*, Montréal, J. A. Lefebvre éditeur, 1911, [24 p.].

CHARLEBOIS-DIRSCHAUER, Madeleine, *Rodolphe Girard (1879-1956), sa vie, son œuvre*, Montréal, Fides, 1986, 159 p.

CHAUSSÉ, Gilles, *Jean-Jacques Lartigue, premier évêque de Montréal*, Montréal, Fides, 1980, 275 p.

Constitution et règlements de l'Institut Canadien, Montréal, Imprimerie Louis Perreault, 1845.

COTNAM, Jacques, et Pierre HÉBERT, « La Gazette littéraire (1778-1779) : notre première œuvre de fiction ? », *Voix et images*, 59, hiver 1995, p. 294-312.

CRUNICAN, Paul, *Priests and Politicians : Manitoba Schools and the Election of 1896*, Toronto and Buffalo, University of Toronto Press, 1974, 369 p.

DANDURAND, Marcel, « Les Premières difficultés entre Mgr Bourget et l'Institut Canadien de Montréal (1844-1865) », *Revue de l'Université d'Ottawa*, 25, 2-3, avril-juin et juillet-septembre 1955, p. 145-165 et 273-307.

DARNTON, Robert, *Gens de lettres, gens du livre*, Paris, Odile Jacob, 1992, 302 p.

DAVID, Laurent-Olivier, *Le Clergé canadien, sa mission, son œuvre*, Montréal, Eusèbe Senécal, 1896, 123 p.

——, *Les Patriotes de 1837-1838*, Montréal, Eusèbe Senécal & Fils, 1884, 299 p.

——, *Souvenirs et biographies*, Montréal, Beauchemin, 1911, 274p.

DE LAGRAVE, Jean-Paul, *Fleury Mesplet (1734-1794). Diffuseur des Lumières au Québec*, Montréal, Patenaude Éditeur Inc., 1985, 503 p.

DE BONVILLE, Jean, «La liberté de presse à la fin du XIXe siècle: le cas de *Canada-Revue*», *Revue d'histoire de l'Amérique française*, 31, 4, mars 1978, p. 501-523.

DESSAULLES, Louis-Antoine, *Écrits*, Édition critique préparée par Yvan Lamonde, Montréal, PUM, BNM, 382 p.

——, *La Grande Guerre ecclésiastique. La comédie infernale et les noces d'or. La suprématie ecclésiastique sur l'ordre temporel*, Montréal, Typographie Alphonse Doutre, 1873, 130 p.

——, *L'Index*, Montréal, Imprimerie Louis Perreault et Cie, 1870.

DIONNE, Narcisse-Eutrope, *Pierre Bédard et ses fils*, Québec, Typ. Laflamme et Proulx, 1909, 272 p.

DORION, Éric, *L'Institut Canadien en 1852*, Montréal, W.-H. Rowan, 1852, 128 p.

DOSTALER, Yves, *Les Infortunes du roman dans le Québec du XIXe siècle*, Montréal, HMH, 1977, 175 p.

Le Drapeau national des Canadiens français. Un choix légitime et populaire, Québec, Le Comité de Québec, 1904, 308 p.

DROLET, Gustave, *Zouviana. Étape de vingt-cinq ans 1868-1893. Lettres de Rome, Souvenirs de Voyages, Études, etc.*, Montréal, Eusèbe Senécal et Fils, 1893, 459 p.

DUBOIS, Jacques, *L'Institution de la littérature*, Paris/Bruxelles, Nathan/ Labor, 1978, 188 p.

DUMONT, Fernand *et alii*, *Idéologies au Canada français, 1850-1900*, Québec, PUL, 1971, 327 p.

——, *Idéologies au Canada français, 1900-1929*, Québec, PUL, 1974, 377 p.

DUNN, Oscar, *Dix ans de journalisme. Mélanges*, Montréal, Duvernay Frères & Dansereau, 1876, 278 p.

DUTIL, Patrice, *Devil's Advocate. Godfroy Langlois and the Politics of Liberal Progressivism in Laurier's Quebec*, Montréal/Toronto, Robert Davies Publishing, 1994, 376 p.

EAGLETON, Terry, *Literary and Theory. An Introduction*, Minneapolis, University of Minnesota Press, 1983, 244 p.

EVERETT, Jane, « Orthodoxie et hétérodoxie littéraires : le cas du Québec vers 1900 », *Littératures*, 1, 1988, p. 91-124.

FALARDEAU, Jean-Charles, *Étienne Parent, 1802-1874*, Montréal, La Presse (coll. Échanges), 1975, 344 p.

[FILIATREAULT, Aristide?], *Au pays des ruines. I Ruines cléricales*, Montréal, A. Filiatreault, éditeur, 1893, 183 p.

[FILIATREAULT, Aristide?], *Au pays des ruines. I Ruines cléricales (English Edition)*, Montréal, A. Filiatreault, Publisher, 1893, 196 p.

GAGNON, Claude-Marie, « La Censure au Québec », *Voix et images*, IX, 1, automne 1983, p. 103-117.

GAGNON, Édouard, « La Censure des livres », Québec, Thèse en Droit canonique, 1946 [1944], 223 p.

GALLICHAN, Gilles, *Honoré Mercier. La politique et la culture*, Sillery, Éditions du Septentrion, 1994, 212 p.

GÉRIN, Elzéar, *La Presse canadienne*. « La Gazette de Québec », Québec, J.N. Duquet et cie, 1864, 65 p.

GÉRIN, Léon, *Antoine Gérin-Lajoie, la résurrection d'un patriote canadien*, Montréal, Le Devoir, 1925, 325 p.

GIGUÈRE, Richard, « Alfred Desrochers et la critique cléricale de son temps. Censure et autocensure de *L'Offrande aux vierges folles* (1928) » dans *La Faculté des lettres, Recherches récentes sur l'épistolaire français et québécois*, Département d'Études françaises, Université de Montréal, 1993, p. 163-181.

GINGRAS, Ulrich, *La Chanson du paysan. Poésies canadienne*, préface de Louis-Joseph Doucet, Québec, [s.é.], 1917, 173 p.

GIRARD, Rodolphe, *Marie Calumet*, Montréal, [s.é.], 1904, 396 p.

GONTHIER, Dominique-Ceslas [Pierre Bernard, pseud.], *M. Laurent Olivier David et Mgr Lazzareschi. Réponse de p.Bernard. Le manifeste libéral de L.-O. David*, Québec, [s.é.], 1896, 8 p.

——, *Un manifeste libéral. M. L.-O. David et le clergé canadien*, Québec, L. Brousseau, 1896, 177 p.

——, *Un manifeste libéral. M. L.-O. David et le clergé canadien. Deuxième partie : la question des écoles du Manitoba*, Québec, Léger Brousseau, 1896, 228 p. + Appendices.

GRIVEL, Charles, « Les mécanismes de la censure dans le système libéral bourgeois », *La Pensée*, 176, août 1974, p. 89-105.

Groulx, Lionel, *L'Appel de la race*, Montréal, Bibliothèque de l'Action française, 1922, 278 p.

——, *Au cap Blomidon*, Montréal, Granger et Frères, 1932, 239 p.

——, *Mes Mémoires*, Montréal, Fides, 1970-1974, 4 tomes.

——, *Les Rapaillages. (Vieilles choses, vieilles gens)*, Montréal, Le Devoir, 1916, 159 p.

——, *Une croisade d'adolescents*, Montréal, Librairie Granger Frères limitée, 2ᵉ édition, 1938, 257 p.

Hardy, René, « À propos du réveil religieux dans le Québec du XIXᵉ siècle : le recours aux tribunaux dans les rapports entre le clergé et les fidèles (district de Trois-Rivières) », *Revue d'histoire de l'Amérique française*, 48, 2, automne 1994, p. 187-212.

Hébert, Pierre, « La croix et l'ordre : le clergé et la censure au Québec », *Documentation et bibliothèque*, 41, 1, janvier-mars 1995, p. 21-29.

——, « Le clergé et la censure de l'imprimé au Québec : les années décisives (1820-1840) », *Voix et images*, XV, 2, hiver 1990, p. 180-195.

——, « Quand éditer, c'était agir. La Bibliothèque de l'Action française (1918-1927) », *Revue d'histoire de l'Amérique française*, 46, 2, automne 1992, p. 219-244.

Hébert, Robert, *Le procès Guibord ou l'interprétation des restes*, Montréal, Tryptique, 1992, 196 p.

Houde, Roland, *Dominique-Ceslas Gonthier, o.p.1853-1917. Perception et réception*, La Petite revue de philosophie, 8, 1, 1986, p. 163-189.

Houlé, Léopold, *L'Histoire du théâtre au Canada. Pour un retour aux classiques*, Montréal, Fides, 1945, 173 p.

Hudon, Théophile, *L'Institut Canadien de Montréal et l'Affaire Guibord*, Montréal, Beauchemin, 1938, 173 p.

Huot, Antonio, *Le Fléau maçonnique*, Québec, Dussault et Proulx, 1906, 177 p.

Imbert, Patrick, *Roman québécois contemporain et clichés*, Ottawa, Presses de l'Université d'Ottawa, 1983, 186 p.

Jetté, Pierre, « Le Journal Canada-Revue et Mgr Édouard-Charles Fabre 1890-1895 », M. A. (Histoire), Université McGill, 1972, 144 p. + Appendices.

Labbé, Ghislain, « L'Église, le loisir et la censure au Québec avant 1960 », Université du Québec à Trois-Rivières, M. A. (Sciences du loisirs), 1983, 145 p.

Laberge, Albert, *La Scouine*, Montréal, Édition privée, Imprimerie Modèle, 1918, 134 p.

LABERGE, Joseph Esdras, *Index, lectures et morale évangélique*, Québec, L'Événement, 1914, 30 p.

LAFLAMME, Jean et Rémy TOURANGEAU, *L'Église et le théâtre au Québec*, Montréal, Fides, 1979, 356 p.

LAFONTAINE, J.-L., *L'Institut Canadien en 1855*, Montréal, Sénécal et Daniel, 1855, 225 p.

LAHAISE, Robert, *La fin d'un Québec traditionnel. I. Histoire. Du Canada à «Notre État français»*, Montréal, l'Hexagone, 1994, 238 p.

LAHONTAN, Baron de, *Mémoires de l'Amérique septentrionale ou la suite des voyages de Mr le baron de Lahontan, qui contiennent la Description d'une grande étendue de païs de ce Continent, l'intérêt des François et des Anglois, leurs Commerces, leurs Navigations, les Mœurs et les Coûtumes des Sauvages, & c. Avec un petit dictionnaire de la langue du Païs. Le tout enrichi de cartes et de figures. Et augmenté dans ce second Tome de la manière dont les Sauvages se régalent*, La Haye, Chez les Frères L. Honoré, marchands libraires, 1709, 220 p.

——, *Nouveaux voyages de Mr le baron de Lahontan, dans l'Amérique septentrionale, qui contiennent une relation des differens Peuples qui y habitent, la nature de leur Gouvernement, leur commerce, leur coûtume, leur Religion & leur manière de faire la guerre. L'intérêt des François et des Anglois dans le commerce qu'ils font avec ces Nations, l'avantage que l'Angleterre peut retirer dans ce Païs, étant en guerre avec la France. Le tout enrichi de cartes et des figures. Tome Premier*, La Haye, Chez les Frères L. Honoré, marchands libraires, 1709, 280 p.

LAJEUNESSE, Marcel, *Les Sulpiciens et la vie culturelle à Montréal au XIXe siècle*, Montréal, Fides, 1982, 280 p.

LAMONDE, Yvan, *Louis-Antoine Dessaulles, un seigneur libéral et anticlérical*, Montréal, Fides, 1994, 372 p.

LANGLOIS, Maurice, «Foi et raison chez T.A. Chandonnet (le problème d'une traversée)», *La Petite revue de philosophie*, 8, 1, automne 1986, p. 144-160.

LAPATRIE, C., *Le Libéralisme catholique et les élections du 23 juin 1896*, Québec, [s.é.], 1896, 77 p.

LARTIGUE, Jean-Jacques [Pierre Hospice Bédard, pseud.], *Lettre à Mr. Chaboillez, curé de Longueuil, relativement à ses questions sur le gouvernement ecclésiastique du district de Montréal*, Montréal, James Lane, 1823, 40 p.

LE MOINE, Roger, *Deux loges montréalaises du Grand Orient de France*, Ottawa, Les Presses de l'Université d'Ottawa, 1991, 189 p.

Leclerc, Alphonse, « Lecture du roman : *Le Débutant* d'Arsène Bessette. Problèmes d'analyse sémiotique et socio-historique », M. A. (Études littéraires), UQAM, 1981, 108 p. + Annexes.

Lefebvre, Jean-Jacques, « Saint-Constant – Saint-Philippe de Laprairie, 1744-1946 », *Société canadienne d'histoire de l'Église catholique*, 1945-1946, p. 125-158.

Lemieux, Denise, « Les Mélanges religieux, 1841-1852 » dans Fernand Dumont, Jean-Paul Montmigny et Jean Hamelin (dir.), *Les Idéologies au Canada français, 1850-1900*, Québec, PUL, 1971, p. 63-92.

Lemieux, Lucien, *L'Établissement de la première province ecclésiastique au Canada, 1783-1844*, Montréal, Fides, 1968, 559 p.

Lemire, Maurice, *En quête d'un imaginaire québécois*, Recherches sociographiques, 23, 1-2, janvier-août 1982, p. 174-186.

——, *Introduction à la littérature québécoise (1900-1939)*, Montréal, Fides, 1981, 171 p.

Lozeau, Albert, *Lauriers et feuilles d'érable*, Montréal, Éditions du Devoir, 1916, 154 p.

Mandements, lettres pastorales et circulaires des évêques du Québec, vol. 1-12.

Mandements, lettres pastorales, circulaires et autres documents publiés dans le diocèse de Montréal depuis son érection, vol. 1-16.

[Marcil, J.N.], *La Grande Cause ecclésiastique. Le Canada-Revue vs Mgr É. C. Fabre. Procédure, preuve, pièces du dossier, plaidoyer des avocats*, Montréal, John Lovell & Sons, 1894, 350 p.

Marion, Séraphin, « Censure québécoise d'autrefois et d'aujourd'hui », *Nouvelle-France*, 16-17, mars-juin 1961, p. 52-56.

——, *Les Lettres canadiennes d'autrefois. Tome VII : Littérateurs et moralistes du Canada français d'autrefois*, Hull/Ottawa, Éd. de l'Eclair/Université d'Ottawa, 1954, 191 p.

Marmande, R. de, *Le Cléricalisme au Canada*, Paris, Librairie critique Émile Nourry, 1911, 204 p.

Marquis, André, « Les fluctuations du capital symbolique. De l'oubli et de l'institution », dans Robert Giroux et Jean-Marc Lemelin, *Le Spectacle de la littérature*, Montréal, Tryptique, 1984, p. 107-117.

Massicotte, É.-Z., « Le succès de librairie de 1824 », *Bulletin des recherches historiques*, 34, 5, mai 1928, p. 283-284.

——, *L'Institut National, Rival de l'Institut Canadien*, Bulletin des recherches historiques, 48, 8, août 1941, p. 236-239.

Melançon, François, « Façonner et surveiller l'intimité : lire en Nouvelle-France », dans Manon Brunet et Serge Gagnon, *Discours et pratiques de l'intime*, Québec, IQRC, 1993, p. 17-45.

Monière, Denis, *Le Développement des idéologies au Québec*, Montréal, Québec/Amérique, 1977, 381 p.

Naz, R. (dir.), *Dictionnaire de droit canonique, contenant tous les termes du droit canonique avec un sommaire de l'histoire et des institutions et de l'état actuel de la discipline*, Paris, Librairie Letouzé et Ané, 1953-1965, 7 vol.

Les noces d'argent de l'Action Sociale Catholique, [Québec], L'Action catholique, [1933], 91 p.

Norton, W. L., *The Shield of Achille / Le bouclier d'Achille*, Toronto, MacClelland and Stewart, 1968, 333 p.

Ouimet, Adolphe [Sophog Velligul, pseud.], *Les Contemporains de l'Institut Canadien. 1. Blanchet, 2. Boucher, 3. Duhamel, 4. D'Orsonnens [précédé de] Inférius tendimus ou l'Institut Canadien de Montréal, par Un jeune membre de cette association*, Trois-Rivières, [s.é.], 1858, 15, 68 p.

Pagnuelo, Siméon, *Études historiques et légales sur la liberté religieuse en Canada*, Montréal, C.-O. Beauchemin & Valois, libraires-imprimeurs, 1872, 409 p.

Paquin, Elzéar, *La Cité du mal contre la cité du bien ou le Droit de la force contre la force du droit à propos de la question universitaire*, Montréal, [s.é], 1881, 94 p.

——, *La Conscience catholique outragée et les droits de l'intelligence violés, par les deux principaux défenseurs de l'Université Laval, Sa Grâce Monseigneur Taschereau, archevêque de Québec, et Sa Grandeur Monseigneur Fabre, évêque de Montréal. Ouvrage réservé pour le public canadien et Notre très Saint Père le Pape*, Montréal, [s.é], 1882, 23 p.

Pelletier, Alexis [Luigi, pseud.], *Le Don Quichotte montréalais sur sa Rossinante ou M. Dessaulles et la Grande Guerre ecclésiastique*, Montréal, Publié par la Société des écrivains catholiques, 1873, 101 p.

Pelletier, Alexis [George Saint-Aimé, pseud.], *Lettre à Monseigneur Baillargeon évêque de Tloa sur la question des classiques et commentaire sur la lettre du Cardinal Patrizzi*, [s.l.], [s.é.], [1867?], 51 p.

Pelletier, Alexis [George Saint-Aimé, pseud.], *La Méthode chrétienne considérée dans ses avantages et sa nécesssité et réponses à certaines difficultés*, Ottawa, Imprimé par G. É. Desbarats, 1866, 51 p.

Pelletier, Alexis [George Saint-Aimé, pseud.], *Réponse aux dernières attaques dirigées par M. l'abbé Chandonnet contre les partisans de la méthode chrétienne et commentaires sur des documents authentiques qui dévoilent les machinations de MM. les abbés Chandonnet et Benjamin Paquet*, [s.l.], [s.é.], 1868, 56 p.

PELLETIER, Alexis [Un Catholique, pseud.], *La Source du mal de l'époque au Canada*, [s.l.], [s.é.], [1881?], 116 p.

PERIN, Roberto, *Rome et le Canada. La bureaucratie vaticane et la question nationale, 1870-1903*, Montréal, Boréal, 1993, 345 p.

PERREAULT, Claude-Élizabeth, «Paul Marc Sauvalle, un journaliste rebelle», *La Petite revue de philosophie*, 8, 1, automne 1986, p. 163-189.

[PIGEON, François-Xavier], *Correspondance entre l'évêque de Telmesse et le curé de Saint-Philippe au sujet de sa visite en 1824 & 1825*, [s.l., s.é., s.d.], 25 p.

[PIGEON, François-Xavier], *Rapports entre le curé de Saint-Philippe et Monseigneur de Québec*, [s.l., s.é., s.d. (1826)], 10 p.

POULIOT, Léon, «L'Institut Canadien de Montréal et l'Institut National», *Revue d'histoire de l'Amérique française*, XIV, 4, mars 1961, p. 481-486.

PROULX, Jean-Baptiste, *Dans la ville éternelle pendant que se discutait au Canada la question des écoles du Manitoba [Journal de voyage]*, Montréal, Granger, 1897, 287 p.

RAINVILLE, Danielle, «Le Monde de l'imprimé et l'Église au Québec, 1880-1960», M. Bibl., Université de Montréal, 1983, 137 p.

RENAUD, Laurier, *La fondation de l'A.C.J.C. L'histoire d'une jeunesse nationaliste*, Jonquière, Presses collégiales de Jonquière, 1972, 154 p.

RICHARD, Louis-Arthur, *Des délits de presse*, Québec, Le Soleil, 1925, 136 p.

RIDDELL, Walter Alexander, *The Rise of Ecclesiastical Control in Quebec*, New York, Colombia University Press, 1916, 196 p.

RIOUX, Jean-Roch, *L'Institut Canadien. Les débuts de l'Institut Canadien et du journal l'Avenir*, Québec, DES (Histoire), 1967, 138 p.

ROBERT, Jean-Claude, *Du Canada français au Québec libre*, Paris, Flammarion, 1975, 324 p.

ROUTHIER, Adolphe-Basile, *Le Centurion. Roman des temps messianiques*, Québec, L'Action sociale, 1909, 461 p.

ROY, Antoine, *Les Lettres, les sciences et les arts au Canada sous le Régime français*, Paris, Jouve et Cie, 1930, 292 p.

ROY, Fernande, *Progrès, harmonie, liberté. Le libéralisme dans les milieux d'affaires francophones à Montréal au tournant du siècle*, Montréal, Boréal, 1988, 301 p.

ROY, Jean-Louis, «Une région culturelle mal connue: le pouvoir des libraires ou les libraires du pouvoir», *L'évolution du rôle social de l'imprimé et de ses agents au Québec*, Conférences Aegidius-Fauteux, Montréal, 1980, p. 23-45.

Rumilly, Robert, *Histoire de la province de Québec*, Montréal, Valiquette, 2ᵉ édition, 1943, t. VIII, «Wilfrid Laurier», 234 p.

——, *Histoire de la province de Québec*, Montréal, Bernard Valiquette, [s.d.], t. XV. «Mgr Bruchési», 211 p.

Saint-Jacques, Lise, «Mgr Bruchési et le contrôle des paroles divergentes: journalisme, polémique et censure», M.A. (Histoire), UQAM, 1987, 140 p.

Saint-Pierre, Normand, «La Censure du roman «Le Débutant» (1914) de Arsène Bessette: le texte et l'institution», M. A. (Études littéraires), UQAM, 1984, 242 p.

Saint-Vallier, Mgr de, *Rituel du diocèse de Québec*, Paris, Simon Langlois, 1703, 604 p.

Saul, John, *Les Bâtards de Voltaire*, Paris, Payot, 1993, 653 p.

Savaète, Arthur, *Vers l'abîme. Tome VII Les Écoles du Nord-Ouest canadien*, Paris, Arthur Savaète Éditeur, [1910?], 516 p.

Soulillou, Jacques, *L'Impunité de l'art*, Paris, Seuil, 1995, 346 p.

Stewart, George, «The Index Expurgatorius in Quebec», *The Arena*, XVII, December 1896 to June 1897, p. 747-751.

Toffler, Alvin, *Les Nouveaux pouvoirs*, Paris, Fayard, 1991, 658 p.

Toujours debout. Le mandement de Mgr Bruchési et la réponse du «Pays», Montréal, Mercantile Printing, 1913, [8 p.].

Trudel, Marcel, *Chiniquy*, [Trois-Rivières], Éditions du Bien public, 1955, 339 p.

——, «La servitude de l'Église catholique du Canada français sous le Régime anglais», *Société canadienne d'histoire de l'Église catholique*, 1963, p. 11-33.

Un Catholique, *Lettre ouverte aux auteurs anonymes de ruines cléricales*, [s.l., s.é.], [1893], 29 p.

Vekeman, G. (Jean des Érables), *Les Bienfaiteurs du Canada. Prêtres et religieux*, Montréal, Imprimerie G. Vekeman, [1896], 64 p.

Viala, Alain, *Naissance de l'écrivain*, Paris, Éditions de Minuit, 1985, 319 p.

Voisine, Nive et al., *Commission d'étude sur les laïcs et l'Église. Histoire de l'Église catholique au Québec 1608-1970*, Montréal, Fides, 1971, 112 p.

——, *Histoire du catholicisme québécois**. Les XVIIᵉ et XVIIIᵉ siècles. Tome 1. Les années difficiles*, par Lucien Lemieux, Montréal, Boréal, 1989, 438 p.

——, *Histoire du catholicisme québécois**. Tome 2. Réveil et consolidation (1840-1898)*, par Philippe Sylvain et Nive Voisine, Montréal, Boréal, 1991, 507 p.

———, *Histoire du catholicisme québécois***. Tome 1. Le xxe siècle (1898-1940)*, par Jean Hamelin et Nicole Gagnon, Montréal, Boréal, 1984, 507 p.

———, *Histoire du catholicisme québécois***. Tome 2. Le xxe siècle (de 1940 à nos jours)*, par Jean Hamelin, Montréal, Boréal, 1984, 425 p.

WALLOT, Jean-Pierre, «La querelle des prisons (Bas-Canada, 1805-1807)», *Revue d'histoire de l'Amérique française*, 14, 3, 1960, p. 395-407.

———, «The Lower Canadian Clergy and the Reign of Terror (1810)», *Société canadienne d'histoire de l'Église catholique*, 1973, p. 53-60.

WAYMEL, Marie-Claude, «Dissidence idéologique et dissidence romanesque (le roman québécois de 1900 à 1920)», M. A. (Études littéraires), UQAM, 1980, 135 p.

Notes

INTRODUCTION

1. L'expression est de Jean-Claude Robert, *Du Canada français au Québec libre*, Paris, Flammarion, 1975, p. 193.
2. Abbé Louis Bethléem, *Romans à lire et à proscrire. Essai de classification au point de vue moral des principaux romans et romanciers de notre époque (1800-1922) avec notes et indications pratiques*, Paris, Lille, Bureau de la Revue des lectures, 8ᵉ édition, 1922, 393 p.
3. Roland Houde, «Dominique-Ceslas Gonthier, o. p. 1853-1917. Perception et réception», *La Petite Revue de philosophie*, 8, 1 (automne 1986), p. 192.
4. Maurice Lemire, *Introduction à la littérature québécoise (1900-1939)*, Montréal, Fides, 1981, p. 23.
5. Séraphin Marion, *Les Lettres canadiennes d'autrefois. Tome VIII: Littérateurs et moralistes du Canada français d'autrefois*, Hull/Ottawa, Les Éditions "L'Éclair" / Éditions de l'Université d'Ottawa, 1954, 191 p.
6. Jean Laflamme et Rémy Tourangeau, *L'Église et le théâtre au Québec*, Montréal, Fides, 1979, 356 p.
7. Il faut en outre signaler l'article de Claude-Marie Gagnon, «La censure au Québec», *Voix & Images*, IX, 1 (automne 1983), p. 103-117; je me permets d'ajouter mon article qui dessine les grandes lignes de ce livre: «La croix et l'ordre: le clergé et la censure de l'imprimé au Québec», *Documentation et Bibliothèques*, 41, 1 (janvier-mars 1995), p. 21-29. Notons enfin un mémoire de maîtrise, par Danielle Rainville, où le parcours l'emporte sur l'analyse et qui peut servir de substrat à la question de la censure ecclésiastique en jetant des bases descriptives des plus utiles (Danielle Rainville, «Le Monde de l'imprimé et l'Église au Québec, 1880-1960», M. Bibl., Université de Montréal, 1983, 137 p.).
8. Pierre Bourdieu, «Le champ scientifique», *ARSS*, 2/3 (1976), p. 100, dans Lise Saint-Jacques, «Mᵍʳ Bruchési et le contrôle des paroles divergentes: journalisme, polémique et censure», M. A. (Histoire), UQAM, 1987, p. 6.
9. Micheline Cambron, *Une société, un récit. Discours culturel au Québec (1967-1976)*, Montréal, L'Hexagone, 1989, p. 37.
10. Raymond M. Charland, *L'Index*, Ottawa, Éd. du Lévrier, 1938, p. 41.
11. Lionel Groulx, *Les Rapaillages (Vieilles choses, vieilles gens)*, Montréal, Imprimé au Devoir, 1916, 161 p.

12. Patrick Imbert, *Roman québécois contemporain et clichés*, Ottawa, Presses de l'Université d'Ottawa, 1983, p. 155.
13. Charles Grivel, « Les mécanismes de la censure dans le système libéral bourgeois », *La Pensée*, 176 (août 1974), p. 102.
14. Nous disposons par ailleurs de très peu d'études sur l'autocensure, dans le domaine québécois. De telles recherches appellent de longues et minutieuses enquêtes où la correspondance d'auteur est souvent le filon indispensable. Signalons particulièrement de Richard Giguère « Alfred DesRochers et la critique cléricale de son temps. Censure et autocensure de *L'Offrande aux vierges folles* (1928) », dans *La Faculté des Lettres. Recherches récentes sur l'épistolaire français et québécois*, Département d'Études françaises, Université de Montréal, 1993, p. 163-181.
15. Je suis en effet bien conscient que, sur le plan du contrôle du langage communautaire, il peut exister deux types de consensus : un premier que le sujet refuse, et un second contraignant, mais librement consenti. J'appelle censure ce qui relève du consensus refusé — et non du consentement.
16. R. Naz, dir., *Dictionnaire de droit canonique, contenant tous les termes du droit canonique, avec un sommaire de l'histoire et des institutions et de l'état actuel de la discipline*, Paris, Librairie Letouzé et Ané, 1953, t. 5, p. 1320.
17. Le 14 juin 1966, La Congrégation pour la Doctrine de la foi fait savoir que l'*Index* n'a plus force de loi ecclésiastique, mais qu'il garde sa valeur morale (voir *MÉQ*, 18, 1966).
18. R. Naz, dir., *Dictionnaire de droit canonique [...]*, t. 5, p. 1318.
19. Cette situation donnera lieu, dans le cas de Harvey, à une conjoncture pour le moins loufoque. En effet, l'interdiction, venant de Québec seulement, donnera une formidable impulsion aux ventes des *Demi-civilisés* à Montréal, si bien qu'Albert Pelletier, propriétaire des éditions du Totem, écrira à Alfred DesRochers : « Une réclame comme il ne s'en est jamais vu ! Je me demande si, en conscience, je ne dois pas payer une commission au cardinal comme agent de publicité. » (Albert Pelletier à Alfred DesRochers, 28 avril 1934.)
20. R. Naz, dans son *Dictionnaire de droit canonique [...]*, p. 1325, propose le chiffre de 4000. En outre, pour les ouvrages de langue française, il donne les chiffres suivants : xviie siècle, 221 mises à l'index ; xviiie, 466 ; xixe, 464 ; xxe, 169, pour un total de 1290.
21. Abbé J.-E. Laberge, *Index, lectures et morale évangélique*, Québec, Imprimé par la Compagnie de L'*Événement*, 1914, p. 11. Pour une autre vision de l'Index, mais de la fin du xixe siècle, voir « Les livres à l'Index », *SRQ*, 2 juin 1889, p. 313-315. L'histoire de la perception de l'Index serait à faire, mais il faudrait pour cela aborder le xxe siècle en entier.
22. Cité par R. de Marmande, *Le Cléricalisme [...]*, p. 61.
23. Ghyslain Labbé, « L'Église, le loisir et la censure au Québec, avant 1960 », M. A. (Sciences du loisir), UQAM, 1983, p. 4.
24. Auquel il conviendrait d'ajouter les loisirs au sens large : danse, divertissements sociaux, etc.
25. Le *mandement* désigne le plus officiel de ces types de documents ; la *circulaire* est destinée à une diffusion plus limitée (aux curés, par exemple), et la *lettre pastorale*, comme le dit son nom, aborde des questions de nature d'abord religieuse.

26. SRM, «Attaques injustes», 1ᵉʳ août 1891, p. 75-76.
27. SRM, 4 décembre 1911, p. 354-355.
28. Ces ouvrages figurent cependant dans l'Annexe 2.
29. Danielle Rainville, «Le Monde de l'imprimé [...]», p. 7-8.
30. Ibid., p. 17.
31. Ibid., p. 17.
32. Ibid., p. 88.
33. Dans son mémoire sur «L'Église et le loisir [...]», Ghyslain Labbé développe cette thèse du contrôle clérical, à la fin des années 1920, au moyen des multiples œuvres de loisir.
34. Léopold Houlé, L'Histoire du théâtre au Canada. Pour un retour aux classiques, Montréal, Fides, 1945, p. 11.
35. HCQ (III, 1), p. 178.
36. À cette fin, j'exclus les interventions contre le théâtre et les imprimés relevant du champ spirituel, pour les raisons déjà évoquées.
37. Que nous n'avons pu par ailleurs identifier.
38. C'est à titre d'assistants de recherche au Groupe de recherche sur l'édition littéraire au Québec que Patrick Nicol et Marie-Pier Luneau ont participé à cette étude.

CHAPITRE 1

1. Rappelons ici que ce chapitre est le seul où nous mettrons à contribution de manière aussi importante le théâtre, genre essentiel pour comprendre les fondements de la censure aux XVIIᵉ et XVIIIᵉ siècles. Pour les XIXᵉ et XXᵉ siècles, nous resserrerons notre objet autour de l'imprimé.
2. BRH, 1, 2 (1895), p. 32.
3. Le titre exact, qui n'est pas donné dans le BRH, est Anti-Coton, ou Réfutation de la lettre déclaratoire de la doctrine des Pères Jésuites conforme aux décrets du concile de trente, par le Père Coton (Paris, le 12 décembre 1610).
4. Dictionnaire des livres condamnés au feu, Paris, 1806, p. 83. Je remercie Jeanne-Mance Rodrigue, chercheure au Centre d'Études de la Renaissance, à l'Université de Sherbrooke, d'avoir porté ce renseignement à mon attention.
5. «Relation de ce qui s'est passé en la Nouvelle-France ou Lettre du P. Charles L'Allemant, Supérieur de la Mission de Canada, de la Compagnie de Jésus, au père Hiérosme L'Allemant son frère», dans Mercure François, tome 13, p. 1. Dans «Le Monde de l'imprimé [...]», Danielle Rainville affirme que l'Anti-Coton «fut brûlé par le catholique Gravé» (p. 13). Il s'agit d'un renseignement que nous n'avons pu authentifier.
6. Walter Alexander Riddell, The Rise of Ecclesiastical Control in Quebec, p. 102.
7. Antoine Roy, Les Lettres, les sciences et les arts au Canada sous le régime français, Paris, Jouve et Cie, 1930, p. 84-85. Tout semble indiquer que Roy a tort en ce qui concerne la date 1626.
8. HCQ, II, 1, p. 257.

9. LaHontan, Louis Armand de Lom d'Arce, baron de, *Nouveaux voyages de Mr le baron de Lahontan [...]*, p. 76-77. Riddle, dans *The Rise [...]*, cite une partie de cet extrait. Pour se faire une idée fondée sur l'attitude du clergé vis-à-vis du livre, on pourra en outre consulter, pour la période qui suit le Régime français, Pierre Caron, « Le Livre dans la vie du clergé québécois sous le régime anglais », M. A. (Histoire), Université Laval, 1980, 148 p. S'ajoutent également les études d'Antonio Drolet, d'Auguste Gosselin, d'Ægidius Fauteux, de Claude Galarneau, etc., de même que celle de François Melançon que nous citerons plus loin.
10. Rappelons que l'imprimerie n'existant pas en Nouvelle-France sous le Régime français et les imprimés étant importés de France, les ouvrages avaient vraisemblablement été censurés en France même avant de venir dans la nouvelle colonie.
11. Robert Darnton, *Gens de lettres, gens du livre*, Paris, Odile Jacob, 1992, p. 200. L'auteur résume ainsi Rolf Engelsing.
12. *The Quebec Gazette / La Gazette de Québec*, 25 mars 1779, p. 1-2.
13. Mgr de Saint-Vallier, « Avis donnés aux curés et missionnaires dans une assemblée ecclésiastique tenue à Québec », *MÉQ*, 1 (5 février 1694), p. 311.
14. Mgr de Saint-Vallier, « Mandement pour les cas réservés », *MÉQ*, 1 (10 mars 1694), p. 329. Ces cas réservés seront réitérés dans « Statuts publiés dans le 3e synode tenu à Québec le vingt-septième février de l'année 1698 », *MÉQ*, 1 (28 février 1698), p. 375.
15. François Melançon, « Façonner et surveiller l'intime : lire en Nouvelle-France », dans *Discours et pratiques de l'intime*, sous la direction de Manon Brunet et de Serge Gagnon, Québec, IQRC, 1993, p. 30. Cet article donne par ailleurs un bon aperçu des pratiques et contrôles de la lecture durant la période visée.
16. Mgr de Saint-Vallier, « Statuts publiés dans le 4e synode tenu à Québec le 8 octobre 1700 », *MÉQ*, 1 (8 octobre 1700?), p. 395. Saint-Vallier poursuit en rappelant « le refus même de l'absolution » (p. 396).
17. Mgr Briand, « Mandement pour le jubilé accordé par notre Saint-Père le pape Clément XIII », *MÉQ*, 2 (26 janvier 1767), p. 192.
18. Dès le 1er novembre 1764, Germain L'Anglois annonce sa bibliothèque « hebdomadaire et circulante » dans *La Gazette de Québec*; le 5 juin 1766, Joseph Bargeas offre ses services de « relieur et marchant libraire », également dans *La Gazette de Québec*.
19. Mgr Briand, « Mandement du jubilé pour la ville de Québec », *MÉQ*, 2 (5 mars 1771), p. 223.
20. *Ibid.*, p. 230-231.
21. Mgr Hubert, « Mémoire sur le diocèse de Québec, 1794 », *MÉQ*, 2 (1794), p. 487.
22. *Id.*
23. « Le Tartufe [sic] et Mgr de Saint-Vallier », *Les Lettres canadiennes d'autrefois*, Éditions *L'Éclair* et Éditions de l'Université d'Ottawa, Hull et Ottawa, t. VIII, 1954, p. 15-37.
24. Jean Laflamme et Rémy Tourangeau, *L'Église et le théâtre au Québec*, p. 59.
25. Mgr de Saint-Vallier, « Mandement sur les discours impies », *MÉQ*, 1 (16 janvier 1694), p. 301-302.

26. «Le Tartufe et Mgr de Saint Vallier», p. 34. Voir aussi *DBC*, I, p. 499-500.
27. *MÉQ*, 1, (10 janvier 1694), p. 304-308.
28. *Ibid.*, p. 308.
29. Mgr de Saint-Vallier, «Mandement au sujet des comédies», *MÉQ*, 1 (16 janvier 1694), p. 303.
30. *Id.* Cette comédie de Molière n'a guère connu un sort plus heureux en France, ayant aussi été interdite quelque trente ans plus tôt.
31. Jean Laflamme et Rémy Tourangeau, *L'Église et le théâtre au Québec*, p. 71.
32. Mgr de Saint-Vallier, *Rituel du diocèse de Québec*, Paris, Simon Langlois, 1703, p. 10, dans Jean Laflamme et Rémy Tourangeau, *L'Église et le théâtre au Québec*, p. 71.
33. Nous tirons cette synthèse de Lorraine Camerlain, «Trois interventions du clergé dans l'histoire du théâtre à Montréal : 1789-90, 1859 et 1872-74», M. A. (Études françaises), Université de Montréal, 1979, 186 p. ; Jean Laflamme et Rémy Tourangeau, *L'Église et le théâtre au Québec*, «Première querelle à Montréal», p. 84-96 ; Baudoin Burger, *L'Activité théâtrale au Québec (1765-1825)*, particulièrement «Une querelle à Montréal en 1789-1790 avec le "Théâtre de Société"», p. 282-289. Les deux autres querelles qu'analyse L. Camerlain sont évidemment liées à des interventions de Mgr Bourget, que nous ne traiterons pas plus loin puisque, nous l'avons dit, le théâtre ne sera abordé que durant le Régime français.
34. Lorraine Camerlain, «Trois interventions [...]», p. 33.
35. Lettre de Mgr Hubert à M. Brassier, 30 novembre 1789, citée dans Lorraine Camerlain, «Trois interventions [...]», p. 21.
36. Baudoin Burger, *L'Activité théâtrale au Québec (1765-1825)*, p. 296.
37. Lorraine Camerlain, «Trois interventions [...]», p. 20.
38. Rappelons que la première presse au Québec a été introduite par William Brown et Thomas Gilmore, en 1764. *La Gazette de Québec* sera le seul journal de la nouvelle colonie jusqu'à la parution de la *Gazette du commerce et littéraire, pour la Ville & District de Montréal* (juin 1778), qui s'appellera plus simplement, en septembre suivant, la *Gazette littéraire, pour la Ville & District de Montréal*. Sur les raisons pour lesquelles l'imprimerie a tant tardé à s'implanter en terre canadienne, en l'occurrence la peur du mauvais livre et l'absence de débouchés, voir Jean-Paul de Lagrave, *Fleury Mesplet (1734-1794). Diffuseur des Lumières au Québec*, Montréal, Patenaude Éditeur Inc., 1985, p. 92, n. 2.
39. Nous avons cependant tenté de démontrer que, contrairement à l'opinion reçue à ce sujet, ce journal est essentiellement le produit de Jautard et Mesplet eux-mêmes, sous le couvert d'une trentaine de pseudonymes différents. Voir Jacques Cotnam et Pierre Hébert, «La *Gazette littéraire* (1778-1779) : notre première œuvre de fiction ? », *Voix et Images*, 59 (hiver 1995), p. 294-312.
40. Selon Camille Roy, l'on a longtemps cru que «Tant pis tant mieux» était le titre d'un journal, et non un simple article de la gazette de Mesplet. C'est Roy qui prétend avoir révélé cette erreur. (Camille Roy, «Tant pis tant mieux», *BRH*, XII, 11 [novembre 1906], p. 321-324.)
41. Montgolfier à Haldimand, 2 janvier 1779, cité dans de Lagrave, *Fleury Mesplet [...]*, p. 165.

42. *DBC*, IV (1771-1800), p. 588. Il propose, dans cette lettre, le juge Rouville comme censeur du journal, celui-là même que Jautard attaquera avec force avant la chute de la *Gazette littéraire*.
43. Selon Jean-Paul de Lagrave, « Le Sincère moderne » serait un prêtre (*Fleury Mesplet [...]*, p. 154).
44. Ghyslain Labbé, « L'Église et le loisir [...] », p. 23.
45. Walter Alexander Riddell, *The Rise [...]*, p. 5. Son jugement sur l'Acte constitutionnel manque toutefois de nuance.
46. *Ibid.*, p. 94.

CHAPITRE 2

1. *RAPQ*, 1927-1928, p. 277.
2. Jean-Pierre Wallot, « La querelle des prisons (Bas-Canada, 1805-1807) », *RHAF*, 14, 3 (1960), p. 399.
3. Nous normaliserons l'orthographe irrégulière ou fautive des extraits tirés des journaux de l'époque, mais nous donnerons telle quelle l'orthographe des citations tirées de brochures, pamphlets, etc.
4. Notons en passant l'audace du *Canadien* qui reprend par cet article la formulation du « Tant pis tant mieux », paru dans la *Gazette littéraire* de Fleury Mesplet le 2 juin 1779, et qui valut l'emprisonnement à son auteur Valentin Jautard, rappelons-le.
5. *Le Canadien* ajoute que ce correspondant n'a pu trouver personne pour lui succéder...
6. Ce ne devait pas être la dernière des attaques contre *Le Canadien*. En février 1818, le journal devait à nouveau être visé par le Conseil législatif (*Le Canadien*, 21 février 1818), et le n° du 26 septembre 1821 fera état d'une « conspiration pour faire tomber *Le Canadien* ». Notons incidemment que *Le Canadien* proclame que Craig était de mauvaise foi quand il a fait arrêter les propriétaires du journal sous prétexte d'initiatives séditieuses (8 et 15 août 1818).
7. Jean-Pierre Wallot, « The Lower-Canadian Clergy and the Reign of Terror (1810) », *Société canadienne d'histoire de l'Église catholique*, 1973, p. 53-60.
8. Archives canadiennes, série Q, vol. 85, p. 228, dans R. de Marmande, *Le Cléricalisme [...]*, p. 25-26.
9. Voir la lettre de Mgr Plessis à J.-H. Roux, 22 mars 1810, *RAPQ*, 1927-1928, p. 272.
10. Mgr Plessis à M. François Noiseaux, 22 mars 1810, *RAPQ*, 1927-1928, p. 273.
11. Dans *MÉQ*, 3 (21 mars 1910), p. 45.
12. *Ibid.*, p. 46.
13. *Ibid.*, p. 49.
14. *Ibid.*, p. 44. Pour connaître les réactions — favorables en l'occurrence — d'une quinzaine de curés à la suite de la lecture de cette Proclamation, voir *RAPQ*, 1932-1933, p. 66-69.
15. Marcel Trudel, « La servitude de l'Église catholique du Canada français sous le Régime anglais », p. 17.

Notes du chapitre 2

16. Jean-Pierre Wallot, «The Lower Canadian Clergy and the Reign of Terror (1810)», p. 60.
17. *RAPQ*, 1927-1928, p. 273-274.
18. «Sermon prêché à la cathédrale de Québec, le 4me dimanche du carême, 1er avril 1810, à la suite de la Proclamation de son excellence le Gouverneur en chef, du 21 mars, même année», dans L.-O. David, *Mgr Joseph-Octave Plessis premier archevêque de Québec*, p. 69-83.
19. Mgr Plessis à l'Évêque de Telmesse, 13 septembre 1823, dans *RAPQ*, 1928-1929, p. 174.
20. *RAPQ*, 1927-1928, p. 270.
21. Mgr Plessis à Mgr Lartigue, 5 janvier 1824, dans *RAPQ*, 1928-1929, p. 180. Il n'est pas du tout certain que Mgr Lartigue ait partagé les vues radicales de son évêque.
22. *RAPQ*, 1927-1928, p. 275. On peut par ailleurs lire dans *Le Vrai Canadien* des documents intéressants favorables à la saisie du *Canadien*.
23. Elzéar Gérin, *La Presse canadienne*. «La Gazette de Québec», Québec, J. N. Duquet et cie, 1864, p. 44-45.
24. Jean-Pierre Wallot, «The Lower Canadian Clergy [...]», p. 59.
25. Pour d'autres renseignements sur le rôle du clergé, voir Lucien Lemieux, *L'Établissement de la première province ecclésiastique au Canada, 1783-1844*, Montréal, Fides, 1968, p. 67-71 et Gilles Chaussé, *Jean-Jacques Lartigue [...]*, p. 63-65.
26. Cette section sur Chaboillez et Pigeon reprend notre étude «Le clergé et la censure de l'imprimé au Québec: les années décisives (1820-1840)», *Voix & images*, XV, 2, (hiver 1990), p. 180-195.
27. Dans *L'Établissement de la première province ecclésiastique au Canada [...]*, p. 173-183, Lucien Lemieux explique en détail l'enjeu théologique de cette querelle de pamphlets.
28. Montréal, Imprimerie de Thos. A. Turner, 1823, 40 p.
29. Il transmettra d'ailleurs à Rome le pamphlet de Chaboillez et discutera de ces questions avec Lord Dalhousie (*RAPQ*, 1928-1929, p. 175-176; 1932-1933, p. 205 et suivantes).
30. Montréal, James Lane, 1823, 40 p.
31. *Ibid.*, p. 5-6. Rappelons que nous respectons l'orthographe de l'époque.
32. *Ibid.*, p. 6.
33. Narcisse-Eutrope Dionne, *Pierre Bédard et ses fils*, Québec, Typ. Laflamme et Proulx, 1909, p. 155.
34. *RAPQ*, 1941-1942, p. 423-424.
35. *Ibid.*, p. 431.
36. *RAPQ*, 1928-1929, p. 176.
37. *RAPQ*, 1941-1942, p. 429.
38. *Ibid.*, p. 424 et 429. L'abbé Chaboillez n'est pas dupe, cependant! Dans une lettre au *Spectateur canadien* adressée à P. H. Bédard, pour les raisons que Dionne a évoquées, le curé de Longueuil met en doute l'identité de l'auteur de cette réponse: «cet écrit vient de plus haut; [...] vous n'êtes qu'un prête-nom [...]» (15 novembre 1823). Il somme Bédard de garantir que sa signature est celle du véritable auteur de la réponse, ou alors que celui-ci se révèle au public. Bédard répond: «je persiste à déclarer au Public que cet ouvrage

m'appartient, et que je le défendrai contre Mr. le Curé, aussi bien que contre tout autre qui jugera à propos de l'attaquer farouchement» (*Le Spectateur canadien*, 22 novembre 1823). Mgr Lartigue approuve entièrement la réponse de Bédard (*RAPQ*, 1941-1942, p. 432).

39. Par un Prêtre du Diocèse de Québec, Trois-Rivières, Ludger Duvernay, 1823, 32 p.
40. Narcisse-Eutrope Dionne, *Pierre Bédard et ses fils*, p. 158.
41. *Ibid.*, p. 32.
42. *RAPQ*, 1928-1929, p. 173.
43. *RAPQ*, 1928-1929, p. 179.
44. Il a cependant été rédigé, en janvier 1824: *Examen sommaire de deux pamphlets publiés en 1823 sur le gouvernement ecclésiastique du district de Montréal*. Le Sulpicien J.-B. Bédard a également rédigé un document privé sur la question (voir Lucien Lemieux, *L'Établissement de la première province ecclésiastique au Canada [...]*, p. 177-178).
45. *La Gazette de Montréal*, 10 janvier 1824 ; paru aussi dans *Le Spectateur canadien*, 17 janvier 1824. L'abbé Cadieux répondra à son tour, avec courtoisie, dans *Le Spectateur canadien* du 7 février 1824.
46. Montréal, T.A. Turner, 1824, 70 p.
47. *Ibid.*, p. 3.
48. Siméon Pagnuelo, *Études historiques et légales sur la liberté religieuse en Canada*, Montréal, C.-O. Beauchemin & Valois, libraires-imprimeurs, 1872, p. 145.
49. Jean-Baptiste-Arthur Allaire, *Dictionnaire biographique du clergé canadien-français*, t. VI, Saint-Hyacinthe, Imprimerie du «Courrier du Canada», 1934, p. 173.
50. Édouard-Zotique Massicotte, «Le succès de librairie de 1824», *BRH*, vol. XXXIV, n° 5, mai 1928, p. 283-284. Les journaux ont traité inégalement de cette affaire. *Le Canadien*, pour sa part, s'est montré assez discret. Lors de la parution du premier pamphlet, la rédaction du journal en cerne l'enjeu, «d'une importance majeure pour les habitants de cette portion de l'empire britannique» (3 septembre 1823), et note les «sentiments libéraux de l'estimable ecclésiastique qui en est l'auteur». Dans un article du 14 avril suivant, «Pacifici» craint cependant que cet opuscule ne fasse beaucoup de tort au clergé, et que les Anti-Canadiens ne se servent de ces différends comme arme de combat. *Le Spectateur canadien* s'est fait, lui, la tribune par excellence de cette querelle théologique et politique. Outre des réparties de Chaboillez et de Bédard eux-mêmes, on y trouve plusieurs articles de laïcs qui tantôt jugent l'abbé Chaboillez excessif dans ses propos, tantôt considèrent qu'il s'agit d'un essai brillant et convaincant. Quoi qu'il en soit, ces dissensions ne semblent avoir laissé personne indifférent, *Le Spectateur canadien* ayant publié une vingtaine d'articles à ce sujet entre le 23 août 1823 et le 10 avril 1824.
51. Siméon Pagnuelo, *Études historiques et légales [...]*, p. 152 ; le texte original anglais est publié dans *RAPQ*, 1932-1933, p. 206-207 ; 1941-1942, p. 434-438.
52. *Ibid.*, p. 154. Un exemplaire de cette lettre est relié au premier pamphlet de Chaboillez, à la Bibliothèque nationale du Canada.
53. *RAPQ*, 1928-1929, p. 183 ; 1941-1942, p. 439.

Notes du chapitre 2

54. *RAPQ*, 1932-1933, p. 214.
55. *RAPQ*, 1932-1933, p. 387.
56. *Correspondance entre l'évêque de Telmesse et le curé de Saint-Philippe au sujet de sa visite en 1824 & 1825*, [s.l.n.d.], p. 18.
57. *Ibid.*, p. 19.
58. *Ibid.*, p. 22.
59. *Ibid.*, p. 24. «Civile» est bel et bien souligné dans le texte, contrairement à «ecclésiastique»...
60. Le même jour, il avait également informé Chaboillez qu'il ne lui rendrait pas visite : *RAPQ*, 1941-1942, p. 441.
61. *Ibid.*, p. 8.
62. *RAPQ*, 1941-1942, p. 430.
63. *RAPQ*, 1941-1942, p. 436, 475.
64. *Rapports entre le curé de Saint-Philippe et Monseigneur de Québec*, [s.l.n.d.] [1826], p. 1.
65. *Ibid.*, p. 2.
66. *Ibid.*, p. 10.
67. *RAPQ*, 1941-1942, p. 481.
68. *RAPQ*, 1941-1942, p. 482.
69. *RAPQ*, 1933-1934, p. 290.
70. *RAPQ*, 1933-1934, p. 322.
71. Jean-Jacques Lefebvre, «Saint-Constant–Saint-Philippe de Laprairie, 1744-1946», *Société canadienne d'histoire de l'Église catholique*, 1945-1946, p. 141-142.
72. *Ibid.*, p. 40.
73. Voir *RAPQ*, 1941-1942, p. 466-467. Mais une ambiguïté subsiste pour savoir s'il s'agit réellement dudit pamphlet.
74. Lettres du 24 janvier et du 4 mai 1826, *RAPQ*, 1933-34, p. 273 et 290.
75. Lettre du 29 avril 1826, *RAPQ*, 1941-1942, p. 481.
76. *RAPQ*, 1942-1943, p. 23.
77. Lettre du 31 janvier 1833, dans *RAPQ*, 1943-1944, p. 215.
78. Dans *Le Foyer canadien*, p. 303, cité dans Pagnuelo, *Études historiques et légales [...]*, p. 151.
79. *RAPQ*, 1942-1943, p. 25 ; aussi p. 37, 129, 130.
80. Lettre à Mgr Panet, 11 février 1832, *RAPQ*, 1942-1943, p. 135.
81. *RAPQ*, 1935-1936, p. 229.
82. Lettre de Mgr Lartigue à Jacques Paquin, curé de Saint-Eustache, 17 mars 1832, *RAPQ*, 1942-1943, p. 138.
83. Lettre à Mgr Panet, 18 février 1832, dans Gilles Chaussé, *Jean-Jacques Lartigue [...]*, p. 164.
84. Lettre de Mgr Lartigue à T. Maguire, 17 janvier 1832, *RAPQ*, 1942-1943, p. 131.
85. Lettre de Mgr Lartigue à Mgr Panet, 28 juillet 1828, *RAPQ*, 1942-1943, p. 25.
86. Au même, 16 décembre 1831, *RAPQ*, 1942-1943, p. 127.
87. Lettre de Mgr Lartigue à Mgr Panet, 24 janvier 1832 ; texte du *RAPQ*, 1942-1943, p. 132.
88. Lettre à Mgr Panet, 20 février 1832, *RAPQ*, 1942-1943, p. 135.
89. Lettre de Mgr Lartigue à Mgr de Telmesse [Mgr Bourget], 8 octobre 1838, *RAPQ*, 1945-1946, p. 81.

90. *RAPQ*, 1941-1942, p. 129.
91. *RAPQ*, 1942-1943, p. 130.
92. *HCQ*, II, 1, p. 382.
93. *RAPQ*, 1944-1945, p. 188-189.
94. *Ibid.*, p. 265.
95. Le 10 février 1838, *RAPQ*, 1945-1946, p. 48. Il écrira ensuite au curé de Saint-Denis pour lui rappeler que c'est son devoir de surveiller son vicaire (p. 51). On pourra consulter aussi les années 1944-1945, p. 178 et suivantes, au sujet des difficultés avec l'abbé Chartier.
96. Mgr Lartigue à Mgr Jean-Charles Prince, 5 juin 1838, texte du *RAPQ*, 1945-1946, p. 63.
97. Le 22 mars 1839, *RAPQ*, 1945-1946, p. 93.
98. Ces attaques pourraient être renforcées d'autres cas, comme par exemple la propagande anti-catholique de Maria Monk par l'entremise de ses calomnies contre l'Hôtel-Dieu.
99. Renouveau ou réveil religieux? On pourra lire la mise au point de René Hardy, « À propos du réveil religieux dans le Québec du xixe siècle : le recours aux tribunaux dans les rapports entre le clergé et les fidèles », *RHAF*, 48, 2 (automne 1994), p. 187-212. Hardy accorde en outre, comme nous le faisons pour la censure, une importance considérable à la décennie 1820 en ce qui concerne l'origine du réveil religieux.

CHAPITRE 3

1. Lettre à François-Magloire Turcotte, *RAPQ*, 1946-1947, p. 87.
2. *MÉM*, 1 (2 mai 1840), p. 113.
3. Toutes ces expressions se retrouvent dans ladite circulaire du 16 février 1843, *MÉM*, 1, p. 227-236. Mgr Bourget consacrera aussi une circulaire tout entière à la question de l'uniformité, le 1er janvier 1845.
4. Voir Denise Lemieux, « Les *Mélanges religieux*, 1841-1852 », dans Fernand Dumont, Jean-Paul Montmigny et Jean Hamelin, directeurs, *Les Idéologies au Canada français*, 1850-1900, Québec, PUL, 1971, p. 63 et suivantes.
5. Lettre de Mgr Bourget à Mgr Signay, s.l.n.d., ca 1840, *RAPQ*, 1946-1947, p. 109.
6. Lettre à Mgr Signay, 4 septembre 1840, *RAPQ*, 1946-1947, p. 109.
7. Circulaire du 21 juillet 1839, dans *MÉM*, 1, p. 54.
8. Lettre pastorale, 12 avril 1841, *MÉM*, 1, p. 135.
9. Voir *MÉM*, 1 (25 septembre 1845), p. 304-312.
10. *Ibid.*, p. 307.
11. « Lettre pastorale des évêques de la province ecclésiastique de Québec, réunis en assemblée à Montréal », *MÉM*, 3 (11 mai 1850), notamment les p. 586-590.
12. Jean-Baptiste-Éric Dorion, *L'Institut-Canadien en 1852*, Montréal, W.-H. Rowan, 1852, p. 8.
13. En mars 1847, l'Institut raye 250 membres qui n'ont pas payé leur cotisation. Jean-Roch Rioux, « L'Institut Canadien. Les débuts de l'Institut Canadien et du journal *L'Avenir* », thèse déposée à l'Université Laval, 1967.
14. James Huston, *L'Avenir*, 21 août 1847.

15. *La Minerve*, 9 septembre 1846.
16. Jean-Roch Rioux, *op. cit.*, p. 39.
17. *RAPQ*, 1966, p. 221.
18. J.-R. Rioux, *op. cit.*, p. 35-36.
19. Abbé Marcel Dandurand, «Les premières difficultés entre Mgr Bourget et l'Institut Canadien de Montréal (1844-1865)», *Revue de l'Université d'Ottawa*, XXV, 1955, p. 151.
20. *L'Avenir*, 4 mars 1848.
21. *MÉM*, 2 (25 juillet 1848?), p. 9-10.
22. Voir à ce sujet: Léon Pouliot, «L'Institut Canadien, Papineau, Mgr Bourget et la colonisation des Townships», *Nouvelle-France*, 16-17 (mars-juin 1961), p. 60-70; 18-19 (oct-déc. 1961), p. 174-181; 20 (mars-juin 1962), p. 261-268.
23. *RAPQ*, 1967, p. 153.
24. *L'Avenir*, 8 novembre 1848, p. 1.
25. *L'Avenir*, 28 novembre 1848, p. 2.
26. *RAPQ*, 1967, p. 147-148.
27. *RAPQ*, 1967, p. 160.
28. J.-L. Lafontaine, *L'Institut Canadien en 1855*, Montréal, Senécal et Daniel, 1855, p. 134.
29. Voir J.-R. Rioux, *op. cit.*, p. 40-43.
30. *Ibid.*, p. 43.
31. Léon Gérin, *Antoine Gérin-Lajoie, la résurrection d'un patriote canadien*, Montréal, Le Devoir, 1925, p. 76.
32. *Le Journal de Québec*, 20 mai 1848, p. 2.
33. *L'Avenir*, 4 décembre 1847, p. 2.
34. Philippe Sylvain, «Libéralisme et ultramontanisme au Canada français: affrontement idéologique et doctrinal (1840-1865)», dans W.L. Norton (dir.), *The Shield of Achille/Le Bouclier d'Achille*, Toronto, McClelland and Stewart, 1968, p. 118.
35. *Ibid.*, p. 119.
36. *L'Avenir*, 5 août 1848.
37. Denis Monière, *Le Développement des idéologies au Québec*, Montréal, Québec/Amérique, 1977, p. 175.
38. *L'Avenir*, 2 mai 1849, cité par Philippe Sylvain, *op. cit.*, p. 121.
39. *MÉM*, 2 (18 janvier 1849), p. 31.
40. *Ibid*, p. 20.
41. *L'Avenir*, 18 avril 1849.
42. *L'Avenir*, 15 mai 1849.
43. *Id.*
44. Voir Marcel Trudel, *Chiniquy*, Éd. du Bien public, 1955, p. 100-102.
45. *L'Avenir*, 14 juin 1849.
46. *L'Avenir*, 15 mai 1849.
47. *L'Avenir*, 17 janvier 1850.
48. Le 8 février 1850.
49. *L'Avenir*, 16 février 1850.
50. *RAPQ*, 1969, p. 56.
51. *L'Avenir*, 30 octobre 1850.
52. *L'Avenir*, 27 novembre 1850.

53. Id.
54. L'Avenir, 18 juin 1851.
55. L'Avenir, 27 juin 1851.
56. Id.
57. L'Avenir, 9 juillet 1851.
58. Jean-Charles Falardeau, *Étienne Parent, 1802-1874*, coll. «Échanges», Montréal, La Presse, 1975, p. 211.
59. Ibid, p. 219.
60. Lettre qui a paru dans *L'Ami de la religion* du 29 janvier 1849.
61. *RAPQ*, 1969, p. 11.
62. C'est J.-L. Lafontaine, dans *L'Institut-Canadien en 1855*, qui relate cet événement. Nous n'avons rien trouvé dans *L'Avenir* pour mieux comprendre cette tentative.
63. *RAPQ*, 1969, p. 100.
64. Id.
65. *MÉM*, 2 (9 mars 1850), p. 115.
66. Ibid., p. 116.
67. Marcel Lajeunesse, *Les Sulpiciens et la vie culturelle à Montréal au XIXe siècle*, Montréal, Fides, 1982, p. 25.
68. Id.
69. *Catalogue de la Bibliothèque de L'Œuvre des bons livres*, Montréal, Imprimerie Louis Perrault, 1845, p. [3].
70. Marcel Lajeunesse, *Les Sulpiciens [...]*, p. 27.
71. *Ordonnance d'organisation et règlement de l'Œuvre des bons livres de Montréal*, p. [7].
72. Marcel Lajeunesse, *Les Sulpiciens [...]*, p. 39.
73. Ibid., p. 41.
74. Ibid., p. 117-118.
75. Ibid., p. 118.
76. *HCQ*, II, 2, p. 135.
77. *Le Pays*, 20 avril 1858.
78. *L'Avenir*, 27 novembre 1850.
79. *Constitution et règlements de l'Institut Canadien*, Montréal, Imprimerie de Louis Perrault, 1845, p. 6.
80. *L'Avenir*, 6 décembre 1850.
81. *Le Pays*, 27 déc. 1862, p. 6.
82. Denis Monière, *Le Développement des idéologies au Québec*, p. 174.
83. *L'Ordre*, 17 mars 1862.
84. *L'Avenir*, 18 juin 1851. Voir aussi *La Minerve*, 10 juin 1851.
85. Id.
86. *La Minerve*, 10 juin 1851.
87. *L'Avenir*, 18 juin 1851.
88. *Le Pays*, 15 février 1862.
89. Id.
90. *Le Pays*, 30 déc. 1852.
91. Id.
92. *MÉM*, 3 (4 juin 1854), p. 165.
93. Léon Pouliot, «L'Institut canadien [...]», p. 21.

94. *Le Pays*, 10 avril 1855.
95. Le 8 février. Voir *Le Pays*, 6 mars 1855.
96. À la séance du 30 août. *Le Pays*, 11 sept 1855.
97. *MÉM*, 3 (10 mars 1858), p. 353.
98. *Ibid.*, p. 367.
99. *MÉM*, 3 (10 mars 1858), p. 367-368.
100. *Le Pays*, 13 avril 1858.
101. *La Minerve*, 10 avril 1858.
102. *Le Pays*, 20 avril 1858.
103. *Id.*
104. *MÉM*, t. 6, p. 24.
105. *Ibid.*, p. 37.
106. *MÉM*, t. 3, p. 394-396.
107. ACAM, 901-135. Brouillon d'un document destiné à Mgr Laflèche. Printemps 1868. Cité par Léon Pouliot, «L'Institut canadien [...]», p. 26.
108. *Le Pays*, 6 avril 1858.
109. *La Minerve*, 6 avril 1858.
110. *Le Pays*, 26 mars 1858.
111. Sophog Velligul [Adolphe Ouimet], *Les Contemporains canadiens. 1 Blanchet 2 Boucher 3 Duhamel 4 D'Orsonnens* [précédé de] «*Inferius tendimus ou l'Institut canadien de Montréal*», Trois-Rivières, [s.é.], 1858, 15, 68 p.
112. Le titre de ce texte, signé par «Un jeune membre de cette association», paraphrase la devise de l'Institut, *Altius tendimus*.
113. *Le Pays*, 23 mars 1858.
114. *Le Pays*, 24 avril 1858.
115. Voir C[yrille] Boucher, «Le Suisse Lafleur à l'Institut», *La Minerve*, 31 mars 1858.
116. *Le Pays*, 13 avril 1858.
117. *Le Pays*, 20 avril 1858.
118. *La Minerve*, 6 mai 1858.
119. *Id.*
120. Lettre de Mgr Bourget à M. D. Granet, 4 octobre 185[8]? Cité par Marcel Lajeunesse, *Les Sulpiciens [...]*, p. 81.
121. *Ibid.*, p. 67.
122. Au sujet de L'Institut National, on pourra consulter, F. Z. Massicotte, «L'Institut National, rival de l'Institut Canadien», *BRH*, 47, 8 (août 1941), p. 236-239 et Léon Pouliot, «L'Institut Canadien de Montréal et l'Institut National», *RHAF*, 14, 4 (mars 1961), p. 481-486.
123. Supplique de l'Institut-Canadien au Pape Pie IX, 1865, cité par Léon Pouliot, «L'Institut canadien [...]», p. 106.
124. Cité par Dandurand, «Les premières difficultés [...]», p. 286.
125. Mémoire de l'évêque de Montréal sur l'Institut Canadien, 27 avril 1869, cité par Léon Pouliot, «L'Institut canadien [...]», p. 35.
126. *Id.*
127. *Id.*
128. «Aux détracteurs de l'Institut Canadien, Grands et Petits», *Le Pays*, 13 mars 1862.
129. *Id.*

130. *La Minerve*, 23 juin 1858.
131. Mémoire de L.-A. Dessaulles au Cardinal Barnabo, 26 octobre 1865. Cité par Léon Pouliot, « L'Institut canadien [...] », p. 126.
132. Oscar Dunn, *Dix ans de journalisme*. *Mélanges*, Montréal, Duvernay Frères et Dansereau, 1876, p. 52.
133. M. Dorval à Mgr Bourget, ACAM 355.114.862.2
134. Supplique de l'Institut Canadien au Pape Pie IX. Cité par Léon Pouliot, « L'Institut canadien [...] », p. 126.
135. Mémoire de L.-A. Dessaulles [...], cité par Léon Pouliot, « L'Institut canadien [...] », p. 126.
136. *Id.*
137. Lettre de Mgr Bourget à l'École de Médecine, 31 juillet 1861, cité par Léon Pouliot, « L'Institut canadien [...] », p. 128-129.
138. Lettre de J.-G. Bibaud à Mgr Bourget, 12 août 1861, ACAM 901.135.861.1.
139. Jean-Paul Bernard, *Les Rouges. Libéralisme, nationalisme et anticléricalisme au Québec au XIXe siècle*, PUQ, 1971, p. 162.
140. *MÉM*, 4 (31 mai 1860), p. 111.
141. *Id.*
142. *MÉM*, 8 (31 mai 1860), p. 211.
143. *Id.*
144. *Ibid.*, p. 213.
145. *Id.*
146. *Id.*
147. *Ibid.*, p. 313.
148. *Id.*
149. Cité par Yvan Lamonde, *Louis-Antoine Dessaulles [...]*, p. 126.
150. *Id.*
151. *Ibid.*, p. 189-190.
152. *Ibid.*, p. 127.
153. *Id.*
154. Louis-Antoine Dessaulles, « Aux détracteurs de l'Institut [...] », *Le Pays*, 13 mars 1862.
155. *Ibid.*, *Le Pays*, 11 mars 1862.
156. *Ibid.*, *Le Pays*, 22 février 1862.
157. Philippe Sylvain, « Libéralisme et ultramontanisme [...] », p. 249.
158. *Mémoire de l'évêque de Montréal concernant l'Institut Canadien*, cité par Léon Pouliot, « L'Institut canadien [...] », p. 48.
159. Louis-Antoine Dessaulles, *L'Index*, Montréal, Imprimerie Louis Perrault et Cie, 1870, p. 56.
160. ACAM, 901-135, 863-1.
161. Louis-Antoine Dessaulles, *L'Index*, p. 59.
162. ACAM 901-135, 863-1.
163. *Le Pays*, 24 janvier 1870.
164. *Annuaire de l'Institut Canadien pour 1866*, p. 23. Cité par Léon Pouliot, « L'Institut canadien », p. 38.
165. Léon Pouliot, « L'Institut canadien [...] », p. 40.
166. Louis-Antoine Dessaulles, *L'Index*, p. 56.

Notes du chapitre 3

167. *Annuaire de l'Institut-Canadien pour 1866*, Montréal, Imprimerie du journal *Le Pays*, 1866, p. 22.
168. *Id.*
169. Nive Voisine et al., *Commission d'étude sur les laïcs et l'Église. Histoire de l'Église catholique au Québec 1608-1970*, Montréal, Fides, 1971, p. 40.
170. *MÉM*, 4 (décembre 1863), p. 432.
171. *Id.*
172. Voir Léon Pouliot, « L'Institut canadien [...] », p. 523 et Yvan Lamonde, *Louis-Antoine Dessaulles [...]*, p. 198.
173. Nive Voisine, *Commission d'étude [...]*, p. 173.
174. *Annuaire de l'Institut-Canadien pour 1866*, p. 5.
175. *Ibid.* p. 4.
176. Léon Pouliot, « L'Institut canadien [...] », p. 55.
177. Marcel Lajeunesse, *Les Sulpiciens [...]*, p. 80.
178. Arthur Buies, *Réminiscences. Les Jeunes Barbares*, Québec, Imprimerie de "L'Électeur", [1892], p. 40.
179. Voir Yvan Lamonde, *Louis-Antoine Dessaulles [...]*, p. 191-194 et Jean-Paul Bernard, *Les Rouges [...]*, p. 313-314.
180. Jean-Paul Bernard, *Les Rouges [...]*, p. 313.
181. *Ibid.*, p. 314.
182. Yvan Lamonde, *Louis-Antoine Dessaulles [...]*, p. 197.
183. *Annuaire de l'Institut-Canadien pour 1866*, p. 23.
184. *MÉM*, 6 (16 juillet 1869), p. 47.
185. Yvan Lamonde, *Louis-Antoine Dessaulles [...]*, p. 205.
186. Léon Pouliot, « L'Institut canadien [...] », p. 62.
187. *Ibid.*, p. 63.
188. *Id.*
189. *MÉM*, 6 (16 juillet 1869), p. 48.
190. *Ibid.*, p. 47.
191. *Ibid.*, p. 44-45.
192. Yvan Lamonde, *Louis-Antoine Dessaulles [...]*, p. 206.
193. *Id.*
194. Voir Louis-Antoine Dessaulles, *L'Index*, p. 74.
195. *Id.*
196. Léon Pouliot, « L'Institut canadien [...] », p. 125.
197. *Id.*
198. On consultera à ce sujet Théophile Hudon, *L'Institut Canadien de Montréal et l'affaire Guibord*, Montréal, Beauchemin, 1938, 173 p. et Robert Hébert, *Le Procès Guibord ou l'interprétation des restes*, Montréal, Tryptique, 1992, 196 p.
199. Louis-Antoine Dessaulles, *L'Affaire Guibord*, p. 50.
200. *Id.*
201. *Le Pays*, 18 juin 1870.
202. Léon Pouliot, « L'Institut canadien [...] », p. 89.
203. Louis-Antoine Dessaulles, *L'Affaire Guibord*, p. 8.
204. Arthur Buies, *Lettres sur le Canada. Étude sociale, 1864-1867*, Montréal, Éditions de l'Étincelle, 1978, p. 64-65.

205. Yvan Lamonde, *Louis-Antoine Dessaulles*, p. 224.
206. *Ibid.*, p. 227.

CHAPITRE 4

1. Si l'on se reporte au tableau des interdictions donné dans l'introduction, l'on notera un seul cas qui se distingue : la condamnation, en 1886, de la réédition de *La Lanterne* d'Arthur Buies. Cette réédition était parue deux années plus tôt, et nous ignorons la raison du délai entre la date de parution et l'interdiction. Quoi qu'il en soit, Mgr Taschereau écrit : « J'apprends que dans quelques paroisses, on vend ou l'on discute un pamphlet intitulé *La Lanterne, par Arthur Buies*. C'est une nouvelle édition d'un journal édité en 1868 et 1869. Je crois devoir vous le signaler comme tout à fait condamnable. » (« Circulaire au clergé pour condamner *La Lanterne* », *MÉQ*, 6, 8 novembre 1886, p. 591.) *Le Réveil* du même Arthur Buies avait été condamné dix ans plus tôt. (« Circulaire au clergé », *MÉQ*, 5, 31 août 1876, p. 421-425.) Dans un appendice à cette réédition, Buies rappelle comment sa première *Lanterne* avait été étranglée lentement : les dépôts de vente lui avaient l'un après l'autre fermé leurs portes et l'imprimeur s'était vu menacé de perdre le contrat de *L'Écho du cabinet de lecture* s'il persistait à imprimer le journal de Buies.
2. *SRQ*, 17 février 1889, p. 194.
3. *Ibid.* La suite de cet article, la semaine suivante, vise particulièrement les librairies et « leur large part de la clientèle catholique, qui n'est pourtant pas toujours ignorante de l'existence de l'arrière boutique destinée à l'emmagasinage des productions piquantes. » (*SRQ*, 24 février 1889, p. 203.)
4. *Ibid.*
5. Les renseignements qui suivent sont surtout tirés de *HCQ*, II, 2, p. 91 et suivantes.
6. *Ibid.*, p. 99.
7. Voir « Décret du 1er février 1876 que S. S. Léon XIII ordonne d'exécuter, et qui fut communiqué à M$^{gr.}$ l'archevêque de Québec par S. É. le Cardinal A. Franchi le 9 mars 1876 », *MÉM*, 9 (7 octobre 1881), p. 387-390.
8. *La Conscience catholique outragée et les droits de l'intelligence violés, par les deux principaux défenseurs de l'Université Laval, Sa Grâce Monseigneur Taschereau, archevêque de Québec, et Sa Grandeur Monseigneur Fabre, évêque de Montréal. Ouvrage réservé pour le public canadien et Notre très Saint Père le Pape*, Montréal, [s.é.], 1882, p. 4. Notons que Paquin avait fait paraître l'année précédente *La Cité du mal contre la cité du bien ou Le droit de la force contre la force du droit à propos de la question universitaire*, Montréal, [s.é.], 1881, 94 p.
9. *Ibid.*, p. 8.
10. *Ibid.*, p. 20.
11. *Ibid.*, p. 5.
12. *MÉQ*, 6 (13 mars 1882), p. 312-314.
13. *Ibid.*, p. 312.

14. *DOLQ*, 1, p. 631.
15. *Le Don Quichotte montréalais sur sa Rossinante ou M. Dessaules [sic] et la Grande Guerre ecclésiastique*, Montréal, publié par la Société des écrivains catholiques, 1873, 101 p. Ce pamphlet est signé du pseudonyme « Luigi ».
16. *La Source du mal de l'époque au Canada*, par Un Catholique, s.l.n.é., [1881?], 116 p.
17. S.l.n.é., [1867?], 51 p.
18. S.l.n.é., 1868, 56 p.
19. Thomas Charland, « Un gaumiste canadien : l'abbé Alexis Pelletier », *RHAF*, 1, 2 (septembre 1947), p. 195.
20. George Saint-Aimé, *La Méthode chrétienne considérée dans ses avantages et sa nécessité et réponses à certaines difficultés*, Ottawa, Imprimé par G. E. Desbarats, 1866, p. 45.
21. *La Source du mal [...]*, p. 31.
22. Voir Maurice Langlois, « Foi et raison chez T. A. Chandonnet (le problème d'une traversée) », *La petite revue de philosophie*, 8, 1 (automne 1986), p. 144-160.
23. Thomas Charland, « Un gaumiste canadien [...] », p. 197.
24. *La Source du mal [...]*, p. 32-33.
25. *Idem*.
26. C'est le mot qu'emploie Alexis Pelletier (*Ibid.*, p. 34).
27. « Circulaire au sujet des classiques », *MÉQ*, 4 (14 mars 1867), p. 564.
28. *MÉQ*, 4 (12 août 1868), p. 647.
29. *La Source du mal [...]*, p. 34.
30. Thomas Charland, « Un gaumiste canadien [...] », p. 213. Mgr Taschereau répliquera cependant, si bien qu'au début de 1877, l'abbé Pelletier, publiquement dans le *Franc-Parleur*, fera acte de soumission et d'obéissance. Sa revanche sera toutefois impitoyable avec son pamphlet sur la querelle universitaire (Charland, p. 229-232).
31. *La Source du mal [...]*, p. 111.
32. Ces renseignements sont livrés par Thomas Charland, « Un gaumiste canadien [...] », p. 233.
33. *Idem*.
34. « Déclaration de l'archevêque et des évêques de la province ecclésiastique de Québec concernant certains écrits publiés contre l'Université Laval », *MÉQ*, 6 (21 octobre 1881), p. 276.
35. « Circulaire de Mgr l'évêque de Montréal au clergé de son diocèse. Condamnation de la brochure *La Source du mal de l'époque au Canada*, par un Catholique », *MÉM*, 9 (20 janvier 1884), p. 539-541.
36. « Circulaire au Clergé », *MÉQ*, 6 (2 février 1884), p. 391-393.
37. « Lettre pastorale de Mgr l'évêque de Montréal, concernant le 6e concile provincial », *MÉM*, 9 (9 avril 1882), p. 443.
38. « Mgr Fabre au clergé de son diocèse », *MÉM*, 9 (22 février 1883), p. 475.
39. « Circulaire de Mgr l'évêque de Montréal au clergé de son diocèse », *MÉM*, 10 (16 décembre 1885), p. 224.
40. Sur Sauvalle, voir Claude-Élizabeth Perrault, « Paul Marc Sauvalle, un journaliste rebelle », *La petite revue de philosophie*, 8, 1 (automne 1986), p. 163-189. *La Semaine religieuse de Québec* suit de près ce Sauvalle, puisqu'elle écrit :

«M. Sauvalle, du *Canada-Revue*, va faire partie, paraît-il, du personnel de rédaction de la *Patrie*. Bon à savoir.» (16 septembre 1893, p. 36)

41. *La Grande Cause ecclésiastique. Le Canada-Revue vs Mgr E. C. Fabre. Procédure, preuve, pièces du dossier, plaidoyer des avocats, reproduction des textes originaux et des notes sténographiques officielles*, Montréal, John Lovell & Sons, 1894, p. 9.
42. *Ibid.*, p. 146. En novembre 1892, la circulation de *Canada-Revue* était de quelque 3500 exemplaires.
43. Pierre Jetté, «Le Journal *Canada-Revue* et Mgr Édouard-Charles Fabre, 1890-1895», M. A. (Histoire), Université McGill, 1972, p. 20. C'est le moment de dire que, pour cette partie concernant *Canada-Revue*, nous visons simplement à faire le point et qu'à cette fin, nous recourons principalement au mémoire de Pierre Jetté, qui offre un très bon état du dossier.
44. À l'époque, on disait le *Canada-Revue*.
45. *Les Lettres canadiennes d'autrefois [...]*, t. VIII, p. 76.
46. *SRQ*, 14 mars 1891, p. 336.
47. Voir Pierre Jetté, «Le Journal *Canada-Revue* [...]», p. 33-36. L'abbé Gosselin accusait Filiatreault de répandre de la littérature immorale en louant «aux abonnés de son journal des livres de sa bibliothèque moyennant un dollar comme garantie du retour de ces livres [...]» (Thomas Chapais, *Mélanges de polémique [...]*, Québec, L'Événement, 1905, p. 131). La *SRQ* livre une abondance de documents relatifs à cette poursuite, le 18 mai 1895 (p. 452-456), le 25 mai 1895 (p. 466-468), le 1er juin 1895 (p. 475-480), le 8 juin 1895 (p. 487-491) et le 15 juin 1895 (p. 501-504).
48. *La Semaine religieuse de Montréal* proteste d'ailleurs contre *Canada-Revue* à ce propos: «Attaques contre nos institutions de charité», 23 avril 1892, p. 367-368.
49. *MÉM*, 11 (29 septembre 1892), p. 95-106. Notons que, deux semaines plus tôt, *La Semaine religieuse de Montréal* avait abordé ce cas dans un article intitulé «Un triste événement», 10 septembre 1892, p. 162-163.
50. Danielle Rainville, «Le Monde de l'imprimé [...]», p. 38.
51. *L'Écho des Deux-Montagnes* s'était déjà attiré la remarque suivante, dans *La Semaine religieuse de Québec*: «Pardonnez, Seigneur, au rédacteur de la susdite feuille, car il ne sait pas ce qu'il dit.» (27 décembre 1890, p. 203.) Cette remarque visait les principes laïques de ce journal au sujet de l'éducation.
52. «Scandales», *Canada-Revue*, III, 11 (3 septembre 1892), p. 161, cité dans Rainville, «Le Monde de l'imprimé [...]», p. 39.
53. Il s'agit du titre d'un article de Jules-Paul Tardivel, dans *La Vérité* du 24 septembre 1892: «Les évêques n'ont pas encore parlé contre cette "guerre la plus ignominieuse, la plus sauvage, la plus périlleuse contre le clergé de cette Province que, de mémoire d'homme, on ait [sic] jamais vue en ce pays."» (Cité dans Pierre Jetté, «Le Journal *Canada-Revue* [...]», Appendice n° 23, p. 28.)
54. «Lettre pastorale de NN. SS. les archevêques et évêques des provinces ecclésiastiques de Québec, de Montréal et d'Ottawa, sur les devoirs des catholiques en face des accusations dont le clergé est l'objet à la suite d'un scandale récemment arrivé à Montréal», *MÉM*, 11 (29 septembre 1892), p. 104.
55. *Ibid.*, p. 101.

56. Dumas fait parler de lui : *Le Monde* et *La Patrie* lui ouvriront aussi ses pages, un an plus tard. Pour la réaction du temps, voir Thomas Chapais, *Mélanges de polémique* [...], p. 133-142. Mais on aura déjà tout compris en lisant *La Semaine religieuse de Montréal* : « Dans le choix du feuilleton, *ce mal nécessaire*, le journal doit être sévère, car on n'ignore pas combien est terrible la puissance de cette presse quotidienne, [...] combien aussi pour la jeunesse des classes laborieuses sont funestes ces peintures d'un monde imaginaire où les sentiments vrais, élevés et nobles font défaut au grand préjudice de la pureté des mœurs, et des antiques et saintes traditions de famille. » (« Le journal », 16 janvier 1892, p. 35.) Quelques mois plus tard, un article condamnera sans nuance ce genre : « Le roman-feuilleton », *SRM*, 24 décembre 1892, p. 405-406. L'enjeu est clair : le roman-feuilleton passe ainsi par un canal, le journal, qui lui-même échappe en partie au pouvoir clérical. Voir aussi Séraphin Marion, « Censure québécoise d'autrefois et d'aujourd'hui », *Nouvelle-France*, 16-17 (mars-juin 1961), p. 52-56.
57. « Circulaire de Monseigneur l'archevêque de Montréal au clergé de son diocèse, concernant la *Canada-Revue* et *L'Écho des Deux-Montagnes* », *MÉM*, 11 (11 novembre 1892), p. 107.
58. L'un des avocats de l'affaire Guibord.
59. « La censure ecclésiastique », *Canada-Revue*, III, 27 (24 décembre 1892), p. 417.
60. *Ibid.*, p. 418.
61. *Ibid.*, p. 420.
62. *Ibid.*, p. 424. Notons incidemment qu'en novembre de la même année, une escarmouche s'est élevée entre Filiatreault et l'abbé Baillargé. Filiatreault écrit entre autres : « monsieur l'abbé Baillargé n'est pas un aliéné ordinaire, c'est tout un hospice à lui seul » (*SRQ*, 3 décembre 1892, p. 163). Filiatreault est alors menacé de poursuite et « fait apologie ». (*SRQ*, 24 décembre 1892, p. 203 et 31 décembre 1892, p. 213.)
63. Pierre Jetté, « Le Journal *Canada-Revue* [...] », p. 123. Ajoutons que *Canada-Revue* interjettera appel, mais que le jugement précédent ne sera que confirmé par deux des trois juges du procès en révision.
64. *Ruines cléricales. Au pays des ruines*, I, Montréal, A. Filiatreault, éditeur, 1893, 183 p. « Un catholique » répliquait, le 10 mars 1893, par une « Lettre ouverte aux auteurs anonymes de *Ruines cléricales* », s.l.n.é., [1893], 29 p. *La Semaine religieuse de Québec* (18 mars 1893, p. 348) annonce cette réplique en ajoutant : « Distribuons à profusion les contre-poisons. » Ajoutons qu'une traduction anglaise des *Ruines cléricales* est parue la même année.
65. *Le Propagateur*, 1 (1890-1891), p. 134. Il se trouve que, justement, le juge de cette cause, Davidson, est un protestant... Concernant cette cause, *La Semaine religieuse de Québec* en profite pour faire une mise au point décriant Hugo (« Victor Hugo et ses œuvres », 11 mai 1890, p. 586-587).
66. Voir *SRQ*, 4 juin 1892, p. 479.
67. Mgr Fabre au cardinal Ledochowski, 26 novembre 1896, ACAM, registre de la correspondance, t. 7, p. 296. La version intégrale de cette lettre est donnée à l'Annexe 3.
68. *Ibid.*, p. 296.

69. *Ibid.* Sur les rapports entre le droit anglais et le droit français dans cette cause, voir l'analyse du jugement du juge Doherty par Louis-Arthur Richard, *Des délits de presse*, Québec, Le Soleil, 1915, p. 17-19.
70. Pierre Jetté, « Le Journal *Canada-Revue* […] », p. 141.

NOTES DU CHAPITRE 5

1. L'épiscopat de Mgr Bruchési s'amorce en 1896 ; quant aux années 20, elles « marquent un tournant important pour l'Église catholique. Après une apogée de quelque quarante années, c'est le début d'une lente régression caractérisée par la renonciation de son influence politique. » (Danielle Rainville, « Le Monde de l'imprimé […] », p. 80.)
2. *HCQ*, III, 1, p. 180.
3. *Ibid.*, p. 20.
4. Danielle Rainville, « Le Monde de l'imprimé […] », p. 70.
5. Encore qu'elle doive la précéder, ce que fait le mémoire déjà cité de Danielle Rainville. Quant à une approche qui mette davantage en relief les stratégies, on la trouvera dans Lise Saint-Jacques, « Mgr Bruchési et le contrôle des paroles divergentes […] », 140 p.
6. Voir à ce sujet Raymond M. Charland, *L'Index*, et Édouard Gagnon, *La Censure des livres*, Québec, 1945, thèse en Droit canonique.
7. « Conformément aux prescriptions du Saint-Père, nous avons institué un comité spécial de censure composé de trois membres afin de nous aider à reviser les ouvrages que l'on voudra publier dans le diocèse et pour lesquels l'*Imprimatur* sera requis. » (Circulaire de Mgr Bruchési, 18 décembre 1907.) Ces censeurs sont le chanoine Émile Roy, chancelier de l'archevêché, l'abbé Isaïe-Marie-Charles Lecoq, supérieur des Sulpiciens depuis 1902 et l'abbé Joseph-Arthur Curotte, secrétaire de l'Université Laval de Montréal à partir de 1904. Les « prescriptions du Saint-Père » en question sont contenues dans l'encyclique *Pascendi* du 8 septembre 1907. Comme le note Danielle Rainville (« Le Monde de l'imprimé […] », p. 65), la recrudescence de la censure correspond à l'encyclique *Pascendi* ; la création de ce comité est liée à ce fait. Cependant, la même lettre circulaire du 18 décembre 1907 semble rendre plus officielle cette pratique : « Nous avons adjoint à ces censeurs un conseil de vigilance », écrit l'archevêque de Montréal.
8. Montréal, Éditions du Devoir, 1916.
9. Montréal, Bibliothèque de l'Action française, 1919.
10. Le fonds « Imprimatur », à l'Archevêché de Montréal, comporte à peine quelques notes ou lettres entre 1900 et 1919 (ACAM, cote 672-101).
11. L'abbé Groulx se défend toutefois en disant qu'il a fait lire son manuscrit par des théologiens : *Mes Mémoires*, Montréal, Fides, t. II, p. 86 et suivantes.
12. Ce roman était d'abord paru par tranches dans *L'Action sociale*, entre le 27 décembre 1907 et le 9 mars 1908.
13. Mgr Bruchési à Adolphe-Basile Routhier, 9 avril 1908, ACAM, cote 672-101.
14. *Ibid.*
15. Georges Dugas au chanoine Joseph-Alfred Archambault, 26 septembre 1898, ACAM, dossier 780-034.

16. Voir Jean Laflamme et Rémi Tourangeau, *L'Église et le théâtre au Québec*, Montréal, Fides, 1979, p. 251-255, au sujet de ces représentations. La *SRM* fait état d'un échange de correspondance entre Mgr Bruchési et l'administrateur du Théâtre, R. Ravaux, au sujet de la pièce *La Rafale*. C'est à cette occasion (3 avril 1907) qu'il est question d'un comité de censure (8 avril 1907, p. 215-222).
17. Mgr Bruchési à R.-J. Demers, 10 septembre 1907, ACAM, dossier 780-034.
18. Mgr Bruchési à R.-J. Demers, 30 septembre 1907, ACAM, dossier 780-034.
19. Mgr Bruchési à M. Paterson, 15 février 1904, *Registre de la correspondance*, p. 371-374. L'idée était dans l'air : rappelons que Laurent-Olivier David présentera au sénat, cette même année, une motion contre la littérature immorale où il préconisera, entre autres, une intervention au niveau de la douane et des postes.
20. *Ibid.*
21. Wilfrid Laurier à Mgr Bruchési, 17 février 1904, ACAM, dossier 782-038.
22. M. Peterson à Mgr Bruchési, 22 février 1904, ACAM, dossier 782-038.
23. 11 mars 1907, ACAM, dossier 782-038.
24. Gilles Gallichan, *Honoré Mercier. La politique et la culture*, Sillery, Éditions du Septentrion, 1994, p. 155.
25. Voir Juliette Chabot, *Montréal et le rayonnement des bibliothèques publiques*, Montréal et Paris, Fides, 1963, p. 31-33.
26. Émile Roy à Omer Héroux, 9 juillet 1908, ACAM, dossier 780-034.
27. Mgr Bruchési se préoccupe aussi des librairies : l'un de ses plaidoyers les plus vigoureux se trouve dans une lettre au maire de Montréal, R. Préfontaine, rendue publique par *SRM*, 13 mai 1901, p. 330-334.
28. Citons, entre autres, Léger Brousseau, Marie Gérin-Lajoie, Élie Auclair, Adolphe Poisson, Henri Bernard, William Chapman, Edmond Rousseau et Ernest Mayrand.
29. Nérée Tremblay à Mgr Bruchési, 22 avril 1902, ACAM, dossier 902-025.
30. Paul-Émile Prévost à Mgr Bruchési, 22 mai 1902, ACAM, dossier 902-025.
31. Adolphe Poisson à Mgr Bruchési, 23 janvier 1903, ACAM, dossier 902-025.
32. Au sujet de *Mine d'or de l'âme chrétienne*.
33. Pour l'ouvrage *Articles et études*.
34. Il s'agit de *La Ligue d'enseignement*. Mgr Bruchési refuse cependant d'insérer sa recommandation dans les pages mêmes de l'ouvrage. Le chancelier Émile Roy signale à H. Bernard que Sa Grandeur « voit moins d'inconvénients à ce que *La Semaine religieuse* parle de votre livre et Elle va voir s'il y aura possibilité de faire quelque chose dans ce sens » (Émile Roy à Henri Bernard, 29 janvier 1904, ACAM, dossier 902-025).
35. William Chapman à Mgr Bruchési, mars 1905, ACAM, dossier 902-025.
36. Ernest Myrand à Mgr Bruchési, 2 décembre 1907, ACAM, dossier 902-025. « Je recommanderai chaleureusement votre ouvrage aux trois maisons que vous m'avez désignées », lui répond l'archevêque, le 4 décembre.
37. *SRQ*, 17 septembre 1892, p. 35.
38. Mgr Bruchési à Trefflé Berthiaume, 8 avril 1904, ACAM, dossier 780-034.
39. Mgr Bruchési à Israël Tarte, 22 février 1903, ACAM, dossier 780-034. *La Presse* (14 février 1903, p. 22) ouvre ainsi son article au sujet du meurtre d'Antoine Séguin : « Une figure horrible, repoussante, criblée de plombs, marbrée de

sillons sanglants, percée à vingt endroits de trous béants, sur lesquels se sont formés des caillots de sang coagulé ; masse de chair meurtrie, où le nez ne se voit plus, arraché par la décharge des balles meurtrières, d'où les yeux ont coulé et se sont répandus sur les joues tuméfiées : telle est à l'heure qu'il est la vue des traits d'un homme qui fut longtemps l'idole des citoyens du comté de Terrebonne. »

40. *SRM*, « Le meurtre de Saint-Eustache et les journaux », 2 mars 1903, p. 143-144.
41. Mgr Bruchési à Israël Tarte, 29 mai 1898, ACAM, dossier 780-034. Il s'agit d'un article au sujet des collèges.
42. Mgr Bruchési à Israël Tarte, 22 février 1903, lettre citée.
43. Mgr Bruchési à Trefflé Berthiaume, 1er février [1904], ACAM, dossier 780-034. Il s'agit évidemment de l'affaire *Marie Calumet*.
44. Le dialogue sera parfois rendu public : *La Semaine religieuse de Montréal* reproduit un échange entre Mgr Bruchési et Trefflé Berthiaume, de *La Presse*, concernant le fait que le journal a été publié lors de la Fête des Rois. L'échange se conclut par la soumission de Berthiaume (« *La Presse*. Un bel acte de soumission », *SRM*, 13 janvier 1900, p. 28-31).
45. Israël Tarte à Mgr Bruchési, 31 mai 1898, lettre citée.
46. Israël Tarte à Mgr Bruchési, 16 février 1904, ACAM, dossier 780-034.
47. Israël Tarte à Mgr Bruchési, 15 février 1899, ACAM, dossier 780-034.
48. Trefflé Berthiaume à Mgr Bruchési, 17 février 1899, ACAM, dossier 780-034.
49. Israël Tarte à Mgr Bruchési, 18 février 1897, ACAM, dossier 780-034.
50. Trefflé Berthiaume à Mgr Bruchési, 3 février 1904, ACAM, dossier 780-034. Il s'agit en l'occurrence de la lettre où le directeur du journal, en réponse à une requête de l'archevêque le 1er février, informe celui-ci que Rodolphe Girard « doit donner sa démission à *La Presse* sans délai […] ».
51. « Une lettre de Mgr l'archevêque au rédacteur-gérant de la *Vérité* », *SRM*, 30 octobre 1905, p. 272-275.
52. L'expression est tirée de « Journaux et journalistes », de l'abbé Naudet, *SRM*, 16 janvier 1905, p. 37.
53. Le jugement — qui ressemble autant à une leçon de morale qu'à un verdict juridique — est livré *in extenso* dans *SRM*, 17 mars 1900, p. 169-172, et dans *SRQ*, 24 mars 1900, p. 498-501.
54. Mgr Bruchési au juge Desnoyers, 9 avril 1900, ACAM, dossier 780-034.
55. R. de Marmande cite cet extrait du *Combat*, successeur des *Débats* : « Les attentats contre la liberté de la presse, commis par notre archevêque, déconsidèrent ce pays aux yeux des nations civilisées. » (p. 137) Ce journal, en même temps que *L'Avenir*, avait déjà été dénoncé en chaire deux ans plus tôt par Mgr Bruchési, au sujet d'articles hérétiques sur le mariage. Les journaux s'étaient cependant rétractés (voir *SRM*, 19 janvier 1901, p. 45-47). *Les Débats* seront à nouveau vilipendés, l'année suivante, au sujet de sa position sur la loi française sur les associations (*SRM*, 21 avril 1902, p. 242-246). Enfin, Édouard Charlier, ancien rédacteur du journal, sera condamné, en 1904, à trois mois de prison pour un article libelleux contre le père Adam, s.j. (*SRM*, 4 avril 1904, p. 243-245).
56. Nous ne mentionnons ici que les imprimés ; le théâtre en général et des troupes en particulier, le cinéma et, même, le YMCA ont fait l'objet de répri-

mandes publiques. Parmi les imprimés, soulignons un cas peu usité, celui d'un recueil de caricatures dirigé contre le clergé de Nouvelle-Angleterre, *La Bêche (The Spade) ou les assimilateurs en action. Album de dessins gais*, par J. Charlebois, Montréal, J. A. Lefebvre éditeur, 1911, [24 p.], réprimandé dans *SRM*, 4 décembre 1911, p. 354-355.

57. Voir Roger Le Moine, *Deux Loges montréalaises du Grand Orient de France*, Ottawa, Presses de l'Université d'Ottawa, 1991, p. 71 et suivantes.

58. «Lettre pastorale de Mgr l'Archevêque au sujet d'une revue et d'un journal de Montréal», dans *MÉM*, 15 (3 juin 1912), p. 55-56.

59. *Toujours debout. Le Mandement de Mgr Bruchési et la réponse du «Pays»*, Montréal, Mercantile Printing, 1913, p. [5].

60. À qui trouvera cette esquisse bien brève, nous renvoyons à l'étude fouillée de Patrice Dutil, *Devil's Advocate. Godfroy Langlois and the politics of Liberal Progressivism in Laurier's Québec*, Montréal/Toronto, Robert Davies Publishing, 1994, 376 p.

61. Nous rabattons ici, comme si elles faisaient partie du même champ, la littérature d'idées (les journaux en particulier) et les œuvres littéraires, en l'occurrence le roman. Il est cependant bien entendu que, «Aux distinctions formelles et thématiques existant entre les champs littéraires et journalistiques, s'ajoutent des distinctions dans les mécanismes de contrôle et de circulation de la parole. Ces deux champs et leurs agents (journalistes et écrivains) ne possèdent pas la même autonomie par rapport à l'autorité religieuse: les journalistes semblent avoir plus de latitude que les écrivains» (Lise Saint-Jacques, p. 27). Pour saisir l'ensemble des mécanismes de censure ou de contrôle, il importe de considérer ensemble ces deux champs, sans cependant perdre de vue la spécificité de leur objet.

62. Thomas Chapais, *L'Apostolat des bons livres et l'Association catholique de la jeunesse canadienne-française*, Québec, Imprimerie de l'Événement, 1905, 23 p. Mais nous sommes en l'occurrence à Québec: à Montréal, c'est encore la répression qui prime. La *SRQ* rappelle les buts de cette association fondée en 1893 (11 janvier 1896, p. 317).

63. «Circulaire de Mgr L'Archevêque au clergé de son diocèse», *La Presse*, 15 février 1904, p. 5. Voir aussi *SRM*, «Un mauvais livre», 8 février 1904, p. 87.

64. Voir à ce sujet Madeleine Charlebois-Dirschauer, *Rodolphe Girard (1879-1956), sa vie, son œuvre*, (Montréal), Fides, 1986, 159 p., de même que Marie-Claude Waymel, «Dissidence idéologique et dissonance romanesque (le roman québécois de 1900 à 1920)», M. A. (Études littéraires), UQAM, 1980, 135 p.

65. Sur la question générale de la réception de Laberge, voir André Marquis, «Les fluctuations du capital symbolique. De l'oubli et de l'institution», dans Robert Giroux et Jean-Marc Lemelin, *Le Spectacle de la littérature*, (Montréal), Tryptique, 1984, p. 107-117. Sur la censure proprement dite, Annie Alexandre, «Le Pouvoir comme lecteur: la censure devant "Madame Bovary" et "La Scouine"», Ph. D. (Études françaises), Université de Montréal, 1982, 245 p.

66. Roger Le Moine, *Deux Loges montréalaises [...]*, p. 104.

67. Selon Madeleine Ducrocq-Poirier dans son «Étude» qui suit la réédition du *Débutant*, Montréal, Hurtubise-HMH, 1977, p. 261 et suivantes. Voir aussi

Normand Saint-Pierre, «La Censure du roman "Le Débutant" (1914) de Arsène Bessette : le texte et l'institution», M. A. (Études littéraires), UQAM, 1984, 242 p., et Alphonse Leclerc, «Lecture du roman : "Le Débutant" d'Arsène Bessette. Problème d'analyse sémiotique et socio-historique», M. A. (Études littéraires), UQAM, 1981, 108 p. + Annexes. Ces deux mémoires proposent des pistes intéressantes sur l'autocensure, étant donné l'existence d'un manuscrit considérablement modifié, intitulé *Esclaves*, que Leclerc compare au roman publié.

68. En fait, la «Lettre encyclique de Sa Sainteté Léon XIII», *Humanum Genus*, et reproduite dans *MÉM*, 9, 1884 (annexes), donne la mesure de la crainte inspirée par les Francs-maçons et la rhétorique utilisée pour les décrier. Cette lettre encyclique est suivie d'un mandement de Mgr Fabre : «Les sociétés secrètes sont la conspiration la plus odieuse contre l'autorité ; conséquemment contre l'ordre établi dans le monde. Elles sont l'écho de l'amour exagéré de la liberté individuelle, qui ne peut avoir d'autre règles que ses passions, d'autre frein que ses intérêts purement humains.» (*Ibid.*, p. 25.) Deux ans avant la condamnation de Bessette était paru *Le Poison maçonnique*, de l'abbé Antonio Huot, grandement recommandé par *SRM*, 11 mars 1912, p. 176.

69. Émile Roy à Gabriel Marchand, 7 novembre 1907, ACAM, dossier 780-034.
70. Voir Robert Rumilly, *HPQ*, XV, p. 54-57.
71. Mais dans une édition autocensurée.
72. R. de Marmande, *Le Cléricalisme [...]*, p. 129.
73. Normand Saint-Pierre, «La Censure du roman "Le Débutant" [...]», p. 155.
74. *Ibid.*, p. 157.

CHAPITRE 6

1. Jean de Bonville, «La liberté de presse à la fin du xixe siècle : le cas de *Canada-Revue*», *RHAF*, 31, 4 (mars 1978), p. 505.
2. D'autant plus, faut-il ajouter, que celui-ci n'a jamais été étudié en détail.
3. *BRH*, VIII, 4 (avril 1897), p. 64.
4. R. de Marmande, *Le Cléricalisme [...]*, p. 111-112.
5. Robert Rumilly, *HPQ*, VIII, Montréal, Valiquette, 2e édition, 1943, p. 78.
6. Voir Roberto Perin, *Rome et le Canada*, p. 125 et suivantes. Sur la question générale des écoles du Manitoba et de la position du clergé, voir Paul Crunican, *Priests and Politicians : Manitoba Schools and the Election of 1896*, Toronto and Buffalo, Universty of Toronto Press, 1974, 369 p.
7. R. de Marmande écrit : «Quoi de plus proche d'une théocratie qu'une démocratie où l'ingérence du clergé dans la politique est publiquement tolérée, presque officiellement admise? Et où cette ingérence apparaît-elle mieux qu'au Canada français?», *Le Cléricalisme [...]*, p. 6.
8. Mgr Fabre au cardinal Ledochowski, 8 mai 1896, ACAM, Registre de la correspondance, p. 320. Seul Mgr Émard de Valleyfield aurait eu quelques réticences en regard de cette lettre, dont la version lue le 17 mai sera une atténuation d'un sévère premier jet par Mgr Laflèche. (Voir *HCQ*, II, 2,

p. 393.) Dès le mois de février, il était question, par dénégation, de ce mandement (SRQ, 7 mars 1896, p. 436-437).
9. Mgr Fabre à Mgr Langevin, 12 mai 1896, ACAM, Registre de la correspondance, t. 7, p. 324. À preuve, Fabre écrit au curé Laferrière, de St-Cyprien, qui aurait dit pour qui il voterait aux élections: «Si vous avez fait cela, vous êtes blâmable et susceptible de recevoir une correction. […] D'ici à la fin de la lutte, gardez le silence.» Mgr Fabre au curé Laferrière, 19 juin 1896, ACAM, Registre de la correspondance, t. 7, p. 333. Par contre, une lettre de Mgr Blais (Rimouski) affirme que «c'est une faute grave dans les présentes élections de voter pour un partisan de M. Laurier qui n'a pas encore déclaré qu'il suivrait le mandement des Évêques sur la question des écoles du Manitoba». SRQ, 18 juillet 1896, p. 738.
10. «Circulaire de nos seigneurs les archevêques et évêques des provinces ecclésiastiques de Québec, de Montréal et d'Ottawa, au clergé de leurs diocèses», MÉM, 12 (6 mai 1896), p. 194.
11. «Lettre pastorale de nos seigneurs les archevêques et évêques des provinces ecclésiastiques de Québec, de Montréal et d'Ottawa», MÉM, 12 (6 mai 1896), p. 199.
12. Ibid., p. 202.
13. À l'occasion d'élections dans Charlevoix, quelques mois auparavant, l'évêque de Chicoutimi, Mgr Labrecque, avait envoyé une lettre à ses curés, à lire en chaire le 26 janvier, qui contient entre autres: «Nous regardons comme un grave devoir de conscience pour les électeurs de ne donner leur vote qu'à un candidat qui s'engagera formellement et solennellement à voter, durant la présente session, pour une législation réparatrice qui aura été agréée par l'autorité ecclésiastique.» (SRQ, 15 février 1896, p. 394.) Cette intervention avait suscité un blâme, suivi d'excuses, de la part du journal L'Électeur, dont on connaîtra plus loin le destin (SRQ, 7 mars 1896, p. 438-439; 28 mars 1896, p. 484-486, pour la circulaire de Mgr Labrecque contre les mauvais journaux et L'Électeur).
14. Robert Rumilly, Histoire de la province de Québec, t. VIII, p. 84.
15. Dans SRQ, 13 juin 1896, p. 665, qui n'ajoute que le commentaire suivant: «Le Réveil, de Montréal, journal radical, est l'auteur de cette parodie que nous enregistrons [sic] comme document.»
16. Arthur Savaète, Vers l'abîme. Tome VII – Les Écoles du Nord-Ouest canadien, Paris, Arthur Savaète Éditeur, [1910?], p. 386. On trouve dans ce tome, de même que dans les tomes III et XII, de longs textes sur cette question et sur la position de David vis-à-vis de l'influence indue.
17. Ibid., p. 79.
18. La Presse, 8 septembre 1896.
19. 17 septembre 1896, p. 1
20. L'Électeur, 22 septembre 1896, p. 1.
21. L'Électeur, 6 novembre 1896, p. 1.
22. La Presse, 13 novembre 1896.
23. La Presse, 25 novembre 1896, p. 8. Une «prétendue influence indue», y lit-on. Pourtant, ce n'est pas la première fois que le clergé franchit cette frontière: une lettre éloquente du cardinal Siméoni, en 1881, et livrée au moyen d'une circulaire par Mgr Taschereau, avertit le clergé des «inconvénients» de

«l'ingérence trop grande du Clergé dans les affaires politiques [...]» (*MÉM*, 9, 7 octobre 1881, p. 378).

24. Abbé Proulx à Wilfrid Laurier, 29 août 1896, ACAM, 990-013.
25. Abbé Proulx à Joseph-Georges Payette, 6 octobre 1896, ACAM, 990-013. L'abbé Proulx a fait paraître *Dans la ville éternelle pendant que se discutait au Canada la question des écoles du Manitoba*, Montréal, Granger, 1897, 287 p. Ce mélange de lettres diverses évite bien de reproduire celle qui est adressée à Wilfrid Laurier.
26. Roberto Perin, *Rome et le Canada. La bureaucratie vaticane et la question nationale*, 1870-1903, Montréal, Boréal, 1993, p. 77.
27. Même trois ans plus tard, dans une lettre au cardinal Ledochowski, Mgr Bruchési dit que la mission de Proulx demeure un mystère, que Fabre a toujours soutenu ignorer ce que Proulx allait faire à Rome, et que ce dernier tient «l'archevêque responsable du tort fait d'après lui, à sa réputation et depuis lors, demande au nom de la justice à être réhabilité» (ACAM, Registre des lettres, t. 1, 23 août 1899, p. 281).
28. Le 17 juillet 1896, Mgr Fabre lui écrit pour déplorer que dans sa paroisse de Saint-Lin, «il y a eu une soirée dramatique où les filles jouaient un rôle». ACAM, Registre de la correspondance, t. 7, p. 334.
29. Abbé Proulx à Joseph-Georges Payette, 23 février 1896, ACAM, 990-013.
30. Thomas Charland, *Le Père Gonthier et les écoles du Manitoba. Sa mission secrète en 1897-1898*, Montréal, Fides, 1979, p. 17.
31. Qui avait fait paraître, trois ans plus tôt, *Zouviana. Étape de vingt-cinq ans 1868-1893. Lettres de Rome, Souvenirs de Voyages, Études, etc.*, Montréal, Eusèbe Senécal et Fils, 1893, 459 p. Quel contraste avec l'entrevue que Drolet accordera à *La Presse*, au mois de février 1897, à l'issue de son voyage à Rome! On lira quelques extraits de ce défoulement en conclusion à l'interdiction qui aura frappé David.
32. *Clergé canadien [...]*. Vu son importance, nous reproduisons *in extenso* ce document dans l'Annexe 4.
33. Mentionnons que Laurier et David étaient amis, «commensaux», écrit en fait R. Rumilly. *Le Devoir* («Bloc-notes», 6 novembre 1937, p. 1) se souvient de David comme «du plus intime confident de M. Laurier».
34. Cette édition est d'ailleurs annoncée comme telle dans *Le Monde illustré*, 13e année, 648 (3 octobre 1896), p. 355.
35. Si *Le Monde illustré* signale la parution récente du *Clergé canadien [...]* chez Eusèbe Senécal et Fils, par contre, George Stewart affirme que le livre «appeared without the imprint of any publisher or printer. The mechanics evidently determined to run no risk, and probably knew beforehand what the results of the venture would be.» (*The Arena*, XVII [December 1896 to June 1897], p. 748.) Les propos erronés de Stewart démontrent, jusqu'à un certain point, la thèse contraire: personne n'avait prévu les conséquences de cette publication.
36. *L'Électeur*, 22 septembre 1896, p. 2. Quant à l'abbé Proulx, qui est déjà à Rome, il sera peu mêlé aux problèmes de David. Le pamphlet de ce dernier ne pèse pas lourd dans sa «mission», puisqu'il ne semble en prendre connaissance qu'au mois d'octobre et qu'il écrit: «J'ai lu le livre de M. David. Il y a du vrai. Le commencement est bien, je ne puis accepter le milieu, je

regrette que la fin renferme tant d'inexactitudes. Il a dépassé le but. Qui trop embrasse mal étreint. Dépassent également la marque les réfutations que j'ai vues. Il est donc bien difficile de garder le juste milieu.» (Abbé Proulx au révérend Georges Dugas, 26 octobre 1896, ACAM, 990-013.)
37. *La Presse*, 9 septembre 1896.
38. 28 septembre 1896, p. 5.
39. *Le Courrier du Canada*, 30 septembre 1896, cité dans *SRQ*, 17 octobre 1896, p. 119-120.
40. *Ibid.*
41. *La Presse*, 2 octobre 1896, p. 6.
42. *Ibid.*
43. *Ibid.*
44. *La Presse*, 5 octobre 1896, p. 4. «Un ami de *La Presse*» fera aussi paraître, dans *La Presse* des 5 et 9 octobre, une longue analyse du *Clergé canadien* [...].
45. *Le Courrier du livre*, 6 (octobre 1896), p. 81.
46. Thomas Charland, «Les débuts du père Gonthier dans la polémique», *RHAF*, 6, 2 (septembre 1952), p. 237.
47. *Un manifeste libéral. M. L.-O. David et le clergé canadien*, Québec, L. Brousseau, 1896, 177 p.; Pierre Bernard, *Un manifeste libéral. M. L.-O. David et le clergé canadien. Deuxième partie: la question des écoles du Manitoba*, Québec, Léger Brousseau, 1896, 228 p. + Appendices.
48. *Le Courrier du livre*, 7 (novembre 1896), p. 98.
49. Thomas Charland, «Les débuts [...]», p. 238.
50. *Idem.*
51. Lindsay à Gonthier, 18 novembre 1896, dans Thomas Charland, «Les débuts [...]», p. 238.
52. Mgr Bruchési à Léger Brousseau, 6 octobre 1896, ACAM, «Correspondance avec les auteurs», pièce 902/025.
53. L.-A. Pâquet à Dominique-Ceslas Gonthier, 22 novembre 1896, dans Thomas Charland, «Les débuts [...]», p. 239.
54. [P. Bernard], *Un manifeste libéral [...]*, p. 163.
55. Thomas Charland, «Les débuts [...]», p. 234.
56. *La Presse*, 30 novembre 1896.
57. Il est pour le moins ironique d'ajouter que le père Gonthier fut réprimandé par son supérieur de France, le T. R. P. Boulanger, pour avoir fait paraître ses ouvrages sans autorisation préalable! Il fut obligé de faire une retraite, dans le silence complet, pendant trois jours... à Fall River. Voir Thomas Charland, «Les débuts [...]», p. 244-245.
58. P. 1.
59. *L'Électeur*, 7 décembre 1896.
60. *Ibid.*
61. *L'Électeur*, «Une voix de Rome», 9 décembre 1896, p. 1.
62. *Ibid.*
63. *L'Électeur*, 10 décembre 1896, p. 1.
64. *M. Laurent Olivier David et Mgr Lazzareschi. Réponse de P. Bernard. Le manifeste libéral de L.-O. David*, Québec, s.é., 1896, p. 4.
65. *L'Électeur*, «Le respect au clergé», 14 décembre 1896, p. 1.

66. *L'Électeur*, « Le livre de M. David », 16 décembre 1896, p. 1.
67. *L'Électeur*, 16 décembre 1896, p. 2.
68. *La Presse*, 18 décembre 1896, p. 1.
69. *L'Électeur*, 21 décembre 1896, p. 1.
70. Abbé Proulx à Wilfrid Laurier, 4 novembre 1896, ACAM, 990-013.
71. « Lettre pastorale des archevêques et évêques de la province ecclésiastique de Québec au sujet du journal *L'Électeur* », *MÉQ*, 8 (22 décembre 1896), p. 337. Cette lettre sera lue le 27 décembre.
72. *SRQ*, 17 février 1889, p. 195.
73. Abbé Proulx à H. Geoffrion, 21 décembre 1896, ACAM, 990-013. Proulx dit à Geoffrion, avocat, que si lui-même est attaqué à la suite de cette condamnation et qu'il y a matière à libelle, il l'autorise « à prendre contre les assaillants une action de mille, deux mille, cinq mille piastres ».
74. *La Presse*, 29 décembre 1896, p. 1. En fait, la soumission textuelle de David se lit ainsi : « Je me soumets au jugement porté par la Congrégation de l'Index sur mon livre "Le clergé canadien, sa mission, son œuvre" dans les limites exactes de la condamnation. » (29 décembre 1896, ACAM, 670-104.)
75. Laurent-Olivier David, *Souvenirs et biographies*, Montréal, Beauchemin, 1911, p. 76.
76. « Le Journal *Canada-Revue* [...] », p. 5-6, et *SRQ*, 30 juillet 1892, p. 569. C'est en 1884 que David a en effet publié son ouvrage le plus connu : *Les Patriotes de 1837-1838*, chez Eusèbe Senécal & fils.
77. L.-O. David, « Correspondance », *La Presse*, 10 octobre 1896, p. 15.
78. *SRQ*, 9 décembre 1893, p. 172.
79. « Motion de l'honorable M. L.-O. David contre la littérature immorale », *SRM*, 16 mai 1904, p. 340.
80. Laurent-Olivier David à Mgr Bruchési, 29 septembre 1899, ACAM, dossier « Théâtre (campagnes de censure) 1. Correspondance générale (1898-1906), cote 773-082.
81. « Retour de Rome. Entrevue avec M. G. A. Drolet », *La Presse*, 27 février 1897, p. 12.
82. Florent Bourgeault au Chevalier Drolet, 4 mars 1897, ACAM, cote 800-008.
83. Florent Bourgeault au cardinal Ledochowski, 4 mars 1897, ACAM, cote 800-008.
84. Florent Bourgeault à Trefflé Berthiaume, 4 mars 1897, ACAM, 800-008, 897. Certes, le journal avait publié une réponse aux affirmations de Drolet, mais le clergé ne prise nullement ce débat d'idées : « En laissant imprimer le pour et le contre en pareille matière, le journaliste fait comme un pharmacien qui vendrait sans scrupule du poison à tout le monde, puis ensuite le contrepoison à ceux qui voudraient se garantir de ses mauvais effets. » Voilà qui en dit long sur la méfiance du clergé à l'égard de l'opinion et de l'information.
85. Roberto Perin, *Rome et le Canada [...]*, p. 81.
86. Voir Thomas Charland, *Le Père Gonthier et les écoles du Manitoba. Sa mission secrète en 1897-1898*, Montréal, Fides, 1979, 131 p.
87. *Observations sur un rapport présenté par s[on] Ex[cellence] Mgr Merry Del Val à la S[acrée] C[ongrégation] des Affaires Ecclésiastiques Extraordinaires en sept. 1897, à l'occasion de sa Délégation au Canada*, 3 juillet 1902, cité par Roberto Perin, *Rome et le Canada [...]*, p. 111.

88. Roberto Perin, *Rome et le Canada [...]*, p. 148.
89. *Ibid.*
90. *Curés et Bedeaux. Le Cléricalisme au Canada*, par ? [sic], Montréal, 1896, p. 3. Ce pamphlet se verra répondre par G. Vekeman (Jean des Érables), dans *Les Bienfaiteurs du Canada. Prêtres et religieux*, Montréal, Imprimerie G. Vekeman, [1896], 64 p.
91. *Ibid.*, p. 71. Le mandement des évêques au sujet des élections, bien sûr.
92. *Ibid.*, p. 73.
93. *Les Hommes noirs. Propagande anti-cléricale*, Première série, par?? [sic], p. 5. Tout le pamphlet de 87 pages est de cette eau fielleuse; il ne semble pas y avoir eu de suite à cette «série de publications» annoncée.
94. *Saintes Comédies. Le Cléricalisme au Canada*. II, par?, Montréal, 1896, p. 5.
95. *Ibid.* p. 21.
96. *Ibid.*, p. 88.
97. C. Lapatrie, *Le Libéralisme catholique et les élections du 23 juin 1896*, Québec, 1896, p. 53.
98. Fernande Roy, *Progrès, harmonie, liberté [...]*, p. 27.

CHAPITRE 7

1. Et, surtout, de Mgr Laflèche, de Trois-Rivières. Mgr Fabre mourra en décembre, le mois de la condamnation du livre de David.
2. Voir à ce sujet Jane Everett, «Orthodoxie et hétérodoxie littéraires : le cas du Québec vers 1900», *Littératures*, 1 (1988), p. 91-124.
3. Thomas Charland, «L'interdit du père Gonthier, O.P.», *RHAF*, 8, 1 (juin 1954), p. 72. Tous les renseignements qui lient l'équipée de 1896 à la fondation de l'ASC sont tirés de cet article de Thomas Charland.
4. *Ibid.*
5. L'abbé L.-A. Pâquet au P. Gonthier, 2 décembre 1894, cité dans Thomas Charland, «L'interdit du père Gonthier, O.P.», p. 72. Il ignore bien sûr que Gonthier et Bernard sont la même personne.
6. *Ibid.*, p. 75. Nous laissons là le père Gonthier, qui aura servi de lien entre la fameuse année 1896 et la fondation de l'ASC.; notons toutefois que le feu couve toujours sous la braise, puisque lui et David engageront un autre duel verbal dans *La Presse*, au cours du mois de septembre 1908. David tirera le premier, cherchant à savoir si véritablement Gonthier s'était vu interdire l'exercice du ministère sacerdotal dans le diocèse de Montréal.
7. «Lettre pastorale de Mgr Louis-Nazaire Bégin, Archevêque de Québec, sur l'Action sociale catholique et en particulier sur l'Œuvre de presse catholique», dans *L'Action sociale catholique et l'Œuvre de la presse catholique. Motifs-programme-organisation-ressources*, Québec, Imprimerie Éd. Marcotte, 1907, p. 9-10.
8. Lionel Groulx, *Une croisade d'adolescents*, Montréal, Librairie Granger Frères limitée, 2e édition, 1938, p. 28. Ce livre, paru à l'Action sociale en 1912, retrace toute l'histoire des mouvements d'Action catholique dans divers collèges. Livre écrit «trop vite» et «d'un style discutable que je n'eusse pas toléré chez

mes collègiens », écrit l'auteur dans ses *Mémoires* (t. 1, p. 191). Et il ajoute : « Aussi n'ai-je eu de cesse que je ne l'aie refondu dans une deuxième édition en 1938. »
9. Voir à ce sujet : *HCQ*, III, 1, p. 210 ; il s'agit d'un rapport d'autant plus intéressant qu'il est exactement à l'inverse de ce qui se passait vers 1830 où, à Montréal, Mgr Lartigue n'avait de cesse de réclamer à Mgr Panet la permission, toujours refusée, de fonder un journal ecclésiastique.
10. Lionel Groulx, *Une croisade d'adolescents*, p. 24.
11. Eugène Bellut, *L'Association Catholique de la Jeunesse Canadienne-Française*, Monographie reproduite de *La Revue de l'Action populaire de Reims*, livraison du 20 juillet 1910, Montréal, Bureaux de l'ACJC, 1915, p. 5.
12. La question du drapeau ne sera pas pour autant abandonnée : voir *Le Drapeau national des Canadiens français. Un choix légitime et populaire*, publié par le Comité de Québec, 1904, 308 p. Selon Robert Rumilly, Wilfrid Laurier serait cependant intervenu auprès de Mgr Bruchési afin que celui-ci paralyse ce projet, qui aurait pu créer un ressac au Canada anglais (*HPQ*, XI, p. 125).
13. Voir de Laurier Renaud, *La fondation de l'A.C.J.C. L'histoire d'une jeunesse nationaliste*, Jonquière, (1972), 154 p. et *La fondation de l'A.C.J.C.* dans Fernand Dumont *et alii*, *Idéologies au Canada français 1900-1929*, Québec, PUL, 1974, p. 173-191.
14. J. Bernier, « Rapport du cercle Loyola », *Le Semeur*, III, 1-2 (septembre-octobre 1906), p. 27.
15. Guy Vanier, « L'action par la brochure », *Le Semeur*, XV, 10 (mai 1919), p. 196.
16. Jean-Chrysostome Martineau, « Rapport du secrétaire général », *Le Semeur*, XVI, 2 (septembre 1919), p. 29.
17. Guy Vanier, « Rapport du secrétaire général pour 1915-1916 », *Le Semeur*, XIII, 1-2 (août-septembre 1916), p. 21.
18. G.-H. Baril, « M. Émile Deniau et "la Bonne chanson" au Canada », *Le Semeur*, IX, 1-2 (août-septembre 1912), p. 8-9. M. Deniau était également membre de l'Association catholique de la jeunesse française.
19. Comité central de l'A.C.J.C., « Les Prix de l'action intellectuelle », *Le Semeur*, XVI, 8 (mars 1920), p. 169.
20. De toutes façons, il n'est guère opportun de faire davantage puisque, « Dans l'état actuel de l'historiographie, il est impossible de tracer un bilan sérieux de l'Action sociale catholique » *HCQ*, III, 1, p. 196.
21. *HCQ*, III, 1, p. 193.
22. *Lettre pastorale de Mgr Bégin sur l'Action Sociale catholique [...]*, p. 17.
23. *Les Noces d'argent de l'Action Sociale catholique*, [Québec], L'Action catholique, [1933], p. 55.
24. *Lettre pastorale de Mgr Bégin sur l'Action sociale catholique [...]*, p. 17.
25. *L'Action sociale catholique*, mais, à partir de 1915, *L'Action catholique* désignera le journal, l'Action sociale Ltée, une société commerciale et l'Action sociale catholique, une œuvre d'apostolat laïque. Le 16 août 1962 le journal changera de nouveau de nom pour s'appeler simplement *L'Action*.
26. *L'Action sociale catholique [...]*, p. 35 ; à partir du 29 juillet 1908, *L'Action sociale catholique* sera imprimée à l'Action sociale Ltée. La Société Roy-Turcotte, qui s'est occupée de l'impression jusqu'à cette date, remit ses biens à l'ASC.

27. Adjutor Rivard, « L'Action Sociale Catholique, ses travaux, leurs résultats », dans *Almanach de l'Action sociale catholique*, Québec, L'Action sociale Limitée, Première année, 1917, p. 41.
28. *Les Noces d'argent [...]*, p. 18.
29. *DOLQ*, II, p. 194. Nous avons déjà indiqué que Routhier avait frappé à la porte de Mgr Bruchési avec son roman.
30. *DOLQ*, 1, p. 226.
31. Louis-Joseph Doucet, « Préface », dans Ulric Gingras, *La Chanson du paysan*, Québec, l'Action sociale limitée, 1917, p. [ix].
32. Pierre Jetté, « Le Journal *Canada-Revue* [...] », p. VII.
33. Voir à ce sujet Pierre Hébert, « Quand éditer, c'était agir. La Bibliothèque de l'Action française (1918-1927) », *RHAF*, 46, 2 (automne 1992), p. 219-244.
34. Jean-Louis Roy, « Une région culturelle mal connue [...] », p. 40.
35. *HCQ*, III, 1, p. 191.
36. Robert Rumilly, *HPQ*, XV, Montréal, Bernard Valiquette, s.d., p. 57.
37. *HCQ*, III, 1, p. 231.
38. Robert Lahaise, *La Fin d'un Québec traditionnel. I. Histoire. Du Canada à « Notre État français »*, Montréal, l'Hexagone, 1994, p. 76.

CONCLUSION

1. *SRQ*, 3 novembre 1889, p. 152.
2. Alain Viala, *Naissance de l'écrivain*, Paris, Éditions de Minuit, 1985, p. 116.
3. *Idem*.
4. *SRM*, 19 août 1907, p. 124-128.
5. Voir par exemple *SRM*, 27 août 1907, p. 140-143 ; 4 novembre 1907, p. 375-379 ; 19 décembre 1910, p. 439-440. Ces articles visent le mauvais livre qui exhale le modernisme.
6. Gilles Bourque, Jules Duchastel et Jacques Beauchemin, *La Société libérale duplessiste 1944-1960*, Montréal, Presses de l'Université de Montréal, 1994, p. 251.
7. Ce que je ne suis évidemment pas le premier à faire : voir en particulier Micheline Cambron, *Une société, un récit [...]*.
8. Marc Angenot, « Pour une théorie du discours social : problématique d'une recherche en cours », *Littérature*, « Médiations du social — recherches actuelles », (mai 1988), p. 93.
9. Jacques Dubois, *L'Institution de la littérature*, Paris/Bruxelles, Nathan/Labor, 1978, p. 83.
10. Alvin Toffler, *Les Nouveaux Pouvoirs*, Paris, Fayard, 1991, p. 37.
11. John Saul, *Les Bâtards de Voltaire. La dictature de la raison en Occident*, Paris, Payot, 1993, p. 13.
12. *SRQ*, 6 mai 1893, p. 429.
13. R. de Marmande, *Le Cléricalisme au Canada*, p. 96.
14. *Idem*.
15. *Ibid.*, p. 105.

16. Yves Dostaler, *Les Infortunes du roman dans le Québec du xixe siècle*, en particulier le chapitre 3, « Faut-il proscrire le roman ? », Montréal, HMH, 1977, 175 p.
17. Arsène Bessette, *Le Débutant*, p. 211.
18. Louis Dantin à Alfred DesRochers, 29 décembre 1929, Archives nationales du Québec, Sherbrooke, Fonds Alfred DesRochers. Je remercie mon collègue Richard Giguère de m'avoir transmis cet important témoignage de Dantin.
19. Maurice Lemire, « En quête d'un imaginaire québécois », *Recherches sociographiques*, 23, 1-2 (janvier-août 1982), p. 181-182. Lemire commente justement la préface des romans à cet égard.
20. Voir à ce sujet l'intéressante étude de Jacques Soulillou, *L'Impunité de l'art*, Paris, Seuil, 1995, 346 p.
21. *SRM*, « Les artistes chrétiens », 2 mai 1891, p. 272.
22. Manon Brunet, « Faire l'histoire de la littérature française du xixe siècle québécois », *RHAF*, 38, 4 (printemps 1985), p. 539.
23. Terry Eagleton, *Literary Theory. An Introduction*, Minneapolis, Un. of Minnesota Press, 1983, p. 211.
24. En fait, le deuxième tome est en préparation et couvrira les années 1920-1966. Il abordera entre autres, dans le cadre de la censure religieuse persistante, la montée de la résistance laïque, l'écriture des femmes, la censure dans la correspondance des écrivains, le discours sur l'*Index* et, enfin, la censure durant la Seconde Guerre mondiale.

Index des noms propres

A

Abelly, Mgr, 205
Adam, père, s.j., 266
Alexandre, Annie, 267
Allaire, Jean-Baptiste-Arthur, 51, 252
Angenot, Marc, 174, 275
Anglicanus, 41
Anti-Union, 70
Archambault, Joseph-Alfred, 264
Archambault, Joseph-Papin, 167
Arles, Henri d', 165
Asselin, Olivar, 165
Auclair, Élie, 225, 265
Auclair, Élie-Joseph, 129
Augustin, saint, 198, 205

B

Baillargé, abbé, 263
Baillargeon, Mgr, 110-112, 189, 211
Baldwin, 70
Balzac, 8
Bargeas, Joseph, 248
Baril, G.-H., 274
Barnabo, cardinal, 112, 258
Barnard, Édouard A., 191, 213
Basile, saint, 198
Batchelor, George, 70
Beauchemin, 129
Beauchemin, Jacques, 275
Beaulieu, Germain, 126
Bédard, J.-B., 252
Bédard, Pierre Hospice, 49-52, 251
Bégin, Mgr Louis-Nazaire, 124, 152, 156, 161, 162, 166, 168, 201, 204, 217, 220
Bellavance, père, 163
Bellut, Eugène, 274
Bernard, 273
Bernard, Henri, 129, 265
Bernard, Jean-Paul, 259
Bernard, Pierre, 147, 148, 149, 151, 160, 161, 271
Bernhardt, Sarah, 202
Bernier, J., 274
Berthiaume, Trefflé, 129, 130, 131, 156, 265, 266, 272
Bessette, Arsène, 132, 133, 134, 135, 177, 178, 276
Bessette, Gérard, 8, 135, 174, 268
Bethléem, abbé Louis, 8, 10, 245
Bétournay, Louis, 79
Bey, Auguste de, 190
Bibaud, Jean-Gaspard, 90, 258
Bischoff, R. P., 219
Blais, Mgr, 148, 152, 269
Blanchet, Pierre, 67, 72, 76, 77, 82, 85, 85, 88
Bonaparte, 59
Bonville, Jean de, 139, 268
Borduas, abbé C., 216
Bossé, Mgr François-Xavier, 155
Bossuet, 58
Boucher, C[yrille], 257
Boulanger, T. R. P., 271
Bourassa, Henri, 125
Bourdieu, Pierre, 9, 245
Bourgeault, Florent, 155, 272
Bourget, Mgr Ignace, 17, 56, 59, 60, 63, 64, 65, 67, 68, 71, 73-76, 80, 81, 83-87, 89-92, 94-97, 99, 100, 104, 107-109, 113, 133, 135, 169, 173, 185, 187, 189, 190, 192, 202, 206, 207, 212, 253, 257, 258
Bourque, Gilles, 275
Brassier, M., 249
Bremond, Claude, 175
Bressani, R. P., 208
Briand, Mgr, 29, 30, 35, 248
Brousseau, Léger, 129, 148, 265, 271
Brousseau, Serge, 135
Brown, William, 249

Bruchési, Mgr Paul, 10, 105, 106, 115, 120, 121, 123-135, 148, 154, 159, 161, 162, 172, 201-204, 219, 264-266, 270-272, 274
Brunet, Manon, 180, 248, 276
Buies, Arthur, 19, 98, 103, 157, 196, 259, 260
Burger, Baudoin, 34, 249
Burke, Edmund, 40
Butler, 207

C

Cadieux & Derome, 120, 129
Cadieux, Louis-Marie, 49-52, 252
Cambron, Micheline, 245, 275
Camerlain, Lorraine, 33, 34, 249
Canadensis, Juvenis, 43
Caron, Pierre, 248
Casgrain, M., 211
Cassidy, Francis, 77, 85, 102
Cauley, Mgr, 218
Cazeau, Charles-Félix, 111
Chaboillez, abbé Augustin, 15, 39, 48-56, 59, 251, 252
Chabot, Juliette, 265
Chagnon, Télesphore, 89
Chandonnet, abbé, Thomas-Aimé, 110, 111, 189
Chapais, Thomas, 262, 263, 267
Chapman, William, 129, 265
Charbonnel, Armand de, 66
Charland, Paul-Victor, 219
Charland, Raymond M., 245, 264
Charland, Thomas, 112, 148, 149, 160, 261, 270, 271, 272, 273
Charlebois, J., 267
Charlebois-Dirschauer, Madeleine, 267
Charlier, Édouard, 266
Chartier, abbé, 163, 254
Chaussé, Gilles, 56, 251, 253
Chevalier, Henri-Émile, 81
Chiniquy, Charles, 66, 71-74, 186, 187, 191, 193
Cicéron, 110
Clément XIII, 183
Clément XIV, 30
Conan, Laure, 168
Conefroy, Pierre, 45
Conroy, Mgr, 113
Côté et Cie, Augustin, 197, 207, 216
Cotnam, Jacques, 249
Coton, père, 26

Courcy de Laroche-Héron, M. de, 208
Craig, James-Henry, 42, 44, 45, 47, 183, 184, 250
Crunican, Paul, 268
Curotte, Joseph-Arthur, 264
Cyr, abbé Narcisse, 80

D

D. P., 42
Dalhousie, Lord, 251
Dandurand, Marcel, 67, 255, 257
Dantin, Louis, 178, 276
Darnton, Robert, 248
David, Laurent-Olivier, 13-15, 18-21, 106, 107, 114, 115, 136, 137, 139, 140, 144-155, 157, 158, 160, 173, 174, 201, 225, 251, 270, 272, 273
Davidson, 263
Day, J. J., 98
Del Val, Mgr Merry, 14, 156, 157, 161, 227
Demers, R.-J., 126, 265
Désaulniers, 59
Desbarats, George E., 153, 210
Desnoyers, Magloire, 78, 85, 87, 266
DesRochers, Alfred, 178, 246, 276
Dessaulles, Louis-Antoine, 19, 77, 78, 85, 89, 91-95, 97, 99, 101-104, 109, 173, 174, 190, 258, 259
Dézéry, 33, 34
Dionne, Narcisse-Eutrope, 50, 251, 252
Doherty, 119
Dorion, Jean-Baptiste-Éric, 67, 70, 77, 254
Dorion, Wilfrid, 81
D'Orsonnens, Éraste, 82, 85, 86
Dorval, M., 89, 258
Dostaler, Yves, 177, 276
Doucet, Louis-Adolphe, 168
Doucet, Louis-Joseph, 275
Doutre, Gonzalve, 101, 102
Doutre, Joseph, 67, 81, 94, 102
Drolet, 145, 154, 156, 228, 229
Drolet, Antonio, 248
Drolet, Chevalier, 272
Drolet, Gustave, 143, 144, 145, 155, 226
Drummond, Gordon, 43
Dubois, Jacques, 275
Duchastel, Jules, 275
Ducrocq-Poirier, Madeleine, 267
Dugas, Georges, 125, 264, 271
Duhamel, M., 80, 81

Dumas, 91, 92, 263
Dumas, Alexandre, 116, 118, 201
Dumont, Fernand, 274
Dunn, Oscar, 258
Duterroir, Jean, 168
Dutil, Patrice, 267
Duvernay, Ludger, 58, 92

E

E. S., 72
Eagleton, Terry, 276
Émard, Mgr, 268
Emery, Michel, 77, 81
Émery-Coderre, D^r, 94, 97
Everett, Jane, 273

F

Fabre, Édouard-Raymond, 55
Fabre, Hector, 83, 86, 92
Fabre, Mgr Édouard-Charles, 18, 104-109, 113-115, 117-121, 141, 143, 144, 159, 168, 193-195, 197, 198, 200, 214-216, 222, 263, 268-270, 273
Falardeau, Jean-Charles, 74, 256
Fauteux, Ægidius, 165, 248
Ferland, Albert, 165
Ferland, abbé Jean-Baptiste, 56
Filiatreault, Aristide, 107, 114-117, 120, 173, 263
Filippi, Mgr, 112
Fitzpatrick, Sir Charles, 226
François de Sales, saint, 205
Fréchette, Louis-Honoré, 113, 115, 157
Frontenac, gouverneur, 31, 32, 34

G

Gaboury, 127
Gagnon, Claude-Marie, 39, 245
Gagnon, Édouard, 264
Gagnon, Nicole, 18
Gagnon, Serge, 248
Galarneau, Claude, 248
Gallichan, Gilles, 265
Garneau, 177
Gaume, Mgr, 110, 111, 186
Gauthier, Z., 84, 85
Gauvreau, Joseph, 165
Geoffrion, H., 272
Gérin, Elzéar, 47, 251

Gérin, Léon, 255
Gérin-Lajoie, Antoine, 66, 69
Gérin-Lajoie, Marie, 265
Giguère, Richard, 246, 276
Gilmore, Thomas, 249
Gingras, Ulrich, 168, 275
Girard, Rodolphe, 19, 130, 132, 133, 202, 266
Giraud, Philippe, 201
Girod, Amury, 58
Girouard, Désiré, 84
Giroux, Robert, 267
Glandelet, Charles de, 32
Globensky, Arthur, 115
Gonthier, Dominique-Ceslas, 147, 149, 150, 156, 158, 160, 161, 166, 271, 273
Gosselin, abbé Amédée, 221, 262
Gosselin, abbé Auguste, 216, 221, 248
Gosselin, abbé David, 116, 218, 219, 262
Granet, D., 257
Greenway, 157
Grivel, Charles, 11, 246
Gros-Jean, 40
Groulx, abbé Lionel, 10, 125, 162, 163, 169, 245, 264, 273, 274
Guibord, Joseph, 87, 94, 97, 101-103, 120, 121, 139, 192, 263
Guyot, abbé, 117, 198, 199

H

Haldimand, 35, 249
Hamel, 58
Hamelin, Jean, 18
Hamon, R. P., 219
Hardy, René, 254
Harvey, Jean-Charles, 13, 134, 159
Hébert, E., 10
Hébert, Joseph, 54
Hébert, Pierre, 249, 275
Hébert, Robert, 259
Henri IV, 26
Henriot, George, 42
Héroux, Omer, 128, 164, 265
Horace, 110
Houde, Roland, 245
Houlé, Léopold, 18, 247
Hubert, Mgr Jean-François, 30, 31, 33, 34, 36, 248, 249
Hudon, Théophile, 259
Hugo, Victor, 120, 263
Huguet, R. P., 215

Huot, Antonio, 168, 220, 268
Huston, James, 254
Huxley, Aldous, 175

I

Imbert, Patrick, 10, 11, 246

J

Jautard, Valentin, 35, 249, 250
Jetté, Pierre, 168, 262, 263, 264, 275
Juliopolis, Mgr, 52

K

Kenjiro, Tokutomi, 168

L

Labbé, Ghyslain, 36, 246, 247, 250
Laberge, 20, 135, 267
Laberge, abbé, 14
Laberge, Albert, 132, 133, 134, 203
Laberge, J.-E., 246
Labrèche-Viger, 67, 80, 81, 83
Labrèche-Viger, Louis, 67, 86
Labrèque, Mgr Thomas, 157, 269
Lacasse, Arthur, 168
Lacasse, père, 154
Laferrière, 269
Laflamme, Jean, 8, 31, 32, 245, 248, 249, 265
Laflamme, Rodolphe, 67, 87, 102, 119
Laflèche, Mgr, 97, 99, 104, 109, 140, 142, 193, 195, 257, 268, 273
Lafleur, Théodore, 85
Lafond, J.-A., 77, 84, 85
Lafontaine, J.-L., 69, 255, 256
Lafontaine, Louis-Hippolyte, 69
Lagarce, Charles-Irénée, 58
Lagrave, Jean-Paul de, 249, 250
Lahaise, Robert, 170, 275
LaHontan, baron de, 27, 248
Lajeunesse, Marcel, 98, 256, 257, 259
Lalande, R. P., 220
L'Allemant, père Charles, 26, 27, 247
Lamarche, Godefroy, 101
Lamartine, 70
Lamennais, 58, 70
Lamonde, Yvan, 99, 258, 259, 260

Lanctôt, Médéric, 84, 85
Langelier, 228
Langevin, Mgr, 141, 195, 269
L'Anglois, Mgr Germain, 248
Langlois, Godfroy, 132-134
Langlois, Maurice, 261
Lapatrie, C., 158, 273
Lartigue, Mgr Jean-Jacques, 46, 48-60, 63-65, 70, 149, 251-254, 274
Latour, M., 210
Laurier, Wilfrid, 94, 97, 107, 114, 116, 126, 127, 140-145, 150, 152, 154-157, 173, 225, 226, 228, 265, 269, 270, 272, 274
Laval, Mgr de, 221
Lazzareschi, Mgr, 150, 151, 226
Le Moine, Roger, 267
Le Montréaliste, 44
Leclerc, Alphonse, 268
Leclerc, J.-M., 149
Lecoq, abbé, 125
Lecoq, Isaïe-Marie-Charles, 264
Ledochowski, cardinal, 120, 141, 156, 222, 263, 270, 272
Lee, Thomas, 43
Lefebvre, Jean-Jacques, 55
LeMay, Pamphile, 164
Lemelin, Jean-Marc, 267
Lemieux, Denise, 254
Lemieux, Lucien, 27, 251, 252
Lemieux, Rodolphe, 127
Lemire, Maurice, 8, 245, 276
Léon XIII, 13, 161, 195, 196, 227
Lévesque, Albert, 21
Lindsay, 271
Lindsay, Lionel, 149
Liseur, 139
Lortie, abbé Alfred-Stanislas, 166
Lozeau, Albert, 125, 126
Luigi, 111
Luneau, Marie-Pier, 22, 247
Lusignan, Alphonse, 99

M

Maguire, T., 253
Manseau, Antoine, 68
Marchand, Gabriel, 134, 228, 268
Marcoux, Joseph, 58
Maréchal, vicaire, 72, 73
Mareuil, Sieur Jacques de, 32, 182
Marie-Victorin, frère, 163, 165

Marion, Séraphin, 8, 31, 32, 245, 263
Marmande, R. de, 177, 246, 250, 266, 268, 275
Marois, Mgr C.-A., 149, 160
Marquis, André, 267
Martin, Félix, 66
Massicotte, Édouard-Zotique, 252, 257
Maupassant, Guy de, 116
Mayrand, Ernest, 129, 265
Melançon, François, 248
Mercier, Honoré, 127, 228
Mesplet, Fleury, 35, 249, 250
Mignault, P. B., 217
Milnes, 44
Molière, 31, 34, 182
Monière, Denis, 71, 255, 256
Monk, Maria, 254
Montgolfier, Étienne, 35, 249
Montpetit, Édouard, 164
Morand, George N., 129
Mousseau, Joseph-Alfred, 153

N

Napoléon III, 91
Napoléon, prince, 91, 92
Naudet, abbé, 266
Naz, R., 246
Nicol, Patrick, 22, 247
Noiseaux, François, 250
Norton, W. L., 255

O

Olivier le Paladin, 168
O'Reilly, Bernard, 66
Ouimet, Adolphe, 257

P

Pacifici, 47, 252
Pagnuelo, Siméon, 51, 212, 252
Painchaud, abbé Charles-François, 50, 51
Panet, Mgr, 52, 54-57, 59, 60, 253, 274
Papin, Joseph, 67, 68, 89
Papineau, Casimir-Firmin, 95
Papineau, Louis-Joseph, 67-70, 98
Pâquet, Benjamin, 110, 111, 189
Pâquet, abbé Louis-Adolphe, 149, 160, 218, 271, 273
Paquin, 19, 109, 260

Paquin, Elzéar, 108, 113, 194
Paquin, Jacques, 253
Paré, Joseph-Octave, 66
Parent, Étienne, 74
Paterson, M., 126, 127, 265
Patrizi, Cardinal, 110, 188, 189, 210
Paul, saint, 198
Payette, Joseph-Georges, 143, 270
Pelletier, 19, 112, 114
Pelletier, abbé, 261
Pelletier, Albert, 21, 246
Pelletier, abbé Alexis, 108-111, 113, 189, 195, 261
Pelletier, Georges, 165
Perin, Roberto, 143, 268, 270, 272, 273
Perrault, Claude-Élizabeth, 261
Perrault, vicaire, 73
Perrier, abbé Philippe, 163
Petrone, 27
Pie IX, 13, 71, 81, 90, 96, 97, 185, 187, 188, 191
Pie X, 203, 220
Pie XI, 166
Pigeon, abbé François-Xavier, 15, 39, 48, 53-56, 59, 251
Pinsonneault, Mgr, 113
Plamondon, Aimé, 168
Plessis, Mgr Joseph-Octave, 40, 44-54, 59, 250, 251
Poirier, 201
Poisson, Adolphe, 128, 265
Portland, Duc de, 44
Pouliot, Léon, 80, 87, 99, 103, 255, 256, 257, 258, 259
Poynter, Mgr, 52
Préfontaine, R., 265
Prêtre du Diocèse de Québec, 252
Prévost, Paul-Émile, 265
Prince, Mgr Jean-Charles, 58, 59, 254
Proulx, abbé, 142-144, 152, 153, 270-272
Provost, Paul-Émile, 128

Q

Quesnel, Joseph, 33

R

Racine, abbé C.-J., 140
Rainville, Danielle, 17, 245, 247, 262, 264
Ravaux, R., 265

Renan, Ernest, 188
Renaud, Laurier, 274
Richard, Louis-Arthur, 264
Richebourg, 116
Riddell, Walter Alexander, 27, 37, 247, 250
Riel, Louis, 149, 163
Rioux, Jean-Roch, 69, 254, 255
Rivard, Adjutor, 166, 167, 168, 275
Robert, Jean-Claude, 245
Rodrigue, Jeanne-Mance, 247
Rousseau, Edmond, 265
Rousseau, Léon, 158
Rousselot, Benjamin-Victor, 102
Routhier, Adolphe-Basile, 125, 167, 264, 275
Roux, Jean-Henri, 46, 250
Roy, Antoine, 27, 247
Roy, Camille, 163, 164, 166, 167, 168, 249
Roy, Émile, 128, 264, 265, 268
Roy, Fernande, 158, 273
Roy, Jean-Louis, 275
Roy, Paul-Eugène, 166
Rumilly, Robert, 140, 157, 169, 268-270, 274, 275
Russell, M., 227

S

Sacy, 211
Sade, 75
Saint-Aimé, George, 111, 112, 188, 189, 210, 261
Saint-Jacques, Lise, 245, 264, 267
Saint-Pierre, Normand, 268
Saint-Vallier, Mgr de, 29, 32, 34, 182, 205, 248, 249
Sand, George, 201
Saul, John, 275
Sauvalle, Paul-Marc, 115, 157, 261
Savaète, Arthur, 142, 269
Séguin, Antoine, 265
Ségur, Mgr de, 210, 212
Senécal, Eusèbe, 145
Signay, Mgr, 55, 56, 58, 59, 65, 254
Siméoni, cardinal, 194, 270
Soulillou, Jacques, 276
Souvestre, 116
St-Georges Lindsay, Lionel, 219
Stang, Mgr W., 220
Stanislas, abbé Lortie, 165
Starnes, Henry, 98

Stewart, George, 270
Stremler, Jacques-Michel, 110, 111
Sue, Eugène, 201
Sylvain, Chanoine, 220
Sylvain, Philippe, 70, 255, 258

T

T. P., 42
Taché, Louis-Hippolyte, 120
Taché, Mgr, 218
Tanguay, Cyprien, 193, 214
Tardivel, Jules-Paul, 131, 262
Tarte, Israël, 131, 265, 266
Taschereau, Mgr, 108, 110, 111, 113, 114, 260, 261, 270
Telmesse, Mgr de, 251, 253
Th.-V., Mlle, 14
Théoret, D., 129
Theuriet, André, 131
Toffler, Alvin, 275
Tourangeau, Rémy, 8, 31, 245, 248, 249, 265
Tremblay, Nérée, 128, 265
Trudeau, Romuald, 67, 82, 86
Trudel, Marcel, 45, 250, 255
Truteau, Alexis-Frédéric, 92
Turcotte, François-Magloire, 254
Turgeon, Mgr, 74

U

Un autre électeur, 40
Un catholique, 195, 261, 263
Un chrétien, 109
Un Habitant, 41
Un Illuminé, 104
Un jeune membre de cette association, 257
Un voyageur au Canada, 40

V

Valois, Jos.-M., 129
Vanier, Guy, 164, 274
Vekeman, G., 273
Velligul, Sophog, 257
Versailles, Joseph, 163
Vervost, abbé, 111
Veuillot, 81
Vézina, 111
Viala, Alain, 275

Victor-Emmanuel, prince, 91
Villeneuve, Alphonse, 104
Villeneuve, S. É. Rodrigue, 13
Virgile, 110
Voisine, Nive, 259
Voltaire, 158

W

Wallot, Jean-Pierre, 44, 45, 250, 251

Waymel, Marie-Claude, 267
Well, père, 35
Wittebolle, R. P., 219
Workman, M., 98

Z

Zidler, Gustave, 168
Zola, Émile, 13, 201

Index des œuvres

A

Action catholique, L', 124, 166, 274
Action sociale, L', 169, 204, 264
Action sociale catholique, L', 274
Action sociale catholique et l'Œuvre de la presse catholique. Motifs-programme-organisation-ressources, L', 273
Activité théâtrale au Québec (1765-1825), L', 249
Affaire Guibord, L', 102, 103, 259
Affari vos, 156, 227
Agricultural Journal and Transaction of the Lower Canada Agricultural Society, The, 206
Album musical, L' 116
Almanach, 166
Almanach de la langue française, 164
Almanach de l'Action sociale catholique, 275
Almanach du clergé canadien, 216
Almanach du purgatoire pour 1891, 197
Almanach du purgatoire pour 1892, 198
Âmes françaises, 168
Ami de la religion, L', 256
Ami de l'ordre, L', 58
Ami du peuple, L', 58
Annales de sainte Anne, 214
Année religieuse, L', 209
Annonce à faire au prône, 100
Annuaire, 99, 100, 210
Annuaire de 1868, 101, 103
Annuaire de 1869, 103
Annuaire de l'Institut Canadien, 19
Annuaire de l'Institut Canadien pour 1866, 258, 259
Annuaire de l'Institut Canadien pour 1868, 13, 104, 189, 190
Annuaire de l'Institut Canadien pour 1869, 103
Annuaires de l'Institut canadien, 140
Anti-Coton, ou Réfutation de la lettre déclaratoire de la doctrine des Pères Jésuites conforme aux décrets du concile de trente, par le Père Coton, 26, 27, 247
Antoine Gérin-Lajoie, la résurrection d'un patriote canadien, 255
Apostolat des bons livres et l'Association catholique de la jeunesse canadienne-française, L', 267
Appel de la race. L', 125
Appendice du rituel, L', 213
Arena, The, 270
Articles et études, 265
Aspirations, 129
Association Catholique de la Jeunesse Canadienne-Française, L', 274
Au cap Blomidon, 125
Au soir de la vie, 225
Au-delà du tombeau, 219
Avenir, L', 67-74, 78, 90, 254-256, 266

B

Bâtards de Voltaire. La dictature de la raison en Occident, Les, 275
Bêche (The Spade) ou les assimilateurs en action. Album de dessins gais, La, 16, 267
Bibliothèque canadienne, La, 55
Bien paternel, Le, 168
Bien public, Le, 153
Bienfaiteurs du Canada. Prêtres et religieux, Les, 273
Bulletin des recherches historiques, 26, 139
Bulletin social, 166

C

Canada apostolique, Le, 125
Canada artistique, Le, 116
Canada ecclésiastique, Le, 221
Canada français, Le, 134
Canada, Le, 132

Canada-Revue, 8, 18-21, 105, 106, 114-121, 139, 146, 159, 168, 173, 198, 199, 200, 222, 262, 263
Canadien, Le, 19, 22, 39-47, 49, 57-59, 184, 250-252
Carême sanctifié, Le, 219
Catholic Belief, The, 218
Catalogue de la Bibliothèque de L'Œuvre des bons livres, 256
Catéchisme, 207
Catéchisme des provinces ecclésiastiques de Québec, 216
Causeries sur le protestantisme, 210
Censure des livres, La, 264
La Censure du roman « Le Débutant » (1914) de Arsène Bessette : le texte et l'institution, La, 268
Centurion, Le, 125, 167
Chanson du paysan, La, 168, 275
Charles Guérin, 177
Charles LeMoyne, 165
Chez nos gens, 167
Chez nous, 167
Christian Father, The, 218
Circulaire au sujet des classiques, 111
Cité du mal contre la cité du bien ou Le droit de la force contre la force du droit à propos de la question universitaire, La, 260
Clergé canadien, sa mission, son œuvre, Le, 13, 18-21, 105, 114, 139, 144-146, 150, 152, 153, 158-160, 201, 225, 270, 271
Cléricalisme au Canada, Le, 246, 250, 268, 275
Code catholique, Le, 218, 219
Combat, Le, 202, 266
Comédie infernale, La, 104
Commission d'étude sur les laïcs et l'Église. Histoire de l'Église catholique au Québec 1608-1970, 259
Conduite de la Confession et de la Communion, 205
Conférence sur les propriétés délétères des liqueurs spiritueuses, La, 214
Confessions, Les, 205
Conscience catholique outragée et les droits de l'intelligence violés, par les deux principaux défenseurs de l'Université Laval, Sa Grâce Monseigneur Taschereau, archevêque de Québec, et Sa Grandeur Monseigneur Fabre, évêque de Montréal. Ouvrage réservé pour le public canadien et Notre très Saint Père le Pape, La, 108, 194, 260
Constitution et règlements de l'Institut Canadien, 256
Constitutionnel, Le, 19, 187
Contemporains canadiens, Les, 85
Contemporains canadiens. 1 Blanchet 2 Boucher 3 Duhamel 4 D'Orsonnens [précédé de] *« Inferius tendimus ou l'Institut Canadien de Montréal », Les*, 257
Correspondance entre l'évêque de Telmesse et le curé de Saint-Philippe au sujet de sa visite en 1824 & 1825, 55, 253
Courrier de Paris, Le, 19, 187
Courrier de Saint-Hyacinthe, Le, 19, 91, 100, 187
Courrier des États-Unis, Le, 19, 195
Courrier du Canada, Le, 76, 111, 146, 271
Courrier du livre, Le, 148, 271
Cours de l'instruction religieuse, 218
Croire, c'est vivre, 220
Curés et Bedeaux. Le Cléricalisme au Canada, 157, 273

D

Daily Witness, 191, 192
Dans la ville éternelle pendant que se discutait au Canada la question des écoles du Manitoba, 270
De creatione, 217
De la religion, 210
Débats, Les, 19, 129, 132, 201, 202, 266
Débutant, Le, 134-136, 267, 276
Demi-civilisés, Les, 13, 134
Des délits de presse, 264
Deux Frances, Les, 168
Deux Loges montréalaises du Grand Orient de France, 267
Développement des idéologies au Québec, Le, 255, 256
Devil's Advocate. Godfroy Langlois and the politics of Liberal Progressivism in Laurier's Québec, 267
Devoir, Le, 129, 164, 165, 169, 270
Dictionnaire biographique du clergé canadien-français, 252

Dictionnaire de droit canonique,
  contenant tous les termes du droit
  canonique, avec un sommaire de
  l'histoire et des institutions et de
  l'état actuel de la discipline, 246
Dictionnaire des livres condamnés au feu,
  247
Dictionnaire généalogique des familles
  canadiennes, 193, 214
Dictionnaire généalogique des familles de
  Charlesbourg, 219
Discipline du diocèse de Québec, La, 218
Discours et pratiques de l'intime, 248
Discours sur l'Institut Canadien, 93
Dissidence idéologique et dissonance
  romanesque (le roman québécois de
  1900 à 1920), 267
Dix ans de journalisme. Mélanges, 258
Don Quichotte montréalais sur sa
  Rossinante ou M. Dessaules [sic] et la
  Grande Guerre ecclésiastique, Le, 261
Drapeau national des Canadiens
  français. Un choix légitime et
  populaire, Le, 274
Droit paroissial, Le, 217
Du Canada français au Québec libre, 245
Du Pape, 210

E

Ecclésiastique, L', 54, 55
Écho des Deux-Montagnes, L', 19, 117, 118,
  198-200, 262
Écho du cabinet de lecture, L', 260
Église catholique, L', 201
Église du Canada depuis Mgr de Laval
  jusqu'à la Conquête, L', 221
Église, le loisir et la censure au Québec
  avant 1960, L', 246, 247, 250
Église et le théâtre au Québec, L', 245,
  248, 249, 265
Électeur, L', 19, 20, 140, 142, 146, 150, 151,
  152, 153, 155, 160, 200, 269, 270, 271,
  272
Enseignement primaire, L', 218
Envol des heures, L', 168
Établissement de la première province
  ecclésiastique au Canada, 1783-1844,
  251, 252
Étienne Parent, 1802-1874, 256

Études historiques et légales sur la liberté
  religieuse en Canada, 212, 252, 253
Événement, L', 246
Examen sommaire de deux pamphlets
  publiés en 1823 sur le gouvernement
  ecclésiastique du district de Montréal,
  252
Exeunte anno, 196

F

Figures canadiennes, 225
Fin d'un Québec traditionnel. I. Histoire.
  Du Canada à « Notre État français »,
  275
Fléau maçonnique, Le, 220
Fleury Mesplet (1734-1794). Diffuseur des
  Lumières au Québec, 249, 250
Fondation de l'A.C.J.C. L'histoire d'une
  jeunesse, La, 274
Franc-Maçonnerie, La, 212
Franc-Parleur, 261
Francs-Maçons, Les, 212

G

Gazette de Montréal, La, 33, 43, 252
Gazette de Québec, La, 28, 35, 47, 64,
  248, 249
Gazette de Saint-Philippe, La, 55
Gazette des familles canadiennes, La, 212
Gazette du commerce et littéraire, pour
  la Ville & District de Montréal, 249
Gazette littéraire, La, 35, 250
Gazette littéraire, pour la Ville & District
  de Montréal, 35, 249
Gens de lettres, gens du livre, 248
Globe, 80
Grâce et vertus, 218
Grand Catéchisme à l'usage du diocèse
  de Québec, 205
Grande Cause ecclésiastique. Le Canada-
  Revue vs Mgr E. C. Fabre. Procédure,
  preuve, pièces du dossier, plaidoyer
  des avocats, reproduction des textes
  originaux et des notes sténo-
  graphiques officielles, La, 262
La Grande guerre ecclésiastique. La
  Comédie infernale et les noces d'or.
  La suprématie de l'ordre temporel, 19,
  104, 109, 190

H

Heures perdues, 128
Heures solitaires, 168
Histoire de la province de Québec, 269
Histoire de l'Église aux États-Unis, 208
Histoire du théâtre au Canada. Pour un retour aux classiques, L', 247
Hommes noirs. Propagande anti-cléricale, Les, 157, 273
Honoré Mercier. La politique et la culture, 265
Humanum Genus, 195, 268
Hygiène et physiologie du mariage, histoire naturelle et médicale de l'homme et de la femme mariés, dans ses plus curieux détails, 190

I

Idéologies au Canada français, 1850-1900, Les, 254
Idéologies au Canada français 1900-1929, 274
Il y a du libéralisme et du gallicanisme en Canada, 114
Impunité de l'art, L', 276
Index, L', 8, 9, 11-13, 87, 88, 93, 103, 116, 120, 125, 147, 173, 176, 178, 186, 187, 194, 201-203, 246
Index, L' [Raymond M. Charland], 245, 264
Index, L' [Louis-Antoine Dessaulles], 258, 259
Index (librorum prohibitorum), 10
Index, lectures et morale évangélique, 246
Index leonianus, 13
Index librorum prohibitorum, 140
Index Tridentinus, 10
Infortunes du roman dans le Québec du XIXe siècle, Les, 276
Institut Canadien de Montréal et l'affaire Guibord, L', 259
Institut Canadien en 1855, L', 255, 256
Institut Canadien en 1852, L', 254
L'Institut Canadien. Les débuts de l'Institut Canadien et du journal L'Avenir, L', 254
Institution chrétienne, L', 205
Institution de la littérature, L', 275
Instruction au Canada sous le Régime français, L', 221
Introduction à la littérature québécoise (1900-1939), 245

J

Jacquemin le Franc-Maçon, 212
Jean-Jacques Lartigue, premier évêque de Montréal, 251, 253
Journal Canada-Revue et Mgr Édouard-Charles Fabre 1890-1895, Le, 262-264, 272, 275
Journal de Québec, Le, 69, 255
Journal de Trois-Rivières, Le, 104

L

Lanterne, La, 19, 196, 260
Lauriers et feuilles d'érable, 125
Lecture du roman : "Le Débutant" d'Arsène Bessette. Problème d'analyse sémiotique et socio-historique, 268
Lettre à M. Chaboillez, Curé de Longueuil, relativement à ses questions sur le Gouvernement ecclésiastique du district de Montréal, 49
Lettre à Monseigneur Baillargeon évêque de Tloa sur la question des classiques et commentaire sur la lettre du Cardinal Patrizzi, 19, 110, 112, 189
Lettre déclaratoire, 26
Lettre pastorale de Mgr Bégin sur l'Action Sociale catholique, 274
Lettre sur le Canada, 103
Lettres canadiennes d'autrefois, Les, 8, 245, 248, 262
Lettres, les sciences et les arts au Canada sous le régime français, Les, 247
Lettres sur le Canada. Étude sociale, 1864-1867, 259
Libéralisme catholique et les élections du 23 juin 1896, Le, 273
Libraire, Le, 8
Ligue d'enseignement, La, 265
Literary Theory. An Introduction, 276
Livre dans la vie du clergé québécois sous le régime anglais, Le, 248
Louis-Antoine Dessaulles, un seigneur libéral et anti-clérical, 258-260
Lumière, La, 20, 132, 204

M

Mgr Bruchési et le contrôle des paroles divergentes : journalisme, polémique et censure, 245
M. Laurent-Olivier David et Mgr Lazzareschi. Réponse de P. Bernard. Le manifeste libéral de L.-O. David, 271
Madame sainte Anne, 219
Mandements des Évêques de Québec, 216
Mandements et circulaires, 214, 215
Manuel à l'usage des confréries du Saint-Scapulaire et du Saint-Rosaire, 211
Manuel anti-alcoolique, 220
Manuel de la Visite paroissiale, 209
Manuel des curés, 209
Manuel d'histoire de la littérature canadienne-française, 167
Manuel du citoyen catholique, 194, 195, 215
Marie Calumet, 19, 133, 135, 202, 266
Mélanges de polémique et d'études religieuses, politiques et littéraires, 262, 263
Mélanges religieux, Les, 63, 64, 68, 73, 76
Mémoire de l'évêque de Montréal concernant l'Institut Canadien, 97, 258
Mercury, 41, 43
Mes Mémoires, 264
Messager, 165
La Méthode chrétienne considérée dans ses avantages et sa nécessité et réponses à certaines difficultés, 188, 210, 261
Mgr Bruchési et le contrôle des paroles divergentes : journalisme, polémique et censure, 264
Mgr Joseph-Octave Plessis premier archevêque de Québec, 251
Mine d'or de l'âme chrétienne, 265
Minerve, La, 19, 57, 66, 69, 72, 78, 82, 83, 88, 92, 100, 101, 190, 255-258
Mines, Les, 154
Monde de l'imprimé et l'Église au Québec, Le, 188, 245, 247, 262, 264
Monde illustré Le, 270
Monde, Le, 19, 140, 193, 194, 263
Moniteur canadien, Le, 72
Moniteur du Commerce, Le, 16
Montréal et le rayonnement des bibliothèques publiques, 265

N

Naissance de l'écrivain, 275
Neuvaine au Saint-Esprit, 219
Noces d'argent de l'Action Sociale catholique, Les, 274, 275
Noëls anciens de la Nouvelle-France, 129
Notes d'un Catéchiste, 220
Notre-Dame de Lorette en la Nouvelle-France, 219
Nouveau Manuel de chants liturgiques, 216
Nouveau Monde, Le, 19, 101, 102, 190, 211, 212
Nouveau Testament, 206, 211
Nouveaux Pouvoirs, Les, 275
Nouveaux voyages de Mr le baron de Lahontan [...], 248
Nouvelle-France, 161, 255

O

Obscure souffrance, L', 168
Observations, 51
Observations sur un écrit intitulé Questions sur le gouvernement ecclésiastique du District de Montréal, 50
Observations sur un rapport présenté par s[on] Ex[cellence] Mgr Merry Del Val à la S[acrée] C[ongrégation] des Affaires Ecclésiastiques Extraordinaires en sept. 1897, à l'occasion de sa Délégation au Canada, 272
Opinion Nationale, L', 19, 187
Opinion publique, L', 153
Ordonnance d'organisation et règlement de l'Œuvre des bons livres de Montréal, 75, 256
Ordonnant des prières pour notre Saint Père le Pape, Pie IX, obligé de quitter Rome et de se réfugier dans un royaume étranger, 71
Ordre, L', 92, 99, 256
Ouvrier, L', 195

P

Paroles d'un croyant, 58
Pascendi, 264
Patrie, La, 19, 113, 124, 129-131, 150, 187, 263

Patriotes de 1837-1838, Les, 272
Pays, Le, 19, 20, 83-85, 90-92, 99, 129, 132, 133, 187, 188, 190, 204, 256-259
Spectacle de la littérature, Le, 267
Père Gonthier et les écoles du Manitoba. Sa mission secrète en 1897-1898, Le, 270, 272
Petit Catéchisme, 207, 210
Petit Catéchisme de Québec, 197
Petit Cérémonial, 213
Petite Revue, La, 132
Petite Revue de philosophie, La, 245
Pierre Bédard et ses fils, 50, 251, 252
Plutôt la mort, 168
Poison maçonnique, Le, 268
Post, 215
Pouvoir comme lecteur : la censure devant « Madame Bovary » et « La Scouine », Le, 267
Presse canadienne, La, 251
Presse, La, 124, 129-131, 133, 134, 140, 143, 146-148, 155, 156, 266, 267, 270-272
Priests and Politicians : Manitoba Schools and the Election of 1896, 268
Procès Guibord ou l'interprétation des restes, Le, 259
Progrès, harmonie, liberté. Le libéralisme dans les milieux d'affaires francophones à Montréal au tournant du siècle, 273
Projet d'union dans le but de développer l'agriculture et la colonisation dans la province de Québec, 213
Propagateur, Le, 263
Prospectus, 40
Prospectus du Canadien, 41, 46

Q

Quanta Cura, 96, 101
Quarante Heures et la communion, Les, 212
Quebec Gazette / La Gazette de Québec, The, 248
Quebec Mercury, The, 41
Quelques observations sur une averse d'injures à moi adressées par quelques savants Défenseurs des bons principes et Examen critique de la soi-disant réfutation de la Grande guerre ecclésiastique [...], 104
Questions sur le Gouvernement ecclésiastique du District de Montréal, 49, 52
Quinze Oraisons révélées par Notre-Seigneur à Sainte Brigitte, reine de Suède, Les, 197
Quotidienne, La, 58

R

Rafale, La, 265
Rapaillages, Les, 125, 245
Rapports entre le curé de Saint-Philippe et Monseigneur de Québec, 55, 253
Règlement disciplinaire, 76
Relation, 208
Réminiscences. Les Jeunes Barbares, 259
Réponse aux dernières attaques dirigées par M. l'abbé Chandonnet contre les partisans de la méthode chrétienne et commentaires sur des documents authentiques qui dévoilent les machinations de MM. les abbés Chandonnet et Benjamin Pâquet, 110, 189
Réponse de Messire Chaboillez, Curé de Longueuil à la lettre de P. H. Bédard ; suivie de quelques remarques sur les « Observations » imprimées aux Trois-Rivières, 51
Réponse honnête à une circulaire assez peu chrétienne, 104
Réponses aux objections populaires, 210
Résumé des conférences ecclésiastiques pour l'année 1877, 214
Réveil, Le, 19, 120, 142, 193
Révolutions. Recherches historiques sur l'origine et la propagation du mal en Europe, Les, 186
Revue canadienne, La, 19, 66, 194
Revue eucharistique, La, 219
Rire, Le, 127
Rise of Ecclesiastical Control in Quebec, The, 37, 247, 250
Rituel du diocèse de Québec, Le, 32, 249
Rodolphe Girard (1879-1956), sa vie, son œuvre, 267
Roman québécois contemporain et clichés, 246
Romans à lire et à proscrire. Essai de classification au point de vue moral des principaux romans et romanciers de notre époque (1800-1922) avec notes et indications pratiques, 245

Rome et le Canada. La bureaucratie vaticane et la question nationale, 1870-1903, 268, 270, 272, 273
Rouges. Libéralisme, nationalisme, anticléricalisme au Québec au XIXe siècle, Les, 258, 259
Ruines cléricales. Au pays des ruines, 120, 263

S

Sages conseils, 55
Saintes Comédies. Le Cléricalisme au Canada, 157, 273
Scouine, La, 134, 135, 203
Semaine, La, 20, 132, 134, 203
Semaine religieuse, La, 17, 22, 114, 130, 132, 133, 135, 146, 154, 197, 215, 216, 218
Semaine religieuse de Montréal, La, 16, 116, 119, 147, 215
Semaine religieuse de Québec, La, 16, 105, 116, 117, 152, 167, 176, 262
Semeur, Le, 19, 91, 162, 163, 187, 274
Semeur canadien, Le, 80, 81
Servantes de Dieu en Canada, 208
Shield of Achille/Le Bouclier d'Achille, The, 255
Siècle, Le, 19, 81, 91, 92, 187
Sillon, Le, 162
Société libérale duplessiste 1944-1960, La, 275
Soleil, Le, 20, 140, 153, 204
Sommaire de la doctrine catholique, 220
Source du mal de l'époque au Canada, La, 19, 109, 110, 113, 195, 261
Sourire, Le, 127
Souvenirs et biographies, 272
Spectateur canadien, Le, 51, 52, 251, 252
Star, 143
Sulpiciens et la vie culturelle à Montréal au XIXe siècle, Les, 256, 257, 259
Supplément, 92
Supplément au Canadien, 42
Supplique de l'Institut-Canadien au Pape Pie IX, 97
Syllabus errorum, 96, 97

T

Trois interventions du clergé dans l'histoire du théâtre à Montréal : 1789-90, 1859 et 1872-74, 249

Tableau de l'histoire de la littérature canadienne-française, 167
Tartuffe, 8, 31, 32, 34, 182
Tempérance, La, 220
Testament, 211
Testament de Notre-Seigneur Jésus-Christ, 209
Toujours debout. Le Mandement de Mgr Bruchési et la réponse du «Pays», 267
Traité élémentaire d'anatomie, de physiologie et d'hygiène privée, 128
Traités de droit canonique, 214
Trois Mousquetaires, Les, 118
True Witness, 76, 81, 184, 185, 206-210

U

Un manifeste libéral. M. L.-O. David et le clergé canadien, 148, 271
Un voleur, 131
Une croisade d'adolescents, 125, 273, 274
Une gerbe d'or, 219
Une leçon d'agriculture. Causeries agricoles, 191, 213
Une société, un récit. Discours culturel au Québec, 245, 275
Univers, L', 81

V

Vénérable François de Laval : sa vie et ses vertus, Le, 216
Vérité, La, 19, 116, 131, 199, 262
Vers l'abîme. Tome VII – Les Écoles du Nord-Ouest canadien, 269
Vie de Jésus, 188
Vie des Saints, 211
Vie illustrée de la Vén. Mère Marie de l'Incarnation, 217
Vie nouvelle, La, 164
Vie parisienne, La, 127
Vigie, La, 20, 204
Vrai Canadien, Le, 47, 251

W

Witness, 75, 81, 91, 142, 187

Z

Zouviana. Étape de vingt-cinq ans 1868-1893. Lettres de Rome, Souvenirs de Voyages, Études, etc., 270

Table des matières

Introduction	7
Qu'est-ce que la censure?	9
Censure prescriptive, censure proscriptive	10
Qu'est-ce que l'Index?	12
Une histoire de la censure: objet et problématique	15

PREMIÈRE PARTIE
L'ÉGLISE SOUFFRANTE:
L'ÈRE PRÉ-CENSORIALE (1625-1840)

1 La censure casuelle (1625-1800)	25
Le livre dangereux: le premier cas de censure connu	26
La lecture: du confessionnal au discours public	28
L'Affaire Tartuffe	31
Le Théâtre de société	33
Le journal: l'exemple de la Gazette *littéraire*	35
Misères de la censure casuelle	36
2 Dures leçons et apprentissage (1800-1840): de quelques cas et de leur enseignement	39
La censure latente: la saisie du Canadien	41
L'acquisition du savoir censorial: les frasques des abbés Chaboillez et Pigeon	48
Le vouloir censorial: les efforts de Mgr Lartigue	56

DEUXIÈME PARTIE
L'ÉGLISE MILITANTE :
GRANDEURS ET MISÈRES DE LA CENSURE PROSCRIPTIVE
(1840-1910)

3 Mgr Bourget : l'Institut canadien de Montréal,
répression et accalmie (1840-1876)   63

    1. Prémices d'un siècle de censure ecclésiastique   63
        « L'union fait la force » : et Mgr Bourget vint   63
        Savoir, vouloir et, enfin, pouvoir   64

    2. Débuts troublés de l'Institut canadien (1844-1850)   66
        Un départ pourtant orthodoxe   66
        Premières lézardes : la colonisation des Townships
        et la situation politique de 1848   67
        L'Avenir : le journal à abattre   69
        Les conciles de 1850 et 1854 et la réaction catholique   74

    3. Dissensions internes importantes (1851-1855)   77
        La nouvelle constitution de l'Institut : la brèche s'élargit   77
        Zizanie au sein de l'Institut canadien   78

    4. La grande guerre ecclésiastique (1858-1874)   81
        L'affrontement décisif : l'année 1858   81
        Intermède : l'Institut canadien-français   86
        Réactions à la condamnation   87
        Le Pays : à abattre lui aussi   90
        Dernières tentatives de rapprochement   94
        Le déclin des années 1865-1868   97
        La condamnation romaine   99
        L'Affaire Guibord   101

4 Mgr Fabre : la querelle universitaire
et l'affaire *Canada-Revue* (1876-1894)   105

    1. Le libéralisme tous azimuts : la querelle universitaire   106
        Trahison épiscopale…   108
        Alexis Pelletier, alias « Un chrétien »,
        George Saint-Aimé, Luigi   109
        Mgr Taschereau, voilà l'ennemi !   113

    2. Canada-Revue : un procès capital   115
        L'origine de Canada-Revue   116
        Le premier affrontement   117
        Canada-Revue riposte : le procès   119

5 Mgr Bruchési: champion de la répression
  et dernier d'une espèce (1897-1910) — 123
  - Les mesures préventives — 125
  - Les semonces privées — 129
  - La répression publique — 132

TROISIÈME PARTIE
L'ÉGLISE TRIOMPHANTE
LE VIRAGE PRESCRIPTIF : DU CAS LAURENT-OLIVIER DAVID
À L'ACTION POSITIVE (1896-1919)

6 La mise à l'index du *Clergé canadien, sa mission, son œuvre* de Laurent-Olivier David : fil d'Ariane entre deux siècles (1896) — 139
  - Le contexte : les élections fédérales du mois de juin 1896 — 140
  - La réplique de Laurier : ses émissaires à Rome — 142
  - Réactions de l'opinion publique — 146
  - Réplique de Pierre Bernard — 148
  - Une intervention imprévue — 150
  - La condamnation — 152
  - Des suites étonnantes — 154

7 Vers l'âge d'or de la censure prescriptive :
  l'action positive (1907-1919) — 159
  - Conséquences du cas David — 160
  - L'Association catholique de la jeunesse canadienne-française — 162
  - L'Action sociale catholique — 165
  - Vers l'âge d'or de la censure — 168

Conclusion — 171
  - Une histoire cohérente — 171
  - Au-delà de cette histoire : nature et modes de la censure — 174
  - De la pauvreté de notre imaginaire littéraire — 177
  - Pour une suite... qui n'aura jamais de fin — 179

| ANNEXE 1 | Les évêques de Québec et de Montréal | 181 |

ANNEXE 2	Mandements, circulaires et lettres pastorales	182
	Mandements proscriptifs	182
	Mandements prescriptifs	205

| ANNEXE 3 | Sur *Canada-Revue* : l'enjeu du procès | 222 |

| ANNEXE 4 | Sur *Le Clergé canadien, sa mission, son œuvre* : l'unique témoignage de David | 225 |

Sigles 231

Bibliographie 233

Notes 245

Index des noms propres 277

Index des œuvres 284

ACHEVÉ D'IMPRIMER
CHEZ
MARC VEILLEUX,
IMPRIMEUR À BOUCHERVILLE,
EN SEPTEMBRE MIL NEUF CENT QUATRE-VINGT-DIX-SEPT